权威·前沿·原创

皮书系列为
"十二五""十三五"国家重点图书出版规划项目

中国社会科学院创新工程学术出版项目

黑龙江蓝皮书

BLUE BOOK OF HEILONGJIANG

黑龙江社会发展报告（2018）

ANNUAL REPORT ON SOCIAL DEVELOPMENT OF HEILONGJIANG (2018)

主　　编／王爱丽
执行主编／田　雨
副 主 编／王欣剑　王建武　张斐男

社会科学文献出版社
SOCIAL SCIENCES ACADEMIC PRESS (CHINA)

图书在版编目(CIP)数据

黑龙江社会发展报告.2018/王爱丽主编.--北京：社会科学文献出版社，2018.1
（黑龙江蓝皮书）
ISBN 978-7-5201-2086-9

Ⅰ.①黑… Ⅱ.①王… Ⅲ.①社会发展-研究报告-黑龙江-2018 Ⅳ.①D673.5

中国版本图书馆 CIP 数据核字（2017）第 327422 号

黑龙江蓝皮书
黑龙江社会发展报告（2018）

主　　编／王爱丽
执行主编／田　雨
副 主 编／王欣剑　王建武　张斐男

出 版 人／谢寿光
项目统筹／丁　凡
责任编辑／丁　凡

出　　版／社会科学文献出版社·区域与发展出版中心（010）59367143
　　　　　　地址：北京市北三环中路甲 29 号院华龙大厦　邮编：100029
　　　　　　网址：www.ssap.com.cn
发　　行／市场营销中心（010）59367081　59367018
印　　装／北京季蜂印刷有限公司

规　　格／开　本：787mm×1092mm　1/16
　　　　　　印　张：22　字　数：329 千字
版　　次／2018 年 1 月第 1 版　2018 年 1 月第 1 次印刷
书　　号／ISBN 978-7-5201-2086-9
定　　价／89.00 元

皮书序列号／PSN B-2011-189-1/2

本书如有印装质量问题，请与读者服务中心（010-59367028）联系

▲ 版权所有 翻印必究

《黑龙江社会发展报告（2018）》
编委会

主　　任　王爱丽

副 主 任　田　雨

成　　员　王欣剑　王建武　张斐男　杨大威　王　昊

主　　编　王爱丽

执行主编　田　雨

副 主 编　王欣剑　王建武　张斐男

作　　者　（以文序排列）

王爱丽　田　雨　马睿泽　王　磊　邢晓明
刘　丹　王建武　王澜诺　金　刚　常洪水
王欣剑　张友全　秦　伟　刘明明　盛　昕
金红兵　罗丹丹　张斐男　马筱迪　那　瑛
董静爽　董鸿扬　程　遥　郝　帅　刁玉兰
王志云　赵宗瑛　康　宁　刘佳琦　辛　湲
闫　杰　冯向辉　李志庆　朱南平　杜　丹
唐守祥　杜　宇　韩智伟

主要编撰者简介

王爱丽 黑龙江省社会科学院副院长,二级研究员,硕士生导师。现为省级领军人才梯队社会学专业带头人,省优秀中青年专家,省文化名家,享受国务院政府特殊津贴。担任中国社会学学会常务理事、中国社会学学会生活方式研究专业委员会常务副会长兼秘书长、黑龙江省社会学学会副会长兼秘书长等职。主持国家社科基金项目1项,国家社科基金重大项目子课题2项、黑龙江省社科基金项目3项(重大委托1项),省部级项目30余项。出版学术著作10余部,在《社会学研究》等国家级、省级刊物上发表论文60余篇。曾获省社科优秀成果一等奖3项、二等奖3项、国家级学会一等奖1项。

田 雨 吉林大学社会学博士,研究员,黑龙江省社会科学院社会学所民生舆情研究中心主任,黑龙江省城市社会学领军人才梯队后备带头人。中国城市社会学学会理事、黑龙江省社会心理学学会理事、黑龙江省边疆文化学会理事、黑龙江省县域经济学会理事。独立主持黑龙江省社科基金规划项目2项,作为子课题负责人参与国家社科基金项目5项,个人独立成果获得黑龙江省社科优秀成果奖二等奖1项,佳作奖4项,全国社会学年会优秀论文二等奖1项;合作参与研究成果获黑龙江省社科优秀成果奖二等奖2项,三等奖2项,社科联学术年会二等奖1项。共发表论文20余篇,研究报告30余篇。

王欣剑 毕业于俄罗斯圣彼得堡国立技术大学,现为黑龙江省社会科学院社会学研究所副研究员,硕士生导师,研究室主任。长期从事社会福利、社会组织和应用社会学领域的研究工作。主持黑龙江省社科规划项目"完善社区社会服务机制研究"、黑龙江省社会科学院重点课题"关于加快大小兴安岭生态功能区建设研究"、黑龙江省残疾人联合会委托项目"社会主义新农村建设中惠及残疾人的政策研究"、民盟中央课题"我国养老产业发展问题研究"等多项省级及院厅级研究项目。代表成果包括学术专著《新福利社会学》《北方生态明珠城——中国百县市社会经济跟踪调查（海林卷）》，学术论文《城市社区的社会保障功能》《东北地区城镇社会保障的改革试点与模式构建》等。研究成果曾获黑龙江省社会科学优秀科研成果一等奖、三等奖和佳作奖等。

王建武 黑龙江省社会科学院社会学研究所副研究员，吉林大学社会学博士，中国社会学会生活方式研究专业委员会理事，研究方向为政治社会学与发展社会学，以及量化研究方法。代表性论文有《互联网使用、在线政治讨论与政治参与》《集体行动的社会空间转向及其呈现机制》；主持黑龙江省哲学社会科学规划办青年项目《"虚拟"与"现实"的互构：网络集体行动对群体性事件的影响研究》，参与国家及省级课题多项；研究成果获得黑龙江省社会科学优秀成果奖佳作奖1项以及合作参与的研究成果二等奖1项，获得省级社会学学会优秀成果奖一等奖1项以及二等奖2项。

张斐男 中国人民大学博士，黑龙江省社会科学院社会学研究所助理研究员，黑龙江省城市社会学领军人才梯队第三梯队带头人。中国社会学会生活方式研究专业委员会理事、中国环境社会学专业委员会理事。独立主持黑龙江省社科基金规划项目2项，参与"黑龙江省屯垦史·知青口述史"等2项国家级课题，"优化黑龙江省发展环境对策研究"等3项省长圈批课题及横向课题；独立完成12篇学术论文，其中1篇获得《新华文摘》全文转载；完成调研报告15篇，其中2篇获得省长、副省长批示。

摘 要

《黑龙江社会发展报告（2018）》继续以千份随机抽样问卷调查和专题研究为依据，结合社会学理论和研究方法，以学者和专家的视角对2017年关系黑龙江省社会发展的诸多问题进行审视、分析和追踪研究，其中包括：居民生活、就业、教育、医疗、社会保障、人口、科技创新和生态环境等。并针对2017年社会建设多个热点焦点问题，如社会信任关系、社会心态、养老服务业融合发展、新型农业主体带动农村扶贫、党风廉政建设与反腐败、对俄经贸立法、"黑出租车"治理和快递业"放管服"政策效应等进行了专题研究。这些研究力图为政府部门全面深入了解省情、科学决策提供智力支持，同时努力为广大读者认识、了解、关注黑龙江社会发展和社会建设提供参考。

总报告指出，为贯彻十九大精神和践行习近平新时代中国特色社会主义思想的总体要求，黑龙江省提出新时代龙江振兴发展进入了"五个新时期"的重大判断；提出了全面建成小康社会要坚决打好"六个攻坚战"；确立了全面建设富强、民主、文明、和谐、美丽的社会主义现代化新龙江的奋斗目标，阐明了"六个强省"战略任务；明确了推动全面从严治党向纵深发展"九个总体部署"等，这些新观点、新提法为黑龙江未来发展确定了目标。

2017年黑龙江省社会发展呈现七大特点：经济发展提质增效呈四年最好态势，公共财政全力保障民生；恩格尔系数提前步入变化拐点，城乡居民收入差距小于全国；劳动就业形势基本平稳，四支创新创业队伍带动就业稳步增长；教育事业改革发展快速推进，"双一流"建设助推高教新跨越；全面推开公立医院综合改革，健康扶贫工作攻坚克难；民意评价社会发展态势良好，公众幸福感攀升；反腐败工作形成压倒性态势，全面从严治党向纵深发展。

2017年黑龙江社会建设尚存在六大问题：人均GDP位居全国后十位，富裕龙江建设短板凸显；城镇居民收入居全国末位，增速持续放缓令人担忧；扶贫攻坚综合评价一般，抓精准破难题尚有差距；人口老龄化挑战巨大，城镇化发展后劲不足；城乡新旧污染交替出现，环境治理面临全新挑战；旅游投资问题频发，发展环境亟待改善。

黑龙江省2018年以及今后一段时期，应在四个方面加强社会建设：同呼吸共命运心连心，坚持人民利益至高无上，把龙江人民对美好生活的向往作为奋斗目标；抓重点补短板强弱项，坚持在发展中改善民生，让改革成果更多更公平惠及龙江全体人民；着力共建共治共享，打造社会治理新格局，使龙江社会既充满活力又和谐有序；建机制提质量强动力，深化社会体制改革，促进龙江社会质量的全面提升。

本书由23篇研究报告组成，除总报告《开启龙江美好生活的新征程》外，另有社会调查篇、社会发展篇、社会问题篇和社会治理篇四个部分。其中社会调查篇（6篇）是以千份民意调查和专家、党政干部各100份问卷为依据，反映了社会各阶层对本省当年社会形势及政府工作绩效的判断、评价和期待；社会发展篇（8篇）包括城乡居民生活、社会保障、就业、教育、医疗、人口、生态环境和科技创新等方面常年追踪研究成果；社会问题篇（4篇）包括养老服务业融合发展、新型农业主体带动农村扶贫、快递业"放管服"政策效应等都是现阶段社会建设面临的新问题；社会治理篇（4篇）包括"黑出租车"治理、对俄经贸地方立法、志愿服务信息化建设和省直机关工作作风整治等相关内容也是社会治理现代化和从严治党面临的新问题。

关键词： 社会发展　社会建设　社会治理　社会体制改革　社会质量

Abstract

In 2017, the book, based on thousands of random questionnaires and special studies and combined with the theory of sociology and research methods, examines, analyzes and tracks issues in social developmentofHeilongjiang in 2017 from scholars and experts, including people's livelihood, employment, education, medical care, provision for the aged, population, scientific and technological innovation and ecological environment, etc. And the bookspecially studies hot spots relevant to social construction in 2017 involvingsocial trust relationship, social mentality, integrated development of aged people service industry, new agriculture subject driving agriculture poverty alleviation, the Party's honest political construction and anti-corruption, trade laws for Russia, governance of the illegal taxi and effects of express industry's policies of streamlining administration, delegating power, strengthening regulation and improving service. Those studies attempt to provide an intellectual support for the governments' comprehensive understanding of the province and scientific policy-making, and meanwhile endeavor to give rational thinking to readers to concern social development and construction of Heilongjiang.

The generalreport points out, in order to stick to the spirit of the 19th CPC National Congress and carry out the overall requirements of Xi jinping's Thought on Socialism with Chinese Characteristics for a New Era, Heilongjiang puts forward major judgments on development of Heilongjiang revitalization for a new era into "five new phases", strives for "six uphill battles" to build a moderately prosperous society in all respects, establishes the goals of building a modern socialist Heilongjiang that is prosperous, strong, democratic, culturally advanced, harmonious, and beautiful and clarifies the strategic tasks of " six goals of reinvigorating the province", and figures out "nine overall deployment" tocomprehensively strengthen Party discipline developed in depth, which set up the targets forfuture development of Heilongjiang.

In 2017, social development of Heilongjiang shows seven features: firstly, economic development in improving the quality and efficiency has presented the best performance in the recent four years and the public finances are devoted to ensuring people's well-being; secondly, Engel's coefficient steps early into the inflection point andthe income gap between urban and rural residents is smaller than that of the whole country; thirdly, the employment situation was basically stable and four innovative teams promote steady growth in employment; fourthly, the reform and development of education has been advanced rapidly and "Double Tops" construction boosts a new leap of higher education; fifthly, comprehensive reform of public hospitals has been propelled and poverty alleviation for health is to overcome all difficulties; sixth, the public evaluates that social development is in good condition and the happiness is on the rise; seventh, anti-corruption has been combated overwhelmingly and strengthening Party discipline comprehensively is deepened.

In addition, in 2017, social construction of Heilongjiang has six problems: GDP per capitais among the bottom ten of the country and the shortcomings of Heilongjiang construction are all the more prominent; income of urban residents is at the bottom of the country and continued economic slowdown is very worrying; comprehensive evaluation of poverty alleviation is not high and there is still a gap to solve difficult issues; the enormous challenges exist in the aspect of aging of population and urbanization is lack of potential of continuous development; the urban-rural old and new pollution appears alternately and environmental governance faces new challenges; problems of tourism investment rise frequently and the development environment needs to be improved.

Heilongjiang, in 2018 and in the future period, should focus on social construction from four aspects: the one is todedicate its soul and mind to the people, claim that People's interest is paramount and perceive Heilongjiang People's yearning for a better life as the object; the second is to grasp the key points and bolster weak spots, continue to improve people's wellbeing in development, and let the reform efforts benefit Heilongjiang People more fairly; the third is to work hard to build and share the shared benefits, create a new pattern of social governance and construct dynamic and harmonious society; the last is to build mechanism, improve quality and strengthen power, deepen reform of the social system, and promote the overall improvement of the quality of society.

The book consists of 23 research reports, which falls into five parts including the general report, the social survey, the social development, the social problem, the social governance. The social survey (6 reports) reflects judgments, evaluation and expectation fromall levels of society of the social forms and government work performance in this year. The social development (8 reports) all year round tracks results concerning people's livelihood, social security, employment, education, medical care, population, ecological environment, and scientific and technological innovation, etc. The social problems (4 reports) involve new ones in social construction at the present stage concerned with integrated development of aged people service industry, agriculture poverty alleviation driven by new agriculture subject, effects of express industry's policies of streamlining administration, delegating power, strengthening regulation and improving service. The social governance (4 reports) concerns new problems in the construction of modernization of social governance and in the policy of being strict in Party discipline relevant to governance of the illegal taxi, trade laws for Russia, volunteer service information construction, work style of provincial organs.

Keywords: Social Development; Social Construction; Social Governance; Social System Reform; Social Quality

序

王爱丽

2017年是不平凡的一年。党的十九大是在全面建成小康社会决胜阶段、中国特色社会主义进入新时代的关键时期召开的一次十分重要的大会，具有划时代的里程碑意义。习近平总书记所作的报告高屋建瓴、气势磅礴，有很强的思想性、战略性、前瞻性、指导性，充满了中国共产党人的正义感、使命感、历史感，充满了党与人民群众的血肉联系，是举旗定向、引领复兴、兴党强国的马克思主义光辉文献，是我们党迈进新时代、开启新征程、续写新篇章的政治宣言和行动指南。

习近平总书记作的十九大报告发出了"为中国人民谋幸福，为中华民族谋复兴"的庄严承诺，做出了"新时代我国社会主要矛盾是人民日益增长的美好生活需要和不平衡不充分的发展之间的矛盾"的重大政治判断。这一关乎全局的历史性变化带来的新问题新挑战，对保障改善民生和加强创新社会治理提出了全新的、更高的要求。习总书记提出了一系列解决民生领域问题的新思想新举措，为我们未来社会建设指明了方向，提供了根本遵循。

让我们感触最深的是总书记真挚深厚、直抵人心的人民情怀。"一切以人民为中心""人民对美好生活的向往，就是我们的奋斗目标"……既有"心中为念农桑苦，耳里如闻饥冻声"的隐隐担忧，又有"治国有常，而利民为本"的执着信念。民生最重是情怀，唯有把人民的利益"时刻放在心头、扛在肩上"，提高保障和改善民生水平，加强和创新社会治理，才能更好地带领人民迈向美好生活的新征程！

黑龙江省委十二届二次全会于11月23~24日在哈尔滨召开，全会确定了一个主题,提出了深入学习宣传贯彻党的十九大精神,奋力践行习近平新时代中国特色社会主义思想的总体要求;做出了新时代黑龙江振兴发展进入了"五个新时期"的重大判断,即黑龙江已步入推动老工业基地全面振兴的新时期、改革开放全面推进的新时期、人民生活质量全面提升的新时期、推动社会全面进步的新时期、管党治党全面深化的新时期;提出了全面建成小康社会要坚决打好"六个攻坚战",即打好转方式调结构、精准脱贫、重要领域改革、污染防治、防范化解重大风险、整顿作风优化发展环境的攻坚战,用三年左右时间夯实基础,与全国同步全面建成小康社会;确立了全面建设富强、民主、文明、和谐、美丽的社会主义现代化新龙江的奋斗目标;阐明了着力建设工业强省、农业强省、科教强省、文化强省、生态强省、旅游强省的"六个强省"战略任务;明确了推动全面从严治党向纵深发展"九个总体部署",为今后一个时期的社会建设提供了引领。

一 黑龙江社会发展进入了"新常态"

随着我国经济发展步入新常态,社会发展也进入了一个新常态,这一阶段的新特征被社会学家李培林定义为社会变迁和转型的"新成长阶段"。我认为,当前黑龙江社会发展也进入了"新常态",其特征为:

一是居民消费呈现阶段转折,社会建设的重点从"温饱"转变为"生活质量"的追求。

二是收入差距呈现阶段性转折,社会建设重点从"收入持续增长"转变为"收入分配公平"。

三是城镇化发展呈现出阶段性转折,社会建设的重点从农民"非农化"转化为"市民化"的追求。

四是人口结构呈现阶段性转折,社会建设的重点从"人口数量红利"转化为"人口质量红利"的追求。

五是职业结构变动呈现阶段性转折,社会建设重点从优化就业结构转变为培育中产阶层的追求。

这些阶段性的变化特征，决定了社会建设重点发生了转变，黑龙江社会发展同中国社会一样，进入了一个追求生活质量高、社会效益好、社会结构优、社会动力和社会活力充分释放的高质量社会。

二 制约黑龙江社会建设的瓶颈因素

随着社会建设概念的提出，我们对社会建设的内涵和认识不断深化。通过学习习近平同志治国理政思想和十九大精神，我理解，习近平社会建设思想的内涵至少包括以下四个方面的内容：①社会建设要以共享发展为价值导向；②社会建设要以保障改善民生为基础；③社会建设要以创新社会治理为重任；④社会建设要以社会体制改革为动力。因此，要找出制约黑龙江社会建设的瓶颈因素，应该从这四个层面去思考、去研究、去审视。2017年，我们欣喜地看到，黑龙江经济发展提质增效呈四年最好态势，社会发展指标出现了"新常态"特征，比如恩格尔系数低于30%提前步入变化拐点、城乡居民收入差距小于全国、城市化率高于全国、就业结构发生逆转等，但同时也看到，2017年黑龙江社会建设尚存在六大问题。

一是人均GDP位居全国后十位，富裕龙江建设短板凸显。2016年，黑龙江地区生产总值（GDP）总量居全国21位，人均GDP为40362亿元，位居全国22位，在东北三省一区中居于末位，并且相比2011年排名第17、2016年排名第21，呈排名下降趋势。

二是城镇居民收入居全国末位，增速持续放缓令人担忧。2017年前三季度，黑龙江省城镇居民人均可支配收入实现20170元，比上年同期增长6.6%。但收入绝对值低于全国平均水平7260元，在全国各省排名末位，并且增速在全国排名第29位。城镇居民收入水平和增速均居全国末位。

三是扶贫攻坚综合评价一般，抓精准破难题尚有差距。2017年4月，国务院扶贫开发领导小组通报了黑龙江2016年扶贫开发工作成效考核情况，考核结果为综合评价一般。问题主要体现在帮扶工作群众满意度低、贫困人口识别和退出不精准、住房安全和基本医疗保障薄弱、扶贫资金使用管理违纪违规等方面。

四是人口老龄化挑战巨大，城镇化发展后劲不足。2015年，黑龙江省养老金仅够付一个月；黑龙江省城镇企业职工养老保险基金收入比支出少183亿元，养老保险支付压力巨大；预计到2020年，黑龙江省失能、半失能老年人将达到97.4万人；约有80万的老年人需要接受康复治疗，社会养老服务亟待进一步发展；截至2016年底，黑龙江省城镇化率已经超过了60%，但黑龙江省城镇化率其中有一部分存在虚高现象；高端人才外流较为严重，今年虽然有所趋缓，但大学生、高职称科技人员、高级技工、高层管理人员流出对龙江发展影响较大。

五是城乡新旧污染交替出现，环境治理面临全新挑战。大气治理遭遇瓶颈，环境治理信心面临考验；新旧污染交替出现，环境治理能力面临考验；美丽乡村建设见真章，环境治理水平面临考验。

六是旅游投资问题频发，发展环境亟待改善。旅游品牌雪乡因不合理低价游、欺客宰客、强迫收费，甚至辱骂殴打游客等问题在各种媒体中不断被曝光，对黑龙江旅游业形成了较大负面的影响；亚布力民营企业投资问题通过微视频方式在全国曝光，持续发酵，危及政府诚信，把本来就受诟病的发展环境推上舆论焦点，对黑龙江形象造成了较大负面的影响。

特别是涉及民生领域的社会体制改革滞后，都是我们今后必须努力解决的问题。

三 加强黑龙江社会建设的重要任务

2018年和今后一个时期黑龙江省社会发展重要任务包括以下几方面。

一是要同呼吸共命运心连心，坚持人民利益至高无上，把龙江人民对美好生活的向往作为奋斗目标。要树立共享理念，坚持基本原则，把握基本方针，明确主攻方向。

二是要抓重点补短板强弱项，坚持在发展中改善民生，让改革成果更多更公平惠及龙江全体人民。要抓重点，完善公共服务体系，促进社会公平正义；补短板，攻克区域性整体贫困难题，坚决打赢脱贫攻坚战；强弱项，促进社会流动，提高中等收入群体比重。

三是要着力共建共治共享，打造社会治理新格局，使龙江社会既充满活力又和谐有序。要让预防更有效，加强化解社会矛盾机制建设；让社会更有序，健全公共安全体系；让法治更深入，加快社会治安防控体系建设；让疏解更走心，加强社会心理服务体系建设；让治理更多元，加强社区治理体系建设。

四是要建机制提质量强动力，深化社会体制改革，促进龙江社会质量的全面提升。要构建改善民生的长效机制；全面提升改革的质量；完善民生决策机制；加强对民生领域改革的研究。

二〇一七年十二月十五日

目 录

Ⅰ 总报告

B.1 开启龙江美好生活的新征程
　　——2017~2018年黑龙江社会形势分析与展望 …… 王爱丽 / 001

Ⅱ 社会调查篇

B.2 2017~2018年黑龙江省社会形势公众调查报告 ……… 田 雨 / 026
B.3 2017~2018年黑龙江省社会形势专家调查报告 ……… 马睿泽 / 044
B.4 2017~2018年黑龙江省社会形势党政干部调查报告 …… 王 磊 / 060
B.5 2017~2018黑龙江省党风廉政建设状况调查报告
　　………………………………………………… 邢晓明 刘 丹 / 081
B.6 2017年黑龙江省公众政府信任状况及影响 …………… 王建武 / 091
B.7 2017年黑龙江省社会心态发展趋势报告 ……………… 王澜诺 / 105

Ⅲ 社会发展篇

B.8 黑龙江省城乡居民生活状况及发展趋势预测
　　……………………………………………………… 金 刚 常洪水 / 122

B.9 黑龙江省社会保障状况分析与对策…………………… 王欣剑 / 133
B.10 黑龙江省就业创业形势分析与对策 …………… 张友全 秦 伟 / 141
B.11 黑龙江省教育改革和发展报告 ………………………… 刘明明 / 151
B.12 黑龙江省医疗卫生事业发展报告 ……………… 盛 昕 金红兵 / 161
B.13 黑龙江省人口发展状况分析与对策建议 ……………… 罗丹丹 / 173
B.14 黑龙江省生态环境建设及发展报告 …………………… 张斐男 / 182
B.15 黑龙江省科技创新发展报告 …………………… 马筱迪 那 瑛 / 192

Ⅳ 社会问题篇

B.16 黑龙江省养老服务业与健康业、旅游业、
    生态食品业融合发展探析 ……………………… 董静爽 董鸿扬 / 204
B.17 黑龙江省新型农业经营主体构建与农村就业扶贫问题研究
    ………………………………………………… 程 遥 郝 帅 / 214
B.18 黑龙江省快递行业"放管服"政策效应研究报告
    ……………………………… 国家统计局黑龙江调查总队课题组 / 227
B.19 黑龙江省信教妇女状况研究 …………………… 辛 瑗 闵 杰 / 246

Ⅴ 社会治理篇

B.20 黑龙江省出租车行业"黑车"整治中的问题及对策
    …………………………………………………… 冯向辉 李志庆 / 266
B.21 黑龙江省对俄经贸活动的地方立法问题与对策 ……… 朱南平 / 282
B.22 黑龙江志愿服务信息化建设的探索与思考 …………… 杜 丹 / 294
B.23 黑龙江省省直机关工作作风整治问题与对策研究
    ……………………………………… 唐守祥 杜 宇 韩智伟 / 309
B.24 后 记 ……………………………………………………………… / 322

CONTENTS

Ⅰ General Report

B.1 Analysis and Prediction of Social Conditions in Heilongjiang 2017-2018
Wang Aili / 001

Ⅱ Social Survey

B.2 Survey Report of Public Opinions on Social Conditions in Heilongjiang 2017-2018 *Tian Yu* / 026

B.3 Expert Survey Report on Social Conditions in Heilongjiang 2017-2018 *Ma Ruize* / 044

B.4 Government Official Survey Report on Social Conditions in Heilongjiang 2017-2018 *Wang Lei* / 060

B.5 Analysis and Prediction of Construction of Honest Administration Government Construction in Heilongjiang 2017-2018
Xing Xiaoming, Liu Dan / 081

B.6 Report on the Confidence Condition and Influence factors of Public to Government in Heilongjiang in 2017 *Wang Jianwu* / 091

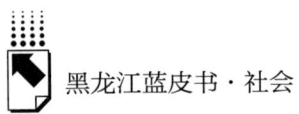
黑龙江蓝皮书·社会

B.7　Survey Report on Social Mentality Development and Trend in Heilongjiang in 2017　　　　　　　　　　　　　*Wang Lannuo* / 105

Ⅲ　Social Development

B.8　The Living Conditions and Development Trend of Urban and Rural residents in Heilongjiang Province　　*Jin Gang, Chang Hongshui* / 122

B.9　Current Status and Relative Policies of Promoting Social Security Development in Heilongjiang　　　　　　　*Wang Xinjian* / 133

B.10　Analysis and Policy Suggestion of Employment Condition in Heilongjiang　　　　　　　*Zhang Youquan, Qin Wei* / 141

B.11　Report on Reform and Development of Education in Heilongjiang
　　　　　　　　　　　　　　　　　　　　　　　Liu Mingming / 151

B.12　Report on Reform and Development of Healthcare Services in Heilongjiang　　　　　　　　*Sheng Xin, Jin Hongbing* / 161

B.13　Development Condition of Demographic and Policy Suggestions in Heilongjiang　　　　　　　　　　　　　*Luo Dandan* / 173

B.14　Report on the Construction and Development of the Ecological Environment in Heilongjiang　　　　　　　*Zhang Feinan* / 182

B.15　Report on Scientific and Technological Innovations and Development in Heilongjiang　　　　　　　　　*Ma Xiaodi, Na Ying* / 192

Ⅳ　Social Problems

B.16　Analysis on Merge and Development of Elderly Care Industry, Healthcare Industry and Ecological Food Industry in Heilongjiang
　　　　　　　　　　　　Dong Jingshuang, Dong Hongyang / 204

B.17　Research on New Type of Agricultural Operation Entity's Building and Poverty Reduction in Heilongjiang　　*Cheng Yao, Hao Shuai* / 214

CONTENTS

B.18 Research Report on the Policy Effect of "Streamlining Administration, Delegating Power, and Optimizing Services." of Express Industry in Heilongjiang Province. *The Research Group of Heilongjiang Survey Team of the State Statistical Bureau* / 227

B.19 Research on Condition of Religious Women in Heilongjiang
XinYuan, Min Jie / 246

V Social Governance

B.20 Problems and Countermeasures in the Improvement of "Unlicensed Cab" in Heilongjiang Taxi Industry *Feng Xianghui, Li Zhiqing* / 266

B.21 Problems and policy Suggestion on Legislation of Trading Activity with Russia in Heilongjiang *Zhu Nanping* / 282

B.22 Discovery and Thoughts in Volunteer Service Informatization in Heilongjiang *Du Dan* / 294

B.23 Study on the Problems and Countermeasures of the Work Style of the Provincial Department of Heilongjiang
Tang Shouxiang, Du Yu and Han Zhiwei / 309

B.24 Postscript / 322

总 报 告
General Report

B.1
开启龙江美好生活的新征程
——2017~2018年黑龙江社会形势分析与展望

王爱丽*

摘　要： 2017年，党的十九大和黑龙江省委十二届二次全会的胜利召开，开启了全国人民和龙江人民迈向美好生活的新时代。一年来，黑龙江将30件民生实事列为省政府重点督办事项，强力推进民生实事落到实处。黑龙江省委、省政府从全省人民最关心、最直接、最现实的问题入手，在提高保障和改善民生水平上精准施策，给龙江人民带来了更多的获得感、幸福感、安全感。2017年黑龙江省社会建设呈现七大特点：经济发展提质增效呈四年最好态势，公共财政全力保障民生；恩格尔系数提前步入变化拐点，城乡居民收入差距小于全国；

---

* 王爱丽，黑龙江省社会科学院副院长、二级研究员，研究方向为发展社会学、应用社会学。

劳动就业形势基本平稳，四支创新创业队伍带动就业稳步增长；教育事业改革发展快速推进，"双一流"建设助推高教新跨越；全面推开公立医院综合改革，健康扶贫工作攻坚克难；民意评价社会发展态势良好，公众幸福感攀升；反腐败工作形成压倒性态势，全面从严治党向纵深发展。2017年黑龙江社会建设尚存在六大问题：人均GDP位居全国后十位，富裕龙江建设短板凸显；城镇居民收入居全国末位，增速持续放缓，令人担忧；扶贫攻坚综合评价一般，抓精准破难题与预期尚有差距；人口老龄化挑战巨大，城镇化发展后劲不足；城乡新旧污染交替出现，环境治理面临全新挑战；旅游投资问题频发，发展环境亟待改善。2018年黑龙江省社会发展的展望和重要任务是：同呼吸、共命运、心连心，坚持人民利益至高无上，把龙江人民对美好生活的向往作为奋斗目标；抓重点、补短板、强弱项，坚持在发展中改善民生，让改革成果更多更公平地惠及龙江全体人民；着力共建共治共享，打造社会治理新格局，使龙江社会既充满活力又和谐有序；建机制提质量强动力，深化社会体制改革，促进龙江社会质量的全面提升。

关键词： 社会发展　社会建设　社会治理　社会体制改革　社会质量

2017年，党的十九大的胜利召开，具有划时代的里程碑意义，黑龙江省委十二届二次全会于11月23～24日在哈尔滨召开，全会确定了一个主题，提出了深入学习宣传贯彻党的十九大精神，奋力践行习近平新时代中国特色社会主义思想的总体要求；做出了新时代黑龙江振兴发展进入了"五个新时期"的重大判断，即龙江已步入推动老工业基地全面振兴的新时期、改革开放全面推进的新时期、人民生活质量全面提升的新时期、推动社会全面进步的新时期、管党治党全面深化的新时期；提出了全面建成小康社会要坚决打好"六个攻坚战"，即打好转方式调结构、精准脱贫、重要领域改革、污染防治、防范化解重大风险、整顿作风优化发展环境的攻坚战，用三年左右时间夯实基础，与全国同步全面建成小康社会；确立了全面建设富强、民主、文明、和谐、美丽的社会主义现代化新龙江的奋斗目标；阐明了着力建设工业强省、农业强省、科教强省、文化强省、生态强省、旅游强省的"六个强省"战略任务；明确了推动全面从严治党向纵深发展"九个总体部署"，为今后一个时期的社会建设提供了基本遵循，预示着未来的龙江社会建设将走出一条生活质量高、社会效益好、社会结构优和社会动力活力充分释放的高质量发展之路。

一 2017年黑龙江省社会发展总体形势

2017年，黑龙江将30件民生实事列为省政府重点督办事项，强力推进民生实事落到实处，省政府从全省人民最关心、最直接、最现实的问题入手，在提高保障和改善民生水平上精准施策，实施就业优先战略，发展公平而有质量的教育，强化社会保障体系建设，提高基本医疗保障水平，深入实施文化惠民工程，切实改善人居环境，树立安全发展理念，给人民群众带来更多获得感、幸福感、安全感。

全年民生领域亮点纷呈，义务教育发展基本均衡县（市、区、企）建设达118个；落实整合城乡居民基本医疗保险制度，基本完成新农合整体移交工作；完成棚户区改造开工20.8万套，农村泥草（危）房改造6万户，完成四煤城采沉区14.05万套棚改任务，40万居民受益；健康龙江行动《健康龙江行动2017年重点工作安排》出台，明确100项硬性指标和重点任务，向广大群众传播正确的饮食习惯和健康的生活习惯，降低心脑血管等地方慢性病发病率；广泛开展"送欢笑到基层""高雅艺术进校园""结对子、种文化"等多项文化惠民活动；全省养老引入社会投资92亿元，新增养老床位数1.9万多张，候鸟旅居老人数量达到205万人，养老事业和养老产业发展受到国务院通报表扬。2017年，黑龙江社会发展形势呈现七大特点。

（一）经济发展提质增效呈四年最好态势，公共财政全力保障民生

一是全省经济运行平稳向好。2017年，黑龙江经济仍处于传统产业集中负向拉动与培育新动能、新增长领域相互交织的关键时期。黑龙江省委、省政府下大气力破解制约经济发展的思想观念、体制机制、发展环境等深层次矛盾和问题，不断深化市场化改革，激发内生动力，增强发展活力，全省经济保持平稳向好趋势，增速为近年最高，主要经济指标为四年来最好。据省政府新闻办发布会资料显示：经初步核算，2017年前三季度，全省实现地区生产总值（GDP）9901.8亿元，比上年同期增长6.3%，同比提高0.3个百分点，但GDP增速低于全国（6.9%）0.6个百分点；全省第一、第二、第三产业增加值分别增长5.1%、2.6%和8.6%，第一产业和第三产业增幅分别高于全国平均水平1.4个和0.8个百分点。表明全省宏观经济运行主要经济指标平稳增长，经济发展提质增效，结构优化作用初显，"稳"的基础不断巩固，"好"的态势不断延续，"新"的能量不断蓄积。

二是公共财政全力保障民生。虽然全省经济运行出现了"总体平稳、稳中向好"的良好态势，但仍处于"爬坡过坎""滚石上山"的艰难时期。黑龙江省委、省政府秉持"越是在发展困难时期，越要时刻记挂百姓安危冷暖，全心全意为人民谋利益，不断增强人民群众获得感幸福感"的理念，严控"三公"经费等一般性支出，严控政府公务员和事业单位财政供养人员增长，确保民生投入只增不减，集中财力保障脱贫攻坚、社保政策提标、教育均衡发展、困难群体救助等民生支出政策落实，切实保基本、兜底线，支持做好社会政策托底工作。坚持把保障和改善民生作为振兴发展的重要工作，坚持以人民为中心的发展思想，坚持公共财政向民生领域倾斜，全力保障民生，全省公共财政民生支出年均增长13.4%。

（二）恩格尔系数提前步入变化拐点，城乡居民收入差距小于全国

一是黑龙江恩格尔系数比全国早两年步入拐点。按照联合国的标准，恩格尔系数达到20%～30%为富足标准的拐点，全国居民的恩格尔系数于2016年达到30.1%，接近富足的标准。黑龙江省先于全国2年超过这个标准，2014年，黑龙江省城乡居民恩格尔系数分别为27.5%、28.2%，均为30%以下；2016年，城镇和农村恩格尔系数均为27.7%，意味着居民消费支出结构的换挡升级。按照国际经验，恩格尔系数降至30%预示着消费时代的到来，居民消费呈现爆发性增长，突出体现为消费水平大幅提升和消费支出结构的换挡升级。2016年，全省城镇常住居民人均消费性支出为18142元，比2012年增加5158元，增长39.7%，年均增长8.7%；农村常住居民人均消费性支出为9285元，比2012年增加3567元，增长62.4%，年均增长12.9%。与此同时，食品烟酒、衣着等"生存型"消费支出比重明显下降，医疗保健、交通通信等"发展型"消费支出及教育文化娱乐等"享受型"消费支出快速增长。2016年全省城乡常住居民人均衣着消费支出占全部消费性支出的比重分别比2012年下降4.0个和2.6个百分点；城镇常住居民人均医疗保健、交通通信和教育文化娱乐消费支出，分别比2012年增长70.1%、68.4%和65.3%，年均分别增长14.2%、13.9%和13.4%；农村常住居民人均教育文化娱乐、交通通信和医疗保健消费支出，分别比2012年增长1.4倍、1.4倍和74.8%，年均增长24.6%、24.5%和15.0%。

二是城乡居民收入差距逐步缩小。五年来，随着国家统筹城乡发展政策的付诸实施，黑龙江省城乡一体化进程不断加快，突出特征为在城乡居民收入逐年稳步增长的同时，增速跑赢GDP，且农村居民人均可支配收入的增速明显快于城镇居民，从而有力地推动了城乡之间的收入消费差距逐步缩小。2012～2016年，黑龙江省农村居民收入年均增速比城镇居民快1.0个百分点；城乡居民收入比由2012年的2.26∶1缩小到2016年的2.18∶1；既低于全国2016年城乡居民收入比2.72∶1；也低于全国2017年同期居城乡居民人均收入比2.81∶1。同时，全省城乡居民消费比由2012年的2.27∶1缩小到2016年的1.95∶1，城乡居民生活差距过大的局面逐步改善，城乡居民收入增速跑赢GDP。十八大以来，黑龙江省加大惠民投入力度，不断完善收入分配制度，连续出台一系列促进居民收入增长政策措施，城乡居民收入实现历史性跨越，收入总体增速超过GDP。国家统计局黑龙江调查总队抽样调查数据显示，2016年黑龙江省全体常住居民人均可支配收入达到19838元，比2012年增长38.7%，年均增长8.5%。其中，2016年城镇常住居民人均可支配收入达到25736元，比2012年增长36.2%，年均增长8.0%。2016年农村常住居民人均可支配收入达到11832元，比2012年增长41.4%，年均增长9.0%。

（三）劳动就业形势基本平稳，四支创新创业队伍带动就业稳步增长

一是劳动就业形势基本平稳。据黑龙江省人社厅提供的数据显示，截至2017年9月底，失业人员再就业36.87万人，完成年计划（40万人）的92.2%；就业困难人员再就业14.33万人，完成年计划（15万人）的95.5%。低于控制目标0.23个百分点，同比下降0.08个百分点，环比下降0.01个百分点，达到近5年同期控制最好水平。2017年1~10月，全省城镇新增就业54.6万人，城镇登记失业率控制在4.27%，为近5年同期最低。多渠道安置去产能分流人员5443人。[①] 各地通过"一对一"开展就业援助，累计帮助586户城镇零就业家庭中的694人实现稳定就业，城镇零就业家庭始终保持月动态归零。

二是四支队伍创业创新带动就业增长。2017年，黑龙江省在注重发展

---

① 杨海全：《黑龙江大学生创新创业、养老产业发展受到国务院通报表扬》，人民网-黑龙江频道，2017年11月27日。

动能转换、新的增长因素和力量正进一步汇集的背景下,持续推动科技人员、大学生、农民、城镇转移就业职工四支队伍创业创新,搭建平台互融互通,振兴实体经济,带动就业增长。全省"科技型企业三年行动计划"累计培育发展科技型企业总数突破万家,达10615家。其中累计新注册成立科技型企业9233家,累计新增一定规模科技型企业1612家,有82家科技企业上市(或挂牌);累计吸纳就业人员44845人,其中本科以上学历16516人,博士428人,硕士1623人;2017年前三季度全省新注册成立科技型企业3202家,同比增长55.7%,新增一定规模科技型企业(主营业务收入500万元以上)536家,增长104.6%。近三年全省大专以上毕业生留省就业率分别为50.90%、53.03%和55.83%;2017年全省前三季度全省大学生创业人数增至16111人,同比增长38.7%,大专以上大学生留省就业比2015年提高近5个百分点。大学生创新创业经验受到国务院通报表扬。2017年前三季度,全省农民创业人数达到141万人,同比增长47.2%;实现创业收入286.2亿元,增长39.8%。据省人社厅统计,2016年至2017年8月末,全省人社部门支持各类群体3.72万人成功创业,带动就业7.4万人,其中城镇转移就业职工创业0.98万人,带动就业2.57万人;累计建立各类创业孵化基地125个,入驻企业1940户,带动就业1.54万人;截至2017年8月末,城镇转移就业职工创业9800人。

(四)教育事业改革发展快速推进,"双一流"建设助推高教新跨越

一是全省教育事业提质增速。"黑龙江把教育放在优先发展的战略位置,把教育作为促进龙江经济社会改革发展的战略工程,作为造福龙江广大人民群众的民生工程,不断加大教育投入力度,统筹推进各类教育协调发展,全省教育事业发展速度明显加快、质量明显提高"。各阶段教育发展向好,教育公平取得重大进展,教育综合改革成效显著,终身教育体系初步形成,国际教育交流与合作取得新突破。服务社会能力显著增强,教育保障水平明显提升,建立了教育优先发展的财政保障长效机制。2012~2016年,全省累计投入教育经费3311.7亿元，其中财政预算内拨款达到2691.4亿元，公共财政教育经费占公共财政预算支持的比例达到了14.02%；在全国较早进入了高等教育普及化初级阶段，2016年黑龙江省高等教育毛入学率已达到50.03%，高于全国平均水平7.33个百分点；均衡配置教育资源，2012~2016年，累计投入资金61.3亿元改善农村贫困地区义务教育薄弱学校基本办学条件，农村义务教育小学、初中生生均公用经费标准大幅提高（分别达到860元/年、1060元/年），33个义务教育发展基本均衡县（市、区、管局）通过全国达标验收；大学生已成为龙江创新创业生力军，2016年全省大学生创业人数增至11614人，注册企业939家，带动就业9358人。

二是确立全省教育事业发展新目标。2017年，学前教育规模质量稳步提高，城乡办学条件全面改善，高中阶段毛入学率超过90%。2017年8月，黑龙江省政府出台了《黑龙江省教育事业发展"十三五"规划》，提出了"质量提升和教育公平迈出重大步伐，结构调整和体制机制改革取得重大突破，教育现代化取得重要进展，教育总体实力和服务水平显著增强，为率先进入人力资源强省和人才强省行列奠定坚实的基础"的总目标。到2020年，黑龙江学前三年毛入园率达到80%以上，高中阶段教育毛入学率达到95%以上，高等教育毛入学率达到65%左右，实现义务教育学校100%标准化，全面消除农村义务教育薄弱学校，主要劳动年龄人口平均受教育年限达到11.3年，从业人员继续教育培训达到1020万人次。2016年，学前教育三年毛入园率达到75.61%，提前实现《教育规划纲要》目标；九年义务教育巩固率达到99.34%，高中阶段教育毛入学率达到95.02%，高等教育毛入学率达到50.01%，迈入高等教育普及化初级发展阶段；学历教育与非学历教育协调发展，职业教育和普通教育相互沟通，职前教育和职后教育相互衔接，覆盖人的不同发展阶段和满足社会不同群体需求的终身教育体系初步形成。

三是"双一流"建设助推高教新跨越。近年来，黑龙江高教强省建设持续推进，全省高等学校16个学科领域或方向进入ESI全球排名前1%，48

个一级学科进入全国前30%。2017年,经专家委员会遴选认定,全国共有42所院校入选一流大学建设高校名单,95所高校入选一流学科建设高校名单。黑龙江省有4所高校入选"双一流",其中哈尔滨工业大学成功入选世界一流大学建设高校名单,哈尔滨工程大学、东北林业大学和东北农业大学三所大学入选世界一流学科建设高校名单。哈尔滨工业大学的力学、机械工程、材料科学与工程、控制科学与工程、计算机科学与技术、土木工程、环境科学与工程专业,哈尔滨工程大学船舶与海洋工程专业,东北农业大学畜牧学专业,东北林业大学林业工程、林学专业入选"双一流"建设学科名单。

(五)全面推开公立医院综合改革,健康扶贫工作攻坚克难

一是全部取消药品加成,落实各项控费措施。扩大临床路径覆盖面。另外,分级诊疗在地市推开,推进家庭医生签约服务。以医联体为支撑,加快推进家庭医生签约服务,全省121个县(市、区、管局)的6137个基层医疗卫生机构推行了家庭医生签约模式,共组建家庭医生团队7344个,签约居民733万人,签约覆盖率达到20%,其中重点人群达到41.8%、贫困人口达到48%。启动社区卫生人才补充计划,利用3年时间招聘1500名规范化培训的住院医生,助力家庭医生签约服务。实现28个贫困县县医院远程医疗全覆盖,实施"基层中医药服务能力提升工程"十三五"行动计划"。

二是完成城乡居民基本医保制度整合。进一步完善大病保险制度,提高对贫困人口支付的精准性。推行多元复合型医保支付方式。全面推行按病种付费为主的多元复合型医保支付方式,鼓励有条件的地区开展分级诊疗付费试点。

三是异地就医住院费用直接结算。全省16个市级统筹区中,14个实现省内异地就医直接结算。推进了跨省异地就医住院费用直接结算,全省13个市级统筹区开通跨省异地就医直接结算,接入国家异地就医结算系统定点医疗机构98所。

四是进一步加强医疗救助与大病保险有效衔接。通过降低大病保险起付线、提高困难群众在合规范围内的救助比例和封顶线、扩大医疗救助对象范围，实现了医疗救助与大病保险的有效衔接。

（六）民意评价社会发展态势良好，公众幸福感攀升

黑龙江省社会科学院社会学研究所2017年在对黑龙江公众的千份问卷调查中显示，公众对于社会和谐度、安全感、公平感、信任感、和社会形势的信心度等五个方面都给予了较高的评价；生活满意度、生活幸福感呈现良好态势；政府工作满意度"六大指标综合采集公众态度评价。

一是五大评价展现社会发展良好态势。社会"和谐度"创历史新高，在对2017年黑龙江省社会整体和谐状况进行评价时，有81.6%的公众给予了肯定评价，是过去六年来最高评价；社会"安全感"呈现逐年攀升态势，尤其是今年社会总体安全感更是高达72.5%，且公众对"人身安全"评价最高；社会"公平感"保持稳定，近五年来公众评价基本持平，2017年公众倾向于"公平"的合计为51%；社会"信任感"总体向好，根据公众对各类政府单位、行业组织的信任度评价来看，整体来说社会信任度保持向好倾向，11个选项中有6个选项的信任感超过60%；社会形势"信心度"与日俱增，对于即将到来的2018年，公众对黑龙江省社会形势的发展持乐观态度，对未来充满信心，55.5%的公众认为"社会形势会越来越好"，这一比例要高于上年47.3%，提升8.2个百分点。

二是两大评价展现生活幸福感攀升态势。在对2017年整体生活水平变化的评价上，63.9%的公众给予了肯定评价（认为"上升很多"或"略有上升"），比上年的45.7%高出了18个百分点；当问到对未来五年生活水平改善的预期时，有86.6%的公众给予了肯定性的预期（认为会"上升很多"或"略有上升"），这一超过八成的向好预测，说明公众对未来生活的改善充满期待；当问及"生活水平哪一方面改善最多时"，公众对"居住条件"的改善评价最好（27.01%）；公众对生活幸福感高达73.7%。

（七）反腐败工作形成压倒性态势，全面从严治党向纵深发展

据黑龙江省社科院千份民意问卷随机抽样调查和百份专家问卷、党政干部问卷调查显示，公众、专家和党政干部对2017年我省的党风廉政建设和反腐败工作进行了评价，认为其呈现以下七个特点。

一是在党风廉政建设评价上，"查处贪污腐败分子工作""反腐倡廉法规制度建设工作"成效最为突出，"纠正不正之风工作""对领导干部教育管理工作"评价有所下降。根据民意调查数据显示，在党风廉政建设的评价上，公众认为"查处贪污腐败分子工作"和"反腐倡廉法规制度建设工作"成效明显，比2016年分别提升了4.9个百分点和0.9个百分点，表明十八大以来持续保持惩治腐败高压态势，全省反腐败工作压倒性态势已经形成，党风廉政建设和反腐败工作成效得到公众认可。但有几个指标略有下降，如公众认为"纠正不正之风工作""对领导干部教育管理工作"成效明显的比例较2016年分别下降了7.5%、6.3%。由此可见，纠正不正之风和对党员的教育等工作的开展还需要强化和深入，提升党政干部的廉洁自律意识不能松懈。

二是在反腐败工作评价上，公众认为政府级别越高反腐败效果越好，中央政府、省级政府和地市级政府的反腐败效果和2016年相比均有所提升。根据民意问卷调查数据显示，当问到"您认为各级政府反腐败效果如何"时，公众认为中央政府、省级政府、地市级政府反腐成效"很明显"和"比较明显"的分别为83.6%、68%、50.3%，比2016年分别提升了3.6个、0.3个、1.3个百分点；唯有县级政府比例较2016年下降了1.6个百分点。由此可见，反腐败永远在路上，要警惕基层党政干部腐败抬头，县级政府的反腐工作有待进一步强化和深入。

三是在党政干部违规违纪现象改善情况的评价上，超六成公众认为有所改善，认为改善最明显的是"婚丧嫁娶大摆宴席现象""办公室豪华装修现象""公车私用现象"，但"作风粗暴、态度生冷、办事拖拉现象"在改善成效中垫底。根据调查数据显示，公众认为党员干部违规违纪现象

改善最明显的是"婚丧嫁娶大摆宴席现象"（72.7%），排在第二、第三位的是"办公室豪华装修现象"（72.5%）和"公车私用现象"（71.1%）。此外，认为"假期过后仍不上班""赌博现象""公款送礼现象""用公款大吃大喝现象""子女、配偶靠关系精英办企业现象"得到明显改善的公众均超过六成，从侧面反映出近年黑龙江省反腐倡廉力度之大。值得一提的是，仅半数公众认为"作风粗暴、态度生冷、办事拖拉现象"（52.2%）得到改善，说明在党政干部中还存在工作作风不端正，为民服务意识不强，工作效率不高现象，有待于各级政府进一步深入强化工作作风建设。

四是在公众认为党员干部中存在的突出问题中，"买官卖官""滥用权力、以权谋私"占比最低，但"不关心群众利益""只讲形式、不干实事""为追求政绩弄虚作假"被认为是三大突出问题。根据调查数据显示，"买官卖官""滥用权力、以权谋私"分别为2.57%、4.7%，居倒数第一、第二位，显示出党的十八大以来反腐败工作已形成压倒性态势。但公众认为党政干部中存在的三大突出问题依次是："不关心群众利益"（31.11%）、"只讲形式、不干实事"（22.58%）和"为追求政绩弄虚作假"（13.12%）。表明干部作风建设永远在路上，是把追求政绩放在第一位还是把人民群众利益放在第一位是问题的根本。

五是在反腐败信心指数上，党政干部和专家比公众更有信心。根据调查数据显示，对未来黑龙江省反腐败取得明显成效的信心指数上，党政干部信心最强（89.2%），专家其次（67.4%），公众最低（58.6%）。究其原因，源于党政干部和专家对党风廉政建设的相关政策更了解，对反腐力度之大、监督之强以及持续之久有更深刻的认识，因而对未来的反腐败取得成效比公众更有信心。虽然过去一年黑龙江省深入贯彻中央的精神，强化党风廉政建设，把反腐落到实处已得到公众认可，但真正树立党政干部的廉洁形象还需一个过程。随着党的十九大全面从严治党向纵深发展战略部署的实施、黑龙江反腐力度的持续加大和党风廉政建设的不断深入，公众对未来反腐败取得成效也必然会更有信心。

二 2017年黑龙江社会发展面临的六大问题

2017年，黑龙江社会建设虽然亮点纷呈，但仍然存在一些发展的瓶颈和短板：人均GDP位居全国后十位，凸显富裕龙江建设短板；城镇居民收入居全国末位，增速持续放缓令人担忧；扶贫攻坚综合评价一般，抓精准破难题凸显短板；人口老龄化挑战巨大，城镇化发展后劲不足；城乡新旧污染交替出现，环境治理面临全新挑战；旅游投资问题频发，发展环境亟待改善。这些问题不尽快得到有效解决，直接会影响到黑龙江与全国同步进入全面小康社会和现代化新龙江建设目标的实现程度。

（一）人均GDP位居全国后十位，富裕龙江建设短板凸显

国家统计局的数据显示，2016年我国人均GDP达到了53817元，若将各省份的人均GDP换算成美元，有9个省份的人均GDP超过了1万美元（见图1）；有12个省份超过全国平均水平，其中内蒙古（7.39万元）、吉林省（5.45万元）在此列，分别位居第7、第12位，辽宁省（5.03万元）略低于全国平均水平，位于第13位（见表1）；2016年，黑龙江地区生产总值（GDP）总量居全国21位，人均GDP为4.05万元，位居全国22位，在东北三省一区中居于末位，并且相比2011年排名第17、2016年排名第21，排名呈下降趋势。

2017年前三个季度，黑龙江人均GDP为26063元，在31个省（自治区、直辖市）中排第29位（全国平均值为42908元）。黑龙江省2016年前三个季度全国排名为第27，2017年呈下降趋势。

按照国际标准，中国要建成现代化强国，首先要从中等偏上收入进入高收入国家行列，即从2016年人均GDP 8516.18美元到2017年的12235美元。但这只是一个入门槛，从中国2016年人均GDP居世界第75位的现实，说明中国还有很长的路要走。黑龙江也同样如此，要建设社会主义现代化的新龙江，最终看的不是GDP总量，而是人均GDP。因此，这个指标应该成为长年监测的指标。

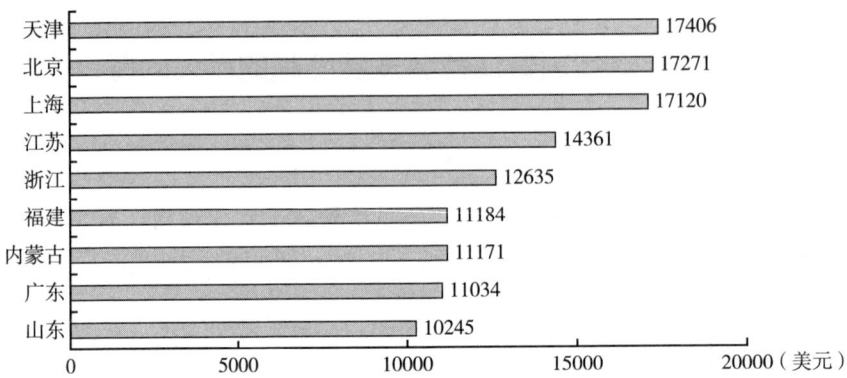

图1 中国人均GDP超1万美元省份一览

表1 2016年中国各省市人均GDP排名

排名	省份	人均GDP(万元)	常住人口(万人)	GDP总量(亿元)
1	北京	11.46	2172.90	24899.26
2	天津	11.45	1562.12	17885.39
3	上海	11.35	2419.70	27466.15
4	江苏	9.51	7998.60	76086.17
5	浙江	8.32	5590.00	46484.98
6	内蒙古	7.39	2520.10	18632.57
7	福建	7.36	3874.00	28519.15
8	广东	7.23	10999.00	79512.05
9	山东	6.74	9946.64	67008.19
10	重庆	5.76	3048.43	17558.76
11	湖北	5.49	5885.00	32297.91
12	吉林	5.45	2733.03	14886.23
13	辽宁	5.03	4377.80	22037.88
14	陕西	5.03	3812.62	19165.39
15	宁夏	4.67	674.90	3150.06
16	湖南	4.58	6822.00	31244.68
17	海南	4.41	917.13	4044.51
18	青海	4.33	593.46	2572.49
19	河北	4.26	7470.05	31827.86
20	河南	4.21	9532.42	40160.01
21	黑龙江	4.05	3799.20	15386.09

续表

排名	省份	人均GDP(万元)	常住人口(万人)	GDP总量(亿元)
22	新疆	4.01	2398.08	9617.23
23	江西	4.00	4592.30	18364.41
24	四川	3.96	8262.00	32680.5
25	安徽	3.89	6195.50	24117.87
26	广西	3.77	4838.00	18245.07
27	山西	3.51	3681.64	12928.34
28	西藏	3.48	330.54	1150.07
29	贵州	3.30	3555.00	11734.43
30	云南	3.12	4770.50	14869.95
31	甘肃	2.74	2609.95	7152.04

（二）城镇居民收入居全国末位，增速持续放缓令人担忧

城镇居民收入水平和增速均居全国末位。2017年前三季度，黑龙江省城镇居民人均可支配收入实现20170元，比上年同期增长6.6%。但收入绝对值低于全国平均水平7260元，在全国各省排名末位，并且增速在全国排名第29位。与邻近省份相比，2017年前三季度黑龙江省城镇居民人均可支配收入绝对值低于同期辽宁6091元，低于吉林（835元）和内蒙古（6769元）。这个指标如果不达标，增加城镇居民收入将会成为黑龙江全面建成小康社会和建设现代化新龙江的一大瓶颈。

城乡居民消费低迷，生活水平提高缓慢。2017年一季度、上半年和前三季度，全省城镇居民人均生活消费支出同比增速分别为1.6%、2.3%和2.5%，增速虽然呈逐季增长态势，但始终保持低位运行。如果与上年同期比降幅更为明显，达到5.5个百分点。前三季度，农村居民生活消费支出比上年同期增长6.2%，增速高于同期城镇居民3.7个百分点，但比上年同期下滑了4.6个百分点，比全国平均水平低3.9个百分点。

城乡居民住房、教育、医疗消费压力较大。据消费价格调查数据显示，2017年前三季度，黑龙江省医疗保健类价格同比上涨7.9%，教育文化和娱乐类价格同比上涨4.1%，居住类价格同比上涨1.6%。黑龙江省城镇居民

上述三类消费支出占生活消费支出的比重达到39.3%，比上年同期提高0.1个百分点；农村居民三类消费支出占比高达43.6%，比上年同期提高了0.6个百分点。

（三）扶贫攻坚综合评价一般，抓精准破难题尚有差距

2017年4月，国务院扶贫开发领导小组通报了黑龙江2016年扶贫开发工作成效考核情况，考核结果为综合评价一般。问题主要体现在帮扶工作群众满意度低、贫困人口识别和退出不精准、住房安全和基本医疗保障薄弱、扶贫资金使用管理违纪违规等方面。[1]

2017年下半年，国家扶贫开发办再次对黑龙江扶贫开发工作存在的问题进行提醒谈话，表明黑龙江省扶贫开发工作在抓精准抓关键上仍存在短板，具体体现在一个"抓精准"不到位，没有把握好精准识别关、精准施策关、精准退出关；破解"四难题"不到位，即没有破解好产业扶贫产业扶贫这个软肋、"三保障"这个短板（住房保障、教育保障、饮水保障）、金融扶贫这个弱项，没有抓好驻村扶贫这个关键。

为认真解决这些突出问题，黑龙江省多次召开省委常委会等会议，下发了脱贫攻坚"回头看"实施方案，重新审视全省脱贫攻坚工作面临的形势、存在的问题和遇到的挑战，频繁密集研究部署，严令要求各级党委将此项工作作为"一把手"工程，特别是县委书记作为最前沿的"总指挥"抓实抓好，要在精准识别、补齐短板、产业扶贫、保障兜底、驻村帮扶等五个方面狠下功夫，以期坚决打赢这场脱贫攻坚战。

（四）人口老龄化挑战巨大，城镇化发展后劲不足

黑龙江省人口老龄化和人口外流是现在和今后很长时间将要面对的一个重要问题，如何解决这两个问题将关涉国民经济和社会发展诸多层面的问题。黑龙江省近年来对于该问题的重视程度也逐渐加大，陆续探索了多种形

---

[1] 参见《黑龙江五方面精准发力启动脱贫攻坚"回头看"》，新华社，2017年5月26日。

式的养老服务,出台相关政策、培育养老品牌。人口外流方面,近五年来黑龙江人口外流向减缓方向发展,但每年流出人口的规模仍大于人口自然增长的数量,人口总量呈现不断减少的趋势。黑龙江人口问题主要体现为以下几方面。

一是养老保障压力加大。人口老龄化加剧,老年人口增多,势必会带来养老保险金支出大幅提高,将严重影响社会经济的发展。2015年,黑龙江省养老金仅够付一个月;黑龙江省城镇企业职工养老保险基金收入比支出少183亿元,养老保险支付压力巨大。

二是医疗卫生消费支出负担加重。老年人口规模持续扩大,全省面临的医疗卫生消费支出负担巨大。社会养老服务需求增大。在当代"空巢化""少子化"的社会环境下,老年人尤其是那些高龄独居老人、失能老人对社会养老服务的需求将逐渐增大。预计到2020年,黑龙江省失能、半失能老年人将达到97.4万人;约有80万的老年人需要接受康复治疗,社会养老服务亟待进一步发展。

三是人口流出形势依然严峻。在黑龙江省的各个城市中,只有哈尔滨市和大庆市的常住人口数量是增加的,其他城市的常住人口数量无一例外均出现不同程度的下降,尤其是一些资源型城市的人口流出问题尤为严重。以鸡西、鹤岗、双鸭山、七台河四大煤城为例,其表现为:大学毕业生流失问题较严重;流出人口八成以上为劳动年龄人口;文化程度越高流出的比例越大。

四是城镇化发展后劲不足。截至2016年底,黑龙江省城镇化率已经超过了60%,拥有特大城市3个、大城市7个及若干中小城市,但从综合情况来看,黑龙江省城镇化率是一种虚高的、低水平的城镇化率。依赖于自然资源建立起来的城镇,多数仍以农业第一产业经济为支撑,当地居民的生产、生活方式还很缺乏城市特性。并且城镇化发展速度放缓。

(五)城乡新旧污染交替出现,环境治理面临全新挑战

一是大气治理遭遇瓶颈,环境治理信心面临考验。随着城市大气污染的频繁出现，大气污染治理力度不断加大，但实际效果和社会反响却不尽人意。伴随着取暖季的来临，10月、11月仍然多地出现重度污染，在社交平台上引起了市民的普遍不满。根据蓝皮书调查情况来看，生态环境问题还不能构成最严重的社会问题，但调查数据从侧面展示了公众对于环境污染反复出现、环境治理收效不明显的反应。

二是新旧污染交替出现，环境治理能力面临考验。近年来，黑龙江加大城市污染治理力度，在全国城镇污水处理情况考核排序由最初的第30位上升到第20位，但仍然存在着许多不尽人意的地方，个别市（区）生活垃圾综合处理工程进度缓慢，旧的污染问题还未彻底解决，新的污染问题又出现。黑龙江省服务行业的白色垃圾数量惊人。除此之外，还有物流行业所产生的废旧塑料包装、纸质包装等，以及电子垃圾，新旧污染交替出现。

三是美丽乡村建设见真章，环境治理水平面临考验。2017年是《黑龙江省美丽乡村建设三年行动计划（2015~2017）》收官的一年，本报告问卷特意为美丽乡村建设公众满意度做了调查，结果显示对于美丽乡村建设的效果持满意态度的人数要高于不满意的人数。但是在美丽乡村建设基础设施扎实推进的同时，一些细节问题还有待提高。这就为对农村环境治理工作提出了更高的要求。

（六）旅游投资问题频发，发展环境亟待改善

吸引外部投资和发展旅游业是未来黑龙江经济社会发展的重要着眼点，其有序优质发展能对振兴龙江起到至关重要的作用。

黑龙江省近年来将发展旅游业作为全省经济转型升级的重要发力方向之一，2015年《黑龙江省政府工作报告》指出，"夏季主推生态化突出优势，发展避暑休闲游、养生度假游、医疗健康游、极地游和边境出境游；冬季主推冰雪特色优势，突出哈尔滨冰雪大世界、雪乡、亚布力滑雪等重要卖点"。但随着旅游业的发展，也暴露出来一些问题。特别是不合理低价游、欺客宰客、强迫收费，甚至辱骂殴打游客等问题在各种媒体中不断被曝光，给黑龙江旅游业造成了非常严重的负面影响。

吸引外部投资是已被改革开放的历史证实的有效发展当地经济的方法，能够弥补本地资金、设备、管理等方面的不足，更好地开发本地现有资源。做好这个工作就要创造良好的营商环境，近年来关于在中国东北投资的负面新闻也不断被爆出，网络上有"投资不过山海关"的说法，甚至还出现"东北地区投资环境在全国最为落后，黑龙江在全国倒数第一"这样的批评。对于网络舆论应该全面地分析和看待，避免情绪化的理解，但也从一个侧面体现出黑龙江省在相关方面确实存在着一定问题，在未来的工作中需要给予高度的重视。

三 2018年黑龙江省社会发展的展望和重要任务

党的十九大发出了"为中国人民谋幸福，为中华民族谋复兴"的庄严承诺，做出了"新时代我国社会主要矛盾是人民日益增长的美好生活需要和不平衡不充分的发展之间的矛盾"的重大政治判断。这一关乎全局的历史性变化带来的新问题、新挑战，对保障改善民生和加强创新社会治理提出了全新的、更高的要求。习近平总书记作的十九大报告提出了一系列解决民生领域问题的新思想新举措，为我们在新的历史条件下社会建设指明了方向。省委全会据此指出，要全面建设富强民主文明和谐美丽的社会主义现代化新龙江，确保与全国同步完成决胜小康和建设现代化新龙江战略任务。为此，黑龙江2018年和今后一个时期，应在以下四方面加强社会建设。

（一）同呼吸共命运心连心，坚持人民利益至高无上，把龙江人民对美好生活的向往作为奋斗目标

习近平总书记指出，为什么人的问题是检验一个政党、一个政权性质的试金石。带领人民创造美好生活，是我们党始终不渝的奋斗目标。必须始终把人民利益摆在至高无上的地位，让改革发展成果更多更公平地惠及全体人民，朝着实现全体人民共同富裕不断迈进。古人云："为国者以民为基"。坚持人民至上，就是要深刻领会党的一切工作必须以最广大人民根本利益为

最高标准,坚持把人民群众的小事当作自己的大事,从人民群众关心的事情做起,从让人民群众满意的事情做起,带领人民不断创造美好生活。

一是要树立共享理念。习近平总书记在谈到"共享"新发展理念时强调,共享是指全民共享、全面共享、共建共享、渐进共享;要不断把民生的"蛋糕"做大,并把不断做大的"蛋糕"分好,这为新时代中国社会建设和龙江社会建设提供了根本遵循。古人云:"为国者以民为基"。坚持人民至上,就必须做到确保"民生优先""民意为重"。强调"民生优先",即树立群众观点、站稳群众立场、践行群众路线,做出新的决策、出台新的政策都要把民生放在优先位置来考虑。这充分彰显了以人为本、执政为民的情怀,集中体现了一切为了群众、一切想着群众、一切依靠群众的宗旨意识;强调"民意为重",即问政于民、问需于民、问计于民,使我们的工作更加符合群众期盼、真正赢得群众认可。正所谓"知屋漏者在宇下,知政失者在草野",惟问政于民方知得失,问需于民方知冷暖,问计于民方知虚实,这才能使决策更加符合群众意愿。体恤民生、尊重民意,倾听民声,体察民情,集纳民智,赢得民心,是对执政者的基本要求。坚持人民至上,就必须牢记使命责任,确保社会质量提升,发展红利共享。走出一条基本民生有效保障、小康民生全面实现、人民群众获得感幸福感不断增强的共享发展之路。

二是要坚持基本原则。提高保障和改善民生的水平,既尽力而为,又量力而行;既要抓住人民最关心最直接最现实的利益问题,一件事情接着一件事情办,一年接着一年干,又要处理好福利增长和经济发展关系的难题,防止政府财政和债务危机带来的政治风险,特别是要防止民粹福利主义绑架民意。针对黑龙江公众和专家对政府债务问题的关注和担忧,应全力打好化解政府债务危机风险的攻坚战。

三是要把握基本方针。坚持人人尽责、人人享有,在民生工作推进中重点把握好"坚守底线、突出重点、完善制度、引导预期"十六字方针。黑龙江应特别从解决群众最关心最直接最现实的利益问题入手,做好普惠性、基础性、兜底性民生建设,特别应强调"社会政策要托底",切实做到普惠、持久、有效。

四是要明确主攻方向。不断满足人民日益增长的美好生活需要，不断促进社会公平正义，形成有效的社会治理、良好的社会秩序，切实保护人民群众人身权、财产权、人格权，不断提高全省人民的获得感、幸福感、安全感，全面建设和谐新龙江。

（二）抓重点补短板强弱项，坚持在发展中改善民生，让改革成果更多更公平地惠及龙江全民

习近平总书记在党的十九大报告中，对中国特色社会主义进入新时代后我国社会主要矛盾内涵转变的重要论述，让我们清醒地认识到在民生领域还存在一些发展短板，群众在就业、教育、医疗、社保、居住、养老等方面仍面临不少难题，发展不均衡不充分的问题依然突出。坚持在发展中改善民生，让改革成果更多更公平地惠及全体人民，应在以下三个方面聚焦发力。

一是抓重点，完善公共服务体系，促进社会公平正义。黑龙江省委十二届二次全会指出，要通过城乡公共服务均等化等配套制度建设，提高保障和改善民生水平，坚持以人民为中心的发展思想，优先发展教育事业，不断提高就业质量，努力提高城乡居民收入水平，加强社会保障体系建设，持续推进健康龙江行动；要在教育、就业、医疗、社保等主要领域探索构建民生发展新模式，切实提高公共服务体系的管理效能，在幼有所育、学有所教、劳有所得、病有所医、老有所养、住有所居、弱有所扶上不断取得新进展，切实提高人民群众对民生发展的获得感、满意度。我们要直面民众关切，突出重点，针对群众最关切的问题发力，全面部署保障改善民生战略任务，坚持把保障和改善民生作为振兴发展的重要工作。要不断改善城乡居民居住条件，加大林区、煤城棚改力度，推动城市棚改向非集中连片棚户区、城市危房和城中村改造延伸，完成现有存量棚户区和农村泥草（危）房改造任务。要实施更加积极就业政策，建立健全覆盖城乡的公共就业服务体系；突出转岗分流职工、高校毕业生、退役军人和农业转移劳动力四类重点人群；坚持以创业促就业，通过完善相关政策与平台互融互通建设，切实持续推动科技人员、大学生、农民、城镇转移就业职工四支队伍创业创新，振兴实体经济，带动

就业增长。要深化收入分配制度改革，提高城乡居民收入，实现劳动报酬和劳动生产率同步提高。要完善社会保障体系，稳步提高统筹层次和保障水平，基本实现法定人员全覆盖；统筹推进社会救助体系建设，提高城乡低保和特困人员救助水平；关爱农村"三留守"人员，发展社会福利、慈善和残疾人事业。要加快发展社会事业，努力办好人民满意教育、实施文化惠民工程、推进"健康龙江"建设、促进人口均衡发展、统筹养老发展、加快体育发展等。

二是补短板，攻克区域性整体贫困难题，坚决打赢脱贫攻坚战。黑龙江省委十二届二次全会提出要坚决打好精准脱贫攻坚战，确保到2020年现行标准下全省农村贫困人口全部脱贫、贫困县全部摘帽。要动员全党全国全社会力量，坚持精准扶贫、精准脱贫，坚持中央统筹、省负总责、市县抓落实的工作机制，强化党政一把手负总责的责任制，坚持大扶贫格局，注重扶贫同扶志、扶智相结合，深入实施东西部扶贫协作，重点攻克深度贫困地区脱贫任务，努力解决区域性整体贫困，做到脱真贫、真脱贫。要坚决打赢脱贫攻坚战，应在"一个确保、四个聚焦"上狠下功夫。"一个确保"即确保把好精准识别关、精准施策关、精准退出关；"四个聚焦"即聚焦产业扶贫这个软肋、聚焦"三保障"这个短板、聚焦金融扶贫这个弱项、聚焦驻村扶贫这个关键；应借鉴国家省际交叉考核和第三方评估方式，对脱贫攻坚成效进行科学考核，并把考核结果作为评价班子、使用干部的重要依据；应严格扶贫资金使用管理，发现违纪违规、弄虚作假等行为，从重从快处理。总之，应建立常态长效脱贫机制，真正落实好实施产业增收、转移就业、教育扶智、金融扶持、社保政策兜底脱贫攻坚行动的"五个一工程"特别要加快推进脱贫线和低保线"两线合一""坚持扶贫开发与经济社会发展相互促进、片区开发与精准扶贫同步实施、开发扶贫与绿色发展统筹兼顾、扶贫开发与发展现代农业有机结合、政府市场社会协同发力、专项行业社会扶贫互为补充、扶贫开发与社会保障有效衔接，举全省全社会之力，坚决打赢脱贫攻坚战"[1]，坚

---

[1] 《关于印发黑龙江省脱贫攻坚"十三五"规划的通知》，黑龙江省扶贫办网站，2017年4月21日。

决防止"数字脱贫""被脱贫"现象，确保全省44.5万贫困人口如期脱贫，28个贫困县全部摘帽，让贫困人口和贫困地区与全省一道进入小康社会，决不让一个贫困地区、一个贫困群众掉队。

三是强弱项，促进社会流动，提高中等收入群体比重。破除妨碍劳动力、人才社会性流动的体制机制弊端，使人人都有通过辛勤劳动实现自身发展的机会；完善政府、工会、企业共同参与的协商协调机制，构建和谐劳动关系；坚持按劳分配原则，完善按要素分配的体制机制，促进收入分配更合理、更有序；鼓励勤劳守法致富，扩大中等收入群体，增加低收入者收入，调节过高收入，取缔非法收入；坚持在经济增长的同时实现居民收入同步增长、在劳动生产率提高的同时实现劳动报酬同步提高；拓宽居民劳动收入和财产性收入渠道，履行好政府再分配调节职能，加快推进基本公共服务均等化，缩小收入分配差距。

（三）着力共建共治共享，打造社会治理新格局，使龙江社会既充满活力又和谐有序

加强和创新社会治理，是完善和发展中国特色社会主义制度，推进国家治理体系和治理能力现代化的重要内容。在"政社分开"改革中推进社会治理体制创新、在社会动力活力激发中推进社会共治、在公共安全体系构建中防范和化解矛盾风险，理应成为未来加强社会建设聚焦的重点领域。从"管理"到"治理"，从"共建共享"到"共建共治共享"，习近平总书记在十九大报告中提出"打造共建共治共享的社会治理格局"这一重要论断，是党深化对社会治理和社会建设规律认识的重要理论创新成果，为我国在新时代加强和创新社会治理指明了前进方向，提供了基本遵循。省委提出着力打造共建共治共享的社会治理格局，建设更高水平的平安黑龙江，首要的是加强社会治理制度建设，完善党委领导、政府负责、社会协同、公众参与、法治保障的社会治理体制，提高社会治理社会化、法治化、智能化、专业化水平。其中，共建是基础，突出制度和体系建设在社会治理格局中的基础性、战略性地位；共治是核心，在"政社分开"改革和社会动力活力激发

中推进多元社会共治；共享是目标，使社会治理的成效更多、更好、更公平地惠及全体人民。打造共建共治共享的社会治理新格局，关键在于一大机制、四大体系的构建。

一是让预防更有效，加强化解社会矛盾机制建设。要正确处理人民内部矛盾，切实防患于未然，将社会矛盾化解在基层。

二是让社会更有序，健全公共安全体系。完善安全生产责任制，坚决遏制重特大安全事故，提升防灾减灾救灾能力。

三是让法治更深入，加快社会治安防控体系建设。依法打击和惩治黄赌毒黑拐骗等违法犯罪活动，坚决打好防范化解重大风险攻坚战，全面防范政治风险、经济风险、社会风险、生态风险、公共安全风险，切实保护人民人身权、财产权、人格权。

四是让疏解更走心，加强社会心理服务体系建设。要培育自尊自信、理性平和、积极向上的社会心态。

五是让治理更多元，加强社区治理体系建设。推动社会治理重心向基层下移，重点做好农村、西部、边疆、城镇等地区的社会治理工作，发挥社会组织作用，实现政府治理和社会调节、居民自治良性互动。

（四）建机制提质量强动力，深化社会体制改革，促进龙江社会质量的全面提升

改革的深度，民生的温度，社会体制改革是社会建设的首要任务和中心环节。习近平总书记强调，社会建设要以改革为动力，改革是经济社会发展动力，也是保障和改善民生的动力。在加快社会体制改革上，要突出民生导向，聚焦重点领域。

一是要构建改善民生的长效机制。将公众关切的户籍制度改革、收入分配制度改革、招生考试制度改革、公立医院改革、社会保险制度改革等，作为确保公众享有发展红利的重中之重，努力使各项改革在政策取向上相互配合、在实施过程中相互促进、在改革成效上相得益彰。如在公立医院改革中，应深化医联体建设，做实家庭医生签约服务，完善不同级别医疗机构的

医保差异化支付政策，不断完善分级诊疗制度的建设；应深入推进城市优质医疗资源下沉，加快建立健全"双下沉、两提升"的长效机制，提升基层医疗卫生机构服务能力；应创新"互联网＋分级诊疗"服务模式；鼓励各级医疗机构与互联网企业合作建设功能化、多元化和个性化的预约转诊服务平台。

二是要全面提升改革的质量。切实保证各项改革都能满足公众的愿望与期待，切实保证改革的落脚点能够让公众的利益得到保障，让人民有更多的获得感。如为了更好地满足人民对养老服务的多样化、个性化需求，应加快养老服务业的改革发展，在进一步加大对养老产业投融资、税费、价格、用地等方面扶持力度的基础上，要完善养老服务业与医疗健康业、旅游业、生态食品业的精准对接、融合发展的顶层设计和规划，加强各种养老服务形态之间的衔接与融合，促进养老服务项目化、集约化发展；继续强化政府和社会资本合作（PPP）的投融资模式，创新金融产品和服务方式，建设养老服务融合发展云平台，加大人才队伍建设力度，不断提升融合发展的质量。

三是要完善民生决策机制。习近平总书记在考察黑龙江谈到切实保障和改善民生时突出强调，出台政策措施要深入调查研究，摸清底数，广泛听取意见，兼顾各方利益。政策实施后要跟踪反馈，发现问题及时调整完善。要加大政策公开力度，让群众知晓政策、理解政策、配合执行好政策。这是对完善黑龙江省公共政策决策机制，促进政府决策科学化、民主化提出了具体的、更高的要求。为此，要规范决策程序，完善第三方评估机制，使其作为完善决策科学化、民主化、法治化的重要抓手。

四是要加强对民生领域改革的研究。不断深化改革，为保障改善民生提供制度保障。这是为社科理论工作者提出的重大课题，也是改革向民生领域深化，提升改革质量的重要标尺。如研究如何夯实黑龙江省社会保障制度的基础，发挥医疗保险的调节功能，提升管理服务水平，确保在系统性、公平性、流动性、便捷性和规范性等方面取得新进展等，都是社会体制改革领域需要深入研究的重要问题。

社会调查篇

Social Survey

B.2
2017~2018年黑龙江省 社会形势公众调查报告

田 雨*

摘 要: 从黑龙江省公众的近千份问卷调查结果来看,一是五大评价指标展现社会心态:社会"和谐度"创历史新高、社会"安全度"逐年提升、社会"公平度"保持稳定、社会"信任度"总体向好、社会形势"信心度"与日俱增。二是四种生活评价凸显公众需求:生活水平总体评价有所提升,对未来预期较为乐观;生活环境"居住条件"改善最多,"交通出行"改善最少;生活质量"社会关系"满意度高,"闲暇生活"满意度最低;虽然生活状态"社会地位、收入水平"满意度较低,但"幸福感"较高。三是五类民生热点需要重点关注:最主要的

---

* 田雨,黑龙江省社会科学院社会学研究所研究员,研究方向为社会保障与社会政策。

三大社会问题为看病难、物价上涨、行政部门办事难；最突出的损害群众利益的三大现象为食品药品缺乏监管、政府办事人员工作态度差、挪用政府各类民生补贴款；群体性事件的三大诱因为房屋拆迁、强制征地、劳资纠纷；社会保障问题中"基本住房保障"评价最高，"养老保障"评分最低；2018年三大民生热点为收入差距、高质量就业、看病难。四是三类公众评价聚焦发展环境改善：公众对2017年政府各项工作的评价参差不齐，对基层政府部门服务意识评价最低；"八大环境"中，全省"政策环境"备受肯定，"市场环境"亟须改善。

关键词： 黑龙江　社会心态　公众需求　社会发展　环境改善

为了解公众对2017年黑龙江省社会形势发展的评价，2017年底调查组根据全省各地区经济社会发展的主要指标以及经济发展类型，依据多阶段分层抽样原则，抽取了哈尔滨市道外区、松北区、双城区、延寿县，齐齐哈尔市铁锋区、克山县、拜泉县，佳木斯市桦川县，七台河市勃利县，黑河市逊克县10个县区的40个村/居为调查样本，共回收千份有效问卷。依据多阶段分层抽样原则，被访者覆盖城乡、各阶层、各年龄阶段，具体构成如下：国家与社会管理者阶层、经理人员（企业管理人员）阶层、私营企业主阶层、专业技术人员阶层、办事人员阶层、个体工商户阶层、商业服务人员阶层、工人阶层和农民工阶层、农业劳动者阶层等14个社会阶层。在性别分布上，男性占46.8%，女性占53.2%；年龄分布上，35岁及以下占24.5%，36~59岁占57.9%，60岁及以上占17.6%；户籍分布上，"农业户口，并在农村生活"的占19.8%，"非农业户口，在城市生活"的占67.9%，"农业户口，但在城市生活半年以上"的占10.3%，其他占2%。调查样本基本反映了当前全省公众对社会形势的总体评价，具体调查结果如下。

一 五大评价指标展现社会心态

（一）社会"和谐度"创历史新高

在对2017年黑龙江省社会整体和谐状况评价时，有81.6%的公众给予了肯定评价，是过去六年来的最高评价（见图1）。另外，当问到"对未来黑龙江省构建和谐社会的预测"这一问题时，24.8%的公众表示"非常有信心"，58%的公众表示"比较有信心"，也就是说超过八成的公众给予了肯定性评价。可见，绝大多数公众对黑龙江省未来和谐社会的建设是抱有信心的。

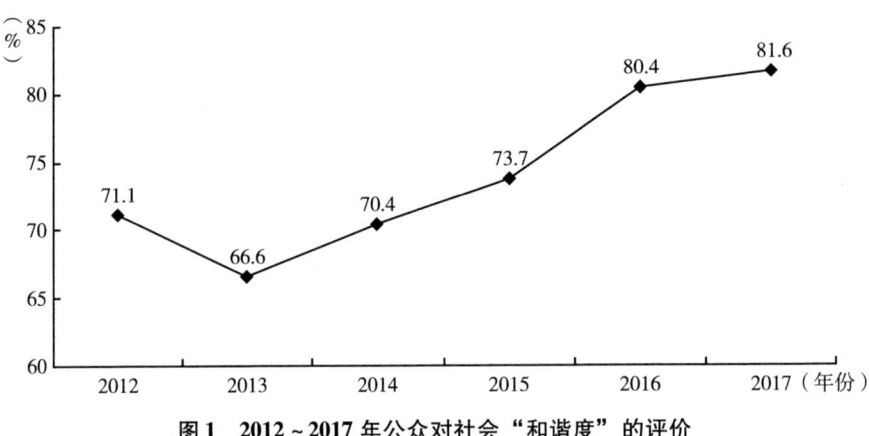

图1 2012~2017年公众对社会"和谐度"的评价

（二）社会"安全度"逐年提升

社会安全感是人们对社会安全认识的整体反映，是衡量社会运行机制和人们生活安定程度的标志。对比近五年来，公众对黑龙江省社会安全度的总体评价呈现明显的逐渐上升态势，尤其是2017年社会总体安全度的评价更是高达72.5%（见图2）。另外，从各分项评价中可见，公众对"人身安全"评价最高，对"食品安全"评价最低（见图3）。近年来影响人们社会安全感的因素和社会事件越来越多，但"食品安全"一直是焦点因素。层出不穷的食品安全事件给公众的社会安全感造成了潜在的威胁。因此对食品安全的监管工作任重道远，不但要从体制机制上加强治理，也要提高公众对政府食品安全管理的信心。

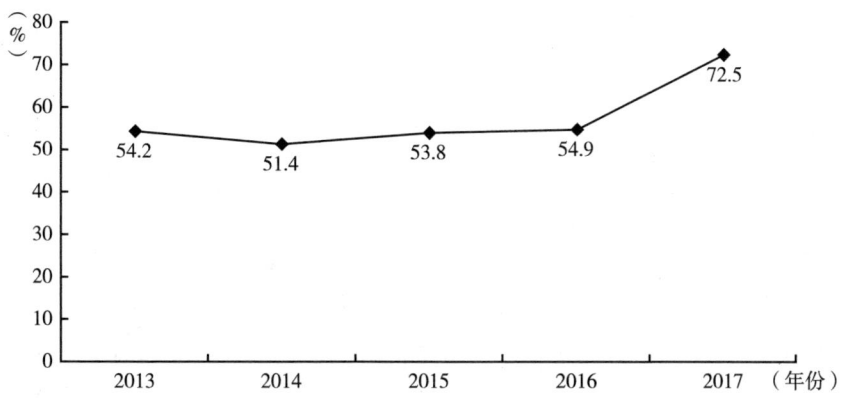

图2 2013~2017年公众对社会总体"安全度"的评价

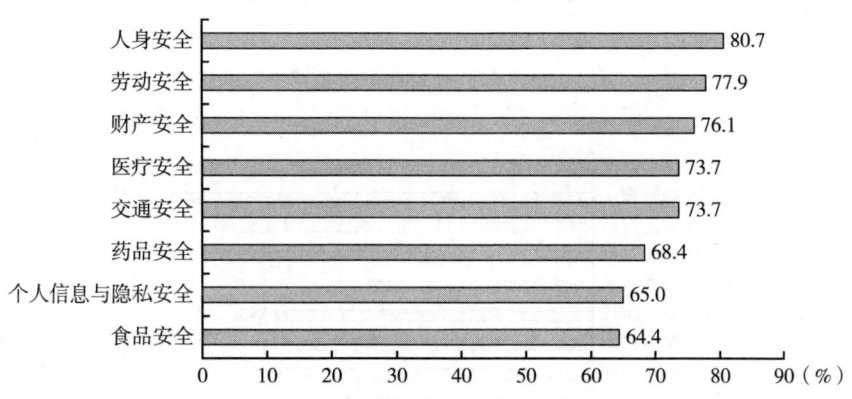

图3 2017年公众对社会"安全度"的分项评价排序

（三）社会"公平度"保持稳定

对比过去五年公众对黑龙江省社会总体"公平度"的评价，可见近五年来公众评价基本稳定。2017年公众评价倾向于"公平"的合计为51%（见图4）。从具体项目来看，排在前三位的是"高考制度"、"义务教育"和"公民实际享有的政治权利"，三项评价均超过60%。这一评价与上年基本一致。另外，值得注意的是，排在最后的为"城乡之间的权利待遇"，公众评价"公平度"为34.3%，比上年排在最后的"财富及收入分配"还要低1.6个百分点（见图5）。可见，2017年公众对黑龙江省城乡差距带来的不公平较为敏感，值得关注。

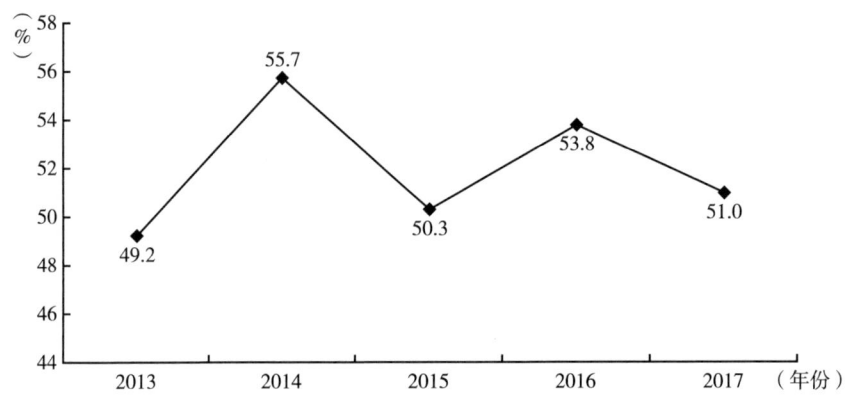

图4　2013~2017年公众对社会"公平度"的评价

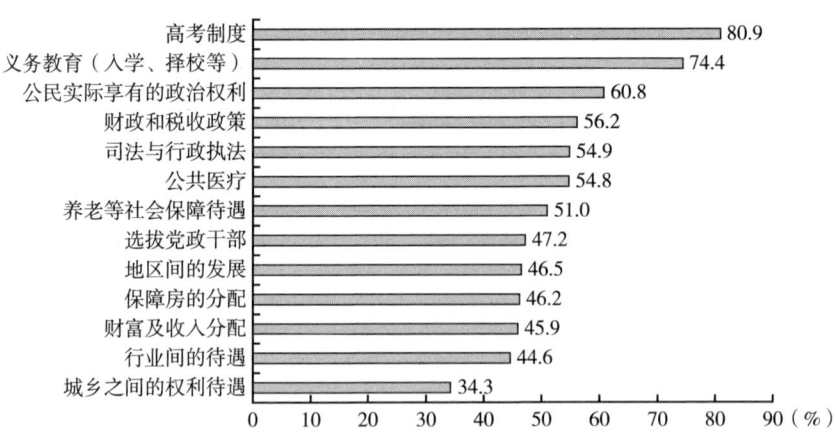

图5　2017年公众对社会总体"公平度"评价排序

（四）社会"信任度"总体向好

根据公众对各类政府单位、行业组织的信任度评价，整体来说社会信任度向好，11个选项中有6个选项的信任度超过60%（见图6）。值得注意的是，排在前三位的"省政府""地（市）政府""社区（居委会）或村委会"均为政府行政单位或派出机构，这也体现出了公众对官方组织单位的高度信任。另外，公众信任度最差的是"宗教组织"，这说明未来对相关宗教组织的管理与规范需要加强。

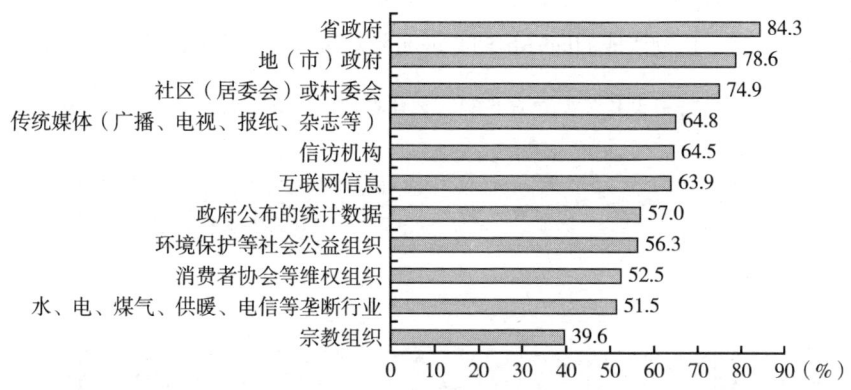

图6　2017年公众对单位或组织的信任度排名

（五）社会形势"信心度"与日俱增

对于即将到来的2018年，公众对黑龙江省社会形势的发展持乐观态度，对未来充满信心。55.5%的公众认为"社会形势会越来越好"，这一比例要远高于上年（47.3%），有34.1%的公众认为"社会形势不会有大变化"，只有2.1%的公众认为"社会形势会越来越差"，另有8.3%的公众回答"说不清楚"。这些数据表明，2017年黑龙江省在稳定社会形势、促进社会和谐等方面的工作得到了公众高度肯定，社会发展形势令人满意。

二 四种生活评价凸显公众需求

（一）生活水平总体评价有所提升，对未来预期较为乐观

在对2017年黑龙江整体生活水平变化的评价上，63.9%的公众给予了肯定评价（认为"上升很多"或"略有上升"），另有24.4%的公众给予否定评价（认为"略有下降"或"下降很多"）。总体来说，对生活水平的肯定性评价比上年的45.7%高出了18.2个百分点。当问到对未来五年生活水平改善的预期时，有86.6%的公众给予了肯定性的预期（认为会"上升很多"或"略有上升"）（见图7），这一超过八成的向好预期，说明公众对未来生活的改善充满期待。

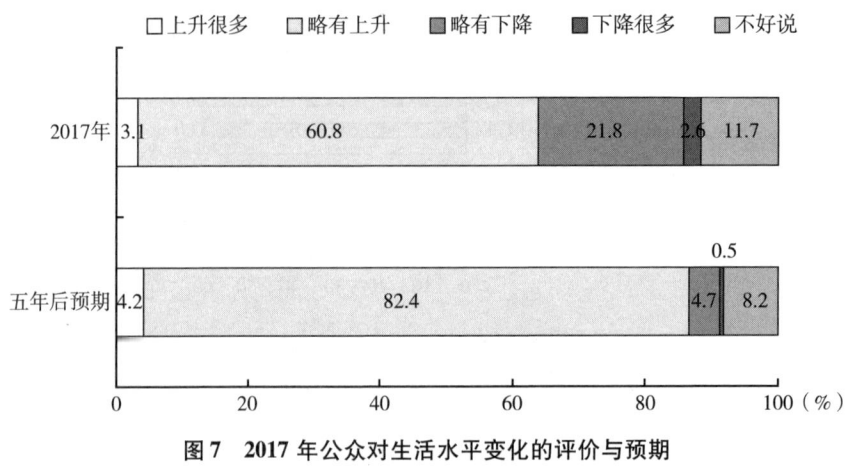

图7　2017年公众对生活水平变化的评价与预期

（二）生活环境："居住条件"改善最多，"交通出行"改善最少

当进一步追问"生活水平哪一方面改善最多时"，公众对"居住条件"的改善评价最好（27.01%），而对"交通出行"的改善评价最低（7.35%）（见图8）。总体来看，近两年来，黑龙江省主要城市的房价并没有出现如全国其他省市那样的暴涨态势，甚至在有些三四线城市房价还出现下降趋势，这在很大程度上也提高了公众对居住条件改善的满意度。

另外,"交通出行"情况却令人担忧。继 2016 年哈尔滨在高德地图联合公安部交管局发布的《2016 年中国主要城市交通分析报告》中,被列为最拥堵城市之后,2017 年前两个季度排名显示哈尔滨已经由第一位下降至第三位,这也在某种程度上证明了黑龙江交通治理的成效。然而交通问题是关系民生的大事,未来尚需持续关注和改善管理。

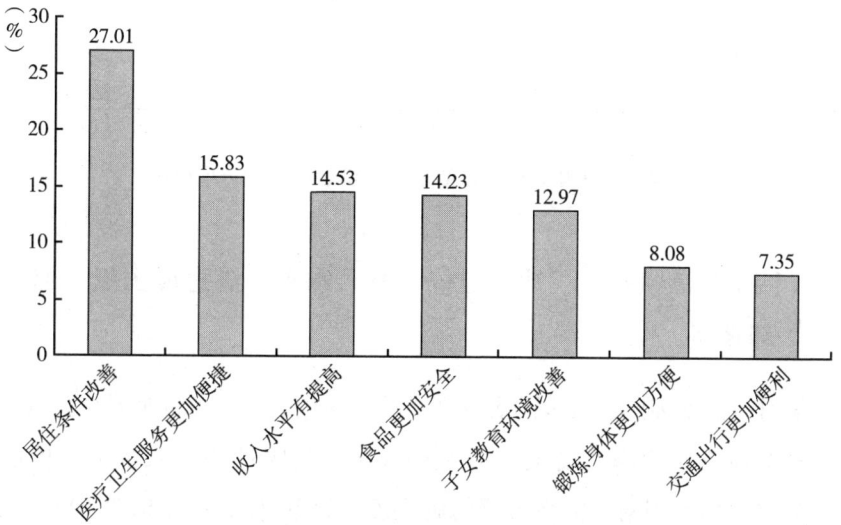

图 8　2017 年公众对生活环境改善的分项评价

(三)生活质量:"社会关系"满意度高,"闲暇生活"满意度最低

居民生活质量一项更侧重于对人的精神文化等高级需求满足程度的评价。公众对"社会关系"方面的满意度普遍较高(见图9),其中与父母关系满意度最高,与子女的关系满意度最低。另外,公众对"社区服务""闲暇生活"等项的满意度最低,这一评价结果与上年基本一致。近年来,黑龙江省城乡社区建设方兴未艾,但是农村社区建设在基金投入、服务设施、服务人员配置等方面还有待改善。随着人民群众对生活质量从物质需求到精神强需求的整体提升,公共服务在休闲生活场所、公共娱乐设施、社区环境营造等方面还应加大投入力度和关注度。

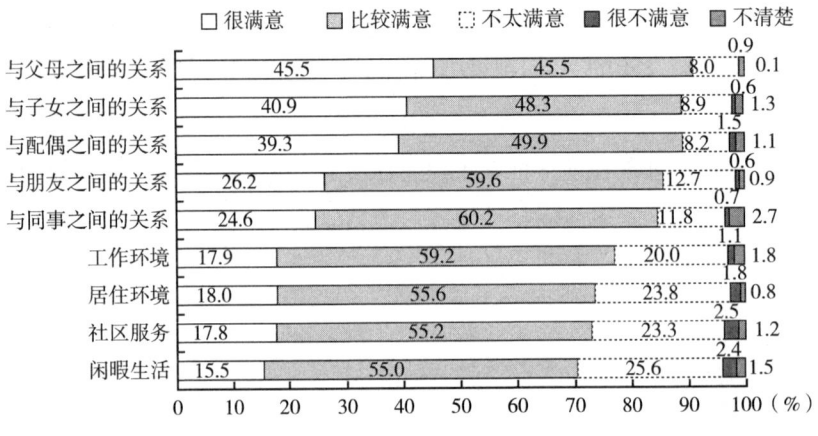

图9　2017年公众对生活质量"满意度"的分项评价

（四）生活状态："社会地位、收入水平"满意度虽低，但"幸福感"却较高

从对生活幸福感、收入的满意度、社会地位的总体评价来看，公众虽然对"社会地位"的满意度最低，为47.8%，其次是"收入水平"的满意度，为56.9%，但对生活幸福感的满意度却高达73.7%（见图10）。这说明，虽然收入水平、社会地位总体满意度有待提升，但这并不影响黑龙江省公众对生活幸福感给予高度评价。

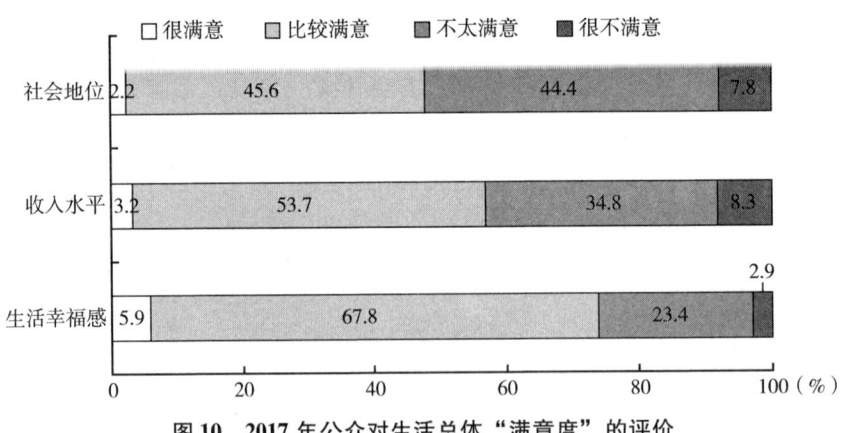

图10　2017年公众对生活总体"满意度"的评价

三 五类民生热点需要重点关注

(一) 最主要三大社会问题:看病难、物价上涨、行政部门办事难

调查结果表明,人们对社会问题的关心更集中于与民生有关的领域,民生问题成为大多数社会成员最关切的社会问题。这种关注重点的变化,反映了人们对于社会发展态势的判断。而对于民生问题关注程度的上升,尤其反映了体制改革与社会发展正在对人们的生存条件和生活质量产生最强大的影响。2017年,有23个民众认为当前黑龙江省最突出的社会问题中,看病难、物价上涨、行政部门办事难排在前三位(见图11)。与上年相比,"行政部门办事难"由上年的第四位,上升为第三位。从排名来看,近两年来高度一致的是,排在前十位的选项多涉及政府部门"简政放权"、就业、住房、交通拥堵、社会保障等问题。社会问题的关注焦点为我们未来的工作重点指明了方向。

(二) 最突出的损害群众利益的三大现象:食品药品缺乏监管、政府办事人员工作态度差、挪用政府各类民生补贴款

与2016年相同的是,最突出的损害群众利益的现象中,"食品药品监管""政府办事人员态度"依旧位列前三名,而"挪用政府各类民生补贴款"2017年则首次入榜。这三大现象的症结都在于政府监管不力,服务职能不健全等方面(见图12)。近年来,全国多省市爆出公职人员挪用扶贫补贴款、惠农补贴款、社保补贴款等恶性事件,对公众心理造成极其恶劣的影响。未来除了要在资金监管上狠抓严抓,做到专款专用之外,对于转变政府形象、提高老百姓的信任度等方面的工作也要同步推进。另外,2017年"医务人员收红包"一项由上年的第三名,下跌到最后一名,转变幅度较大也值得注意,体现出医疗体制改革已见成效。

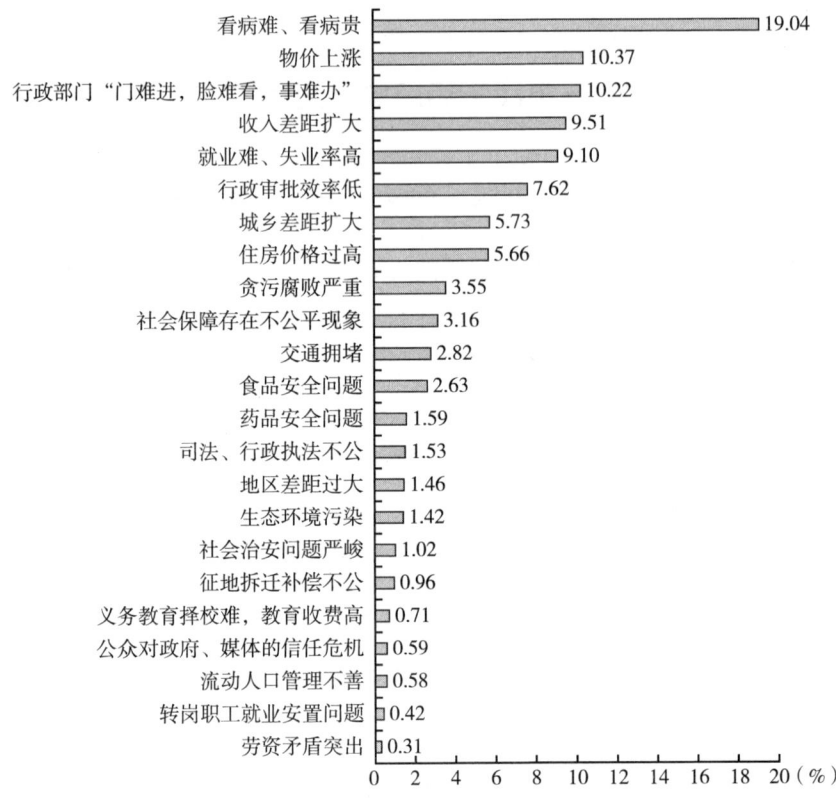

图 11　公众认为 2017 年黑龙江省最突出的社会问题排序

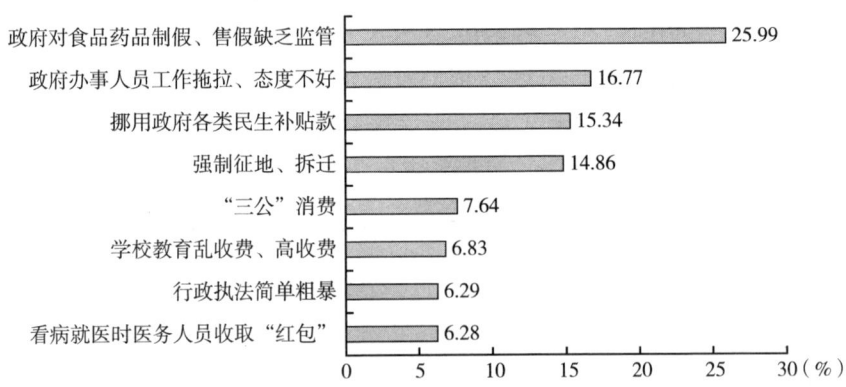

图 12　2017 年公众认为最突出的损害群众利益的现象排序

（三）群体性事件的三大诱因：房屋拆迁、强制征地、劳资纠纷

"房屋拆迁"已连续三年位列最易引发群体性事件的社会问题前三名，可见这一最易引发群体性事件的因素在公众心目中已经根深蒂固。值得注意的是，2017年"企业劳资纠纷"首次进入前三名（见图13）。随着市场化劳动关系的主体地位逐渐凸显，劳资纠纷逐年增多。一方面劳资纠纷会破坏劳资双方的和谐关系，另一方面过多的劳资纠纷也是社会不稳定的潜在因素，因此发挥政府职能监督作用，实现法律效果与社会效果的统一，是优化全省经济发展环境的重点之一。

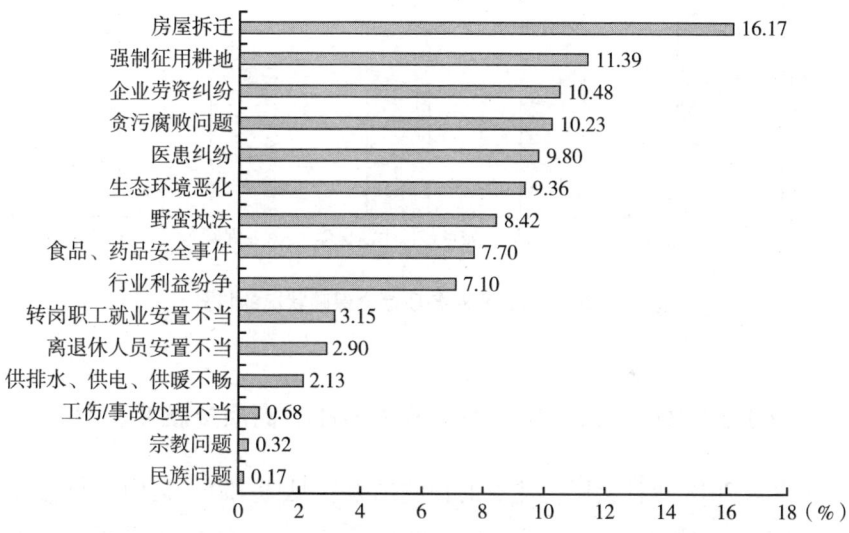

图13 2017年公众认为最易引起群体性事件的社会问题排名

（四）社会保障："基本住房保障"评价最高，"养老保障"评分垫底

2017年公众对总体社会保障状况评分为5.03分（满分为10分），其他各项社会保障评分也都在5分左右，没能及格（见图14）。在各分项保障措施中，与上年高度一致的是，"基本住房保障"评分依旧最高。"十二

五"时期,黑龙江省累计投资3559亿元(是"十一五"时期的1.9倍),建设保障性住房205万套、改造农村泥草(危)房109.1万户,近千万城乡居民居住环境得到改善,从而获得了公众的肯定性评价。另外,"养老保障"评分垫底显现出今年公众对养老问题的关注和担忧,随着老龄化社会的到来,养老问题还会在未来一段时间凸显,社会各界应给予高度重视。

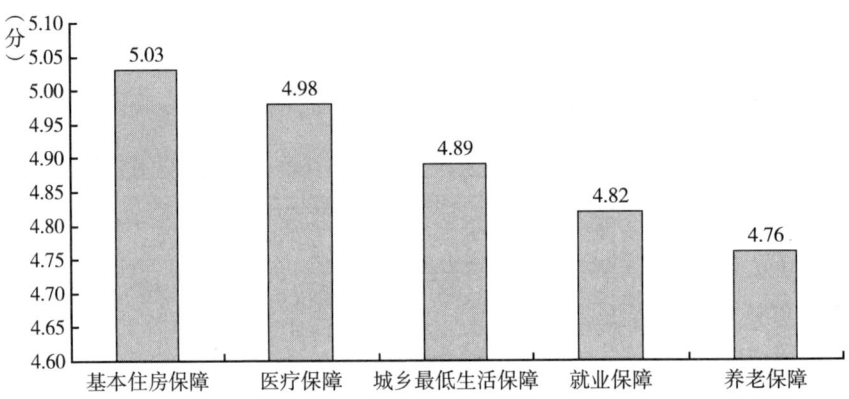

图14 2017年公众对各项社会保障状况的打分

(五)2018年三大民生热点:收入差距、高质量就业、看病难

公众对2018年社会民生热点的预测结果(见图15),集中在与老百姓生活最为直接相关的收入、就业上。缩小收入差距、减轻社会整体就业压力、加强医疗保障这些关乎民生的问题是保持社会稳定的根本,也是黑龙江省未来一段时期在发展经济的同时必须关注的民生热点。这一预测为2018年黑龙江省的工作重点指明了方向。

四 三类公众评价聚焦发展环境改善

2017年黑龙江省政府高度重视优化发展环境,进行行政审批制度改革,

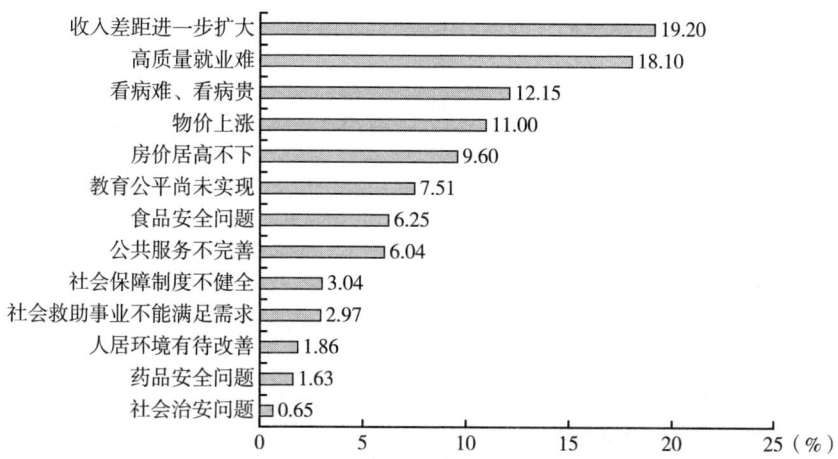

图15　公众认为2018年黑龙江省主要的民生问题排序

认真实施行政许可"一法一例",把优化发展环境作为落实省第十二次党代会精神的重要任务抓紧抓好,持续加大简政放权、放管结合、优化服务工作的力度。本次调查继续针对公众设计了一系列对全省发展环境的总体评价,借此从公众视角了解当前及今后一段时期全省优化发展环境的工作重点。

(一)对2017年各项政府工作的评价参差不齐

根据2017年初黑龙江省政府工作报告涉及的政府工作重点,课题组列出了30个选项,请公众给予评价。从调查结果来看,公众对各项工作满意度呈现较大差异。满意度最高的为"促进农民持续增收""开展群众性体育活动""'平安龙江'建设"。近年来,政府工作中涉农方面工作一直获得较高评价,这说明全省实行的各项促进农业产业转型、改善农业产业环境、提高农民收入等工作是受到肯定的。另外,公众满意度排名垫底的两项是继续实施"千户科技型企业三年行动计划"和"压减各类不合理支出,严控政府债务"。

表1 公众对2017年黑龙江省各领域工作"满意度"排序

单位：%

排序	工作内容	满意度	排序	工作内容	满意度
1	提升农业生产力,促进农民持续增收	60.7	16	加快重大基础设施建设	49.8
2	利用夏季整体生态化优势,开展特色专业体育赛事和群众性体育活动	53.3	17	促进民营经济发展	49.5
3	深化"平安龙江"建设	52.9	18	推开城市公立医院综合改革	49.5
4	发展中医药健康服务	52.7	19	推动国有企业和事业单位改革	49.3
5	建好"互联网+"应用平台	52.1	20	加强政府自身建设,提高专业化水平	49
6	参与"中蒙俄经济走廊"建设	52	21	推动产业项目建设,振兴实体经济	48.8
7	保护生态环境,推进美丽乡村建设	52	22	提高龙江农产品整体信誉	48.7
8	支持各种新型农业经营主体发展	51.9	23	强化法治建设,持续优化发展环境	48.7
9	推进农村集体产权制度改革	51.5	24	加强食品药品安全监管	48.4
10	加快养老健康产业发展,把资源优势转化为产品	51.5	25	发展中医药健康服务	48.2
11	推动文化产业融合发展,引进培育各类传媒、出版、广播电视、文化创意等企业	50.9	26	推进"三去一降一补"	48.2
12	提高金融业服务和创新能力	50.9	27	加强众创空间、孵化器建设	47.8
13	落实整合城乡居民基本医疗保险制度	50.7	28	推动哈尔滨新区建设	47.4
14	推动行政审批制度改革	50.6	29	压减各类不合理支出,严控政府债务	47.1
15	强化旅游业全省整体营销,提高服务水平	50.6	30	继续实施"千户科技型企业三年行动计划"	46.3

事实上,据黑龙江省科技厅2017年发布的数据,2017年前三季度,黑龙江省累计签约转化高新技术成果404项,签约额6.18亿元;新增一定规模科技企业（主营业务收入500万元以上）536家,同比增长104.58%;新

增科技企业孵化器17家,新增在孵科技企业909家;组织投融资对接活动30次,有56个高新技术项目签约6.50亿元;有15家科技企业上市(或挂牌),其中"新三板"挂牌科技企业14家;新吸纳就业人员11495人,其中本科以上学历3505人,博士63人,硕士183人。应该说三年来,"千户科技型企业三年行动计划"取得了丰硕的成果。据此判断,之所以公众对这一工作的评价排名垫底,也许与老百姓对于这一行动取得的成果了解程度不够有一定关系。当然,吸引人才对于全省经济发展来说至关重要,公众势必对相关政策的成效期待值较高,因此,寄予厚望也不难理解,这也从侧面说明公众对于发展科技企业这项事业的关注度和期望值都很高。

另外,地方债务是近年来我国引发广泛关注的问题。加强顶层设计,规范地方政府举债,严防区域性、系统性风险发生,既是深化财税制度改革的一项重要任务,也是防止发生系统性金融风险的关键举措之一。未来需警惕的是,尽管政策一直在"开正门、堵后门",但有些地方在财政"吃紧",特别是"保增长"压力增大的情况下,违法违规举债出现了不少"新变种",地方融资平台仍有后遗症,隐性的债务还在蔓延,这增加了财政金融风险隐患,因此应该引起政府的高度重视。

(二)对基层政府部门服务意识评价最低

优化发展环境的另一个核心内容就是转变政府职能,优化政务环境。针对这一问题,课题组请公众对省内各级政府的服务意识做出了评价。从结果来看,公众对乡镇街道一级的政府部门服务意识评价最低,对省级政府部门的评价最高,总体评价呈现明显的随级别逐级下降趋势(见图16),这一评价结果与上年完全一致。基层政府部门是老百姓直接接触的政府机构,全省一系列优化政务环境的举措也只有在基层政府部门得到切实落实才能获得最优效果。近年来,在加快简政放权的同时,黑龙江省不断创新服务型政府建设,打造"线上线下一体化运行"的政务服务网络。这对于改善基层服务是一项重要举措。发展环境问题实质上还是作风问题,只有从基层抓起,坚持改进干部作风、深入推进法治建设，才能打造出全面振兴的好环境，真正让老百姓体会到发展环境改善的实际成效。

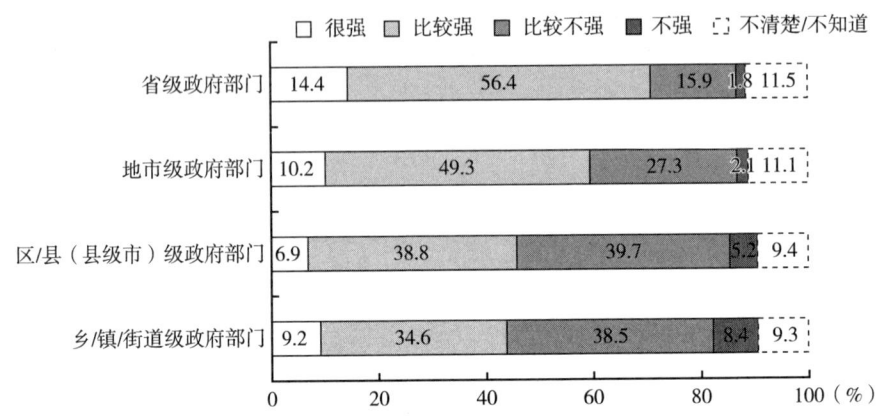

图16　公众对全省各级政府的服务意识评价

（三）"政策环境"备受肯定，"市场环境"亟须改善

在列出的五大发展环境中，公众对"政策环境"的满意度最高，达到70.7%（"非常满意"和"比较满意"合计），对"市场环境"的满意度最低，合计为57.2%（见图17）。可见，公众对黑龙江省当前企业发展的"市场环境"还不够满意。另外，在问到"您是否了解省委省政府《关于进一步优化全省发展环境的意见》"时，有47.5%的公众选择了"听说过"，甚至有9.2%的公众"看过原文"，但也有50%的公众"完全不知道"，这也说明公众对黑龙江省的优化发展环境政策的知晓度尚待提高。

为进一步了解公众对黑龙江省人文环境的评价，深入挖掘人文环境存在的改善空间，课题组选择了八大人文环境指标，请公众赋值1~5分，1分为最弱，5分为最强。结果表明，公众认为黑龙江省人文环境中最大的优势是"环境意识"和"开放包容"，而评价最低的是"市场意识"和"务实精神"（见图18），这一结果与上年基本一致。近年来，黑龙江省各级部门全力完善制度流程，优化发展环境，铁腕整顿作风。老工业基地黑龙江通过

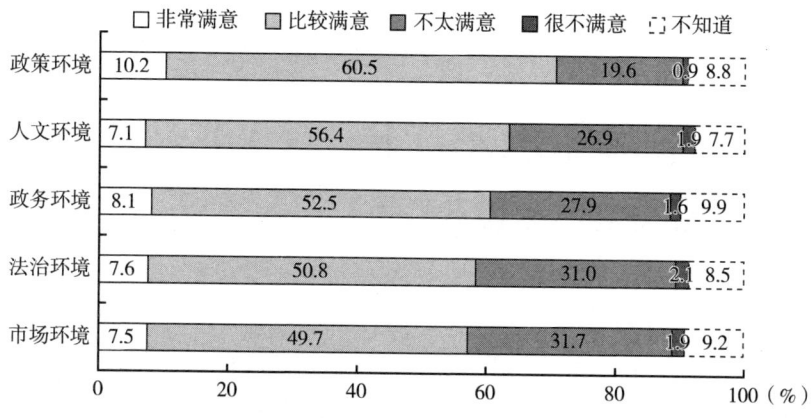

图17　公众对黑龙江省发展环境的评价

简政放权、放管结合、优化政府服务等项改革，大幅削减"制度性交易成本"，市场活力得到释放，人才吸附力逐步增强，改革综合效应正在显现。改变作风，意识先行。良好的市场意识、务实精神无疑是改善发展环境的内生动力，公众评价的这一倾向也在一定程度上坚定了全省改革的走向，在寻找自身发展优势的同时，也要针对短板狠抓实抓，形成长效机制，从根本上改善全省的经济发展环境。

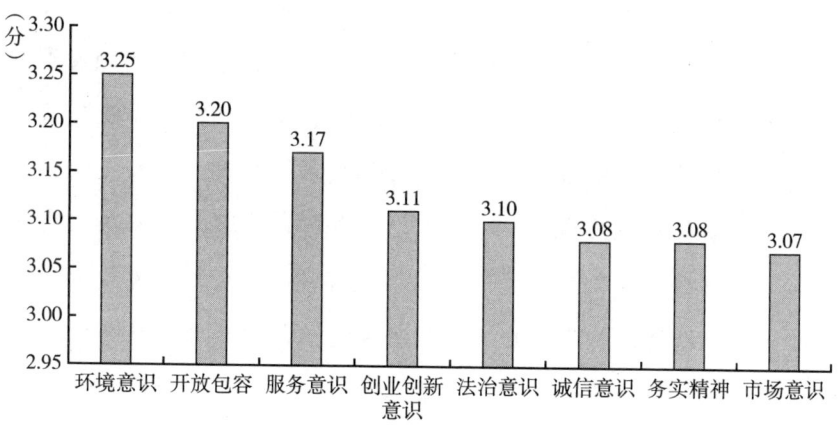

图18　公众对黑龙江省人文环境的分类打分

B.3
2017~2018年黑龙江省
社会形势专家调查报告

马睿泽*

摘　要： 黑龙江省社会科学领域专家从三大方面对2017年社会形势进行了评价。首先，专家从五大视角评价社会发展态势：对政府"开展特色专业体育赛事和群众性体育活动""提升农业生产力，促进农民持续增收""提高龙江农产品整体信誉"三项工作满意度最高；对社会保障实施效果评价明显回升，对社会总体公平感认可度连续六年上升。其次，专家从五大民生问题聚焦社会热点：对居民生活水平改善评价较高，认为"行政部门办事难、看病难、交通拥堵"成为三大最受关注的社会问题，"食品药品缺乏监管、政府办事人员工作态度差、医务人员收红包"成为最突出的损害群众利益的三大现象，"房屋拆迁、野蛮执法、贪污腐败"成为最易引发群体性事件的三大问题，"房价、收入差距、看病难"将成为2018年三大民生热点。最后，专家从五大专业评判聚焦发展环境：对"市场环境""人文环境"的改善最为期待，对基层政府部门服务意识评价最低，认为"人才政策"将成为企业发展最需要的政策支持，"加强服务意识"是优化发展环境的重中之重。

---

* 马睿泽，黑龙江省社会科学院社会学研究所助理研究员，研究方向为文化社会学。

关键词： 黑龙江　社科专家　五大视角　民生

2017年10月调查组在全省各高校和研究院所调查了100位副高职以上社科类专家，以期从社科专家学者的视角来评估过去一年来黑龙江省社会发展的总体情况，同时对2018年进行展望预测。填答问卷的专家专业技术职称均为副高职以上，其中教授/研究员占41.1%，副教授/副研究员占58.9%；从政治面貌来看，中国共产党党员占81.7%，民主党派人士占5.4%，无党派人士占4.3%，群众占8.6%；从年龄结构来看，35岁及以下占10.4%，36~59岁占85.4%，60岁及以上占4.2%。

一　五大视角评价社会发展态势

（一）对社会形势总体评价保持乐观态度

近年来，专家对黑龙江省社会形势总体评价较为乐观。2017年问卷中关于社会形势的评价专家给予肯定性评价的占62.1%，而这一调查在2016年、2015年、2014年分别占67%、59.8%、57.1%。同时，对于当前社会和谐状况的总体感受，70.6%的专家给予了肯定性评价，认为倾向和谐的占70.6%，这一向好倾向在2016年、2015年、2014年分别为76%、75.5%、67.2%。这两个对黑龙江整体社会形势发展的评价呈现持续高位态势，说明专家对近年来相关政策的制定与执行、相关社会环境的改善是给予肯定的。

（二）对政府各项工作满意度尚存提升空间

为了解专家对2017年黑龙江省各项政府工作的满意度，调查组设计了相应问题，主要依据2017年初黑龙江省政府工作报告提到的重点工作（见表1）。

表1 专家对2017年黑龙江省各领域工作进展情况的评价

单位：%

排序	工作内容	很满意	比较满意	满意合计	不太满意	很不满意	不满意合计	不好说
1	开展特色专业体育赛事和群众性体育活动	11.7	52.1	63.8	29.8	4.3	34.1	2.1
2	提升农业生产力，促进农民持续增收	8.5	54.3	62.8	27.7	0	27.7	9.5
3	提高龙江农产品整体信誉	16	45.7	61.7	25.5	7.4	32.9	5.4
4	支持各种新型农业经营主体发展	5.4	55.9	61.3	24.7	1.1	25.8	12.9
5	推动哈尔滨新区建设	7.5	52.7	60.2	30.1	4.3	34.4	5.4
6	强化旅游业全省整体营销，提高服务水平	9.7	50.5	60.2	26.9	8.6	35.5	4.3
7	参与"中蒙俄经济走廊"建设	12.9	47.3	60.2	25.8	5.4	31.2	8.6
8	落实整合城乡居民基本医疗保险制度	5.4	53.8	59.2	24.7	10.8	35.5	5.3
9	文化产业融合发展，引进培育各类传媒、出版、广播电视、文化创意等企业	6.5	52.2	58.7	27.2	9.8	37	4.3
10	推进农村集体产权制度改革	7.4	51.1	58.5	20.2	5.3	25.5	16
11	深化"平安龙江"建设	11.8	46.2	58	23.7	10.8	34.5	7.5
12	建好"互联网+"应用平台	6.4	50	56.4	24.5	9.6	34.1	9.5
13	推动行政审批制度改革	6.5	46.7	53.2	33.7	7.6	41.3	5.5
14	保护生态环境，推进美丽乡村建设	11.8	40.9	52.7	31.2	10.8	42	5.3
15	发展中医药健康服务	5.4	46.2	51.6	26.9	9.7	36.6	11.8
16	加快重大基础设施建设	7.6	43.5	51.1	30.4	9.8	40.2	8.7
17	强化法治建设，持续优化发展环境	3.3	46.7	50	34.8	8.7	43.5	6.5
18	加快养老健康产业发展，把资源优势转化为产品	3.2	46.2	49.4	32.3	11.8	44.1	6.5
19	推进"三去一降一补"	7.5	40.9	48.4	30.1	2.2	32.3	19.3

续表

排序	工作内容	很满意	比较满意	满意合计	不太满意	很不满意	不满意合计	不好说
20	推动产业项目建设,振兴实体经济	4.3	42.6	46.9	33	9.6	42.6	10.5
21	推动国有企业和事业单位改革	5.4	40.9	46.3	34.4	9.7	44.1	9.6
22	继续实施"千户科技型企业三年行动计划"	4.3	41.9	46.2	29	5.4	34.4	19.4
23	加强政府自身建设,提高专业化水平	4.3	41.9	46.2	36.6	10.8	47.4	6.4
24	加强众创空间、孵化器建设	6.4	39.4	45.8	33	8.5	41.5	12.7
25	发展中医药健康服务	4.3	41.3	45.6	33.7	7.6	41.3	13.1
26	提高金融业服务和创新能力	2.2	43	45.2	41.9	5.4	47.3	7.5
27	推开城市公立医院综合改革	4.3	40.9	45.2	38.7	7.5	46.2	8.6
28	促进民营经济发展	2.2	41.3	43.5	39.1	12	51.1	5.4
29	压减各类不合理支出,严控政府债务	4.3	37	41.3	35.9	9.8	45.7	13
30	加强食品药品安全监管	3.2	36.6	39.8	40.9	12.9	53.8	6.4

针对2017年省政府的三十项工作,专家满意度最高的三项是"开展特色专业体育赛事和群众性体育活动""提升农业生产力,促进农民持续增收""提高龙江农产品整体信誉"。与以往相同的是专家对黑龙江省农业相关工作的满意度一直较高,2017年对"农民增收"、"农产品信誉提升"以及"新型农业主体经营发展"也给予了高度肯定,可见这一年政府惠农各项工作努力获得了专家的肯定。

2017年在七项满意度超过60%的政府工作中,对于关系民生质量的"开展特色专业体育赛事和群众性体育活动""推动哈尔滨新区建设"给予了较高评价。一年来黑龙江省城市社区建设的蓬勃发展落到实处,收效明显,这一工作努力得到了专家好评。

专家对于政府"强化旅游业全省整体营销"的高满意度与近年来黑龙江省旅游业收入提高迅猛相关。2017年仅"十一"黄金周期间,黑龙江省共接待游客344.33万人次,同比增长19.93%;实现旅游收入36.12亿元,同比增长11.21%。

2017年黑龙江省对俄贸易持续升温使得专家对政府工作中"参与'中蒙俄经济走廊'建设"做出了较高评价。2017年黑龙江省前三季度进出口总额实现134.3亿美元,增速较为明显。尤其值得注意的是,黑龙江省对俄贸易实现进出口总额80.5亿美元,占全省进出口总额的59.9%,超过一半,这也说明黑龙江省对俄贸易发展较好。

另外,值得注意的是,2017年各项政府工作满意度超过60%的有七项,仅占1/4,这与上年相比,满意度整体水平有所下降,应该引起关注,尤其对于满意度排在后面的"促进民营经济发展""压减各类不合理支出,严控政府债务""加强食品药品安全监管"等几项工作更应该高度重视,查摆原因,努力改进。

(三)对社会保障实施效果的正面评价明显回升

2017年,专家就当前各项社会保障状况进行了打分评价,分数区间为1~10分,分数越高,满意度越高。专家对总体社会保障状况评分为5.53分,是近三年最高分,高于2016年的4.94分和2015年的5.28分,而且2017年五项分类保障中有三项评分都超出了5分,这一评价也是三年来最好的(见图1)。由此看来,专家对黑龙江省整体社会保障状况给予了高度肯定,尤其是城乡最低生活保障、医疗保障、养老保障。另外,各项社会保障政策中,"基本住房保障"评分垫底说明2017年专家对于政府提供经济适用房、公租房、廉租房等保障措施还存在担忧;"就业保障"连续两年评分较低,主要是由于当前整体就业状况还有待改善,如何合理安排好社会各阶层的稳定就业,针对有不同就业需求的群体给予相应的就业政策扶持和保障,是政府在发展经济、稳定社会形势各项政策措施中的基础保障,必须统筹安排,加大投入,给予高度重视。

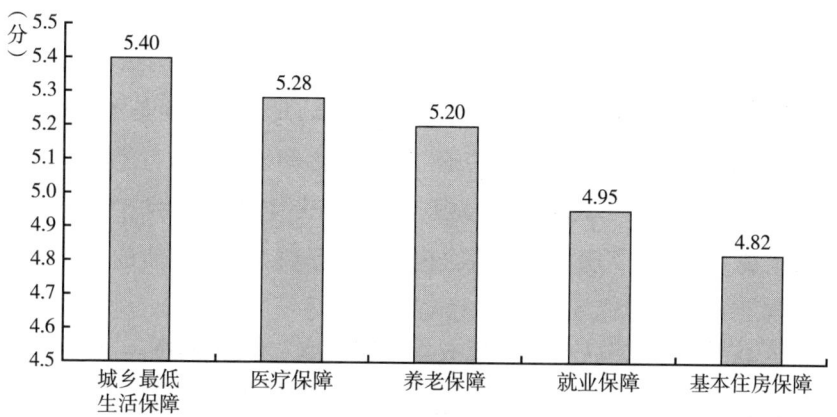

图 1　2017 年专家对各项社会保障状况的打分

（四）对社会总体公平感的正面评价连续六年上升

从近年来的调查结果比对来看，专家对黑龙江省社会总体公平感的认可度呈逐年上升趋势。专家对全省社会总体公平的认可度由 2012 年的 42.5%，提升到了 2017 年的 56.7%（见图 2）。当然我们也应看到这一肯定性评价尚未超过 60%，还处于中等偏下水平，也即专家认为黑龙江省社会的整体公平性还有巨大的提升空间。

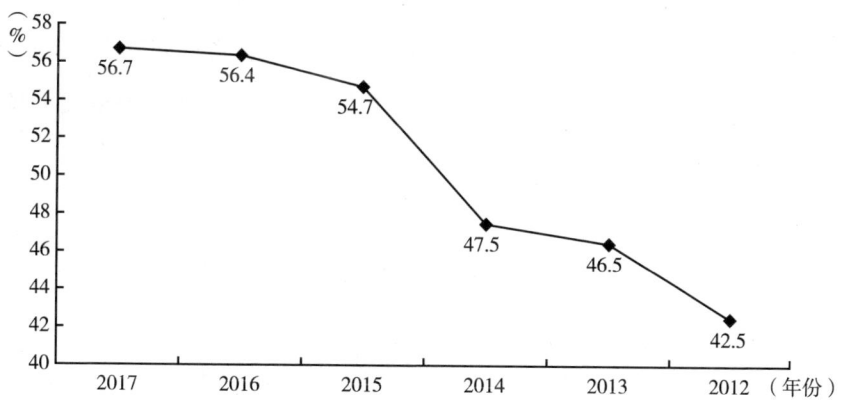

图 2　2012~2017 年专家对社会"公平度"的评价

在各领域中专家认为公平度最高的三项是:"高考制度""义务教育""公民实际享有的政治权利"(见表2)。其中"高考制度""公民实际享有的政治权利"连续三年排在前三位。值得关注的是,与上年基本相似的是,公平感最低的集中在"行业间的待遇""城乡之间的权利、待遇""财富及收入分配"三个选项。其中,"财富及收入分配"连续三年排在最后,应引起高度重视,改善收入分配、提高公民公平感是维系社会稳定的重要支点。

表2 2017年专家对社会总体"公平度"评价的排序

单位:%

排序	领域	公平度	排序	领域	公平度
1	高考制度	92.3	8	司法与行政执法	51.1
2	义务教育(入学、择校等)	71	9	选拔党政干部	48.9
3	公民实际享有的政治权利	60.2	10	地区间的发展	39.6
4	养老等社会保障待遇	57.6	11	行业间的待遇	35.5
5	财政和税收政策	57.1	12	城乡之间的权利、待遇	32.6
6	公共医疗	54.7	13	财富及收入分配	25.3
7	保障房的分配	51.2			

(五)对未来和谐社会建设保有信心

总的来说,对2018年黑龙江省社会形势的发展,专家表现出了更大的信心。专家中认为"社会形势会越来越好"的占40.9%,这一选项在上年为37.1%,呈现上升趋势。另外,当问到"对未来我省构建和谐社会"的信心时,65.9%的专家持乐观态度,表示有信心。可见,绝大多数专家对黑龙江省和谐社会的未来是充满希望的。

二 五大民生问题聚焦社会热点

(一)对居民生活水平改善状况满意度有所提升

专家对2017年居民实际生活水平改善的评价较之上年有很大提升,认为"上升很多"的占3.2%，另有38.9%的专家认为"略有上升"，比上年的34%高了近5个百分点。另外专家认为居民生活水平"略有下降"的占14.7%，认为"下降很多"的占1.1%（2016年有35.1%的人认为"略有下降"，4.1%认为"下降很多"）。从总体数据来看，专家对2017年居民生活水平改善的肯定评价远高于否定评价。国家统计局黑龙江调查总队提供的统计数据显示，2017年上半年，全省居民消费价格指数（CPI）比上年同期上涨0.7%，涨幅低于全国平均水平（1.4%）0.7个百分点。全省城镇常住居民人均可支配收入13163元，增长6.4%，增幅同比扩大0.2个百分点；农村常住居民人均可支配收入5421元，增长5.7%，增幅同比扩大0.7个百分点。城乡居民收入与GDP基本同步增长，证实了专家这一判断。

另外，当问及"明年黑龙江省居民生活水平将如何"时，52.1%的专家认为会"提高很多"或"略有提高"，也高于上年的46.4%。这一预测相比上年向好倾向也有所提高，可见，对未来黑龙江省的社会发展态势预测专家持乐观态度。

（二）专家最关注三大社会问题：行政部门办事难、看病难/看病贵、交通拥堵

在18个主要社会问题中，专家的关注点主要集中在行政部门办事难、看病难/看病贵、交通拥堵这三个问题上（见表3）。

近年来，黑龙江省着力塑造新型政府，加快了简政放权速度。然而，发展环境问题实质上是作风问题，要想优化发展环境，就要加大力度转变政府工作作风，就要改进干部作风，深入推进法治建设。

与2016年相似的是"看病难/看病贵"、"交通拥堵"再次排在最"突出社会问题"的前三位。"看病难"问题已经连续6年在专家问卷调查中居于前三位。2017年全国医疗体制改革推进力度持续加大，但要想扭转长期以来的不利局面尚待时日。"交通拥堵"继上年之后再次成为三大热点关注问题之一。一年来，哈尔滨市着力解决七个方面影响交通的问题，派人暗访纪实梳理出车辆违规停靠、商贩占道经营、黑出租、港田车非法营运等16个突出的问题，全力以

赴推动交通管理乱象迅速整改。2017年高德地图联合公安部交管局正式发布了《2017年第二季度中国主要城市交通分析报告》，榜单显示哈尔滨由第一位下降至第三位，这也在某种程度上证明了黑龙江交通治理的成效。然而，交通问题是关系民生的大事，黑龙江政府未来尚需持续关注和加强管理。

表3 专家认为2017年黑龙江省最突出的社会问题排序

单位：%

排序	社会问题	加权百分比	排序	社会问题	加权百分比
1	行政部门办事难	14.62	10	生态环境污染	3.24
2	看病难、看病贵	13.58	11	义务教育择校难，教育收费高	3.15
3	交通拥堵	13.49	12	贪污腐败严重	2.50
4	地区差距过大	11.54	13	司法、行政执法不公	1.97
5	物价上涨	7.63	14	民众对政府、媒体的信任危机	1.67
6	行政审批效率低	6.97	15	征地、拆迁赔偿不公	1.56
7	社会保障存在不公平现象	6.50	16	劳资矛盾突出	0.88
8	就业难、失业率高	6.34	17	社会治安问题严峻	0.66
9	食品安全问题	3.37	18	转岗职工就业安置问题	0.33
				合计	100

（三）损害群众利益最突出的三大现象：食品药品缺乏监管、政府办事人员工作态度差、医务人员收红包

针对损害群众利益最突出的多项问题，今年专家集中关注的是"政府对食品药品制假、售假缺乏监管"、"政府办事人员工作拖拉、态度不好"和"看病就医时医务人员收取'红包'"（见图3）。与2016年的调查结果相比，除了"看病就医时医务人员收取'红包'"，其他两个选项连续两年位列前三名，可见问题的重要性受到了专家的持续关注。另外，从三个现象的成因分析，主要还是政府在监管和服务职能发挥上存在问题，以致产生有损群众利益的不良后果。在优化发展环境的措施中，完善制度流程、转变工作作风十分重要。近年来，黑龙江省始终致力于大幅削减"制度性交易成

本"，释放市场活力，吸引人才。然而，这项工作依然任重道远，要提升政府的服务职能和改善民众口碑，还有待时日继续推进。

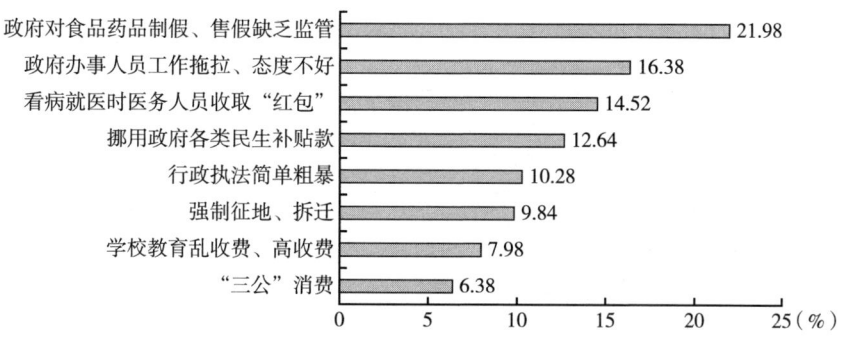

图3　专家认为损害群众利益最突出的现象排序

（四）最易引起群体性事件的三大问题：房屋拆迁、野蛮执法、贪污腐败

"房屋拆迁""野蛮执法"已连续三年被专家认为是最易引发群体性事件的问题（见图4）。2017年，"贪污腐败"首次进入前三位，这反映出专家对贪污腐败问题的关注。近年来，黑龙江省连续重拳出击整治腐败，2017年更是针对脱贫攻坚领域的贪腐出台新政策——《关于脱贫攻坚监督执纪问责办法》，明确规定实行脱贫攻坚工作领域的终身问责。整治腐败绝不是一时之功，应持续发力，形成长效机制，铲除贪腐滋生的土壤。

（五）2018年三大民生热点问题：房价、收入差距、看病难/看病贵

专家认为2018年黑龙江省可能面临的民生热点问题包括"房价居高不下""看病难、看病贵"和"收入差距进一步扩大"（见图5）。从调查结果来看，"收入差距进一步扩大""看病难、看病贵"一直是专家关注的热点问题，而2017年专家对"房价居高不下"给予了更多关注。黑龙江省2017年商品房价继续呈现小幅上涨趋势，其中哈尔滨市领涨全省，个别区域房价涨势较为明显。住房问题是民生大事，尤其就目前百姓的消费结构来看，住房消费是最重要的支出

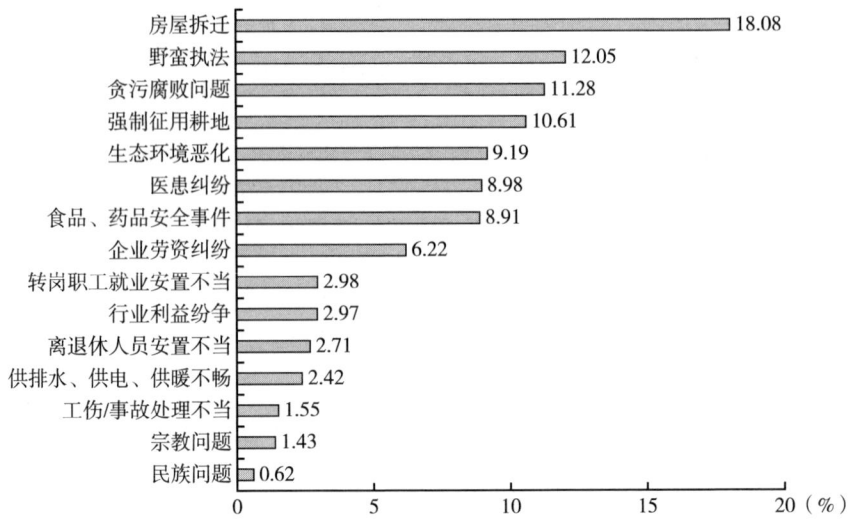

图4 专家认为2017年易引起群体性事件的社会问题排序

之一。习总书记在党的十九大报告中明确提出"坚持房子是用来住的、不是用来炒的定位,加快建立多主体供给、多渠道保障、租购并举的住房制度,让全体人民住有所居"。因此,未来控制房价上涨势头成为专家关注的民生大事。

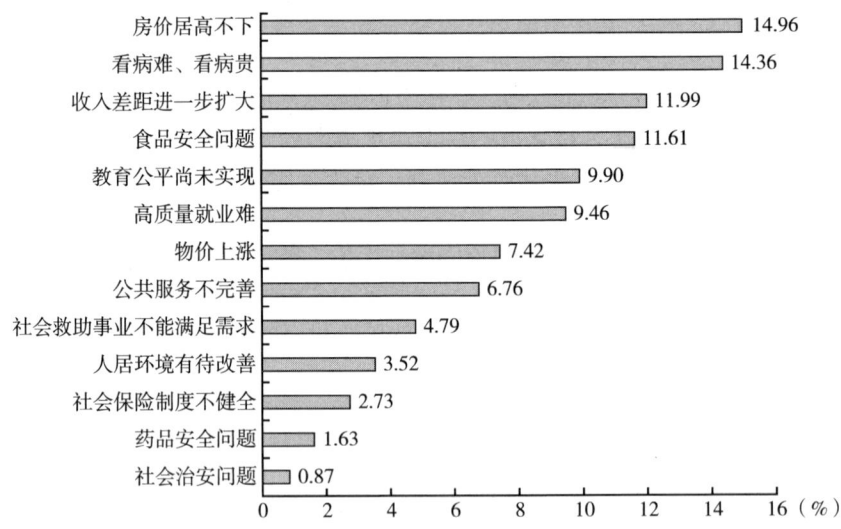

图5 专家认为2018年黑龙江省存在的主要民生问题排序

三 五大专业评判聚焦发展环境

近年来,黑龙江省委、省政府十分关注改善全省发展环境、经济发展提速的问题,因此,问卷对如何改善发展环境等一系列问题对专家进行了询问。

(一)对"市场环境""人文环境"的改善最为期待

在列出的五大发展环境中,专家对"政策环境"的满意度最高,满意度("非常满意"和"比较满意"合计)为64.3%,对"市场环境""人文环境"的满意度最低,分别为45.3%、47.4%(见图6)。这在一定程度上也印证了黑龙江省近年来出台的一系列改善发展环境的相关政策深受专家的认可。

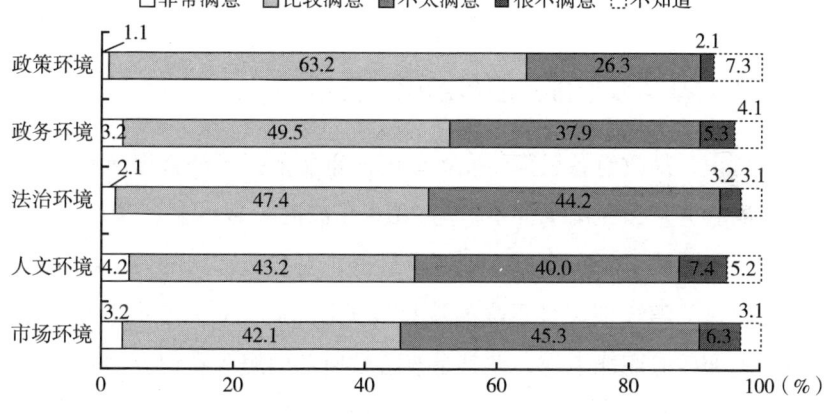

图6 专家对2017年黑龙江省发展环境的评价

在进一步了解专家对黑龙江省企业发展人文环境的评价时,专家认为黑龙江省八大人文环境中最大的优势是"环境意识",而评价最低的是"诚信意识"和"创业创新意识"(见图7)。结合两年来的调查数据来看,专家对"法治意识"一直给予了较高关注。法治环境最能聚人聚财,最有利于发展。同时,"创业创新意识"本身也是重要的发展条件。黑龙江省要想转变经济发展较为落后的局面,必须走创新发展的道路,重视创业教育,激发创新意识。

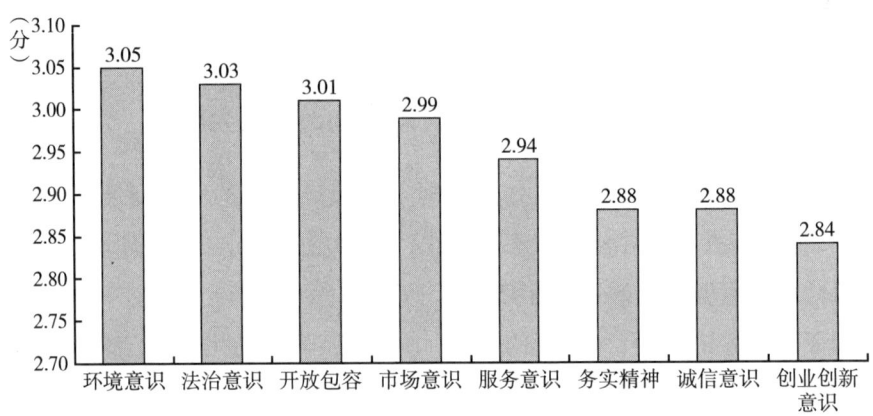

图7　专家对2017年黑龙江省八大人文环境分类打分

(二)对基层政府部门服务意识评价最低

服务意识,是政府各级部门发挥职能的重要前提,调查组请专家对省内各级政府的服务意识做出了评价。与2016年高度一致的是,2017年专家对乡镇街道一级的政府部门服务意识评价最低,对省级部门的评价最高,总体评价呈现明显的随级别逐级下降的趋势(见图8)。这一结果说明,当前黑龙江省在转变政府职能工作,尤其是改善政府部门服务意识方面,要持续把关注重点向基层倾斜,重点关注与老百姓接触最广、涉及层面最多的基层政府,培养基层办事人员的服务意识。

(三)"人才政策"成为企业发展最需要的政策支持

同上年高度一致的是,2017年专家认为黑龙江省企业发展最需要的政策支持中,"人才政策"依旧以40%的比例位列第一,比上年的28.4%提

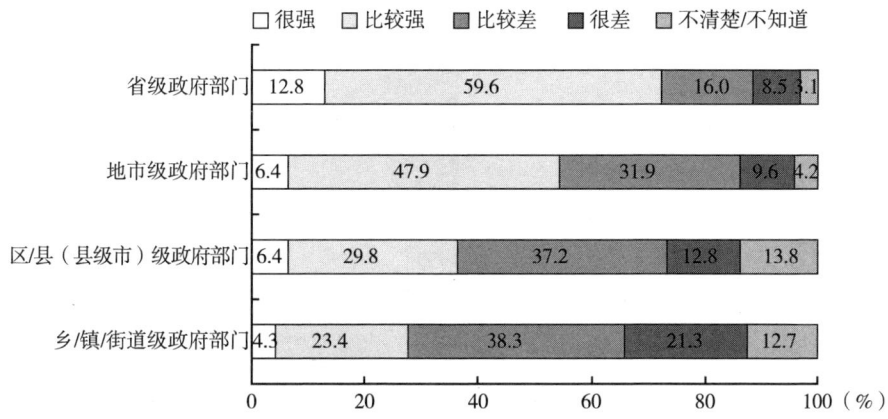

图8 专家对2017年全省各级政府的服务意识评价

升了11.6个百分点（见图9），这也说明专家对人才政策的重视程度。对于老工业基地黑龙江省来说，当前人才资源是最为重要的发展资源，是转变生产方式的根本动力。近年来，黑龙江省制定了多项引进人才、留住人才的优惠政策，然而相比经济发达省份，黑龙江的吸引人才政策还应继续发力，优惠力度也要加大。不但要吸引技术型人才，更要吸引创业型人才。只有在人才政策上抓早、抓好，才能为推动"五大规划"实施和"十大重点产业"发展做好人才储备。

（四）"加强服务意识"是优化发展环境的重中之重

关于优化黑龙江省发展环境的措施，与上年一样，24.15%的专家都认为"淡化官本位思想，加强服务意识"最为重要（见图10）。同时，我们也看到，对于"改变重人情轻规则传统，增强法治意识"，专家也十分重视（占22.09%）。要真正实现简政放权，提高行政效能和服务水平，必须先从转变政府干部官员的官本位思想开始，塑造高效能服务型政府，以简政放权的长效化打造服务型政府。同时，黑龙江省要加快推进依法行政、建设法治政府的各项工作。这项工作使命光荣，任务艰巨。

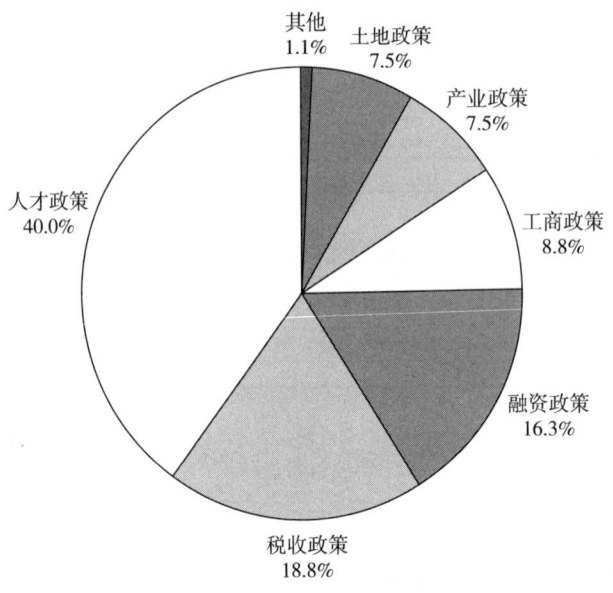

图9 专家认为2017年企业发展最需要的政策支持

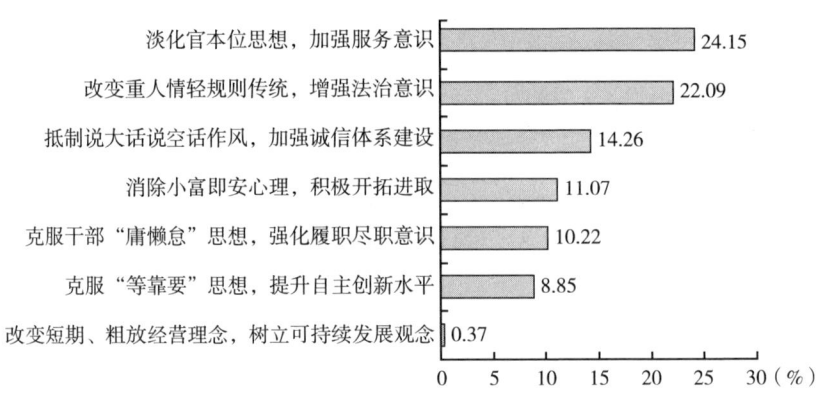

图10 专家认为2017年优化发展环境的工作重点排序

（五）"生态环境软实力"是核心竞争力

对黑龙江省各项实力的综合评价，近年来，专家一直认为"生态环境软实力"是黑龙江最具竞争力的优势力量（见图11）。黑龙江省是资源大省，如何利用好自然资源优势，为经济发展助力，发挥好黑龙江省的比较优势，是社会各界都在关注的问题。要保护生态环境的可持续发展，逐步为全省经济发展寻找到得天独厚的区域发展优势，未来要在发挥生态环境软实力上多做文章。

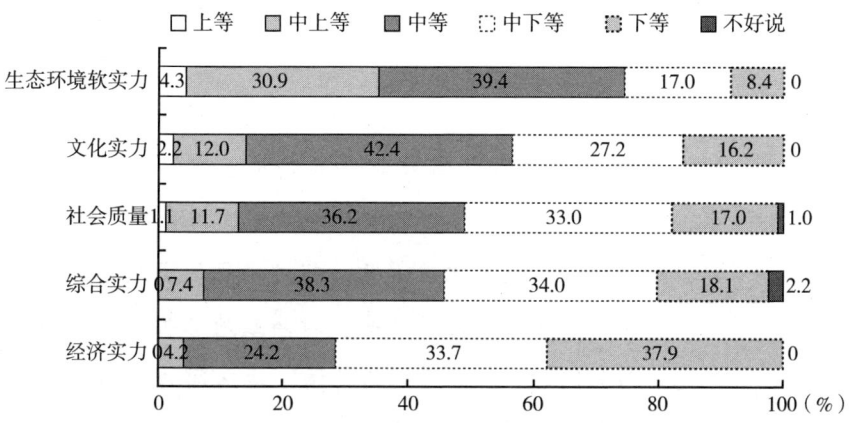

图11　专家评价黑龙江省各项实力在国内的位置

B.4
2017~2018年黑龙江省
社会形势党政干部调查报告

王磊*

摘　要： 2017~2018年黑龙江省社会形势党政干部问卷调查数据显示，黑龙江省党政干部对2017年黑龙江省社会形势总体肯定，对社会和谐状况比较满意，超过半数的党政干部认为黑龙江省社会总体状况比较公平，对省政府各项工作进展基本满意。与此同时，"行业间的待遇，地区间的发展和城乡间的权利、待遇"是影响社会公平的三大焦点问题；"交通拥堵""行政审批效率低""看病难、看病贵"等问题是黑龙江省社会发展的主要瓶颈；"房屋拆迁"、"强制征用耕地"及"转岗职工就业安置不当"等社会问题最易诱发群体性事件。未来黑龙江省民生工作的着力点是解决"看病难、看病贵"、"公共服务不完善"和"收入差距进一步扩大"等问题。党政干部对黑龙江省未来社会发展形势的总体预测是"越来越好"，对未来黑龙江省构建和谐社会信心十足。

关键词： 党政干部　社会形势　民生工作

党的十九大报告指出，中国共产党人的初心和使命，就是为中国人民谋

---

* 王磊，中共黑龙江省委党校社会与文化教研部副教授，研究方向为政治社会学。

幸福，为中华民族谋复兴。这个初心和使命是激励中国共产党人不断前进的根本动力。回顾即将过去的2017年，黑龙江人民在中国共产党的领导下，社会生活各领域建设均取得了长足发展，绝大多数党政干部对黑龙江省2017年的社会形势给予积极评价，并且对东北老工业基地振兴相较上年更有信心。为全面了解2017年黑龙江省社会经济发展情况，以及帮助黑龙江省委、省政府了解民情民意、更好为龙江人民谋幸福，课题组通过无记名问卷调查的方式，对黑龙江省委党校在校的主体班学员进行问卷调查，形成了黑龙江省社会形势党政干部调查报告，对黑龙江省2017~2018年的社会形势进行分析和预测。本次调查共发放问卷107份，回收有效问卷101份，有效回收率达94.4%。本次调查的样本分布情况是：①年龄：35岁及以下，占6.9%；36~59岁，占93.1%。②性别：男性，占78.2%；女性，占21.8%。③政治面貌：共产党员，占94.8%；民主党派人士，占3.1%；无党派人士，占2.1%。④行政级别/专业技术职称：司厅局级，占26.0%；县处级，占64.0%；乡镇科级，占7.0%；正高级职称，占2.0%；副高级职称，占1.0%。⑤从月收入水平来看，月收入达5000元以上的干部占71.0%，收入在5000元以下的占29.0%。通过样本的分布情况来看，本次调查具有广泛的代表性，在一定程度上可以反映党政干部对黑龙江省社会形势的基本判断。

一 对2017年黑龙江省社会经济形势若干评价

（一）对2017年社会形势给予肯定评价，对社会和谐状况比较满意

党政干部2017年对黑龙江省社会形势的总体评价要略高于2016年，12.9%的党政干部认为2017年黑龙江省社会形势总体上"很好"；72.3%的党政干部认为"比较好"；13.8%的党政干部认为"不太好"；1.0%的党政干部认为"很不好"。认为"很好"和"比较好"的党政干部两者合计为85.2%，高于上年6个百分点。而2014年这两项合计仅为55%，也就是

说，绝大多数党政干部对黑龙江省社会形势发展向好越来越有信心。

此外，党政干部对黑龙江省当前社会和谐状况的总体感受也印证了我们的评判。针对当前黑龙江省社会和谐状况，9.9%的党政干部认为"很和谐"，79.2%的党政干部认为"比较和谐"，认为"很和谐"和"比较和谐"两者合计为89.1%，表明党政干部对当前黑龙江省社会和谐状况较为满意。虽然较2016年下降0.4个百分点，但可以看出，总体上党政干部对社会和谐的满意度比较高，而部分党政干部具有较强的忧患意识也为社会发展提出警示。通过以上两个问题的数据彼此印证，我们看到，党政干部对2017年黑龙江省社会经济形势发展总体上持肯定态度，对黑龙江省在促进社会和谐方面所做出的努力也比较认可，但也要意识到未来黑龙江省发展面临的严峻形势。

（二）对2017年经济形势评价好于2016年，预测2018年经济态势会越来越好

党政干部对2017年黑龙江省经济形势的总体评价如下：32.7%的党政干部认为"呈上升趋势"；41.6%的党政干部认为经济形势"发展稳定"；有12.9%的党政干部认为经济形势"呈下降趋势"；7.8%和5.0%的党政干部表示经济形势"起伏不定"和"说不清"。对比2016年的统计数据，2017年认为经济形势"呈上升趋势"与认为经济形势"发展稳定"的党政干部合计为74.3%，比2016年高出15.3个百分点。认为2017年黑龙江省经济形势"呈下降趋势"的党政干部比例明显低于2016年，2016年的比例是26.3%，2017年比2016年低了13.4个百分点。而党政干部对2018年黑龙江省经济形势发展变化的预测，也印证了课题组的判断。54.5%的党政干部认为2018年的经济形势发展会"越来越好"，36.4%的党政干部认为"没多大变化"，1.0%的党政干部认为会"越来越差"，另有8.1%的党政干部表示"说不清"。由此可见，半数以上的党政干部对未来黑龙江省经济发展态势充满信心和希望。此外，对东北老工业基地振兴的看法中，76.8%的党政干部表示很有信心，也为2018年黑龙江省经济发展提振了信心和豪情。

（三）认为居民生活水平提升显著，对2018年的预期比较乐观

一个地区经济社会发展水平的最直接反映就是居民生活水平的提高程度。多数党政干部认为，2017年其所在地区居民实际生活水平同比（与上一年相比）有一定幅度提高，有2.0%的党政干部认为与2016年相比，居民实际生活水平"上升很多"，有58%的党政干部认为与2016年相比，居民实际生活水平"略有上升"，有24.0%的党政干部认为居民实际生活水平"没有变化"，有10.0%的党政干部认为"略有下降"，有1.0%的党政干部认为"下降很多"，有5.0%的党政干部认为"不好说"。认为"略有下降"和"下降很多"的比例合计为11.0%，明显低于2016年的15.8%。而认为"上升很多"和"略有上升"的比例合计达60.0%，高于上年22.1个百分点。这表明大多数党政干部对黑龙江省2017年居民生活水平提升幅度十分认可。

对2018年黑龙江省居民生活水平的预期方面，有6.1%的党政干部认为会"上升很多"，有73.7%的党政干部认为会"略有上升"，13.2%的党政干部认为"没有变化"，4.0%的党政干部认为会"略有下降"，另有3.0%的党政干部认为"不好说"。综合以上数据分析来看，79.8%的党政干部对2018年黑龙江居民生活水平的预期非常乐观，这也是党的十九大报告给予龙江人信心和鼓舞。

（四）对社会总体公平状况评价稍有下降，超半数党政干部认为社会总体比较公平

对比三年来党政干部对黑龙江省社会总体公平状况的评价（见表1），我们看到，党政干部对黑龙江省社会总体公平状况的评价有所下降，2015年认为黑龙江省社会"很公平"和"比较公平"的占77.5%。2016年认为社会"比较公平"的占68.8%，评价"很公平"的选项没有人填选。2017年认为黑龙江省社会"很公平"和"比较公平"的占53.0%，超过半数的党政干部认为黑龙江省社会总体状况比较公平。通过三年的对比来看，多数

党政干部对黑龙江省某些领域的不公平现象存在忧虑,这是未来龙江社会管理过程中必须加以重点关注的问题。

表1 2015～2017年党政干部对黑龙江省社会总体公平状况评价对比

单位:%

排序	选项	2015年的评价	2016年的评价	2017年的评价
1	很公平	6.5	0	3.0
2	比较公平	71.0	68.8	50.0
3	不太公平	21.4	21.9	37.0
4	很不公平	1.1	3.1	5.0
5	不好说	0	6.2	5.0

资料来源:2015年、2016年和2017年黑龙江省社会形势问卷调查统计数据。

二 对2017年黑龙江省政府各项工作进展情况评价

(一)对2017年黑龙江省政府各项工作基本满意

为全面了解党政干部对2017年黑龙江省政府各项工作推进情况的满意度,本次调查问卷共设计了29个相关的问题,涵盖了农业发展、国有企业改革、行政审批、医疗卫生体制改革、文化产业发展、生态环境保护、养老产业发展等多个领域。按照"很满意"、"比较满意"、"不太满意"、"很不满意"和"不好说"五个等级分别进行评价,评价结果如表2所示。

表2 党政干部对2017年黑龙江省政府各项工作的满意度评价

单位:%

排序	工作内容	很满意	比较满意	满意合计	不太满意	很不满意	不好说
1	提升农业生产力,促进农民持续增收	11.1	67.7	78.8	18.2	0	3.0
2	推进农村集体产权制度改革	9.2	55.1	64.3	25.5	1.0	9.2
3	支持各种新型农业经营主体发展	10.2	58.2	68.4	24.5	1.0	6.1
4	提高龙江农产品整体信誉	14.3	57.1	71.4	22.4	2.0	4.2

续表

排序	工作内容	很满意	比较满意	满意合计	不太满意	很不满意	不好说
5	推行行政审批制度改革	10.1	51.5	61.6	33.3	4.1	1.0
6	推进"三去一降一补"	8.2	44.3	52.5	52.5	1.0	8.4
7	推动国有企业和事业单位改革	8.1	39.4	47.5	38.1	4.0	4.1
8	促进民营经济发展	7.1	38.4	45.5	44.4	7.1	5.0
9	推动哈尔滨新区建设	11.2	52.0	63.2	42.4	5.1	7.2
10	压减各类不合理支出,严控政府债务	6.1	53.5	59.6	28.3	5.1	7.0
11	推动产业项目建设,振兴实体经济	6.1	49.0	55.1	33.7	4.1	7.1
12	继续实施"千户科技型企业三年行动计划"	6.1	58.2	64.3	24.5	1.0	10.2
13	加强众创空间、孵化器建设	6.1	61.6	67.7	23.2	2.0	7.1
14	建好"互联网+"应用平台	7.1	53.5	60.6	33.3	1.0	
15	强化旅游业全省整体营销,提高服务水平	7.1	54.5	61.6	33.3	2.0	3.1
16	加快养老健康产业发展,把资源优势转化为产品	7.1	44.9	52	38.8	5	4
17	文化产业融合发展,引进培育各类创意产业等	7.1	44.9	52	39.8	3.1	5.1
18	利用夏季整体生态优势,开展特色专业体育赛事和群众体育活动	9.2	48.0	57.2	34.6	4.1	4.1
19	提高金融业服务和创新能力	5.1	48.0	53.1	38.8	2.0	6.1
20	加快重大基础设施建设	10.1	52.5	62.6	28.3	4.0	5.1
21	参与"中蒙俄经济走廊"建设	11.3	51.5	62.8	33.0	1.0	3.2
22	保护生态环境,推进美丽乡村建设	10.2	57.1	67.3	24.5	2.0	6.2
23	落实整合城乡居民基本医疗保险制度	8.1	54.5	62.6	25.2	7.1	5.1
24	发展中医药健康服务	4.0	51.5	55.5	35.4	4.0	5.1
25	深化"平安龙江"建设	10.1	58.6	68.7	26.3	3.0	2.0
26	加强食品药品安全监管	4.0	44.4	48.4	39.4	7.1	5.1
27	推开城市公立医院综合改革	6.1	41.4	47.5	31.3	12.1	9.1
28	强化法治建设,持续优化发展环境	9.1	47.5	56.6	31.2	6.1	6.1
29	加强政府自身建设,提高专业化水平	9.1	47.5	56.6	34.3	6.1	3.0

从统计数据分析来看，党政干部对2017年黑龙江省政府各项工作基本持满意态度，29项工作中有25项工作的满意度达到50%以上，有4项工作的满意度不足50%，分别是"推动国有企业和事业单位改革"（47.5%）、"促进民营经济发展"（45.5%）、"加强食品药品安全监管"（48.4%）和"推进城市公立医院综合改革"（47.5%）。在促进黑龙江省民营经济发展方面的满意度不足50%，多数党政干部认为与黑龙江省民营企业发展环境有关。有70.7%的党政干部对民营企业发展环境表示"不满意"，75.2%的党政干部认为，要促进黑龙江省民营经济发展，政府部门需要在"简化行政审批程序"方面下功夫。食药安全问题是关系国计民生的大问题，74.7%的党政干部认为，"政府部门加强监管，加强惩罚力度"是目前提高食品安全最有效的方法。这表明，黑龙江省政府部门在促经济、保民生方面的工作还任重道远。此外，满意度超过70%的有两项，分别是"提升农业生产力，促进农民持续增收"和"提高龙江农产品整体信誉"。这份成绩的取得与近几年黑龙江省大力推进"两大平原"现代农业综合配套改革密不可分。

（二）对"生态环境软实力"认可度最高

关于和其他省份比较黑龙江省在国内实力位置排名情况，课题组设计了5个问题，如表3所示。

表3 党政干部对2017年黑龙江省各项实力在国内位置的评价

单位：%

序号	选项	上等	中上等	中等	中下等	下等	不好说
1	经济实力	0	0	8.9	42.6	48.5	0
2	社会质量	0	5.1	33.3	40.4	21.2	0
3	文化软实力	2.0	4.0	35.4	34.3	23.2	1.1
4	生态环境软实力	15.2	27.3	26.3	19.1	12.1	0
5	综合实力	1.0	6.1	25.3	41.4	26.2	1.0

资料来源：2017年黑龙江省社会形势问卷调查统计数据。

从以上数据来看，和其他省份相比，黑龙江省 2017 年各项实力排名中"生态环境软实力"的评价最高，这与 2015 年和 2016 年的评价相一致，表明绝大多数党政干部非常认可黑龙江省生态环境的软实力。黑龙江省政府已经印发《黑龙江省生态环境保护"十三五"规划》，我们有理由相信，到 2020 年，黑龙江省生态环境质量会得到更好的改善，生态系统稳定性会明显增强，生态环境治理体系与治理能力现代化将取得重大进展。

同 2016 年相比，2017 年对于黑龙江省"综合实力"的评价有小幅上升，2016 年党政干部认为黑龙江省综合实力为"中上等"的比例是 1.0%；认为"中等"的比例是 24.0%，中等及以上合计为 25%；2017 年这两项合计提升至 32.4%。党政干部认为黑龙江综合实力在全国是"中下等""下等"的比例，2016 年合计是 70.9%，2017 年合计是 67.6%，表明党政干部对黑龙江省"综合实力"提升信心在不断增强。

（三）对"政策环境""政务环境"满意度更高，对"市场环境"满意度依然较低

表 4 党政干部对 2017 年黑龙江省优化发展环境的评价

单位：%

发展环境\评价	非常满意	比较满意	满意合计	不太满意	很不满意	不知道
政策环境	8.9	63.4	72.3	25.7	0	2.0
政务环境	3.0	52.5	55.4	42.6	1.0	1.0
市场环境	2.0	33.7	35.7	57.4	5.9	1.0
法治环境	8.0	33.0	41.0	53.0	5.0	1.0
人文环境	5.0	41.6	46.5	48.5	3.0	2.0

资料来源：2017 年黑龙江省社会形势问卷调查统计数据。

对比 2016 年关于黑龙江省优化发展环境的测评，2017 年党政干部依然认为黑龙江省政策环境最好。2016 年这个方面的满意度是 81.3%，2017 年

的满意度是72.3%，虽然有所下降，但总体上满意度还是发展环境各分项评价中最高的。和2016年相比，排在第二位的依然是政务环境，2016年的满意度是65.6%，2017年的满意度是55.4%。对市场环境的满意度最低，2017年的满意度仅有35.7%，低于上年的满意度，表明黑龙江省在优化市场环境方面的工作还有待进一步加强和完善。

（四）"淡化官本位思想，加强服务意识"成优化发展环境重中之重

针对黑龙江省优化发展环境方面存在的问题，调查组也想听取一下广大党政干部的意见建议。因此，在问卷中共设计了优化黑龙江省发展环境7个方面的具体对策，要求党政干部按重要程度选出三项并排序，最后经加权统计，结果见表5。

表5　党政干部对2017年黑龙江省优化发展环境应着力方面的判断

单位：%

排序	着力以下方面	加权百分比
1	淡化官本位思想，加强服务意识	40.77
2	改变重人情轻规则传统，增强法治意识	14.08
3	克服"等靠要"思想，提升自主创新水平	12.98
4	抵制说大话说空话作风，加强诚信体系建设	9.07
5	消除小富即安心理，积极开拓进取	8.26
6	改变短期、粗放经营理念，树立可持续发展观念	7.62
7	克服干部"慵懒怠"思想，强化履职尽职意识	7.22
合计		100.0

资料来源：2017年黑龙江省社会形势问卷调查统计数据。

由表5数据我们看到，党政干部认为优化黑龙江省发展环境最重要的三项工作依次是"淡化官本位思想，加强服务意识"（40.77%）、"改变重人情轻规则传统，增强法治意识"（14.08%）、"克服'等靠要'思想，提升自主创新水平"（12.98%）。位居前两位的"淡化官本位思想，加强服

务意识""改变重人情轻规则传统,增强法治意识"与2016年的排序相同。可以说,这是近两年黑龙江省在优化发展环境时必须重点关注和加强的方面。

(五)对省、市级政府部门服务意识比较满意,对基层政府部门服务意识满意度不高

关于党政干部对黑龙江省、市级政府部门服务意识的认可度考察,调查组设计了评价标准(见表6)。

表6 党政干部对2017年黑龙江省各级政府部门服务意识的评价

单位:%

各级政府部门 \ 评价	很满意	比较满意	满意合计	比较不满意	不满意	不知道
1. 省级部门	17.8	58.4	76.2	13.9	6.9	3.0
2. 地市级部门	3.0	51.0	54.0	38.0	3.0	5.0
3. 区/县(县级市)部门	8.0	28.0	36.0	45.0	10.0	9.0
4. 乡/镇/街道级部门	7.0	24.0	31.0	41.0	19.0	9.0

资料来源:2017年黑龙江省社会形势问卷调查统计数据。

从表6统计数据来看,党政干部对省级政府部门服务意识的满意度最高,达76.2%,对地市级政府部门服务意识的满意度也达到50%以上。但对区/县(县级市)政府部门和乡/镇/街道级政府部门的满意度却不高,两者都是30%左右,可见,黑龙江省基层政府部门的服务意识还有待加强。为贯彻习近平总书记对黑龙江省的重要讲话精神,黑龙江省委在2017年9月28日召开了机关作风整顿暨优化发展环境警示教育大会,进一步表明省委旗帜鲜明讲政治的坚决态度和整顿作风、严肃纪律、优化环境的坚定意志和决心。我们相信,只要省委始终把作风整顿紧紧抓好,就会敦促各级党政干部身体力行,努力形成以上率下的强大正能量,促进机关作风和干部作风进一步改进。

三 对影响黑龙江省社会和谐主要因素的分析

(一)"行业间待遇、地区间发展和城乡间权利待遇差别"是影响社会公平三大焦点问题

党的十九大报告指出,中国特色社会主义进入新时代,社会主要矛盾已经转化为人民日益增长的美好生活需要和不平衡不充分的发展之间的矛盾。这里面,发展的不平衡主要体现为领域不平衡、区域不平衡、群体不平衡。2017年党政干部调查问卷关于社会不公平感的统计数据,印证当前中国社会发展不平衡带来的社会不公平感(见表7)。

表7 黑龙江省党政干部对2017年各领域公平性的评价

单位:%

序号	领域\评价	很公平	比较公平	不太公平	很不公平	说不清
1	高考制度	18.2	58.6	15.1	6.1	2.0
2	义务教育	7.0	36.0	40.0	16.0	1.0
3	公民实际享有的政治权利	6.0	56.0	31.0	4.0	3.0
4	财政和税收政策	5.9	44.6	35.7	5.9	7.9
5	司法与行政执法	4.0	41.6	39.6	8.9	5.9
6	公共医疗	4.0	36.4	39.4	19.2	1.0
7	养老等社会保障待遇	6.0	46.0	39.0	7.0	2.0
8	财富及收入分配	4.1	43.9	34.7	14.2	3.1
9	选拔党政干部	4.0	52.5	35.4	6.1	2.0
10	保障房的分配	4.0	46.0	32.0	11.0	7.0
11	地区间的发展差别	3.0	25.3	57.6	11.1	3.0
12	行业间的待遇差别	1.0	26.0	54.0	15.0	4.0
13	城乡间的权利、待遇差别	3.0	33.0	53.0	8.0	3.0
14	社会总体状况	3.0	50.0	37.0	5.0	5.0

资料来源:2017年黑龙江省社会形势问卷调查统计数据。

通过统计数据我们看到,黑龙江省党政干部认为黑龙江省"最公平"(将"很公平"和"比较公平"合计)的三个方面,分别是"高考制度"

(76.8%)、"公民实际享有的政治权利"（62%）和"选拔党政干部"（56.5%），其中，与2016年排序前三位中选择相同的是"公民实际享有的政治权利"（68.1%）和"选拔党政干部"（50%）两项，2017年"高考制度"（76.8%）取代上年的"义务教育"（57.2%），位于首位。可见，黑龙江省教育制度和政治制度的发展获得较多党政干部的认可，覆盖城乡的基本公共服务体系取得了一定成果。然而，"最不公平"（将"不太公平"和"很不公平"合计）的三个方面是："行业间的待遇差别"（69%）、"地区间的发展差别"（68.7%）和"城乡之间的权利、待遇差别"（61%），相当数量的党政干部认为以上三个领域存在普遍不公平，而这种不公平是发展不平衡、不充分的直接后果。要解决发展不平衡，最直接的是要树立新发展理念，更加强调从全局的高度思考发展、筹划发展，更加注重城乡协调、区域协调、社会群体间的协调以及经济与社会其他方面之间的协调。破解当前黑龙江省社会各领域存在不公平问题的"第一要务"，就是全省上下凝心聚力促发展，可以说，发展是解决当前所有问题的关键。

（二）"交通拥堵、行政审批效率低、看病难"成社会发展面临的主要瓶颈

为了解党政干部对黑龙江省社会发展中存在主要问题的认知，调查组共设计了涵盖政务、医疗卫生、社会保障、社会治安、食品药品安全等方面的问题，请被调查者依据问题的严重程度选出三项并排序（见表8）。

表8 党政干部对2017年黑龙江省社会发展存在主要问题的判断

单位：%

排序	社会问题	加权百分比
1	交通拥堵	16.19
2	行政审批效率低	13.78
3	看病难、看病贵	12.45
4	行政部门"门难进、脸难看、事难办"	8.75
5	住房价格过高	7.55

续表

排序	社会问题	加权百分比
6	就业难、失业率高	5.81
7	食品安全问题	5.31
8	地区差距过大	5.01
9	民众对政府、媒体的信任危机	4.21
10	生态环境污染	4.01
11	司法、行政执法不公	3.7
12	社会保障存在不公平现象	3.3
13	义务教育择校难、教育收费高	3.02
14	城乡差距扩大	2.1
15	收入差距扩大	1.71
16	贪污腐败严重	1.6
17	流动人口管理不善	1.5
合　计		100.0

资料来源：2017年黑龙江省社会形势问卷调查统计数据。

加权统计结果显示，党政干部对2017年黑龙江省社会发展中存在主要问题的排序具有明显的层次性。排在前三位的最主要问题依次是"交通拥堵"（16.19%）、"行政审批效率低"（13.78%）和"看病难、看病贵"（12.45%）。2016年，黑龙江省社会发展中存在的最主要问题有"交通拥堵"（18.45%）、"行政审批效率低"（13.9%）和"看病难、看病贵"（11.0%），两年的统计结果相近，表明这三个问题已经确实成为黑龙江省社会发展过程中必须着力解决的突出问题。"交通拥堵"已成为近年来人们的热门话题，尤其以作为二线城市的哈尔滨为最，交通拥堵程度竟然赶超一线城市。然而，根据高德地图联合交通运输部科学研究院等权威机构发布的《2017年第二季度中国主要城市交通分析报告》，我们看到，在第二季度中，全国有77%的城市拥堵状况同比呈现大面积缓解。得益于网约车新政出台、共享单车出现、城市路网建设逐步完善和互联网赋能交通管理的成效，我们相信，黑龙江省交通拥堵状况在未来会得到有效缓解。"行政审批效率低"和"看病难、看病贵"的问题在一定程度上反映了黑龙江省在优化发展环境和着力改善民生方面还有工作做得不到位，必须引起政府相关部门的高度重视。

（三）"食品药品监管、政府办事人员工作态度、医务人员收'红包'"是损害群众利益最突出的问题

着力解决损害群众利益的最突出问题是维护黑龙江社会和谐稳定的基石。针对可能损害群众利益的突出问题，本次问卷调查共设置了8个社会问题，请党政干部选出突出的三个问题并按严重程度排序，同时，在末尾还设置了一个开放式选项，如有其他看法可以选择"其他"。经过加权统计，数据结果如表9所示。

表9 目前社会上损害群众利益最突出的问题

单位：%

排序	社会问题	加权百分比	排序	社会问题	加权百分比
1	政府对食品药品制假、售假缺乏监管	30.61	6	强制征地、拆迁	6.82
2	政府办事人员工作拖拉、态度不好	20.34	7	挪用各类民生补贴款	2.66
3	看病就医时医务人员收取"红包"	14.78	8	三公消费支出浪费严重	2.31
4	学校教育乱收费、高收费	10.97	9	其他	2.17
5	行政执法简单粗暴	9.34		合计	100

资料来源：2017年黑龙江省社会形势问卷调查统计数据。

统计数据显示，党政干部认为黑龙江省目前损害群众利益的最突出社会问题依次是"政府对食品药品制假、售假缺乏监管"（30.61%）、"政府办事人员工作拖拉、态度不好"（20.34%）、"看病就医时医务人员收取'红包'"（14.78%）。

民以食为天，食以安为先。进入21世纪以来，中国食品药品安全事件多发、频发，不仅对食品产业发展造成不良影响，也给人民的身体健康和安全带来严重威胁，成为社会关注的重大民生问题。虽然在多方努力下，食品药品安全形势总体稳定，没有出现区域性、系统性质量安全问题，但食品药

品安全领域存在的潜在隐患不可低估。这类事件一旦发生，性质恶劣、后果严重，社会影响极坏。黑龙江省广大党政干部意识到问题的紧迫性，在连续三年的调查中均将该问题列为损害群众利益的首要问题。在2017年的调查统计中，有30.61%的党政干部认为"政府对食品药品制假、售假缺乏监管"是居于损害群众利益第一位的问题。因此，黑龙江省的相关政府部门一定要不断提高发现能力、促进监管前移、落实预防为主的战略目标。积极探索制定食品药品安全风险基础监测计划，建立相关监测预警网络，进一步加大对食品药品制假、售假的惩治力度，务必确保广大群众吃得安全、用得放心。损害群众利益的最突出问题列第二位的是"政府办事人员工作拖拉、态度不好"（20.34%），这在某种程度上表明，作为服务群众需求最直接的政府办事人员，工作作风没有根本转变，践行群众路线流于形式主义，背离了全心全意为人民服务的宗旨，存在脱离群众的重大危险。第三位是"看病就医时医务人员收取'红包'"（14.78%），为破解这一难题，黑龙江省卫计委发布了医务人员"十不准"和领导干部"十不准"原则，大庆市卫计委在大庆市卫生计生系统内印发"十不准"手册，做到全体干部职工人手一册。同时，大庆市卫计委还向社会公布了监督举报电话，患者在就医时如果遇到医务人员索要红包、开大处方等违规现象，可以举报，经查实后医务人员将受到严肃惩处。我们相信，随着各个地方探索实践的推进，问题的解决指日可待。

（四）"房屋拆迁、强制征用耕地、转岗职工就业安置不当"成最易诱发群体性事件的社会问题

随着全面深化改革步伐的迈进，经济的快速增长带来了社会结构失衡、收入分配不公和政治体制改革滞后等一系列问题，成为一些影响社会稳定的群体性事件的诱因。关于黑龙江省"易引发群体性事件的社会问题"选择方面，党政干部认为"房屋拆迁""强制征用耕地"和"转岗职工就业安置不当"等社会问题最易成为某些群体性事件的诱因。调查结果见表10。

表10 目前易引起群体性事件的社会问题

单位：%

排序	社会问题	加权百分比	排序	社会问题	加权百分比
1	房屋拆迁	22.53	10	宗教问题	2.8
2	强制征用耕地	17.49	11	贪污腐败问题	2.3
3	转岗职工就业安置不当	10.46	12	工伤/事故处理不当	2.2
4	野蛮执法	8.75	13	离退休人员安置不当	1.7
5	食品、药品安全事件	8.25	14	行业利益纷争	1.6
6	企业劳资纠纷	5.91	15	民族问题	1.2
7	医患纠纷	5.91	16	其他	0.49
8	供排水、供电、供暖不畅	4.51		合计	100
9	生态环境恶化	3.9			

资料来源：2017年黑龙江省社会形势问卷调查统计数据。

从统计结果来看，党政干部认为当前黑龙江省最易引发群体性事件的社会问题排在前三位的依次是"房屋拆迁"（22.53%）、"强制征用耕地"（17.49%）和"转岗职工就业安置不当"（10.46%），而2016年党政干部认为最容易引发群体性事件的社会问题也是这三项。这表明切实解决好这几项关系民生的社会问题，对于预防群体性事件的发生，维护黑龙江省社会和谐稳定意义重大。

四 对黑龙江省民生工作的评价及思考

（一）黑龙江省民生工作着力点是"看病难、公共服务不完善、收入差距"

习近平同志在党的十九大报告中提出，提高保障和改善民生水平，加强和创新社会治理。他还指出，要抓住人民最关心最直接最现实的利益问题，既尽力而为，又量力而行，一件事情接着一件事情办，一年接着一年干。坚持人人尽责、人人享有，坚守底线、突出重点、完善制度、引导预期，完善公共服务体系,保障群众基本生活,不断满足人民日益增长的美好生活需要,不断促进社会公平正义,形成有效的社会治理、良好的社会秩序,使人民获得感、幸福感、安全感更加充实、更有保障、更可持续。可以说,保障和改善民生工作充分体现了我们共产党人一直坚守的"人民立场"。为了解广大党政干部对黑龙江省民生工作的认识,调查组设计了涵盖教育、就业、物价、医疗卫生、社会救助等一系列切实关系人民群众利益的民生问题,调查数据如下(见表11)。

表11　党政干部对黑龙江省主要民生问题的评价

单位:%

排序	民生问题	加权百分比	排序	民生问题	加权百分比
1	看病难、看病贵	17.4	8	人居环境有待改善	3.31
2	公共服务不完善	12.27	9	社会救助事业不能满足需求	2.8
3	收入差距进一步扩大	11.94	10	社会保险制度不健全	2.71
4	教育公平尚未实现	11.34	11	药品安全	2.01
5	房价居高不下	11.14	12	物价上涨	1.9
6	食品安全问题	11.05	13	其他	1.38
7	高质量就业难	10.75		合　计	100.00

资料来源:2017年黑龙江省社会形势问卷调查统计数据。

通过表11统计数据我们看到,党政干部认为今后一段时间黑龙江省主要的民生问题排前三位的是:"看病难、看病贵"(17.4%)、"公共服务不完善"(12.27%)和"收入差距进一步扩大"(11.94%)。此外,党政干部对"教育公平尚未实现""房价居高不下"和"食品安全问题"也相对比较关注,这6项除第1项占到17.4%外,其他5项均在11%~13%之间,比例相差不多,前后最多相差不到2个百分点,说明这些问题也让党政干部非常关注。

"看病难、看病贵"的问题不仅是黑龙江省党政干部十分关心的民生问题,同时也位列2017年黑龙江省社会发展主要问题的第三位。可见,这一问题已成为黑龙江省保障和改善民生工作中要重点啃下的硬骨头。针对这一问题，黑龙江可以借鉴其他省市经验，探索构建医疗服务价格动态调整机制，该机制以成本和收入结构变化为基础，还可以利用大数据建立医疗保险智能辅助审核信息系统，实现对全市基本医疗保险参保人员、医保定点医院、医保定点零售药店、医保经办机构等全方位监管，相信以上措施可以有效缓解"看病难、看病贵"问题。并且党的十九大报告提出，要完善国民健康政策，为人民群众提供全方位周期健康服务。深化医药卫生体制改革，全面建立中国特色基本医疗卫生制度、医疗保障制度和优质高效的医疗卫生服务体系，健全现代医院管理制度。加强基层医疗卫生服务体系和全科医生队伍建设。全面取消以药养医，健全药品供应保障制度。

（二）2017年就业"形势依然严峻"，破解就业难题亟待最优路径

目前，国内化解过剩产能造成了一部分职工下岗、经济下行压力大、企业用工不足。在这样的大背景下，2017年中国整个就业形势十分复杂，任务也非常艰巨。为了解党政干部对黑龙江省2017年就业形势的看法，课题组依据重要程度设计了五个选项，有13.9%的党政干部认为就业"形势有所好转"；有3%的党政干部认为就业"形势大为好转"；有67.3%的党政干部认为就业"形势依然严峻"；有5.9%的党政干部认为就业"形势更为严峻"；有9.9%的党政干部表示"不太了解"。由以上统计结果来看，超过2/3的党政干部认为就业形势依然严峻，这说明就业问题已成为广大干部非常关注的民生工作，这也将成为政府未来民生工作的重点。

就业是最大的民生。党的十九大报告指出，要始终坚持以人民为中心的发展思想，在发展中保障和改善民生，对提高就业质量、加强社保体系建设、加强人才工作等提出了新要求，做出了新部署。因此，关于当前黑龙江省政府部门采取何种措施解决就业问题，课题组设计了十项主要措施，如表12所示。

表12 政府解决当前黑龙江省就业问题的主要措施

单位：%

排序	具体措施	加权百分比
1	坚持扩大就业发展战略	20.58
2	优先发展吸纳就业能力强的产业	18.11
3	积极推进创业带动就业	18.04
4	发挥小微企业就业主渠道作用	12.67
5	强化高校毕业生就业创业保障机制	7.96
6	加快建立统一规范灵活的人力资源市场	6.83
7	加强就业创业服务和职业培训	6.43
8	统筹推进重点群体就业	5.76
9	加强失业风险预防和调控	1.9
10	其他	1.72
	合计	100.0

资料来源：2017年黑龙江省社会形势问卷调查统计数据。

统计结果显示，党政干部认为，解决当前黑龙江省就业问题的主要措施居前三位的依次是："坚持扩大就业发展战略"（20.58%）、"优先发展吸纳就业能力强的产业"（18.11%）和"积极推动创业带动就业"（18.04%）。其中，前两位的排序与2016年的调查结果相同。由此可见，政府部门从宏观上制定扩大就业发展战略，优先发展吸纳就业能力强的产业，是广大党政干部的一致呼声。未来黑龙江省要探索制定扩大就业发展战略，优先发展吸纳就业能力强的产业，实行积极就业政策，把丰富的职业教育资源作为提高劳动者技能素质的重要抓手，将推动创业带动就业作为扩大就业容量和提升就业质量的重要引擎，大力促进高校毕业生就业，努力帮扶农民工多渠道就业创业，不断健全就业创业政策扶持体系，优化就业创业环境，有效解决就业问题，进而保障和促进黑龙江省民生工作的开展。

五 对黑龙江省未来社会发展形势的总体预测

（一）对黑龙江省2018年社会发展形势的预测是越来越好

关于2018年黑龙江省社会发展形势的预测，课题组在问卷中共设计了

4个选项,有62.6%的党政干部认为黑龙江省2018年的社会发展形势会"越来越好";有30.3%的党政干部认为"没多大变化";有1%的党政干部认为"越来越差";6.1%的党政干部表示"说不清"。这反映出作为龙江建设的带头人,广大党政干部对未来黑龙江省社会发展形势的良好预期,为黑龙江省未来发展增添了信心和活力。

(二)对未来黑龙江省构建和谐社会信心十足

为了解党政干部对未来黑龙江省构建和谐社会的信心,课题组设计了5个选项,有20.2%的党政干部对未来黑龙江省构建和谐社会"非常有信心";有61.6%的党政干部"比较有信心",两项合计达81.8%,也就是有4/5以上的党政干部对未来黑龙江省构建和谐社会很有信心;14.2%的党政干部"不太有信心";1%的党政干部"没有信心";另有3%的党政干部表示"说不清楚"。从统计结果来看,绝大多数的党政干部对未来黑龙江省构建和谐社会充满了信心和期待。相信在习近平新时代中国特色社会主义思想指引下,在省委省政府领导下,龙江人民坚持求真务实,真抓实干,必将开创龙江社会经济全面发展的新局面!

(三)对黑龙江省未来改善发展环境较有信心

关于党政干部对未来黑龙江省改善发展环境的信心,课题组按程度高低设计了五个方面的选项。表示对黑龙江省改善发展环境"非常有信心"的党政干部占17.2%,"比较有信心"的党政干部占54.5%,两者合计为71.7%。"不太有信心"的党政干部有25.3%,"没有信心"的党政干部有1%,表示"说不清"的党政干部占2%。由以上统计数据我们看到,广大党政干部对黑龙江省改善发展环境十分有信心。2017年9月,省委副书记、省长陆昊主持召开了省政府常务会议,研究部署进一步清理规范涉企经营服务性收费工作。会议还研究讨论了《黑龙江省公共信息资源开放实施方案》、《黑龙江省"多证合一"改革实施方案》和《关于贯彻落实〈中共中央办公厅国务院办公厅关于加快构建政策体系培育新型农业经营主体的意见〉的实施意见》等工作事项。从中我们看到了省各级政府部门对改善黑龙江省发展环境的重视程度和紧迫感。

东北地区是老工业基地,对于东北振兴黑龙江省党政干部更是充满信心和期待。当问及对东北振兴前景的看法时,有73.4%的党政干部表示"很有信心"("非常有信心"和"比较有信心"合计),仅有2%的党政干部表示"不太有信心",这都充分证明在黑龙江省促发展、重改革、强民生的政策指引下,实现全面发展振兴指日可待。

2017~2018黑龙江省党风廉政建设状况调查报告

邢晓明 刘丹*

摘 要： 2017年黑龙江省党风廉政建设取得较大成效。政府级别越高，公众对其反腐败效果认同度越高；超六成的公众认为党风廉政建设各项工作取得较明显成效，并认为党员干部中的违规违纪现象有所改善；在廉洁程度上，党政干部对自身的认可度高于公众和专家；对于未来反腐败效果取得明显成效，党政干部和专家比公众更有信心。"不关心群众利益"、"只讲形式，不干实事"和"为追求政绩弄虚作假"是党员干部中比较突出的三大问题。

关键词： 黑龙江 党风廉政 反腐败

2017年黑龙江省党风廉政建设取得巨大成绩，反腐力度前所未有：2017年，黑龙江省纪检监察机关共受理信访举报51215件，立案18865件，同比增长26.4%；处分党员干部17648人，同比增长18.2%。省纪委立案70件，查处省管干部57人，同比分别增长27.3%和11.8%。2017年5月，黑龙江省在全国率先制定出台《关于推进风清气正政治生态建设的意见（试行）》及《考核办法》，并作为新一届省委第一个文件下发，着力破解

---

* 邢晓明，黑龙江省社会科学院社会学研究所副研究员，研究室副主任，研究方向为发展社会学、城市社会学；刘丹，黑龙江省委讲师团主任科员。

"四个意识"不牢、班子凝聚力不强、选人用人不公和正风反腐不够深入四大问题。2017年8月,在全国率先出台《关于脱贫攻坚监督执纪问责办法》,严肃查处虚报冒领、截留私分、吃拿卡要等腐败问题1430个,给予党政纪处分1295人,包括省扶贫办原主任张希良等4名省管干部,为全省脱贫攻坚提供了坚强纪律保障。力度不减、尺度不松、节奏不变,一个又一个腐败官员的落马,一记又一记重拳的出击,充分表明了省委、省纪委有腐必反、有贪必肃的如磐决心,有力彰显了各级纪检监察机关对腐败问题露头就打、寸步不让的果敢勇毅[1]。

为了科学评价黑龙江省党风廉政建设和反腐败取得的效果和民意评价,2017年10月,黑龙江省社会科学院课题组根据全省各地区经济社会发展的主要指标及经济发展类型,随机抽取了哈尔滨市、齐齐哈尔市、七台河市和黑河市四个地市为调查样本,共获得有效民意问卷1000份,在省城各高校和科研院所抽取专家问卷100份,在省委党校抽取各级党政干部问卷100份。问卷调查依据多阶段分层抽样原则,被访者覆盖城乡、各阶层、各年龄段,具有一定代表性。

根据数据统计分析,公众、专家和党政干部从以下七个方面对2017年黑龙江省的党风廉政建设和反腐败工作进行了评价。

一 对党风廉政建设的评价

在党风廉政建设评价方面,"查处贪污腐败分子工作""反腐倡廉法规制度建设工作"成效最为突出,"纠正不正之风工作""对领导干部教育管理工作"评价有所下降。根据民意调查数据显示,在党风廉政建设的评价上,公众认为"查处贪污腐败分子工作"和"反腐倡廉法规制度建设工作"成效明显,比2016年分别提升了4.9个百分点和0.9个百分点(见表1),2016~2017年黑龙江省加大"减腐败存量、遏腐败增量"力度,强化反腐败协调协

---

[1] 《2017年黑龙江省纪检监察机关监督执纪工作综述》,《黑龙江日报》2018年1月15日。

作,加强对严肃换届纪律情况的监督检查,通过几年来持续保持惩治腐败高压态势,全省反腐败工作压倒性态势已经形成,反腐倡廉法规制度不断完善,反腐败工作力度得到公众认可。但有几个指标略有下降,如公众认为"纠正不正之风工作""对领导干部教育管理工作"成效明显的比例较2016年分别下降了7.5%、6.3%(见表1)。由此可见,纠正不正之风和对党员的教育等工作的开展还需要强化和深入,提升党政干部的廉洁自律意识不能松懈。

表1 不同年度黑龙江省党风廉政建设各项工作成效对比

单位:%

类别	非常明显	比较明显	"非常明显"和"比较明显"合计比例		不太明显	很不明显
			2017年	2016年		
查处贪污腐败分子工作	8.7	63.5	72.2	67.3	24.7	3.1
反腐倡廉法规制度建设工作	10.4	57.0	67.4	66.5	29.8	2.8
强化权力监督制约工作	10.2	48.6	58.8	62.2	36.6	4.6
深化反腐败体制机制改革工作	10.1	48.2	58.3	62	36.5	5.2
纠正不正之风工作	10.6	45.6	56.2	63.7	39.0	4.8
对领导干部教育管理工作	12.1	43.9	56	62.3	37.3	6.7

二 对反腐败工作的评价

在反腐败工作评价上,公众认为政府级别越高反腐败效果越好,中央政府、省级政府和地市级政府的反腐败效果与2016年相比均有所提升。根据民意问卷调查数据显示,当问到"您认为各级政府反腐败效果如何"时,对于中央政府,公众认为"很明显"和"比较明显"的比例之和为83.6%,比2016年提升了3.6个百分点;省级政府"很明显"和"比较明显"的比例之和为68%,较2016年上升了0.3个百分点;地市级政府"很明显"和"比较明显"的比例之和为50.3%,比2016年提升了1.3个百分点;唯有县级政府比例较2016年下降了1.6个百分点(见图1、图2)。由此可见，反腐败永远在路上，要警惕基层党政干部腐败抬头，县级政府的反腐工作有待于进一步强化和深入。进一步加大预防腐败的工作力度，必须推进反腐倡廉工作的制度化、法制化，发挥法规制度的规范和保障作用。

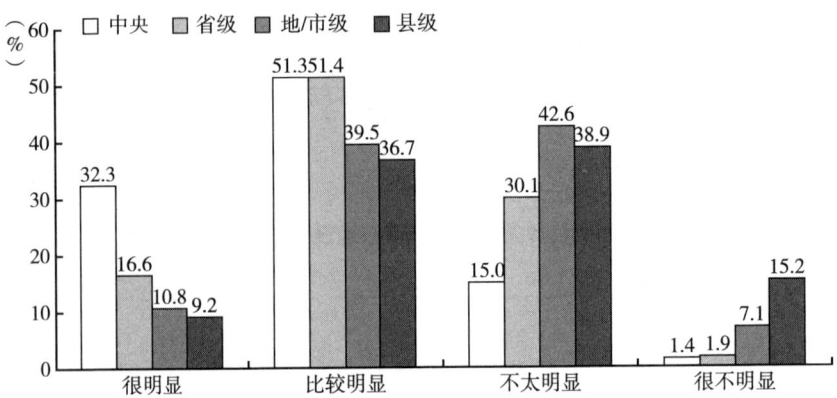

图1　2017年公众对各级政府反腐败效果的评价

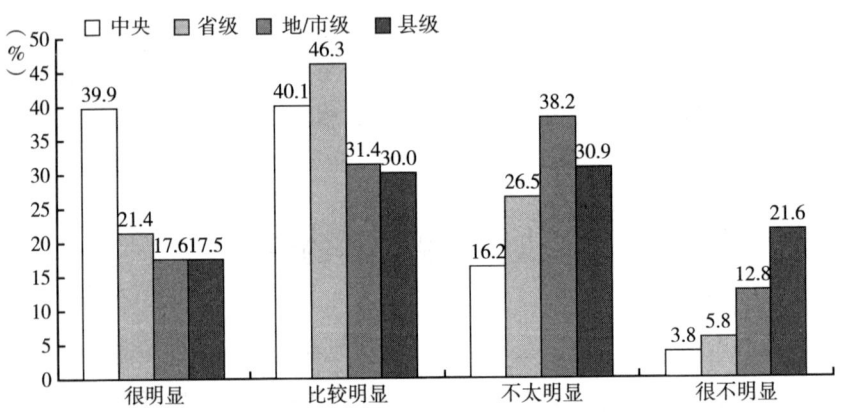

图2　2016年公众对各级政府反腐败效果的评价

三　党政干部违规违纪现象改善情况的评价

在党政干部违规违纪现象改善情况的评价上，超六成的公众认为有所改善,认为改善最明显的是"婚丧嫁娶大摆宴席现象""办公室豪华装修现象""公车私用现象",但"作风粗暴、态度生冷、办事拖拉现象"在改善成效中垫底。根据调查数据显示(见表2),公众认为党员干部违规违纪现象改善最明显的是"婚丧嫁娶大摆宴席现象"(72.7%),排在第二、第三位的是"办公室豪华装修现象"(72.5%)和"公车私用现象"(71.1%)。此外,认为"假期过后仍不上班""赌博现象""公款送礼现象""用公款大吃大喝现象""子女、配偶靠关系精英办企业现象"得到明显改善的公众均超过六成,从侧面反映出近年黑龙江省反腐倡廉力度之大。值得一提的是,仅半数公众认为"作风粗暴、态度生冷、办事拖拉现象"(52.2%)得到改善,说明在党政干部中还存在工作作风不端正,为民服务意识不强,工作效率不高现象,有待于各级政府进一步深入强化工作作风建设。

表2 2017年公众认为黑龙江省党政领导干部违纪违规现象改善情况

单位:%

排序	违纪违规现象	明显加重	有所加重	没有变化	有所改善	明显改善	"有所改善"和"明显改善"之和
1	婚丧嫁娶大摆宴席现象	1.2	5.5	20.6	51	21.7	72.7
2	办公室豪华装修现象	1.2	6.1	20.2	45.4	27.1	72.5
3	公车私用现象	2.5	5.4	21	48.2	22.9	71.1
4	假期过后仍不上班	1.5	5.6	23.4	45.3	24.2	69.5
5	赌博现象	1.5	6.1	23.6	48.7	20.1	68.8
6	公款送礼现象	1.5	6.4	23.5	47.4	21.2	68.6
7	用公款大吃大喝现象	1.9	6.3	25.6	47.4	18.8	66.2
8	子女、配偶靠关系精英办企业现象	2.5	5.8	27.3	42.7	21.7	64.4
9	作风粗暴、态度生冷、办事拖拉现象	1.4	9.2	34.2	39.6	15.6	52.2

四 公众认为党员干部中存在的三大突出问题

在公众认为党员干部中存在的突出问题中,"买官卖官""滥用权力、以权谋私"占比最低,但"不关心群众利益""只讲形式、不干实事""为追求政绩弄虚作假"被认为是三大突出问题。根据调查数据显示,"买官卖官""滥用权力、以权谋私"占比最低,分别为2.57%、4.7%,显示出党的十八大以来反腐败工作已形成压倒性态势。公众认为党政干部中存在的三大突出问题依次是:"不关心群众利益"(31.11%)、"只讲形式、不干实事"(22.58%)和"为追求政绩弄虚作假"(13.12%)(见表3)。表明干部作风建设永远在路上,是把追求政绩放在第一位还是把人民群众利益放在第一位是问题的根本。

表3 公众认为党员干部中存在的突出问题

单位:%

排序	存在的突出问题	所占比例
1	不关心群众利益	31.11
2	只讲形式,不干实事	22.58
3	为追求政绩弄虚作假	13.12
4	办事拖拉、不尽职尽责	8.15
5	公款消费、铺张浪费	7.64
6	对中央的决定不听从、不执行	6.82
7	滥用权力、以权谋私	4.7
8	买官卖官	2.57
9	其他	0.15
	没有上述问题	3.16
合 计		100.0

五 对廉政建设主体的评价

在廉政建设主体评价上,党政干部对自身廉洁的认同度明显高于公众和专家。调查数据显示(见图3),党政干部认为廉洁干部占绝大部分的比例为24%,高于专家(11.6%)和公众(14.4%);认为廉洁干部占大部分的,党政干部比例(46%)要远高于专家(27.4%)和(23.5%),表明党政干部对自身廉洁的认同度比其他两个群体更高一些。其原因可能是在日常工作中,党政干部对党风廉政建设的具体实施感同身受,较专家和公众印象更为深刻,也有更强的危机感,这也从侧面反映出党风廉政建设的力度之大前所未有。

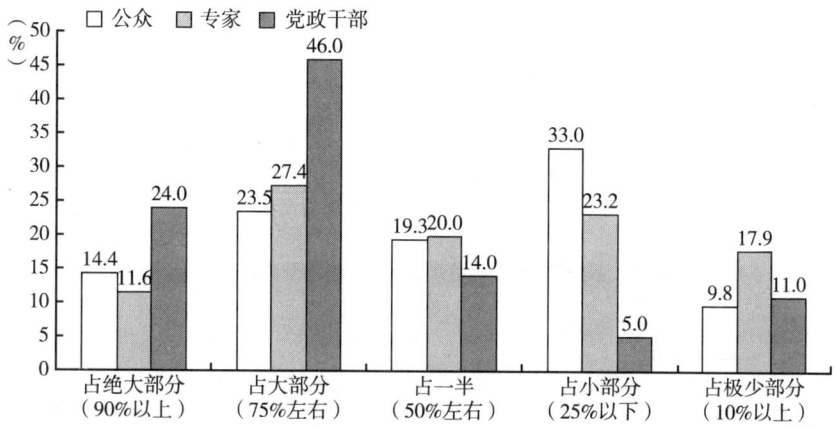

图3 公众专家认为黑龙江省廉洁党政干部所占比例

六 对反腐败参与度的评价

在反腐败参与度评价上,部分公众对举报腐败行为有所顾虑。根据调查数据显示,当问到"如果发现腐败行为和线索是否会举报"时,"会实名举报"的公众较2016年下降8.4个百分点,"会匿名举报"的公众较2016年上升1.3个百分点,举报的比例之和较2016年下降7.1个百分点(见图4);此外,当问到"举报腐败行为是否会受到打击报复"时,认为"会受到打击报复"的比例较2016年上升了2.4个百分点,认为"不会受到打击报复"的比例较2016年也上升了4.3个百分点(见图5)。值得一提的是,"不知道"举报是否会受到打击报复的公众占52.2%,发现腐败行为是否会举报选择"不好说"的占36.4%,说明有相当一部分公众在这个问题上心存顾忌。可见目前黑龙江省的举报监督机制还不够完善,对于被举报人个人隐私和人身安全的保护还有待于进一步加强。

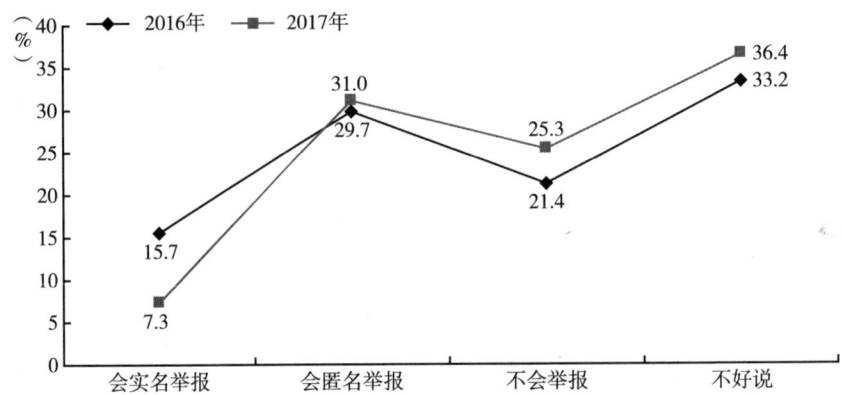

图4　不同年度公众发现腐败行为是否会举报对比

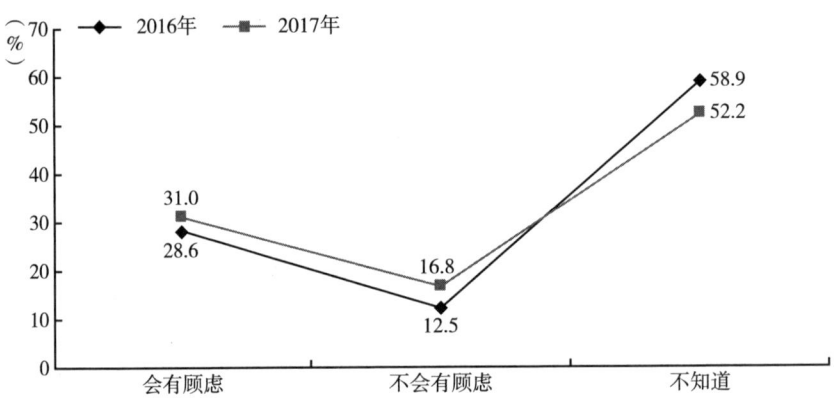

图5　不同年度公众认为举报腐败行为是否会受到打击报复对比

七　在反腐败信心指数上，党政干部和专家比公众更有信心

根据调查数据显示（见图6），对未来黑龙江省反腐败取得明显成效的信心指数上，党政干部信心最强，"很有信心"和"较有信心"之和为89.2%，专家"很有信心"和"较有信心"之和为67.4%。究其原因，源于党政干部和专家对党风廉政建设的相关政策更了解，对反腐力度之大印象也更深刻，因而对未来的反腐败取得成效比公众更有信心，相比较而言，公

众"很有信心"和"较有信心"之和为仅为58.6%。虽然过去一年黑龙江省深入贯彻中央的精神,强化党风廉政建设,把反腐落到实处已得到公众认可,但真正树立党政干部的廉洁形象还需一个过程。随着党的十九大全面从严治党向纵深发展战略部署的实施、黑龙江反腐力度的持续加大和党风廉政建设的不断深入,公众对未来反腐败取得成效也必然会更有信心。

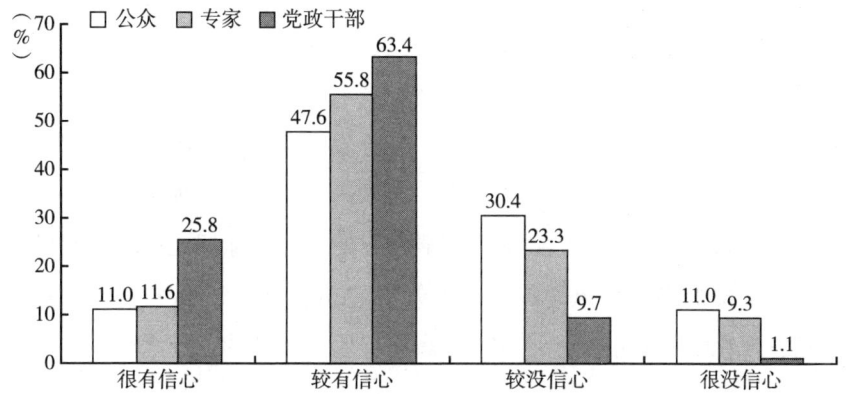

图6 不同群体对未来黑龙江省反腐败取得明显成效是否有信心

根据黑龙江省2017年反腐败工作和党风廉政情况,提出以下对策建议。

在反腐败方面,进一步加大预防腐败的工作力度,必须推进反腐倡廉工作的制度化、法制化,发挥法规制度的规范和保障作用。针对群众反映强烈的热点问题,针对容易滋生腐败的重点部位和关键环节,制定相应制度,从源头铲除滋生腐败的土壤;严格执行党委议事规则、决策程序,建立重大决策、重要项目安排、大额资金使用等重大问题应广泛征求群众的意见,由班子集体讨论决定,做到事前公示制、事后通报制,切实发挥好民主监督小组的监督作用。

在党风廉政建设方面,为更好提高党政干部的廉洁程度,主要应加强以下两方面的建设:一是加强对权力运行的监督。包括:加大党内监督力度——在党政干部中认真开展批评和自我批评,进一步促进领导干部增强党内监督意识;加大群众监督力度——继续实行党务公开、政务公开、财务公开,在提高工作的透明度上下功夫。要认真对待干部和群众公开提出的疑问和质询,及时对干部和群众做出解释。及时处理各类信访件、举报信,坚决严肃查处干部和群众反映属实的问题,并注重保护举报群众的个人隐私,打消举报群众怕被报复的顾虑;加大纪检监察的监督力度——各纪检部门要按照上级有关规定加大监督力度,加大事前、事中的监督。二是加强队伍建设形成整体合力。包括:抓好党支部建设——把党支部建设成为联系群众、宣传群众、组织群众、团结群众、带领群众的坚强战斗堡垒;在发展新党员上,要以发展和培养为重点,加大发展党员工作力度,努力建设一支数量足够、结构合理、素质较高的党员队伍,充分发挥党员干部的模范带头作用;抓好班子建设——以班子建设为重点,力求班子达到为政理念正确、职能有效转变、作风明显好转、执政能力明显增强的目标;抓好纪检队伍建设——加强纪检队伍的思想作风建设,认真开展"执纪为民、公正廉洁"主题教育活动,强化纪检监察干部培训,提高纪检监察干部的业务素质。

B.6
2017年黑龙江省公众政府信任状况及影响

王建武*

摘　要： 本报告基于"2017~2018年黑龙江省社会经济形势民意调查问卷",分析了黑龙江公众对各级政府及组织管理部门的信任状况,并通过多元回归模型进一步揭示了政府信任感的影响因素。调查发现：公众对各级政府信任感呈现差序性；工人阶层对省政府信任感最高；对政府主管的行业管理部门信任感较低。本报告通过回归分析揭示了政府信任状况的影响因素及其差异：主观阶层地位认同越高,则对政府信任感越高；发展经济依然是提升公众对政府信任感的重要因素；分配公平感比权利公平感对政府信任感有更重要的影响。因此建议,提高政府信任感,要把维护社会公平摆在重要位置。

关键词： 黑龙江　政府信任　社会公平

当前,黑龙江全省上下正在掀起学习宣传贯彻党的十九大精神的热潮,用党的十九大精神特别是习近平新时代中国特色社会主义思想,统一思想、统一行动,准确把握全面深化改革的时代性、规律性和创新性,以坚定的政治勇气和历史担当,奋力夺取新时代全面深化改革新胜利。党的十九大提出,

---

* 王建武,黑龙江省社会科学院社会学研究所副研究员,研究方向为政治社会学。

要转变政府职能，深化简政放权，创新监管方式，增强政府公信力和执行力，建设人民满意的服务型政府。政府公信力是政府获得人民群众信任的重要基础。黑龙江全省上下齐心协力，努力深化行政体制机制改革，全省各级政府部门积极用改革促进发展环境优化。然而改革成效如何，需要由人民群众来评价，黑龙江省社会科学院社会学所通过"2017～2018年黑龙江省社会经济形势民意调查问卷"，对政府机构及其部门的民众信任状况进行调查，了解黑龙江民众对政府的信任水平，并揭示了不同阶层群体的政府信任差异及影响因素。

一 当前公众对政府部门及相关组织机构的信任状况

"2017～2018年黑龙江省社会经济形势民意调查问卷"以哈尔滨市道外区、松北区、双城区、延寿县、克山县，齐齐哈尔市铁锋区、拜泉县，佳木斯市桦川县，七台河市勃利县，黑河市逊克县10个县区的40个村/居为样本，调查的内容除了个体的社会经济地位特征变量，还包括对黑龙江经济社会发展形势及其相关问题的看法与社会态度。其中关于政府信任的问题是：您对以下单位或组织的信任程度如何：①省政府；②地市政府；③社区（居委会）或村委会；④信访机构；⑤政府公布的统计数据；⑥水、电、煤气、供暖、电信等服务性管理部门；⑦消费者协会等维权组织；⑧环境保护等社会公益组织；⑨传统媒体（广播、电视、报纸、杂志等）。以上9个项目的选项根据李克特等级量表分为5个等级，信任程度从低到高分别是：很不信任、不太信任、不好说、比较信任、很信任，评分越高，表明信任程度越高。

表1 公众对政府信任水平的变量分析

变量	观测量(人)	均值(分)	标准差
省政府	793	3.96	0.89
地(市)政府	796	3.76	0.94
社区(居委会)或村委会	797	3.64	1.04
信访机构	794	3.41	1.08

续表

变量	观测量(人)	均值(分)	标准差
政府公布的统计数据	795	3.25	1.17
水、电、煤气、供暖、电信等管理部门	796	3.12	1.16
消费者协会等维权组织	796	3.16	1.13
环境保护等社会公益组织	796	3.25	1.10
传统媒体(广播、电视、报纸、杂志等)	790	3.39	1.09

(一)公众对各级政府信任感呈现差序性

由图1可见,民众对省级政府信任水平最高,得到3.96分,其次是地(市)级政府3.76分,相对较低的是村(居)委会3.64分。这里需要强调的是,尽管我国实行村民自治制度,村(居)委会属于村(居)民自治组织,但是在实际工作中,村(居)委会也更多地执行了政府工作职能,因而公众也会把村(居)委会看作一级基层政府组织。

总体可以看出,黑龙江居民对政府的信任程度随着政府层级升高而升高,表明基层政府部门在工作中要进一步提高政府公信力,努力回应人民群众的呼声和期待。

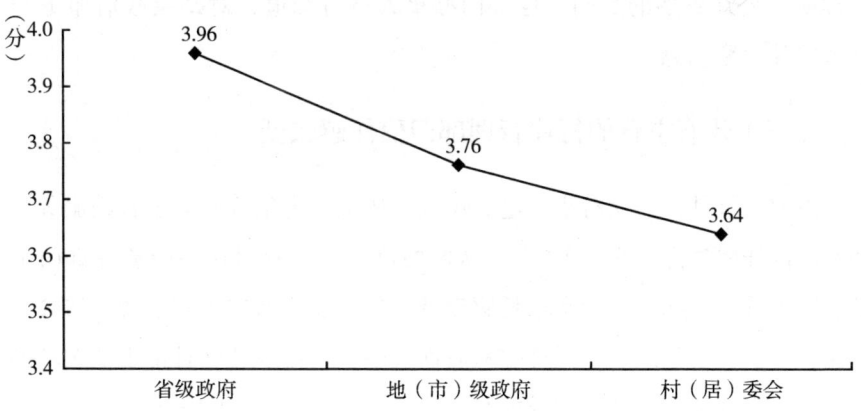

图1 公众对各级政府信任感

（二）工人阶层对省政府信任感最高

问卷中调查的社会阶层包括：国家与社会管理者阶层，经理人员（或企业管理人员）阶层，私营企业主阶层，专业技术人员阶层，办事人员阶层，个体工商户阶层，商业服务人员阶层，工人阶层，农民工阶层，农业劳动者阶层，城乡无业、失业、半失业人员阶层，村委会、社区居委会等基层干部，退休人员，自由职业者（自由撰稿人）阶层。课题组通过重新编码将调查对象划分为6类阶层群体，分别是：工人阶层、农民阶层、办事员阶层、中产阶层［包括国家与社会管理者阶层、经理人员（或企业管理人员）阶层、私营企业主阶层、专业技术人员阶层］、边缘群体［包括城乡无业、失业、半失业人员阶层，自由职业者（自由撰稿人）阶层］、退休群体。图2反映了重新划分的6大阶层群体对政府的信任水平，由此可见不同阶层群体对各级政府信任感存在一定差异。具体来看，工人阶层群体对省政府信任感最高，均分为4.1分，其次是中产阶层、农民阶层和退休群体，均为4分，可以看出以上阶层群体对省政府信任感较高，而对省政府信任感较低的是一般办事员群体和边缘群体。尽管如此，各阶层群体对省政府信任感均相对较高，但是对基层政府信任感相对较低。不难理解，公众更多的是同基层部门办事人员打交道，对基层政府服务与工作效能体会更直接。

（三）政府主管的行业管理部门信任感较低

由图3可见，公众对水、电、煤气、供暖、电信等政府主管的服务性管理部门信任感最低，为3.12分，从侧面反映出公众对这些服务性部门工作满意度较低，由此可能导致信任感较低；信任感较低的还有消费者协会、环境保护等社会公益组织，同样也从侧面反映出，涉及公众日常生活领域的公共管理与服务部门，其工作效能与服务满意度与公众的期待还有一定差距。另外，类似于环境保护等社会公益组织只是近年来才进入人们的视野，而对于作为东北老工业基地的黑龙江来说，社会组织本身发展就相对滞后，加之

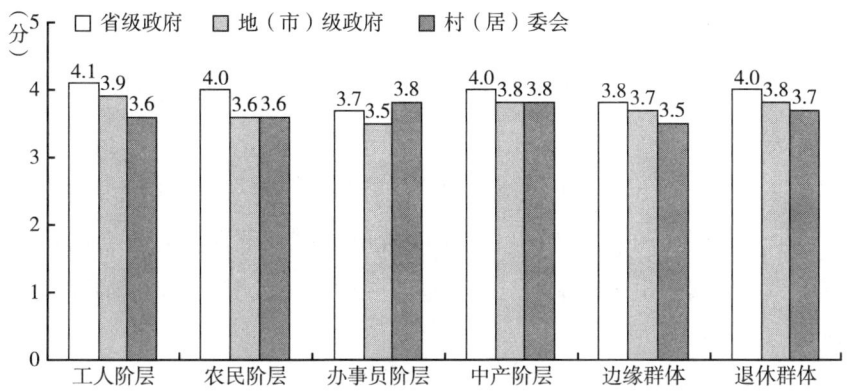

图 2　不同阶层群体对政府的信任感

公众价值观念与之不够匹配,甚至错位,与人们日常生活联系不够紧密,所以难免造成对其信任感低的现状。

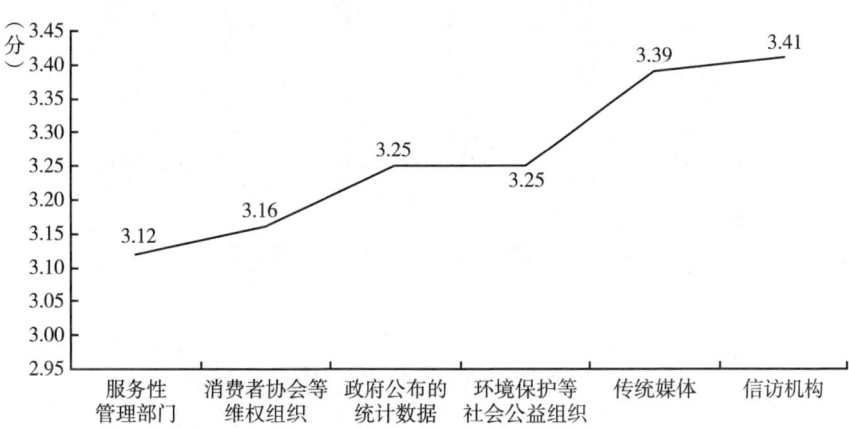

图 3　公众对政府主管的行业管理部门信任感

(四)中间阶层群体对行业部门的信任感较高

总体上看,各阶层群体对不同行业管理部门的信任感存在一定差异,处于中间社会阶层的办事员群体和社会经济地位相对较高的中产阶层对行业管理部门的信任感稍高于其他阶层群体。从图4可以看出，工人阶层对各行业管理部门信任感由高到低依次是"信访机构"3.4分、"传统媒体"3.4分、"政府公布的统计数据"和"环保公益组织"均为3.2分，最低的是"水、电、煤气、电信等行业管理部门"和"消费者协会"，均为3.1分，勉强及格；农民阶层对以上政府组织部门的信任感与工人阶层比较相近；办事员群体以及中产阶层这两个重要的社会中间阶层则对"环保公益社会组织"持有较高的信任感，也表明中间社会阶层更关注环境状况，对改善环境质量充满期待。

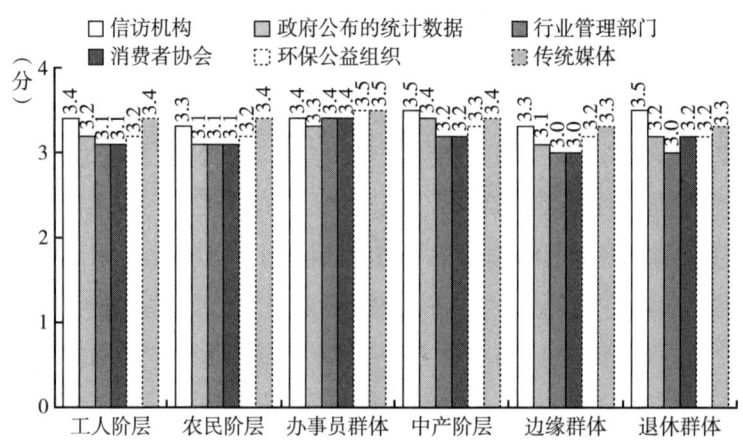

图4　不同阶层群体对行业部门的信任感

二　公众对政府信任感的影响因素

以上是基于调查问卷数据对黑龙江公众政府信任状况的基本描述，在本部分则通过利用多元回归模型进一步考察政府信任的影响因素。

（一）变量操作化

回归分析模型中的因变量和解释变量的分布具体见表2，因变量是政府信任。关于政府信任的测量包括：省级政府，地市级政府，社区

（居委会）或村委会，信访机构，政府公布的统计数据，水、电、煤气、供暖、电信等服务性管理部门，消费者协会等维权组织，环境保护等社会公益组织，传统媒体（广播、电视、报纸、杂志等），共9个测量指标。通过主成分分析法，课题组对9个政府信任指标降维生成两个政府信任因子，9个指标 Alpha 一致性检验系数为0.92（大于0.7），表明指标一致性较好；检验指标效度的 KMO（Kaiser-Meyer-Olkin）系数为0.89（大于0.7），表明适合主成分分析。通过极大方差旋转生成了两个因子，因子1特征值为4.02，解释的方差为44.61%；因子2特征值为2.60，解释的方差为28.85%，两个因子累计解释方差为73.46%，表明两个因子可以总体上代表政府信任的9个指标。为了便于在模型中分析，对两个因子基于其解释方差通过加权生成一个因子：因子1×44.61%+因子2×28.85%，即为一个政府信任总的因子得分，为了便于理解与解释，通过公式将其转换为1~100分连续变量，以此为最终因变量纳入模型。

表2 变量描述性统计

连续变量	均值	标准差	最小值	最大值	观测量(人)
政府信任因子得分	60.56	20.72	1	100	775
权利公平感因子得分	51.42	19.36	1	100	787
分配公平感因子得分	59.02	15.33	1	100	787
腐败认知	3.24	1.10	1	5	827
经济发展形势认知	3.17	1.09	1	5	827
类别变量	分组		观测量(人)	百分比(%)	
年龄分组	35岁及以下		202	24.48	
	36~59岁		478	57.94	
	60岁及以上		145	17.58	
	合计		825	100	
教育程度	初等及以下教育		365	44.73	
	中等教育		275	33.70	
	高等教育		176	21.57	
	合计		816	100	

续表

类别变量	分组	观测量(人)	百分比(%)
月收入水平	2000元及以下	318	40.25
	2001~5000元	416	52.66
	5000元以上	56	7.09
	合计	790	100
社会分层	工人阶层	256	31.22
	农民阶层	89	10.85
	普通办事员群体	90	10.98
	中产阶层	178	21.71
	边缘群体	94	11.46
	退休群体	113	13.78
	合计	820	100
主观阶层认同	下层	184	22.94
	中下层	253	31.55
	中层	237	29.55
	中上层	128	15.96
	合计	802	100
与上年相比生活水平	下降	198	24.35
	没变化	96	11.81
	上升	519	63.84
	合计	813	100
政治面貌	非党员	700	84.64
	党员	127	15.36
	合计	827	100
性别	女	426	53.25
	男	374	46.75
	合计	800	100
户籍	非农业	669	80.89
	农业	158	19.11
	合计	827	100

其他解释变量包括以下几方面。

1. 社会公平感变量

一般社会理论认为，现代政府是社会公平的守护者，因此社会个体的社会公平感可能会影响其对政府的信任感，因此把社会公平感变量纳入模型，问卷中关于社会公平感的题目是：您对当前我省以下各领域公平性的看法？包括高考制度、义务教育、公民实际享有的政治权利、财政和税收政策、司法与行政执法、公共医疗、养老等社会保障待遇、财富及收入分配、选拔党政干部、保障房的分配、地区间的发展差别、行业间的待遇差别、城乡之间的权利待遇差别、社会总体公平状况，共计14个领域问题的公平感看法。从很不公平到很公平，通过李克特等级量表，分为1~5个等级，等级得分越高越表明公众对该问题感到公平。同样通过主成分分析降维，生成了两个因子，其中因子1特征值为6.74，解释方差占总方差48.16%，包括财政和税收政策、司法与行政执法、公共医疗、养老等社会保障待遇、财富及收入分配、选拔党政干部、保障房的分配、地区间的发展差别、行业间的待遇差别、城乡之间的权利待遇差别、社会总体公平状况等项的公平感评价，命名为分配公平感因子；因子2特征值为3.16，解释方差占总方差22.56%，包括高考制度、义务教育、公民实际享有的政治权利三项指标，命名为权利公平感因子，两个因子累计解释方差70.72%。

2. 腐败认知变量

党的十八大以来，党中央高度重视党风廉政建设，反腐败的决心和力度前所未有，"老虎苍蝇"一起打，反腐败深入民心，因此把对腐败的认知作为解释变量纳入模型，检验其对政府信任的影响。问卷中关于腐败认知的问题是：您认为我省腐败现象是否严重？选项是"没有腐败问题""不太严重""不好说""比较严重""很严重"，分别记分1~5，选项值越高，表明腐败认知越严重，其目的是与经济发展评价变量相比较：究竟是发展经济更有利于提高政府信任感，还是大力反腐败、优化政府治理更有利于提高政府信任感。

3. 经济发展形势评价变量

促进地区经济发展是本地政府工作的重心，特别是黑龙江经济发展水平相对滞后，大力发展地区经济是各级政府部门的中心工作，因此，经济发展形势的认知与评价对政府信任会有一定影响，这需要模型的进一步检验。问卷中关于经济发展形势评价的问题是：您对2017年我省经济发展形势的评价是？选项从"很不好"到"很好"共5个等级，分值越高表明对经济发展形势评价越高。

4. 社会分层变量

不同阶层群体对政府信任感如何？有何差异？这需要在模型中进一步检验，问卷中将阶层群体分为14类，通过重新编码划分为6类阶层群体，分别是：工人阶层、农民阶层、办事员阶层、中产阶层［包括国家与社会管理者阶层、经理人员（或企业管理人员）阶层、私营企业主阶层、专业技术人员阶层］、边缘群体［包括城乡无业、失业、半失业人员阶层，自由职业者（自由撰稿人）阶层］、退休群体。此外，社会分层问题也涉及主观阶层认同理念，问卷中的问题是：您认为您所处的社会阶层是？选项是：下层、中下层、中层、中上层。

此外模型还包括其他变量，如年龄、教育程度、月收入、政治面貌、性别、户籍以及生活水平变化，具体分布及描述详见表2。

（二）模型及分析发现

由于因变量政府信任因子是1~100分的连续变量，所以采用多元线性回归模型，包括6个模型。模型1只含有控制变量，模型2在模型1的基础上增加了社会分层变量，模型3增加了反映收入状况和生活水平的变量，模型4增加了对腐败认知的变量，模型5加入社会公平感变量，模型6是最终模型，加入对经济发展形势评价的变量。为了解决异方差问题，采用稳健回归，模型具体内容见表3。

表3 民众对政府信任的多元回归模型

类别	模型1	模型2	模型3	模型4	模型5	模型6
年龄分组[a]						
35~59岁	-0.0164 (1.941)	-0.385 (1.918)	0.122 (2.000)	0.264 (1.894)	-0.147 (1.760)	0.0362 (1.541)
60岁及以上	-0.0507 (2.660)	1.777 (2.778)	3.225 (2.914)	2.904 (2.850)	1.901 (2.670)	1.123 (2.483)

续表

类别	模型1	模型2	模型3	模型4	模型5	模型6
性别:男	-0.597 (1.541)	-0.350 (1.467)	0.384 (1.489)	0.708 (1.462)	-0.144 (1.375)	-0.739 (1.250)
农业户籍	-4.474** (1.945)	-5.061** (2.136)	-4.130* (2.329)	-2.363 (2.342)	-2.518 (2.325)	-1.018 (2.006)
党员	-1.506 (2.409)	-3.709 (2.428)	-2.728 (2.526)	-3.489 (2.390)	-3.005 (2.143)	-3.783* (1.970)
受教育程度[b]						
高中、中专	-0.901 (1.876)	-3.271* (1.801)	-2.036 (1.901)	-1.629 (1.851)	-2.414 (1.717)	-0.506 (1.531)
大学及以上	-0.413 (2.383)	-3.716 (2.608)	-1.049 (2.696)	-0.207 (2.616)	-1.179 (2.328)	1.879 (2.050)
社会分层[c]						
农民	—	1.607 (2.637)	1.859 (2.858)	2.399 (2.863)	1.373 (2.835)	4.207 (2.687)
办事员	—	2.406 (2.875)	0.968 (2.923)	0.382 (2.766)	0.877 (2.668)	-0.663 (2.376)
中产阶层	—	-0.361 (2.216)	1.948 (2.290)	1.646 (2.218)	1.255 (2.043)	1.788 (1.727)
边缘群体	—	-2.830 (2.482)	-2.268 (2.590)	-4.136 (2.596)	-2.942 (2.391)	-1.118 (2.101)
退休群体	—	-3.501 (2.864)	-4.429 (3.006)	-4.358 (2.978)	-3.278 (2.728)	-0.138 (2.568)
主观分层[d]						
中下层	—	2.766 (1.993)	2.108 (2.054)	1.327 (2.016)	0.718 (1.985)	0.205 (1.800)
中层	—	16.81*** (2.206)	15.30*** (2.355)	11.26*** (2.442)	8.404*** (2.304)	5.615*** (1.983)
中上层	—	16.82*** (2.374)	16.09*** (2.589)	14.46*** (2.620)	9.848*** (2.521)	6.442*** (2.186)
月收入水平[e]						
2001~5000元	—	—	0.767 (1.794)	1.957 (1.786)	1.347 (1.643)	1.925 (1.484)
5001元及以上	—	—	-9.345*** (3.466)	-8.651** (3.502)	-5.848* (3.414)	-2.664 (2.959)

续表

类别	模型1	模型2	模型3	模型4	模型5	模型6
生活水平:f						
没变化	—	—	5.684** (2.789)	6.533** (2.758)	5.337** (2.593)	5.066** (2.380)
上升	—	—	4.973** (1.978)	5.756*** (1.972)	2.374 (1.902)	0.653 (1.706)
腐败认知	—	—	—	-4.330*** (0.763)	-3.101*** (0.683)	-1.670*** (0.613)
经济发展形势评价	—	—	—	—	6.706*** (0.707)	3.321*** (0.662)
分配公平感	—	—	—	—	—	0.420*** (0.0395)
权利公平感	—	—	—	—	—	0.398*** (0.0478)
_cons	61.32*** (2.157)	54.90*** (2.496)	49.55*** (3.244)	63.55*** (4.021)	43.53*** (4.195)	4.857 (4.803)
N	743	731	691	691	691	678
R^2	0.007	0.136	0.147	0.191	0.294	0.463

说明：* $p<0.1$，** $p<0.05$，*** $p<0.01$；括号内为稳健标准误；a 参照组为35岁以下；b 参照组为小学及以下；c 参照组为工人；d 参照组为下层；e 参照组为2000元以下；f 参照组为下降。

第一，主观阶层地位认同感越高，则对政府信任感越高。从模型2~6可见，中层以及中上层群体对政府信任感高于下层群体，中下层群体与下层群体对政府信任感没有差别。从模型6可见，在同等条件下，主观认同为中层的群体比下层群体对政府信任感得分高5.937分，且极其显著，而中上层群体比下层群体高7.192分，也是极其显著的，表明主观阶层认同感对政府信任感有极其显著的影响。

第二，发展经济依然是提升公众对政府信任感的重要影响因素。模型4~6在前三个模型基础上加入腐败认知变量，可以看出腐败认知变量的回归系数为-3.101，且极其显著（$p<0.05$），表明越是认为腐败现象严重的公众对政府信任感越低，腐败认知对政府信任感有负向的侵蚀效应，腐败现象

显著影响公众对政府的信任感；在加入对经济发展形势评价的变量后发现，经济发展形势评价变量回归系数为6.706，也是极其显著的。但是可以看出，经济发展形势评价变量的回归系数要大于腐败认知变量，因此可以说，经济发展形势要比腐败问题对公众的政府信任感有更大的影响，进一步来说，发展经济在公众心中依然是政府工作的重心之一。

第三，分配公平感比权利公平感对政府信任感有更重大的影响。在模型6即最终模型中加入社会公平感变量，课题组发现，作为社会公平感两个构成要素的分配公平感与权利公平感对政府信任感有极其显著的影响（$p<0.05$）。进一步分析可以看出，分配公平感因素的回归系数（0.42）比权利公平感的回归系数（0.398）略大，表明分配公平感因素对公众的政府信任感的影响大于权利公平感因素，可见政府作为社会公平正义的供给者与维护者，"不患寡而患不均"依然是公众对政府的期待与诉求。

三 结论与对策建议

本报告基于"2017~2018年黑龙江省社会经济形势民意调查问卷"，分析了黑龙江公众对各级政府及其组织管理部门的信任状况，并利用多元回归模型进一步揭示了政府信任感的影响因素。党的十九大已提出，我国社会主要矛盾已经转化为人民日益增长的美好生活需要和不平衡不充分的发展之间的矛盾，因此各级政府要把维护社会公平贯穿于提高社会治理能力与水平的过程中，保障人民群众切身利益，促进社会公平发展，解决人民日益增长的美好生活需要和不平衡不充分的发展之间的矛盾。

第一，要提高政府信任度，促进社会公平，就要关注困难及弱势群体。完善的社会保障体系是维护广大人民群众的根本利益、实现共同富裕的重要手段，对弱势群体尤其具有保护作用。落实保护弱势群体的社会政策首先是要落实最低生活保障线政策，但随着生活水平的不断提高其标准也应不断提高。而且养老保障制度、住房保障制度、医疗保障制度、教育保障制度等都要同步进行改革，才能真正降低风险，为弱者托起保障的底线，这是政府职责所在。

第二,要提高政府信任度,促进社会公平,就要制约垄断行业。要解决社会财富分配不公、贫富分化问题,最重要的是要依靠政府的公共政策,必须对垄断行业加以限制。调查组发现,当前公众对涉及日常生活领域的垄断性行业管理部门信任感很低。从目前的社会状况看,国有企业等单位中,电力、自来水、电信、航空、铁路等行业,依靠垄断经营的优势,获取了比其他行业平均工资高得多的收入,但是其服务效能与公众的期待还有一定差距,没有获得公众的较高信任感。因此政府作为主要的管理部门应该加强对这些垄断性行业的管理,改革服务管理方式,提高其服务效能。

第三,要提高政府信任度,促进社会公平,就要严惩腐败。党的十八大以来,党中央强化了党风廉政建设,反腐败决心和力度前所未有,查处了一大批"苍蝇老虎",反腐败成绩深得民心。当前中国经济正处于转型时期,即由管理型政府向服务型政府过渡。在当前社会,由于个人政绩积累和直接利益的驱动,市场对资源配置的基础性作用受到极大扭曲。要解决这类腐败问题,决不仅要靠思想教育与道德修养的完善,还必须通过改革制度去转变政府职能;在转变政府职能过程中,逐步形成"小政府,大社会"的模式,发展民间组织、社会公益机构,引入多方监督主体与机制,弱化政府配置资源的权力,建立有限政府和有效政府。

B.7
2017年黑龙江省社会心态发展趋势报告

王澜诺*

摘　要： 本报告主要关注2017年黑龙江省居民在生活满意度、社会安全感、社会公平感和社会信任感方面的现状和呈现的问题。利用数据分析，课题组发现居民对收入和生活的满意度连续三年逐步提升；社会公平感方面，教育制度公平感高于司法政治安全感和社会资源分配公平感，社会公平感多项指标达到近五年最高水平；2017年的社会安全感中各个项目均达到自2013年以来的最高水平；社会信任感方面，居民对市政府、社区、互联网信息等方面信任感也达到近五年最好状态，人际信任感各指标均高于近五年的均值。本报告倡导黑龙江省居民加强法律意识、安全意识和注意身心双重健康，随着社会制度不断完善，能更加懂得利用专业化的、职业化的服务来解决问题。

关键词： 生活满意度　社会安全感　社会公平感　社会信任感

本报告主要包括四部分内容，主要关注居民幸福感、社会安全感、社会公平感以及社会信任感所呈现的现状和相关影响因素分析。报告第一部分以居民收入、生活满意度，以及2017年新增调查方向"社会支持系统"为切入点，综合分析影响居民幸福感的因素；第二至第四部分分别通过数据分

---

* 王澜诺，黑龙江省社会科学院社会学研究所助理研究员，研究方向为社会心理学。

析，持续关注自2013年以来黑龙江省社会安全感、社会公平感和社会信任感方面的变化情况并分析其相关影响因素，纵横对比分析，课题组获得黑龙江省社会心态现状的扫描图。

报告使用《2013~2017年黑龙江省社会经济形势民意调查问卷》五年积累的调查数据，利用SPSS22统计软件对数据进行整理分析。根据《2017~2018年黑龙江省社会经济形势民意调查问卷》人口统计方法得出：被访者当中35岁及以下人口占24.5%，36~59岁占57.9%，60岁及以上占17.6%，其中男性占比46.8%，女性占比53.2%。

一 生活满意度稳步提升

根据调查，生活满意度评价体系包含收入满意度评价、生活幸福感评价和社会支持满意度评价三方面。通过近几年数据的对比分析，课题组发现黑龙江省居民的收入满意度有较为明显的提升，生活幸福感提升，2017年课题组首次增加社会支持系统的调查内容，丰富人们了解生活满意度现状的角度。

（一）收入满意度明显提升

居民收入是决定居民生活水平的基本要素，经过统计分析，收入与居民的主观幸福感有较显著的正向相关。因此，由收入交叉对比满意度，从可测量的物质化指标，观察不同收入人群的社会心态，能比较直观地了解社会心态的现状。

2017年受访者中收入较集中的是月收入2001~5000元的群体，占总样本的52.7%（见图1），月收入500元及以下的占2.8%，501~1000元的占5.8%，1001~2000元的占31.6%，5001~8000元的占5.8%，8001~10000元的占0.8%，10001元及以上的占0.5%。

受访者中约有57%对自己的收入感到满意（"很满意"和"比较满意"加总）。

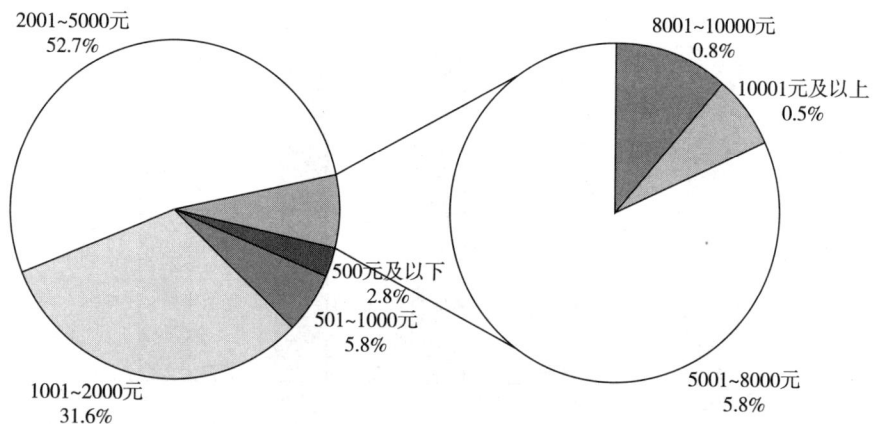

图1　2017年黑龙江省受访居民月收入情况

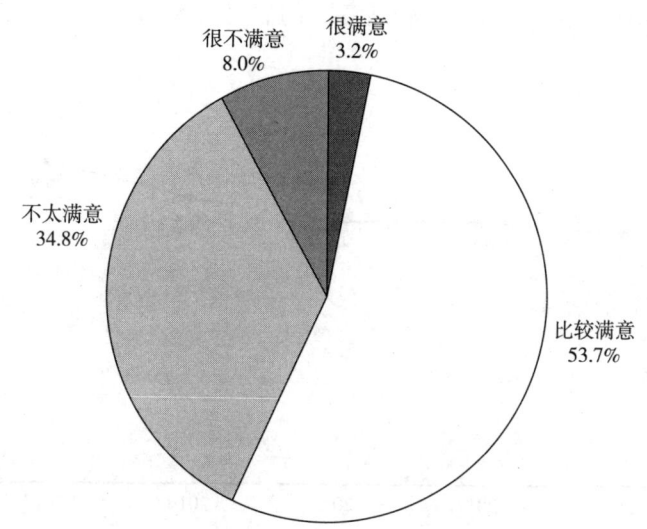

图2　2017年受访居民对收入的满意程度

纵观2013~2017年五年的收入满意度变化曲线，2013~2015年的收入满意度有一定的波动，升降水平变化较小，从2013年的44.5%、2014年的46.5%到2015年的44.4%。自2015年的44.4%到2016年的50.5%，满意度明显提高了6.1个百分点，到2017年的56.9%，一年的时间内收入满意度又提升了6.4个百分点。总而言之，近3年的收入满意度显著提升。值得

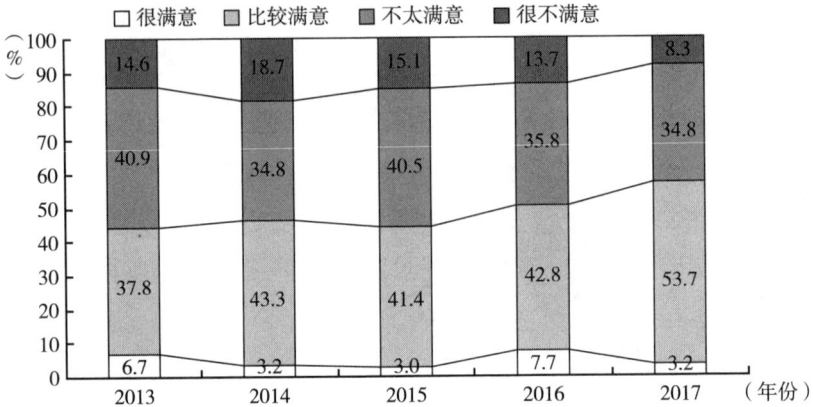

图3 2013～2017年黑龙江省居民对收入的满意度变化

注意的是,2017年对收入"比较满意"的居民占53.7%,近5年首次突破50%。

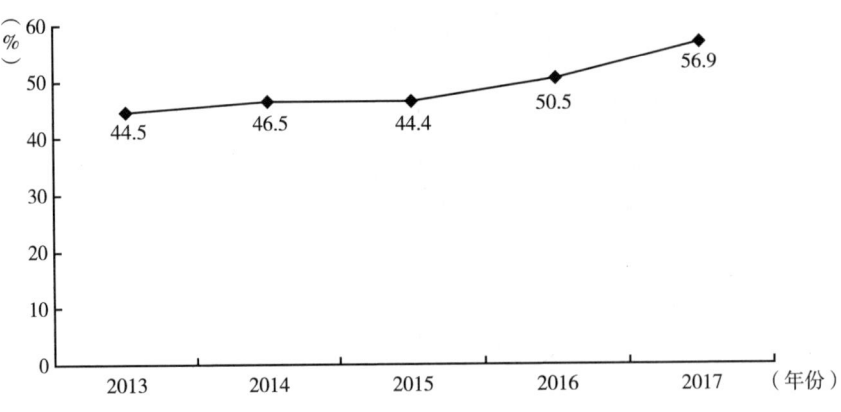

图4 2013～2017年黑龙江省居民对收入的满意度变化

(二)生活幸福感连续三年持续提高

从2017年受访数据来看,感到生活"很幸福"的占5.9%、"比较幸福"的占67.8%、"不太幸福"的占23.4%、"很不幸福"的占2.9%。总体来看,居民幸福感较高。

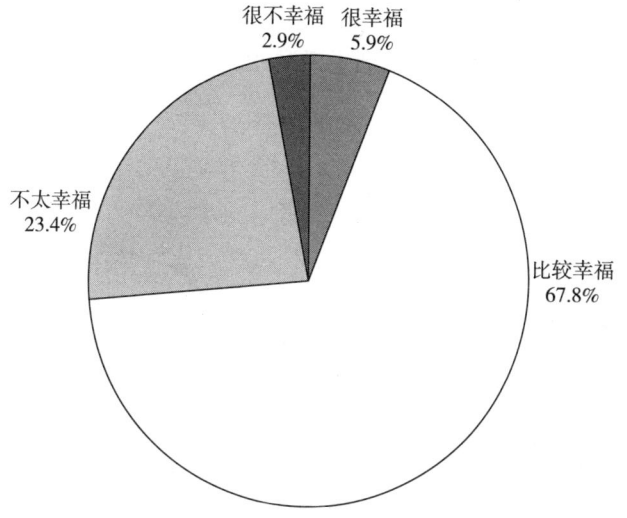

图5 2017年黑龙江省居民生活幸福感现状

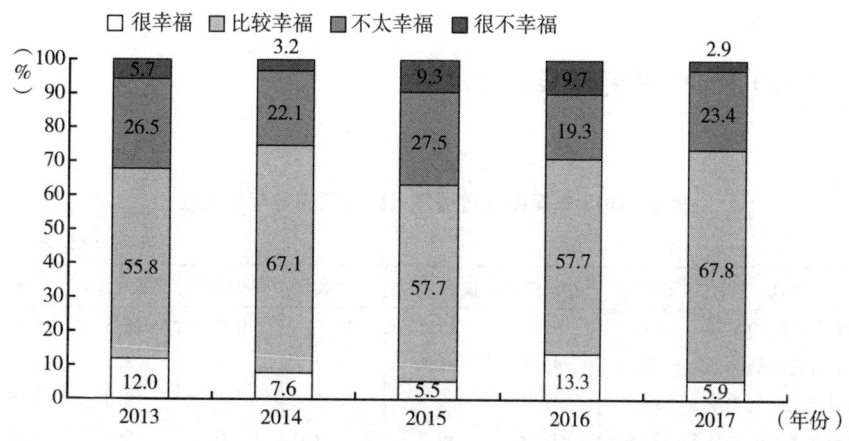

图6 2013～2017年黑龙江省居民幸福感整体情况

从近五年生活幸福感的变化趋势可见：2013～2014年，居民幸福感有上升趋势，由幸福感总值67.8%上升至74.7%；但2014～2015年有11.5个百分点的降幅；从2015年的63.2%到2016年的71%，再到2017年的73.7%，幸福感连续3年持续提升10.5个百分点（见图7）。其中，2016年的"很幸福"比例是近5年最高,占13.3%,2017年"比较幸福"的比例是近5年最高,占67.8%,且感到生活"很不幸福"的比例是近5年最低,仅有2.9%。

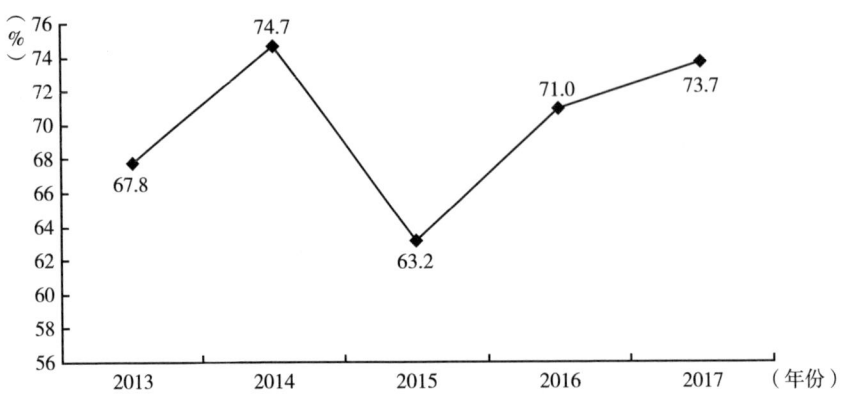

图7 2013~2017年黑龙江省居民幸福感变化情况

(三)社会支持系统良好稳定

表1 2017年黑龙江省居民人际关系满意程度现状

单位:%

类别	很满意	比较满意	满意总计	不太满意	很不满意	不满意总计	不清楚
与朋友之间的关系	26.2	59.6	85.8	12.7	0.6	13.3	0.9
与父母之间的关系	45.5	45.5	91.0	8.0	0.1	8.1	0.9
与配偶之间的关系	39.3	49.9	89.2	8.2	1.1	9.3	1.5
与子女之间的关系	40.9	48.3	89.2	8.9	0.6	9.5	1.3
与同事之间的关系	24.6	60.2	84.8	11.8	0.7	12.5	2.7

社会支持系统为个体提供了生存和发展的外部力量,简要分为个人人际关系支持系统和外部环境支持系统两个部分,问卷中人际关系满意度和生活环境满意度即代表这两个方面。从表1可见,91%的受访者对与父母关系表示满意,"与父母之间的关系"是居民人际关系满意度最高的。

2017年黑龙江省社会心态发展趋势报告

表2 2017年黑龙江省居民生活环境满意程度现状

单位：%

类别	很满意	比较满意	满意总计	不太满意	很不满意	不满意总计	不清楚
工作环境	17.9	59.2	77.1	20	1.1	21.1	1.8
居住环境	18	55.6	73.6	23.8	1.8	25.6	0.8
社区服务	17.8	55.2	73	23.3	2.5	25.8	1.2
闲暇生活	15.5	55	70.5	25.6	2.4	28	1.5

居民对于工作环境的满意度是生活环境中分项评价最高的，为77.1%，其次是居住环境73.6%、社区服务73%、闲暇生活70.5%。公共环境的满意度明显高于私人生活环境的满意度，这是公共设施建设和城市建设取得的明显成果。

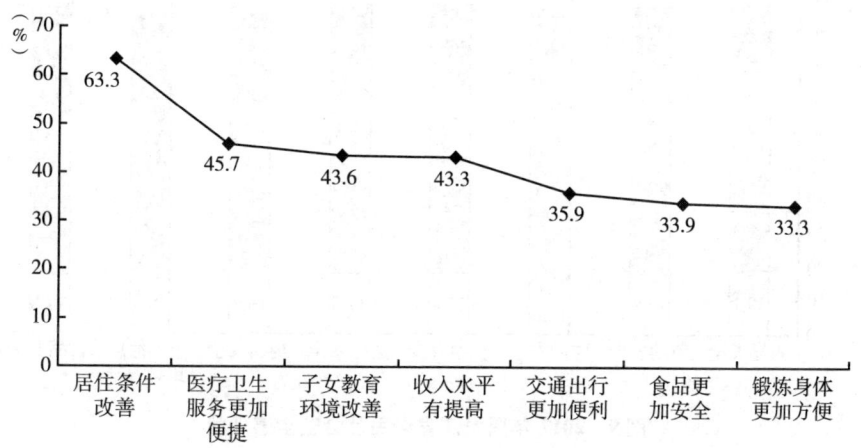

图8 如果您认为生活水平上升了，主要体现在哪些方面

由图8可见，居住条件的改善是居民非常关注的方面，与生活水平息息相关。其次，有累计45.7%的居民对医疗卫生服务感到满意，认为通过高质量的医疗服务感受到了生活水平的提升。另外，令居民感受到生活水平提升的方面还有子女教育环境改善、收入水平有提高、交通出行更加便利、食品更加安全和锻炼身体更加方便。

二 社会安全感达到近五年最高水平

2017年社会安全感从高到低排列依次是：人身安全方面感到"安全"的占80.7%、劳动安全方面占77.9%、财产安全方面占76.1%、交通安全方面占73.7%、医疗安全方面占73.7%、药品安全方面占68.4%、个人信息与隐私安全方面占65%、食品安全方面占64.4%。2017年所有社会安全感项目有六成以上的居民认为"安全"，达到近5年来社会安全感最高水平，特别是交通安全、医疗安全、药品安全、个人信息与隐私安全和食品安全更是近5年第一次有六成以上的居民感受到。

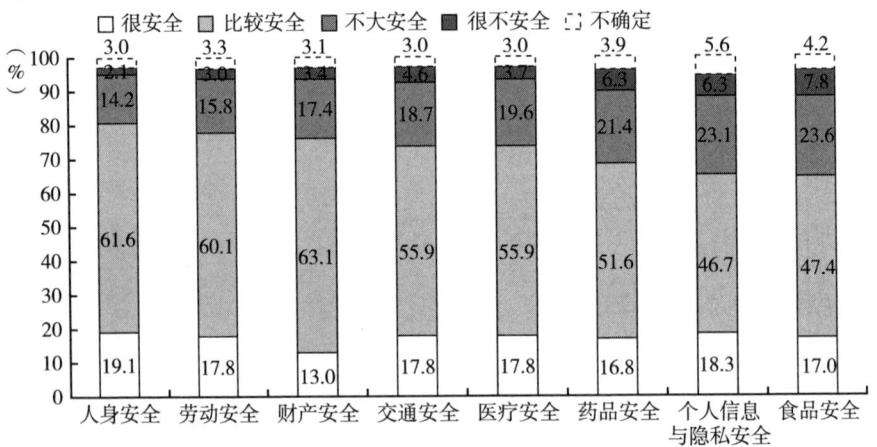

图9 2017年黑龙江省居民社会安全感现状

2017年社会安全感各方面均达到近五年的最高水平。其中，人身安全方面，较2015年的65.4%提高了15.3个百分点；财产安全感方面，较2015年的61.1%提高了15个百分点；劳动安全感方面，较2014年的54.2%提高了23.7个百分点；交通安全感方面，较2014年的49.7%提高了24个百分点；医疗安全感方面，较2013年的50.6%提高了23.1个百分点；药品安全感方面，较2014年的43.6%提高了24.8个百分点；个人信息与隐私安全感方面，较2014年的34.4%提高了30.6个百分点；食品安全感方面，较2013年的33.7%提高了30.7个百分点。

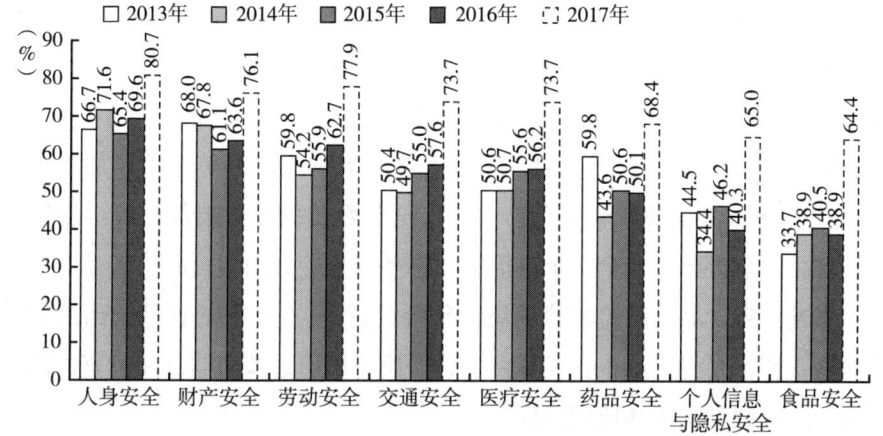

图10　2013~2017年黑龙江社会安全感变化趋势

食品安全一直是民生焦点，2017年黑龙江居民认为食品安全存在"食品添加剂超标"现象的占65.3%；认为存在"农药、抗生素、重金属等残留"问题的占65.2%；认为存在"食品过期变质"问题的占54%。另外，

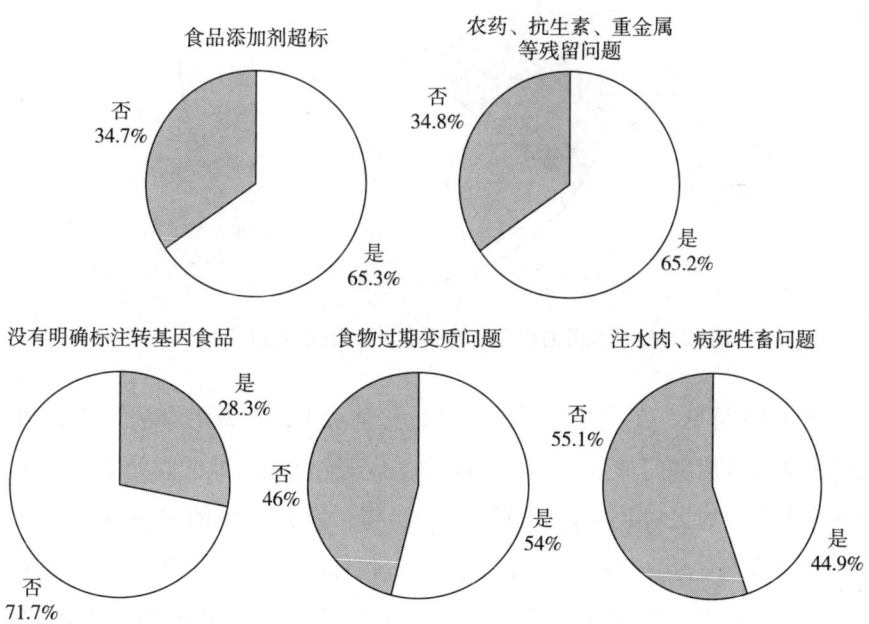

图11　2017年黑龙江省居民关注的食品安全情况

在"标注转基因"和"注水肉、病死牲畜"等问题方面,居民不认为存在问题的比例更高。可见,居民对于食品安全问题的关注仍然持续,但评价更加理性,评价食品安全的因素也更加细致和全面。

从图12可见,居民认为食品安全存在问题的主要环节是生产加工。纵观2013~2016年居民社会安全感"不安全"数据的变化趋势,安全感较低的是食品安全、药品安全、个人信息与隐私安全等方面。食品、药品安全方面,黑龙江省食品药品监督管理局每年会进行50次左右的食品、药品的抽样检测工作,并将检测报告发布网上,居民可以通过食药监部门的官方网站查询,适时调整购买和使用倾向。

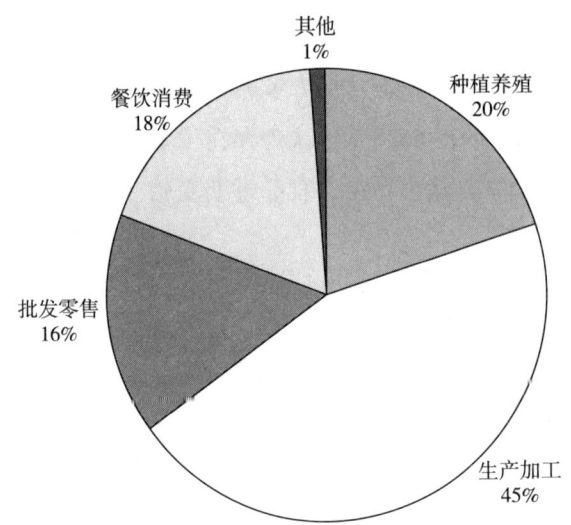

图12 您认为目前存在的食品安全最大的隐患在哪个环节

从图13可见,在"您认为提高食品安全水平最有效的办法"上,48%的居民期待政府部门加强监控,加强对食品安全问题企业的查处力度。在食品安全上面,居民对政府检查部门寄予厚望。另有22%的居民希望从相关部门获得鉴别食品真伪好坏的方法,提升自身的食品安全意识,了解健康的饮食方法;有19%的居民期待曝光典型事件,通过对违法企业进行查处起到警示作用,进一步规范食品市场安全秩序。

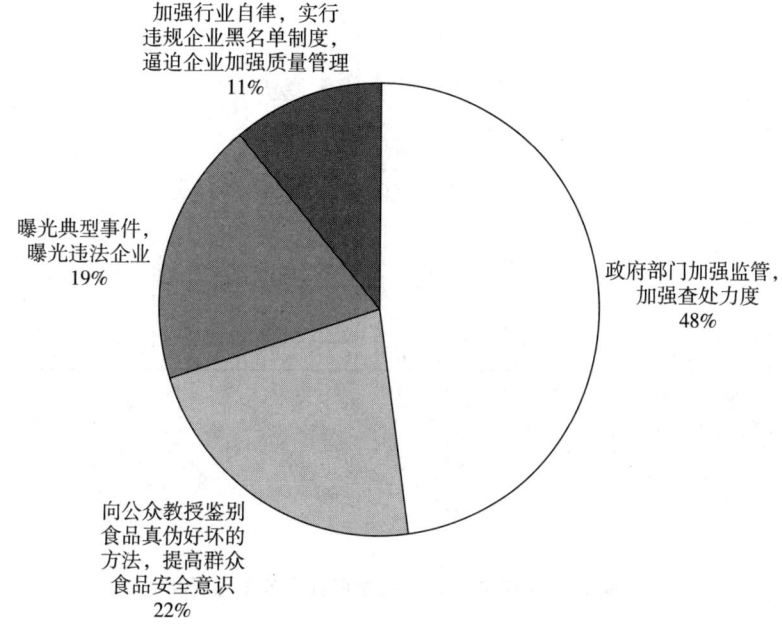

图13　您认为提高食品安全水平最有效的办法

三　社会公平感保持平稳

2017年黑龙江省社会公平感持续保持平稳状态，其中居民对于高考制度、义务教育的公平感最高；居民对于司法与行政执法为代表的执法部门的社会公平感较稳定；行业间的待遇差别、城乡之间的权利待遇差别为代表项目的社会资源分配方面的公平感较低。

纵观近5年的社会公平感数据，2017年社会公平感有明显提升的方面：高考制度方面公平感达到近5年最高点，超过八成的人认为公平；义务教育方面公平感比2015年、2016年高出10个百分点；公共医疗方面公平感达到近5年最高点，为54.8%（见图14、图15）。

高考制度、义务教育、公民享有的政治权利、司法与行政执法、选拔党政干部、财富及收入分配、地区间的发展差别、行业间的待遇差别八个项目的公平感均超过近5年社会公平感的平均值（见图16）。

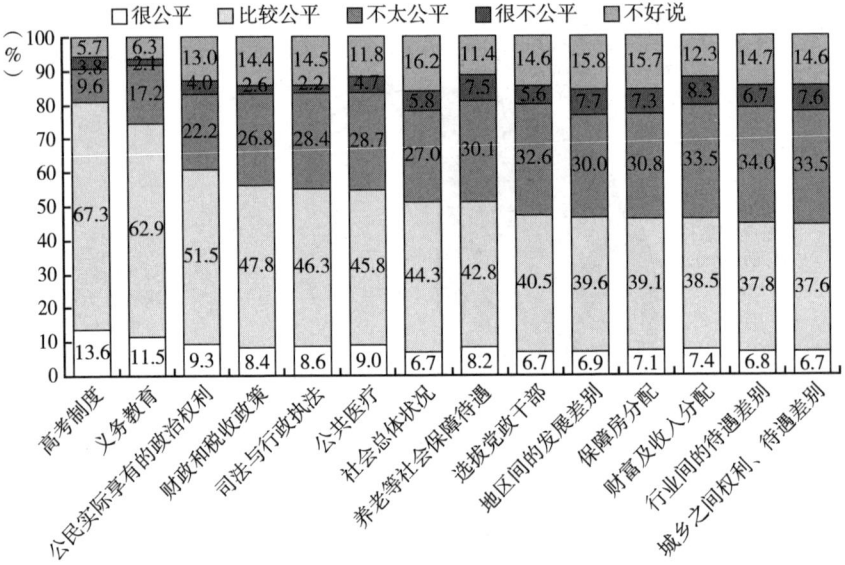

图14 2017年黑龙江省居民社会公平感现状

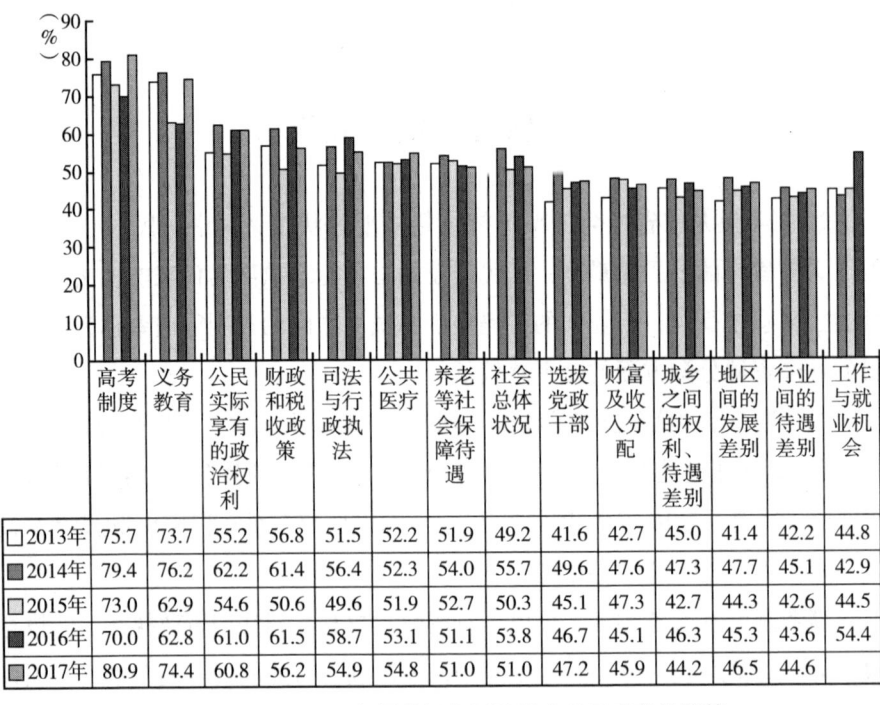

	高考制度	义务教育	公民实际享有的政治权利	财政和税收政策	司法与行政执法	公共医疗	养老等社会保障待遇	社会总体状况	选拔党政干部	财富及收入分配	城乡之间的权利、待遇差别	地区间的发展差别	行业间的待遇差别	工作与就业机会
2013年	75.7	73.7	55.2	56.8	51.5	52.2	51.9	49.2	41.6	42.7	45.0	41.4	42.2	44.8
2014年	79.4	76.2	62.2	61.4	56.4	52.3	54.0	55.7	49.6	47.6	47.3	47.7	45.1	42.9
2015年	73.0	62.9	54.6	50.6	49.6	51.9	52.7	50.3	45.1	47.3	42.7	44.3	42.6	44.5
2016年	70.0	62.8	61.0	61.5	58.7	53.1	51.1	53.8	46.7	45.1	46.3	45.3	43.6	54.4
2017年	80.9	74.4	60.8	56.2	54.9	54.8	51.0	51.0	47.2	45.9	44.2	46.5	44.6	

图15 2013~2017年黑龙江省居民社会公平感变化趋势

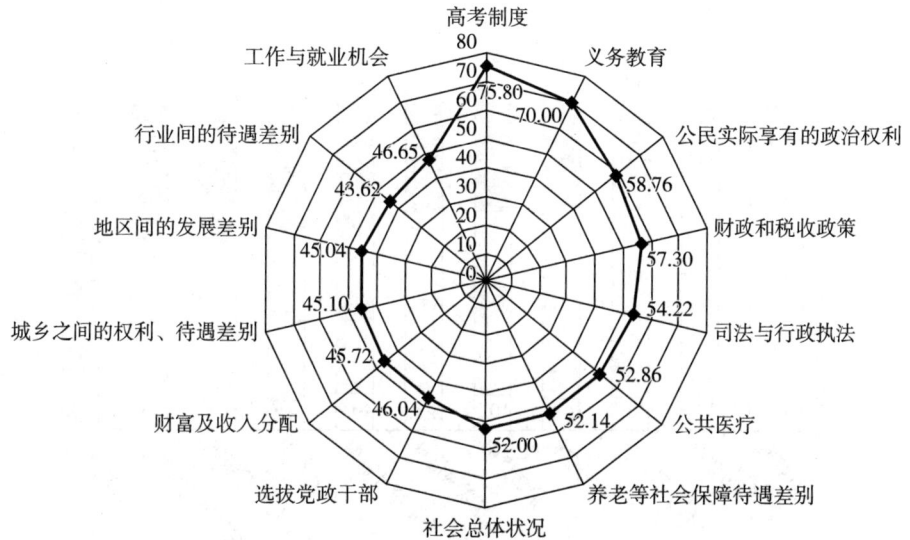

图 16　2013~2017 年黑龙江省居民社会公平感平均值

四　社会信任感稳中有升

（一）公共组织信任感平稳发展

2017 年公共组织信任感的 11 个方面均表现平稳态势。其中，居民对省政府、市政府、村居委会等政府机关单位的信任感最强，对于互联网信息、政府公布的统计数据等方面也表现出比较高的信任感（见图 17）。

近 5 年公共组织方面的社会信任感变化趋势，基本保持平稳。其中变化较大的方面有：居民对市政府的信任感达到最高点 78.6%；对社区居委会的信任感达到最高点 74.9%；对传统媒体的信任感达到最高点 64.8%；对互联网信息的信任感达到最高点 63.9%。其中，有一些方面的信任感达到近 5 年较低点：对于环保等社会公益组织的信任感较低，为 56.3%；对水电等垄断行业的信任感为 51.5%；对宗教组织的信任感为 39.6%。

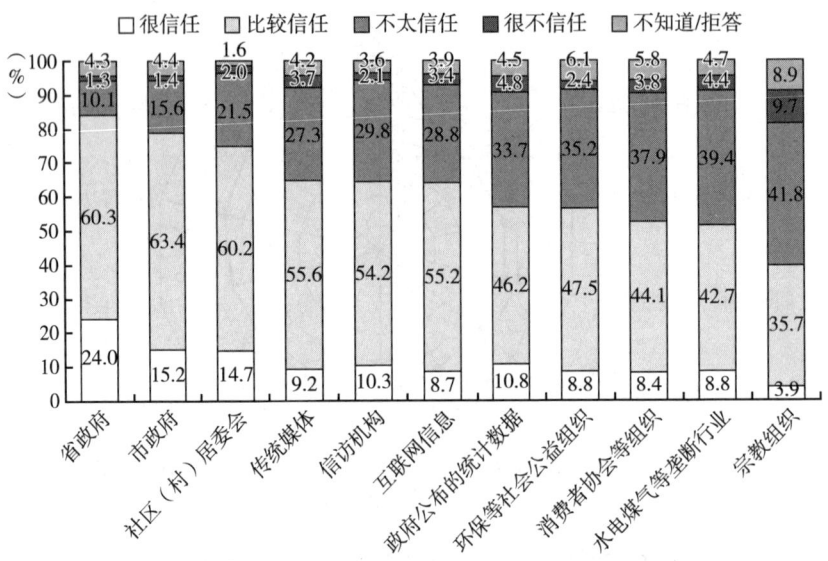

图17　2017年黑龙江省居民对公共组织社会信任感现状

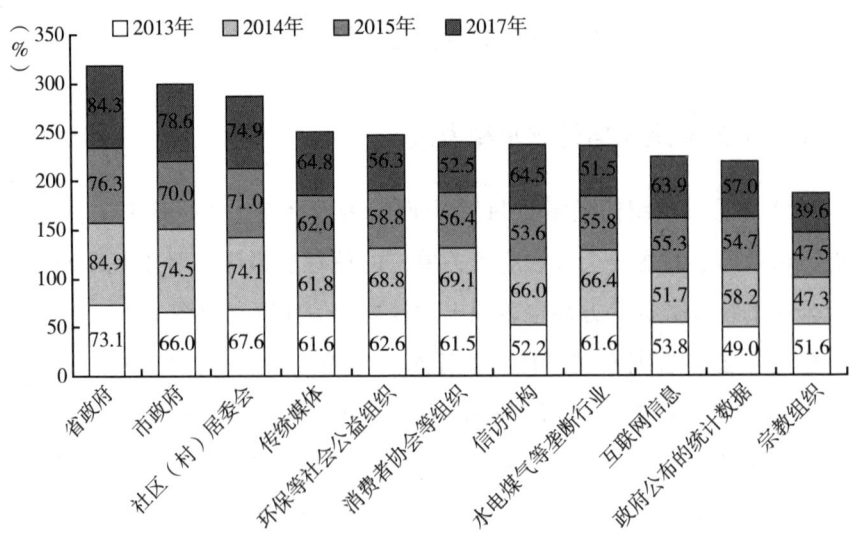

图18　2013～2017年黑龙江省公共组织社会信任感比较

2017年调查结果显示：居民对于省政府、市政府、社区（村）居委会、传统媒体、信访机构、互联网信息、政府公布的统计数据7个项目的信任感均超过近5年的平均值。

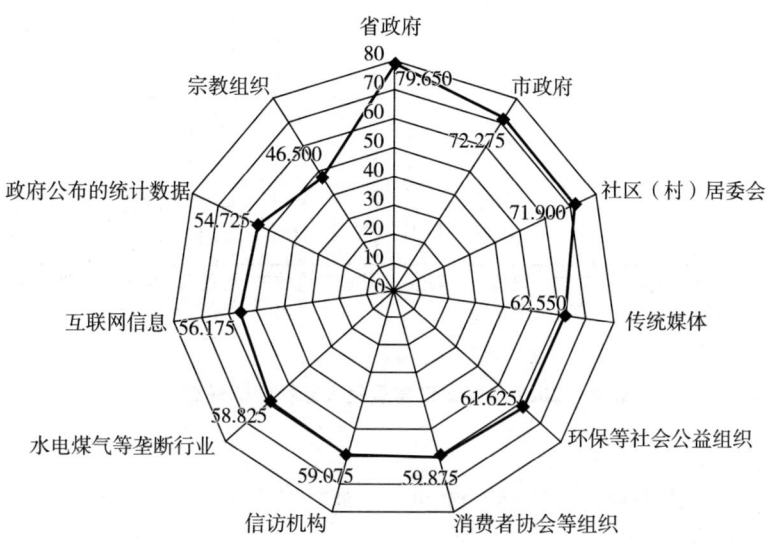

图19　2013~2017年黑龙江省公共组织社会信任感平均值（单位：%）

居民对于公共组织信任感近5年累计的信任比例从高到低分别是：省政府、市政府、社区（村）居委会、传统媒体、环保等社会公益组织、消费者协会等组织、信访机构、水电煤气等垄断行业、互联网信息、政府公布的统计数据、宗教组织。

（二）人际信任感各项指标均超过近5年均值

2017年的人际信任感有提高的趋势。其中，居民对于身边的亲戚朋友、邻居和单位领导这些生活中接触较多的人群信任感最强，对于警察、法官等执法部门的信任感也较强（见图20）。居民对邻居、教师、单位领导、警察、法官、党政领导干部、党政机关办事人员、企业家、陌生人的信任感均达到近5年最高水平（见图21）。

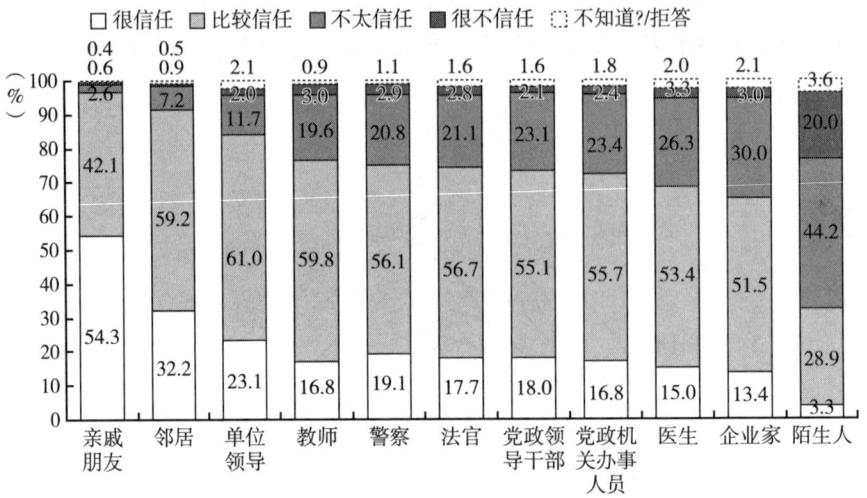

图20 2017年黑龙江省居民人际社会信任感现状

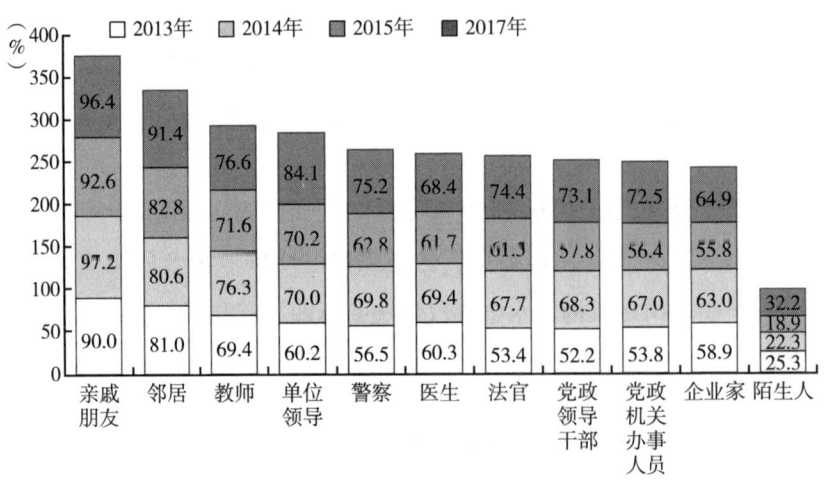

图21 2013~2017年黑龙江省居民人际社会信任感比较

2017年人际信任感11个项目均超过近5年的平均值,达到近5年的最高点。其中,对党政机关干部、办事人员的信任感超过70%,凸显出政府优化发展环境的实效。

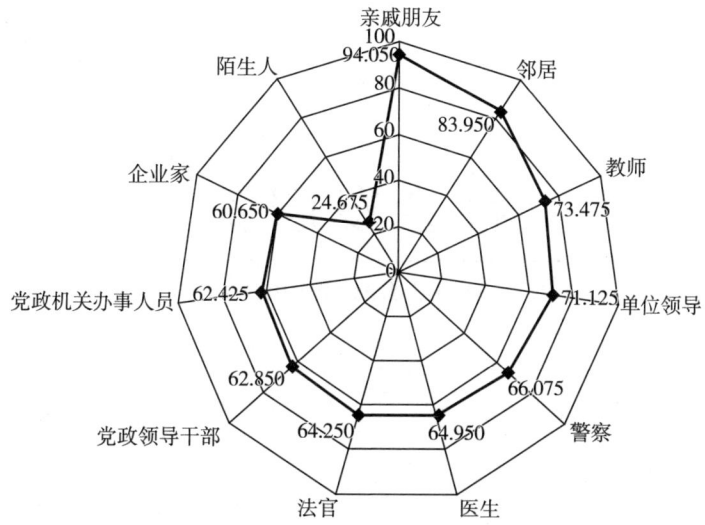

图 22 2013~2017 年黑龙江省居民人际社会信任感平均值（单位:%）

社会发展篇
Social Development

B.8
黑龙江省城乡居民
生活状况及发展趋势预测

金 刚　常洪水*

摘　要： 2017年前三季度，黑龙江省宏观经济复苏发展，财政收入状况比上年有所改善，民生保障投入力度持续加大，城乡居民收入保持稳定增长态势。但受煤木粮油集中负向拉动影响，城镇居民收入增速依然保持低位，农村居民收入增速受上年粮价下跌拖累增长乏力。居民收入增加缓慢直接导致居民消费意愿下降，居民生活消费支出增速同比下滑明显。进入四季度及今后一个时期，随着全省宏观经济的逐步企稳和农业生产形势的稳定向好，预计2017年、2018年，黑龙江省城乡居民收入将保持稳

---

* 金刚，黑龙江调查总队居民收支调查处处长、统计师，研究方向为城乡居民收入、小康社会建设；常洪水，黑龙江调查总队居民收支调查处副处长，研究方向为城乡居民收入。

定增长态势。其中，农村居民收入增势可能会表现得更加明显，居民消费意愿会显著提高，人民群众的生活水平会持续改善。

关键词： 黑龙江　城乡居民　生活状况

2017年，黑龙江省委、省政府牢牢把握稳中求进工作基调，创新实施"五大规划"，加快发展"十大重点产业"，深入推进"龙江丝路带"建设，扎实推进"三去一降一补"发展战略，强力推进农业供给侧结构性改革，持续优化经济发展环境，全省宏观经济平稳复苏发展，财政支付能力稳步提高，各项民生保障政策全面落实，为全省居民收入平稳增长奠定了坚实基础。国家统计局黑龙江调查总队抽样调查数据显示：2017年前三季度，黑龙江省全体居民人均可支配收入实现15053元，比上年同期增长6.8%；全体居民人均生活消费支出实现10769元，比上年同期增长3.8%。其中，食品烟酒支出占生活消费支出的比重（恩格尔系数）为28.2%。

一　城乡居民收入同步增长

2017年前三季度，受经济发展速度加快、收入分配政策改善、民生投入力度加大及发展环境不断优化影响，全省城镇居民人均可支配收入稳定增长，增速高于同期经济发展速度。但受上年农业受灾及粮食价格下跌影响，2017年农民收入增速连续三个季度低位运行。随着2017年新粮陆续上市及粮价回升拉动，这种发展态势预计从2017年四季度开始会逐步扭转。

（一）城镇居民人均可支配收入增势稳健，增速逐季加快

2017年前三季度，黑龙江省城镇居民人均可支配收入达到20170元，比上年同期增长6.6%，增速分别比上年同期、一季度和上半年提高0.6个、0.3个和0.2个百分点。从收入构成看，总体呈现"三增一降"态势。

1. 工资性收入比上年同期增长5.7%

2017年前三季度,黑龙江省城镇常住居民人均工资性收入为11714元,比上年同期增长5.7%,工资性收入占城镇居民人均可支配收入的比重达到58.1%,对人均可支配收入增长的贡献率为50.1%,拉动同期可支配收入增长3.3个百分点。工资性收入增长主要拉动因素有两个方面:一方面2016年以来各项调整工资政策的影响拉动。一是机关事业单位按照省政府《关于调整机关事业单位工作人员基本工资标准的通知》(黑政办发〔2016〕126号)文件要求,从2016年7月起提升工资标准并补发。二是全省部分边远地市于2016年三季度为机关事业单位在职职工及退休人员上调边远地区津贴。三是车补政策落实并发放到位。四是煤炭行业经营回暖,经济效益转好,带动煤炭企业职工及关联岗位就业人员工资性收入持续增加。数据显示,2017年上半年,全省累计发放城镇非私营单位就业人员工资1065.1亿元,比上年同期增发48.6亿元,增长4.8%;全省城镇非私营单位就业人员平均工资25493元,比上年同期增加1964元,增长8.3%。另一方面是就业增加拉动。截至2017年6月末,全省城镇实现新增就业32.2万人,完成年计划的58.5%;失业再就业人员24.7万,完成年计划的61.6%;就业困难人员再就业9.5万,完成年计划的63.2%。全省城镇登记失业率为4.28%,同比下降0.14个百分点,低于控制目标0.22个百分点。

2. 经营净收入比上年同期增长8.1%

2017年前三季度,黑龙江省城镇常住居民人均经营净收入2134元,比上年同期增长8.1%,经营净收入占城镇居民人均可支配收入的比重为10.6%,对人均可支配收入增长的贡献率为12.8%,拉动同期人均可支配收入增长0.9个百分点。经营净收入持续增长有两个主要支撑因素:一是电商、微商新型经济蓬勃发展。2016年,黑龙江省自建电子商务平台145个,全省网商数量达到10.2万家。全年电子商务交易额实现1954.8亿元,同比增长13.7%;网络零售额实现148.1亿元,同比增长23.5%。二是企业减税政策惠及面扩大,经济发展环境趋优。2017年,国家减税政策规定自2017年1月1日起,将小型微利企业的年应纳税所得额上限由30万元提高至50万元。科技型中小企业的研发费用税前加计扣除比例由50%提高到75%。企业减负增效增强了企业技术创新动力,激发了企业创业投资的活力,支撑城镇居民经营净收入进一步增长。

3. 转移净收入比上年同期增长10.0%

2017年前三季度,黑龙江省城镇常住居民人均转移净收入为5420元,比上年同期增长10.0%,转移净收入占城镇居民人均可支配收入的比重为26.9%,对人均可支配收入增长的贡献率达到39.2%,拉动同期人均可支配收入增长2.6个百分点。转移净收入增长主要受机关、企业事业单位退休职工,城镇居民养老金、失业保险金及低保标准提高拉动。

4. 财产净收入比上年同期下降2.8%

2017年前三季度,黑龙江省城镇常住居民人均财产净收入为901元,比上年同期下降2.8%。财产净收入下降主要受金融政策调整影响。中国人民银行从2016年10月24日起,将一年期存款基准利率下调0.25个百分点至1.5%。

(二)农村居民收入平稳增长,但增速同比下滑明显

2017年前三季度,黑龙江省农村常住居民人均可支配收入达到8086元,比上年同期增长5.8%,增速比一季度和上半年分别提高0.2个和0.1个百分点,但比上年同期下降了0.8个百分点。收入结构总体呈现"二增一平一降"态势。

1. 工资性收入增势强劲

2017年前三季度,黑龙江省农村常住居民人均工资性收入达到2253元,比上年同期增长23.1%,工资性收入占人均可支配收入的比重达到27.9%,创历年来最高水平。工资性收入快速增长的主要原因:一是受2016年以来落实调整基层工作岗位津贴政策影响,部分农村公办教师和镇村干部从中受益。二是受2017年外出务工和在本地务工人数增加及日工资标准小幅上涨共同拉动。

2. 经营净收入同比持平

2017年前三季度,黑龙江省农村常住居民人均经营净收入为4063元,收入绝对值与上年同期基本持平,经营净收入占人均可支配收入比重为50.3%。经

营净收入与上年同期相比没有任何增长的主要原因有两个方面：一是玉米、水稻价格低于上年同期水平，严重制约农村居民经营净收入稳定增长。农产品价格调查数据显示，2017年前三季度，黑龙江省玉米、水稻的生产者价格指数分别为86.9和97.1。二是2017年农业用种子、化肥和柴油等农资价格总体呈现上涨趋势，农业雇工价格同比涨幅较大，导致农业生产成本上升。数据显示，2017年前三季度全省农民人均农业经营净收入为2877元，比上年同期下降2.8%。

3.转移净收入小幅增长

2017年前三季度，黑龙江省农村常住居民人均转移净收入1300元，比上年同期增长3.0%，转移净收入占农村居民人均可支配收入的比重为16.1%。转移净收入增长的主要原因有四方面：一是精准扶贫力度加大，农村贫困弱势群体得到的政府救济和个人捐赠收入增加。2017年前三季度，农民人均社会救济和补助收入比上年同期增长34.3%。二是参加城镇五七工、家属工和城镇养老保险的农民社会保障收入同比增加。2017年前三季度，农民人均养老金收入比上年同期增长16.9%。三是低保标准持续提升。黑龙江省连续十年提高城乡低保标准，2016年黑龙江省农村低保标准提高到3710元/年。四是农村外出务工人员数量明显增加，农村居民外出寄带回收入增加明显。

4.财产净收入略有下降

2017年前三季度，黑龙江省农村常住居民人均财产净收入为470元，比上年同期下降2.6%。财产净收入同比下降主要受2017年农村土地流转价格同比下降幅度较大影响。

二 城乡居民生活水平稳步改善

2017年以来，居民收入平稳增长，消费价格指数处于合理区间，城乡居民生活消费支出实现双增，但增速高低互现，内部消费结构差异明显。

（一）城镇居民生活消费支出比上年同期增长2.5%

受近年来宏观经济下行、收入增速放缓影响，城镇居民的日常消费更加趋于理性和谨慎，生活消费增速始终保持低位，但增速呈现逐季缓慢回升态势。2017年前三季度，全省城镇居民人均生活消费支出13468元，比上年同期增长2.5%。增速比一季度和上半年分别提高0.9个和0.2个百分点。城镇居民重拾生活消费信心，消费意愿逐步增强。从消费结构看，城镇居民八大类消费支出呈"五增三降"态势。

1. 食品烟酒消费支出小幅增长

2017年前三季度，全省城镇居民人均食品烟酒消费支出为3866元，比上年同期增长3.2%。食品烟酒消费占生活消费支出的比重（恩格尔系数）为28.7%，比2017年上半年下降1.6个百分点。食品消费支出小幅增长，恩格尔系数环比下降主要受2017年以来食品蔬菜价格走低影响。消费价格调查数据显示，2017年前三季度，受鲜菜、肉类及鸡蛋价格下降影响，全省食品烟酒价格同比下降1.6%，涨幅较上年同期回落4.5个百分点，影响CPI下降0.48个百分点。食品类价格同比下降3.1%，其中菜类价格同比下降8.9%，畜肉类价格同比下降8.4%，禽肉类价格同比下降2.8%，鸡蛋价格同比下降12.2%，茶及饮料价格同比下降0.2%，烟酒类价格同比下降0.3%。

2. 交通通信、教育文化娱乐、居住及其他用品和服务消费支出不同程度增长

受车改政策逐步落实及汽车销售优惠力度不断加大影响，城镇居民购买及升级家用汽车意愿明显增强，加之智能手机更新换代频率加快，交通通信消费支出随之上涨。2017年前三季度，全省城镇居民人均交通通信消费支出1880元，比上年同期增长4.7%，对生活消费支出增长的贡献率达到25.0%。教育消费是城镇居民家庭的刚性支出，文化娱乐消费则是城镇居民改善生活品质的明显标志。当前，文化、体育、休闲娱乐和旅游等新型消费业态在居民消费中所占比例越来越高，需求增加推动价格上涨，消费支出增速逐年加快。2017年前三季度，教育服务价格上涨7.1%，其中，小学、初中教育和课外教育分别上涨30.6%和10.1%。同期，全省城镇居民人均教育文化娱乐消费支出1599元，比上年同期增长10.3%，对生活消费支出增长的贡献率为44.7%。受装修材料、用工价格、租房房租、水电燃料及物业费等居住类价格上涨拉动，2017年前三季度，城镇居民人均居住消费支出为2279元，比上年同期增长1.6%。近年来，

洗浴、美容、美体、美发服务价格不断上涨，居民购买金银饰品消费意愿增强，城镇居民其他用品和服务支出增速加快。2017年前三季度，全省城镇居民人均其他用品和服务支出为404元，比上年同期增长15.1%。

3.衣着、生活用品和服务及医疗保健消费支出呈下降态势

2017年前三季度，全省城镇居民人均衣着消费支出1307元，比上年同期下降1.9%；人均生活用品及服务支出725元，比上年同期下降4.1%；人均医疗保健支出1409元，比上年同期下降3.5%。

（二）农民人均生活消费支出比上年同期增长6.2%

近年来，农村社会保障制度日臻完善，农村消费配套环境持续优化，农村居民消费能力逐步提升，消费意愿显著增强。2017年前三季度，全省农村常住居民人均生活消费支出7094元，比上年同期增长6.2%。从消费结构看，农村居民八大类消费支出呈现"六增二降"态势。

1.医疗保健、衣着类消费支出快速增长

近年来，随着国家医疗保障制度的日益完善，"小病拖""大病扛"的现象已经成为过去，现在的农民有病敢医，医疗救治和保健意识逐步增强，在医疗保健方面的消费支出逐年增加。2017年前三季度，全省农村常住居民人均医疗保健消费支出1105元，比上年同期增长26.1%。在注重自身健康的同时，农村居民越来越注重服装的款式、质地和档次，衣着消费趋向成衣化和品牌化，衣着消费支出增速加快。2017年前三季度，全省农村常住居民人均衣着消费支出522元，比上年同期增长14.7%。

2.食品烟酒、交通通信、教育文化娱乐及生活用品和服务支出小幅增长

食品烟酒消费依然是农村居民的主要消费。2017年前三季度，全省农村常住居民人均食品烟酒消费支出为1900元，比上年同期增长5.0%。食品烟酒消费占生活消费支出的比重（恩格尔系数）为26.8%，比上年同期减少0.3个百分点。随着生活水平的持续提升，农村居民用于交通通信、教育文化娱乐和生活用品及服务等发展型消费方面的支出平稳增长。2017年前三季度，全省农村常住居民人均交通通信消费支出1144元，比上年同期

增长 3.0%；人均教育文化娱乐消费支出 903 元，比上年同期增长 2.5%；人均生活用品和服务消费支出 293 元，比上年同期增长 2.1%。

3. 居住以及其他用品和服务消费支出不同程度下降

农村居民在居住及其他用品和服务方面的消费弹性较大。受近两年农民增收难度加大影响，上述两大类消费支出同比呈现下降趋势。2017 年前三季度，全省农村常住居民人均居住消费支出 1086 元，比上年同期下降 2.3%；人均其他用品和服务消费支出为 140 元，比上年同期下降 4.4%。

三　主要问题及对策建议

2017 年初以来，全省宏观经济总体呈现复苏发展态势，经济发展环境进一步优化，全民创业氛围浓厚，经济实体数量稳步增加，农业生产形势明显好于上年。但我们必须清醒地认识到，所谓的复苏发展是相对于过去几年持续下滑的经济增速而言的。目前，黑龙江省经济发展速度在全国仍处于较低水平，城镇居民收入绝对值在全国仍处于靠后位置，农民收入增加缓慢，城乡居民收入差距扩大迹象初显，城乡居民消费增长乏力，居住、教育、医疗消费仍是压在城乡居民身上的三座大山，直接影响居民群众生活质量的稳步提高。

（一）城乡居民收入差距较上年同期有所扩大

受近两年农民收入增速持续下行影响，城乡居民收入差距连续多年持续缩小的趋势逐渐发生变化。2017 年前三季度，黑龙江省城乡居民人均收入倍差为 2.49，比上年同期扩大了 0.01，但仍比同期全国平均水平低 0.32。缩小城乡收入差距是党的十九大报告提出的重要工作任务，是实现经济平衡发展的重要标志。各级政府必须加大对"三农"的政策扶持力度，加强农业基础设施建设，加大农业科技投入，创新农业生产方式，提高农业生产经营效益，稳步增加农民收入。

（二）城乡居民消费低迷，生活水平提高缓慢

受全省宏观经济低迷、居民增收乏力影响，城乡居民日常生活消费支出

增长乏力。其中，城镇居民表现尤为突出，农村居民略好于城镇居民，但同比增速降幅较大。今年一季度、上半年和前三季度，全省城镇居民人均生活消费支出同比增速分别为1.6%、2.3%和2.5%，增速虽然呈逐季增长态势，但始终保持低位运行。如果与上年同期相比，那么降幅更为明显，达到5.5个百分点。2017年前三季度，农村居民生活消费支出比上年同期增长6.2%，增速高于同期城镇居民3.7个百分点，但比上年同期下滑了4.6个百分点，比全国平均水平低3.9个百分点。收入决定消费，提振居民消费信心必须以稳步增加居民收入为抓手，同时不断提高城乡居民的社会保障水平，解除居民的后顾之忧，真正让城乡居民敢于消费、科学理性消费。

（三）城镇居民收入绝对值在全国排名依然靠后

2017年前三季度，黑龙江省城镇居民人均可支配收入实现20170元，比上年同期增长6.6%。收入绝对值低于全国平均水平7260元，在全国各省份中排名末位，增速在全国排名第29位。与邻近省份相比，2017年前三季度黑龙江省城镇居民人均可支配收入绝对值低于同期辽宁6091元，低于吉林835元，低于内蒙古6769元。增加城镇居民收入任重道远，必须做好以下三方面工作：一要加快经济转型步伐，积极培育新经济增长点，不断优化经济发展环境，稳步提高经济发展速度。二要采取积极有效措施，稳步扩大就业。三要完善优化收入分配制度改革，让人民群众充分共享经济发展成果，增加居民获得感。

（四）城乡居民住房、教育、医疗消费压力较大

消费价格调查数据显示，2017年前三季度，黑龙江省医疗保健类价格同比上涨7.9%，教育文化和娱乐类价格同比上涨4.1%，居住类价格同比上涨1.6%。产品及服务价格上涨带动相应支出增加，在刚性需求的推动下，城乡居民在居住、教育及医疗方面的消费有增无减。2017年前三季度，黑龙江省城镇居民上述三类消费支出占生活消费支出的比重达到39.3%，比上年同期提高0.1个百分点。农村居民三类消费支出占比高达43.6%，

比上年同期提高了0.6个百分点。从数据变化情况看，城乡居民在居住、教育、医疗方面的支出占比大，而且呈逐年增长态势，已经成为压在城乡居民身上的三座大山。黑龙江省应加大房地产政策调控，加快医疗药品改革步伐和加大教育乱收费整治力度，并常抓不懈。

四 黑龙江省城乡居民收支走势预测

（一）城乡居民收入仍将保持稳定增长态势

2017年前三季度，黑龙江省宏观经济呈现复苏发展态势，城镇居民经营净收入增速加快，农业生产形势好于上年，粮食价格总体比上年涨幅大。但经济增速依然处于较低水平，资源型城市职工收入增长缓慢，农民增收还面临诸多不确定性。综合考虑有利条件和不利因素，课题组初步预计2017年黑龙江省城镇居民人均可支配收入增速将达到6.5%左右；农村居民人均可支配收入将达到6.7%左右。随着经济发展步伐逐步加快和农业供给侧改革的扎实推进，预计2018年的城乡居民收入增速会明显快于2017年。

（二）城乡居民生活水平将稳步提高

随着居民收入的增加和社会保障力度的持续加大，城乡居民的消费意愿会显著增强，消费理念、消费方式、消费结构都会发生明显变化，城乡居民生活消费支出增速会逐步加快，生活质量会稳步提高。2017年及今后一个时期，黑龙江省城乡居民生活消费特征将在以下三个方面表现尤为突出。一是食品消费支出将保持平稳增长，消费结构更趋向于粗粮化、营养化，健康饮食引领潮流，城乡居民在外饮食消费支出增速会明显加快。二是交通通信、网络购物支出将保持强劲增长态势。随着交通通信设施的逐步完善和交通通信设备价格优惠力度持续加大，家庭轿车及智能手机的拥有量会快速增加。智能手机功能日益完善满足了消费者的多样化需求，城乡居民的网络消费支出也会随之加快。三是教育文化娱乐消费将持续升温。教育消费短期内仍将保持较快增长态势，但中小学课外教育支出增速会逐渐放缓，成人教育支出增速将稳步加快。随着收入水平稳步提高，城乡居民在精神文化方面的需求会日益增强。各类文体健身活动、休闲度假、参观旅游将引领居民消费时尚，相应支出会快速增长，也将成为黑龙江省城乡居民特别是城镇居民生活消费的一个新亮点。

B.9
黑龙江省社会保障状况分析与对策

王欣剑*

摘　要： 2017年黑龙江省社会保险覆盖范围稳定扩大，基本养老金标准有所提高，基本医疗保险制度实现整合，失业保险缴费率连续降低，工伤保险延伸至小微企业。2017年黑龙江省社区居家养老服务有章可循，医养结合服务标准日益规范，医疗救助与大病保险有效衔接，农村低保困难人群得到重点救助。今后，黑龙江省应着力破解基金缺口问题，抵御社保支付风险；全面改善医疗市场环境，深化医疗保险制度改革；健全社会养老服务机制，应对社会老龄化挑战；改革社会保障治理方式，朝向服务型政府转变，从而保证社会福利和服务的可持续发展，为黑龙江省社会保障的未来奠定牢固基础。

关键词： 黑龙江　社会保障　社会保险

一　基本状况

（一）社会保险覆盖范围稳定扩大

2017年黑龙江省社会保险覆盖范围稳定扩大。基本养老保险参保人数

---

* 王欣剑，黑龙江省社会科学院社会学研究所副研究员，发展社会学研究室主任，研究方向为发展社会学、社会保障。

预计可达1100万人，基本医疗保险参保人数预计可达1600万人，失业保险参保人数预计达到400万人，工伤保险参保人数预计可达520万人，生育保险参保人数预计达到360万人。此外，城镇居民得到最低生活保障的人数预计达到110万人，农村居民得到最低生活保障的人数预计达到120万人。

（二）基本养老金标准有所提高

目前，黑龙江省已实现参保人员养老关系在城乡居民养老保险和职工基本养老保险之间的转移、接续，城乡居民养老保险和职工基本养老保险同步调整。2017年黑龙江省城乡居民基本养老保险基础养老金标准有所提高，从每人每月70元提高到每人每月80元，增幅达到14.3%。目前，黑龙江省60周岁以上领取养老金人数达326.1万人，每年为城乡居民发放养老金约28亿元。

（三）基本医疗保险制度实现整合

为实现城乡居民公平享有基本医疗保险权益，保证医疗保险事业的可持续发展，2017年黑龙江省改革城乡居民基本医疗保险制度，建立起统一的城乡居民基本医疗保险管理体系。通过建立城乡居民医保基金，形成城镇居民医疗保险和新农合基金一体化管理；通过统一医疗保障范围及标准，为城乡参保人员提供公平、均衡的基本医疗保障待遇；通过筹资机制的动态调整，增强制度的适用性，考虑经济发展水平和社会承受能力。采取个人缴费与政府补助相辅相成的筹资办法，并吸纳社会力量参与基本医疗保险的扶持和资助。

（四）失业保险缴费率连续降低

2017年黑龙江省继续调整失业保险费率，失业保险总缴费率从之前的1.5%降低到1%。失业保险缴费结构中，单位缴费比例显著下降，由之前的1%降低到0.5%，个人缴费比例仍保持原有水平。通过阶段性费率调整，黑龙江省将为企业减轻6.7亿元负担，以增强企业活力的方式保障就业稳定，缓解失业保险压力。此次费率调整也是黑龙江省连续第三年降低失业保险缴费比例，失业保险总费率从2015年的3%降低到2017年的1%；其中单位缴费比例由2%降低到1%，个人缴费比例从1%降低到0.5%。

(五)工伤保险延伸至小微企业

2017年黑龙江省出台《关于加快推动小微型服务企业参加工伤保险的意见》,以创新、优化、灵活、便捷的方式,鼓励小微型服务企业为从业人员缴纳工伤保险,同时作为工伤保险的补充,鼓励其参加意外伤害保险。规定对参加工伤保险的小微型服务企业不得设置附加条件,简化参保流程,灵活确定小微型服务企业参保及缴费方式。小微型服务企业可以统筹地区上年度职工月平均工资的一定比例(不低于60%)为基数缴纳工伤保险费。家庭服务企业、个体经济组织、有雇工的个体工商户缴费办法按照本意见执行。各地可根据本地小微型服务企业发展形势,制定符合实际需求的参保缴费政策。完善与开发小微型服务企业参保信息系统,确保小微型服务企业全部参加工伤保险。

二 主要举措

(一)社区居家养老服务有章可循

居家养老服务通常以家庭为行动对象,依托社区和社会组织,为在家居住的老龄人群提供日常生活照料,以及一系列的社会化、专业化的上门服务;社区养老是以家庭养老为主、社区机构养老为辅,在老人得到家人照顾的同时,由社区服务机构和志愿者为老人提供上门服务或托老服务。2017年黑龙江省出台了《居家社区养老服务规范》,对居家和社区养老服务方式、服务机构、服务人员、服务管理、意外事件处理等做出具体规定,尤其对日间照料、用餐、送餐、助浴、保洁等制定了一系列高标准、便于操作的服务措施,保证老年人能得到高质量的生活照料,也确保了服务机构的规范化运行。标准的发布实施使黑龙江省养老服务更加有章可循,服务机构可以参照这两个标准提供服务,服务对象也可以按照标准要求考核养老机构。

（二）医养结合服务标准日益规范

"医养结合"是把老年人健康医疗置于养老服务之中，把养老机构和医疗机构相互结合，为老年人提供生活照料和治疗康复一体化的养老服务模式。医养结合机制涵盖了传统的生活照料、精神心理、老年文化等服务，也将健康咨询、健康检查、医疗诊治、医疗护理、大病康复以及临终关怀等服务纳入其中。"医养结合"模式已在黑龙江省多地实践开展，积累了诸多宝贵经验。2017年黑龙江省出台《医养结合医疗机构服务质量规范》，这是黑龙江省首个医疗机构内设养老机构服务方面的地方性规范，适用于黑龙江省一级以上的医疗机构。该《规范》从医疗服务的各个方面对医养结合养老服务方式的服务接待、服务类别和项目、服务评价与改进提出了具体要求。此项标准将医疗服务技术与养老保障结合得更加紧密，从而满足黑龙江省老年人"有病治病，无病疗养"的深层次需求。

（三）医疗救助与大病保险有效衔接

黑龙江省存在着困难群体医疗负担重、因病致贫和返贫现象较多、因病弃医现象较多的医保瓶颈，覆盖城乡居民的医疗救助与大病保险衔接制度亟须建立。2017年黑龙江省出台了《关于进一步加强医疗救助与城乡居民大病保险有效衔接的通知》，提出在医疗救助与城乡居民大病保险制度上实现有效衔接，在保障对象、支付政策、经办服务、监督管理等方面着手落实。不仅降低大病保险起付线，还要提高救助比例和封顶线，并拓宽医疗救助范围。首先，与普通患者相比，困难群体的大病保险起付线将降低一半，使他们有机会被纳入大病保险的支付范围；困难群体的大病保险报销比例也有所调整，比原先增加了5个百分点；城乡居民大病保险进一步面向低保群体、特困群体及低收入群体，将困难人群纳入大病保险实施方案并予以特殊照顾。其次，对患有重特大疾病的困难人群的医疗费用，救助比例和封顶线都适度提高，在年度救助限额内对特困供养人群按照100%、城乡低保群体按照不低于70%，其他救助对象按照不低于50%的标准给予救助；同时，单病种年度最高救助限额不低于 3 万元。最后，拓宽医疗救助范围，医疗救助对象由原有的特困人群、低保群体、低收入重度残疾人，扩大到"因病致贫"的家庭和其他贫困人群，实现对困难家庭医疗救助的全覆盖。

（四）农村低保重点救助困难人群

2017 年黑龙江省出台了《关于贯彻落实〈黑龙江省加强农村最低生活保障制度与扶贫开发政策有效衔接工作实施方案〉的通知》。在社会政策方面增强针对性和保障性，对低保人群的衡量标准从收入向支出扩展。不少家庭因急难事件或重特大疾病出现短期贫困现象，新政策支持他们先通过临时救助、医疗救助、慈善救助等渠道保障基本生活。不少家庭医疗费用支出巨大而因病致贫，甚至出现长期贫困和绝对贫困状况，实际生活水平低于农村低保标准，新政策规定可将他们纳入低保范围。新政策还将低保部门和扶贫部门的工作有效衔接，在管理和救助对象的认定程序上建立联系。农村基层社区负责低保户和贫困户的申请工作，负责实地调查、信息核实等环节；民政部门和扶贫部门开展合作，对救助对象进行细致的审核和分类。符合农村低保条件的家庭由民政部门负责及时纳入低保范围；其他贫困人口由扶贫部门负责帮助实现脱贫。这种相互协调合作的工作模式对农村贫困人群实现了有效覆盖，充分发挥了社会救助的兜底作用。新政策还向重度残疾人、重大疾病患者等困难人群倾斜，并规划实施重点扶助。同时，农村低保家庭中的老年人、未成年人、重度残疾人、重病患者等都是新政策规定的重点救助对象，他们将有机会得到不低于当地农村低保标准 15% 的救助金；在新出台的政策中，农村无业靠家庭供养、生活处于困境的成年重度残疾人，也将被纳入农村低保范围。

三 分析及对策

（一）着力破解基金缺口问题，抵御社保支付风险

黑龙江省老龄化趋势加剧，全省企业退休人员从 2010 年的 269 万人增

加到2017年的457万人，企业养老保险抚养比达到1.30，居全国末位（全国平均水平为2.80）；加上产业结构不合理及经济不景气，黑龙江社会保障总支出合计超过1000亿元，养老保险金当期结余为-320亿元，在全国7个企业养老保险收不抵支的地区中居于末位。因此，破解基金缺口问题，抵御社保支付风险，已成为迫在眉睫的任务。为避免将亏空转移给下一代，实现代际公平，保障养老金按时足额发放，2017年11月国务院颁布《划转部分国有资本充实社保基金实施方案》。方案中纳入国有资本划转范围的有中央和地方的国有、国有控股大中型企业及金融机构。原国有股东将其10%的股权转至社保基金会等承接主体，其资本收益专项用于弥补企业职工基本养老基金缺口。划转的中央企业国有股权，由国务院委托社保基金会负责集中持有、单独核算，接受考核和监督。划转的黑龙江省地方企业国有股权，由省级人民政府设立国有独资公司集中持有、管理和运营，也可将划转的国有股权委托本省具有国有资本投资运营功能的公司专户管理。这一举措将为养老负担沉重、国有企业居多的黑龙江省带来改善机遇。黑龙江省应积极利用政策优势，加速实现社保制度转轨，增加股权资金收益和使用效率，充分发挥国有资本充实社保基金的补偿作用。此外，还应加速推进社保基金的投资和运营，加快社保基金入市的进程，提高社保基金的增值效率，最大限度地克服未来一段时期社保基金的支付困难。政府应重视发挥市场决定性作用，允许企业自行建立各举补充性社会保险，鼓励商业保险机构开发多样化的养老保险产品，立足长远、夯实黑龙江省社会保障制度的基础。

（二）全面改善医疗市场环境，深化医疗保险制度改革

随着居民生活向小康水平提升，黑龙江省的医疗保健服务需求日益增加，并显现出多层次、多元化、个性化特征。传统的医疗卫生服务模式正在发生转变，需要从单一救治模式转向"防治养"一体化模式，为人们提供全方位全周期的健康服务。黑龙江省应鼓励公立医院与社会办的医疗机构在人才、管理、服务、技术、品牌等方面建立协议合作关系，充分利用

国家政策，挖掘医院内部潜力，把医院的优质资源不断向外开放，扩大医疗服务项目；充分利用医改政策，助推社会力量办医。这就需要不断创新机制，在保证效益的同时满足人民群众多层次多元化个性化的需求。改革应着力保障参保人群就医权利，缩减医疗机构和医保经办机构高度的审批权限，为医疗制度进一步的改革创造有利条件。黑龙江省应充分发挥医疗保险的调节功能，使医疗保险从简单的扩展覆盖范围向"有管理的医疗保健服务"转变，增强管理的系统性和科学性，促进决策的公平性和规范性，推动服务的流动性和便捷性。黑龙江省应尽快建成现代医疗管理制度，充分运用互联网等信息技术破解就医难题，从而全面改善医疗市场环境，深化医疗保险制度改革。

（三）健全社会养老服务机制，应对社会老龄化挑战

黑龙江省老龄化趋势加剧。有研究表明，2020年黑龙江省60岁以上常住老年人口将达到778.8万人，占总人口的比重为18.5%，老龄人口的抚养比持续上升，黑龙江面临社会养老负担日益沉重的局面。因而，应尽快制定健全养老服务体系的长远规划，在城市开展社区及居家养老服务，在农村积极探索符合地方特点的养老服务模式。在现有社会养老体系的基础上，不断创新多样化、个性化的养老服务模式，如允许公办养老机构面向社会提供服务；放宽对民办养老机构的行政管制，促使"连锁、加盟"经营模式的出现；激励开发"互联网+"模式，形成虚拟养老院等新型养老服务方式；整合社会养老服务资源，自发形成居民家庭养老服务互助模式。另外，黑龙江省需提升养老服务的质量和水平，随着居家社区养老服务规范的出台，居家和社区养老服务方式正在逐步实现制度化和规范化，服务机构及服务管理的质量水平要求提高，日间照料、居室保洁等服务标准将得到显著提升，使老年人得到安全、高质量的生活照料。对待民办养老机构与公办机构要在市场准入、资金扶助、政策倾斜等方面一视同仁，并短周期、高效率地将各项税费优惠政策和补贴政策落实到位，切实降低民办养老机构的运行成本、促进其繁荣发展，从而健全社会养老服务机制，从容应对正在到来的老龄社会的挑战。

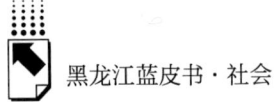

（四）改革社会保障治理方式，朝向服务型政府转变

深化黑龙江省社会保障制度的改革，不仅需要从具体的制度层面入手，更需要在管理层面创新。黑龙江省需要进一步改革社会保障治理方式，从管理型向服务型政府转变，从计划思维型向市场导向型政府转变。黑龙江省应在社会保障领域发挥社会组织的供给作用，发挥其社会权利和助人自助理念的倡导作用，鼓励私人市场或企业更积极投入社会公益服务，鼓励私人企业在营商的同时拓展社会功能，积极开发社会保障项目。可通过政府采购、政府资助、政府参股等多种形式，促进社会企业开拓社会服务市场，以高质量的专业服务帮助弱势人群摆脱困境、改善生活处境。有效的制度安排能达到事半功倍的效果，通过引进市场与社会的力量，公共服务能实现充足、有效供给，从而保证社会福利和服务的可持续发展，为黑龙江省社会保障的未来奠定牢固基础。

B.10
黑龙江省就业创业形势分析与对策

张友全 秦伟[*]

摘 要: 2017年,黑龙江省认真贯彻落实就业优先战略和积极的就业创业政策,在就业总量压力和结构性矛盾并存、"招工难"和"就业难"的结构性矛盾更加突出、经营性人力资源服务机构发展滞后、就业服务信息化整体水平不高的严峻形势下,攻坚克难、开拓创新,顺利完成阶段性就业目标,创业带动就业能力明显增强,企业用工需求增加,市场求人倍率上升,第三产业吸纳就业数量持续增加,重点群体就业保持稳定,城镇登记失业率保持在较低的水平,就业创业工作取得积极成效。

关键词: 黑龙江 就业创业 "招工难" "就业难"

根据人社系统就业统计数据、人力资源市场数据和调研情况分析,2017年黑龙江省实施就业优先战略和积极的就业创业政策,就业指标完成情况较好,就业局势总体稳定。

一 黑龙江省当前就业状况

(一)就业目标完成情况

截至2017年9月底,黑龙江省实现新增就业49.23万人,完成年计划

---

[*] 张友全,黑龙江省社会科学院社会学研究所助理研究员,研究方向为应用社会学;秦伟,黑龙江省人力资源和社会保障厅就业促进处。

（55万人）的89.5%；失业人员再就业36.87万人，完成年计划（40万人）的92.2%；就业困难人员再就业14.33万人，完成年计划（15万人）的95.5%。2017年三季度城镇登记失业率控制在4.27%，低于控制目标0.23个百分点，同比下降0.08个百分点，环比下降0.01个百分点，达到近5年同期控制最好水平。各地通过"一对一"开展就业援助，累计帮助586户城镇零就业家庭中的694人实现稳定就业，城镇零就业家庭始终保持月动态归零。

表1　2017年1~9月黑龙江省就业工作目标完成情况

城镇新增就业人数			失业人员再就业人数			就业困难人员再就业人数			城镇登记失业率		
2017年计划（万人）	2017年1~9月（万人）	完成计划（%）	2017年计划（万人）	2017年1~9月（万人）	完成计划（%）	2017年计划（万人）	2017年1~9月（万人）	完成计划（%）	2017年计划（%）	2017年1~9月（%）	低于控制目标（个百分点）
55	49.23	89.5	40	36.87	92.2	15	14.33	95.5	4.5	4.27	0.23

（二）劳动力总体供求情况

2017年，黑龙江省经济持续向好，经济景气指数持续升高。企业用工需求增加，市场求人倍率上升。前三季度，用人单位在全省各级公共就业和人才服务机构登记的招聘人数达76.46万人次，同比增长3.27%；求人倍率由2016年前三季度的0.78上升至2017年前三季度的0.89。另据对13个地市246户企业抽样调查结果，73%的企业2017年有招聘计划，同比增加5%，其中，大型企业占10.6%，中型企业占38%，小微企业占51.4%；计划招聘人数比2016年同期增加19%，中小微企业依然是市场用工的主体，占总需求量的62%。市场用工抽样调查结果显示，第三产业仍为用工主体，占用工总量的81%，需求人数最多的三个行业是小商品批发和零售业、住宿和餐饮业、居民服务和其他服务业，分别占25.3%、20.2%和17.4%。

（三）新增就业人员构成情况

新增就业中，第一产业占比10.87%，同比下降3.02个百分点。主要是随着农业生产规模化、机械化快速推进，劳动生产率提高，用工需求合理下降。

表2　2016~2017年1~9月黑龙江省登记招聘求职和求人倍率情况

单位登记招聘人数		登记求职人数		求人倍率		
2017年1~9月	同比增长	2017年1~9月	同比增长	2017年1~9月	2016年1~9月	增减变化
万人次	%	万人次	%	—	—	个百分点
76.46	3.27	85.49	-9.96	0.89	0.78	0.11

第二产业占比13.76%，同比下降3.1个百分点。虽然汽车制造及配套、农牧产品深加工和石墨制品等产业吸纳就业人数有所增加，但占工业比重较大的能源工业仍持续低迷，拉动就业人数呈下降趋势，钢铁、煤炭、水泥行业因化解过剩产能吸纳就业人数下降，石油开采和炼量减少，使一些与之配套的产品加工企业用工下降。另外，受房地产市场总体不旺影响，建筑业等传统用工量较大的行业吸纳就业人数也在下降。第三产业占比75.37%，同比上升6.12个百分点。吸纳就业数量逐年增加，特别是旅游、养老、健康等现代服务业与文化体育产业融合发展，同时以互联网为基础的电商、微商、快递、滴滴打车等新业态蓬勃发展，催生了大量就业岗位，就业渠道也呈现单位就业、自主创业和灵活就业等多元形式。截至2017年9月，滴滴打车目前在哈、齐、牡、大庆已累计注册司机27.19万人，较2016年同期9.11万人增加198%，其中，日均在线人数达到2.3万人；黑龙江省在邮政部门注册的快递行业从业人员达2.15万人，同比增长23%；全省保险行业较2016年新增营销员8万多人，其中近50%为专职人员。新经济、新业态在创造大量就业岗位的同时，还为部分已就业但工资收入低的人员提供了兼职增加收入的机会，使就业更加充分。这不但体现出劳动者就业观念的进步，更说明新经济、新业态已经成为促进就业的"稳压器"。

表3　2016~2017年新增就业人员按产业分布情况

单位：万人，%

项目 时间	新增就业人数	第一产业		第二产业		第三产业	
		人数	比例	人数	比例	人数	比例
2016年1~9月	57.72	8.02	13.89	9.73	16.86	39.97	69.25
2017年1~9月	49.23	5.35	10.87	6.77	13.76	37.11	75.37

（四）企业现有岗位流失情况

有关部门对全省1714个重点企业监测结果显示：截至2017年9月底，监测岗位流失率0.25%，同比降低0.13个百分点。从监测企业所在行业看，3个行业岗位环比8月净增加，分别是住宿和餐饮业上升0.86%，信息传输、软件和信息技术服务业上升0.67%，公共管理、社会保障和社会组织上升1.13%。3个行业岗位环比8月基本持平，分别是电力、热力、燃气及水的生产和供应业，金融、租赁和商务服务业，水利、环境和公共设施管理业。13个行业岗位环比8月净减少，其中，教育业岗位流失率2.97%，卫生和社会工作岗位流失率1.06%，科学研究和技术服务业岗位流失率0.62%，建筑业岗位流失率0.61%，房地产业岗位流失率0.35%。从地市情况看，佳木斯、大庆、双鸭山3个监测地区岗位呈正增长；黑河、省森工管理局、大庆石油管理局、省监狱管理局、绥芬河5个地区岗位总数无明显变化；其余10个地区岗位总数净减少，岗位流失率排在前五的地区分别是：齐齐哈尔0.8%、牡丹江0.8%、鹤岗0.4%、七台河0.4%、省农垦总局0.3%。

（五）创业带动就业情况

"大众创业、万众创新"极大激发了全民创业热情。2017年前三季度，黑龙江省累计新登记市场主体31.15万户，同比增加9.2%。其中，企业6.26万户，同比增加17.9%；个体工商户23.84万户，同比增加7.5%；农民专业合作社1.05万户，同比增加1.0%，有效地带动了就业。

表4　2017年1~9月黑龙江省新增市场主体情况

单位：户，%

类别	新增市场主体总数	企业总数		个体工商户		农民专业合作社	
		本期登记	同比增加	本期登记	同比增加	本期登记	同比增加
哈尔滨	95315	27295	24.48	65270	15.68	2750	5.57
齐齐哈尔	36158	5082	9.03	29889	2.35	1187	0.76
牡丹江	19790	3763	5.79	15197	0.75	830	50.64

续表

类别	新增市场主体总数	企业总数		个体工商户		农民专业合作社	
		本期登记	同比增加	本期登记	同比增加	本期登记	同比增加
佳木斯	19614	3791	16.47	15073	-0.61	750	-8.09
大庆	30605	5390	17.94	24531	14.45	684	28.81
鸡西	12482	1702	16.34	10486	-3.18	294	-18.11
双鸭山	10568	1612	11.4	8385	5.76	571	55.16
伊春	8359	1405	19.57	6758	9.65	196	22.5
七台河	7262	923	29.63	6245	35.29	94	-15.32
鹤岗	6095	1151	-3.28	4802	5.17	142	35.24
黑河	13999	1913	0	11537	0.85	549	-12.86
绥化	33577	5682	34.17	26070	9.23	1825	-11.11
大兴安岭	4204	763	19.97	3314	-2.13	127	16.51
省垦区	10497	1433	-10.16	8623	-6.52	441	-42.13
绥芬河	2024	528	-15.38	1483	-23	13	225
抚远	941	167	-3.47	750	37.11	24	-25
省工商局	49	28	211.11	21	320	0	0
合计	311539	62628	17.9	238434	7.5	10477	1.0

(六)高校毕业生等青年群体就业情况

2017年适龄青年群体就业水平好于2016年同期。省教育厅数据显示,2017年黑龙江省高校毕业生21.5万人,截至9月1日初次就业率为80.9%,高于2016年同期1.1个百分点,预计年底总体就业率将不低于2016年水平;高校毕业生留省就业率55.83%,同比增长2.8个百分点。中等职业学校毕业生9万人,预计年底就业率为95%以上,其中,技工院校毕业生2.2万人,9月底就业率已达到96%,预计年底就业率为98%以上。

表5 2015年至2017年9月黑龙江省普通高校毕业生留省情况

单位:%

项目	毕业生总数	初次就业率	留省就业率
2015年	211825	80.28	50.9
2016年	216856	79.8	53.03
2017年9月	214519	80.9	55.83

二 黑龙江省当前就业形势

（一）总量压力和结构性矛盾并存

黑龙江省劳动力调查数据显示，城镇经济活动人口逐年增加，劳动力供给仍处于高位。一是以高校毕业生为主体的新成长劳动力数量较大。2017年全省高校毕业生为21.5万人，去除外省籍学生省外就业和本省学生外出就业，省内求职就业毕业生在10万人以上。中等职业学校毕业生预计9万人左右，退役军人1.6万人，加上近三年往届未就业的各类毕业生近5万人，总量近30万人。二是就业困难人员存量仍然较大。2011年以来，黑龙江省就业困难人员始终保持在20万左右，大多年龄偏大、技能水平偏低，因而处于不稳定的就业状态。

（二）"招工难"和"就业难"的结构性矛盾更加突出

"招工难"主要表现在：一是高层次、高技能人力资源相对紧缺。哈尔滨市三季度供求数据显示，专业技术人员和技术工人缺口依然较大，求人倍率均在1以上，其中高技能和专业技术初级的求人倍率分别达到3.83和1.88。二是苦、脏、累、险和待遇低的岗位招人难。哈尔滨市的餐厅厨工、推销展销人员、体力工人、饭店服务员等岗位需求很大，而求职人数相对较少，其中，体力工人的求人倍率达到5.81。"就业难"主要表现在：低技能、轻体力、白领等岗位供大于求，其中，行政业务人员、秘书打字员、财会人员列前3位，求人倍率分别为0.39、0.38、0.35。其中，最突出的群体是高校毕业生，部分高校毕业生的就业观念仍需转变，对工资待遇、工作环境、自身发展等要求都比较高，在求职过程中，对工作挑挑拣拣，不愿意到苦脏累、待遇低和基层岗位就业，有业不就、慢就业、啃老等现象依然存在。

（三）经营性人力资源服务机构发展滞后

从全国情况看，"十二五"期间人力资源服务业发展迅猛。2015年，全国经营性人力资源服务机构1.9万家，营业收入9680亿元，年均增长20%以上。从黑龙江省情况看，全省共有经营性人力资源服务机构691家，营业收入46.3亿元，仅占全国的0.5%，经营性人力资源服务机构数量偏少、规模偏小、专业化水平不高，使得人力资源市场化配置程度不高。

（四）就业服务信息化整体水平不高

虽然，黑龙江省就业服务信息化建设取得一定成效，各中心城市及部分辖区人力资源市场建立了就业服务网站，设立了微信公众号，方便求职者和用工单位通过PC端和移动端实现网络求职招聘，特别是哈尔滨市开发了"就业地图"，求职者可通过"手机摇一摇"就近找到适合自己的就业岗位。但基层就业服务信息化平均水平还不高，特别是县级人力资源市场在服务工作中应用信息技术手段相对单一，存在服务范围不广、服务质量不高、服务成本较大等问题。

三 促进就业创业建议

2017年前三季度，黑龙江省企业新用工需求小幅上升，各项就业指标完成平均超过90%，为顺利完成全年就业目标打下了良好基础。四季度，随着供给侧结构性改革的稳步推进，大力发展现代农业，农牧产品产业链和价值链将进一步延伸；开展企业培育专项行动，企业数量将实现增长；着力培育新增长点和发展新动能，旅游、养老、健康、文化、体育等产业融合发展，以互联网为基础的电商、微商、快递、网约车等新业态、新商业模式快速发展；全省经济有望继续保持平稳增长，将有效促进就业的拉动能力，保持就业形势总体稳定。

（一）突出就业创业政策导向

进一步完善就业创业政策，贯彻落实好黑龙江省《关于做好当前和今后一段时期就业创业工作的实施意见》，促进经济增长与扩大就业联动，促进产业结构、区域发展与就业协同，支持新就业形态发展，进一步稳定和扩大就业。

（二）鼓励支持创业带动就业

发展楼宇经济，加大综合性创业创新基地、创业孵化基地、创业园区和众创空间等载体建设力度，为科技人员、大学生、农民、城镇转移就业职工等群体创新创业提供场地支持。协调税务、银行、财政等部门落实好税收优惠、创业担保贷款政策，拓宽融资渠道。组织开展"龙创之星"等表彰评选活动，挖掘创业典型，发挥引领示范作用，营造良好创业氛围，激励更多人加入创业队伍，变"猫冬"为"忙冬"。继续开展"再谱新篇"城镇转移职工创业行动和"筑梦启航"创业培训计划，举办"城镇转移职工创业之星"评选活动，引导更多城镇转移职工到新产业、新业态、新商业模式等领域创业就业。

（三）促进高校毕业生等青年群体、农民工多渠道就业创业

一是深入实施高校毕业生就业创业促进计划和基层成长计划，落实政策、强化服务，并按月调查进展情况，组织开展就业服务月等系列活动，促进毕业生多渠道就业创业，确保2017年毕业生就业水平不降低。二是将农民工纳入就业整体规划中，为其提供均等化公共就业服务和普惠性就业政策。组织开展农民工就业服务"春风行动"和农民工职业技能提升计划"春潮行动"，引导农民工有序外出就业、鼓励农民工就地就近转移就业、扶持农民工返乡创业。三是继续稳妥推进去产能和分流职工安置工作。运用失业保险稳岗补贴政策支持企业挖掘内部安置潜力，将符合条件的去产能和分流企业职工纳入现行就业创业政策扶持范围，确保分流职工就业有出路、

生活有保障。四是扎实开展就业援助,发挥兜底保障作用,确保城镇零就业家庭至少有一人稳定就业。同时,统筹做好退役军人、残疾人等其他群体就业工作。

(四)大规模开展职业技能培训

加快构建终身职业技能培训制度,建立覆盖城乡全体劳动者、贯穿劳动者学习工作终身、适应劳动者就业创业需求的职业培训体系。一是实施"98113"龙江技能振兴计划,促进广大劳动者技能就业和岗位成才,为产业发展提供充足的技能人才。二是创新技能人才培养方式,推行企业新型学徒制培训,采取"招工即招生、入企即入校、企校双师联合培养"的模式,提高"以师带徒"的实效性,促进职工稳定和高质量就业。三是加大高技能人才培养力度,实施高技能人才培训基地和技能大师工作室建设项目,建立一批实训条件先进的公共实训基地,着力解决高技能人才有效供给不足问题。四是根据产业发展和市场需求,完善职业(工种)和新兴业态相关的培训项目,出台《政府购买职业培训服务成果实施办法》,探索依托"互联网+"搭建培训平台,为劳动者接受培训提供便利条件。

(五)提供全方位公共就业服务

进一步发挥公办人力资源服务机构的公益性职能,做好档案管理、人事代理、社保转移等基本公共服务。出台《关于加快推进公共就业服务信息化建设和应用工作的实施意见》,建立"互联网+就业创业"综合服务平台。继续推广哈尔滨市"就业地图"工作经验,加快建成覆盖全省的"就业地图",形成网上服务品牌。运用互联网技术,打通线上与线下,打造网站、咨询服务电话、手机终端、办事大厅等一体化人社公共服务平台,实现窗口服务、信息服务与社会化服务的协同。

(六)大力扶持经营性人力资源服务业发展

实施人力资源服务业发展行动计划,完善扶持人力资源服务产业发展政策措施，重点培育一批有核心产品、专业化程度高、竞争力强、规模大的经营性人力资源服务龙头企业，在扩大人力资源服务业承载就业规模的同时，提升人力资源专业化、市场化配置水平，保障人力资源特别是人才的有效供给。在哈尔滨等地建设人力资源服务产业示范园区，采取规模化、市场化运作方式，发挥园区培育、孵化、展示、交易等功能，形成人力资源服务产业集聚效应。

B.11
黑龙江省教育改革和发展报告

刘明明*

摘　要： 2017年5月召开的中国共产党黑龙江省第十二次代表大会会议指出：今后五年将坚持教育优先，努力办好人民满意的教育，推动黑龙江省教育事业不断取得新的重大成就。回顾以往，黑龙江省教育事业"十二五"规划完美收官，"十三五"规划开局良好，基础教育改革发展、现代职业教育体系改革完善和高等教育内涵式发展等各项事业深入推进，教育事业的民生关切得到切实回应。欣喜既有成绩的同时，仍需清晰地看到黑龙江省教育事业面临的问题与挑战，建议推进多元共享下的教育资源供给改革，加快高教改革支撑创新驱动发展，转向善治的教育治理体系实现现代化。

关键词： 黑龙江　教育改革　教育治理体系　优质教育资源

习近平总书记在党的十九大报告中指出，要"努力让每个孩子都能享有公平而有质量的教育"。从"广覆盖"迈向"有质量"的教育事业，既是回应百姓期待，也是社会主义现代化强国建设的必然要求。"十二五"时期，黑龙江省教育事业改革成就显著，满足经济社会发展和人民群众对良好教育需求的能力进一步提高。进入"十三五"时期，黑龙江省教育发展继续主动服务"四个全面"战略布局，围绕黑龙江省委、省政府谋划的"五大规划"、对接国家"一带一路"战略和"十大重点产业"，立德树人、瞄准质量、促进公平，持续深化综合

---

* 刘明明，黑龙江省社会科学院社会学研究所助理研究员，研究方向为应用社会学。

改革，推进依法治教，实现了"十三五"时期的良好开局，为黑龙江省决胜全面小康和全面振兴发展的宏伟目标持续提供强有力的人才支持和智力支撑。

一 黑龙江省教育事业的发展现状

黑龙江地处祖国东北边陲，是国家重要老工业基地、农业大省、资源大省，也是对俄合作重要前沿省份。多年来，黑龙江省委、省政府高度重视教育，坚持把教育摆在优先发展的战略位置，作为强省富省的战略工程、造福人民的民生工程，并做出系列重大决策部署，着力推进教育改革发展。"十年之计莫如树木，终身之计莫如树人"。"十二五"时期，黑龙江省全面贯彻《国家中长期教育改革和发展规划纲要（2010~2020年）》所提出的"优先发展、育人为本、改革创新、促进公平、提高质量"方针，教育事业改革成就显著，满足经济社会发展和人民群众对良好教育需求的能力进一步提高，为"十三五"时期教育事业的开局和发展奠定了坚实的基础。

截至2016年，全省有义务教育阶段学校3430所，小学教学点1522所（不计校数），在校生234.33万人（寄宿生21.12万人），专任教师20.25万人。幼儿园5720所（公办园1567所），在园幼儿（含附设幼儿班）52.81万人（公办园21.68万人），幼儿园专任教师共3.42万人。特殊教育学校73所，在校生7814人，专任教师1926人。高中阶段教育学校651所（不含技工校），在校生77.27万人，专任教师6.40万人。普通高等学校81所，其中部委属3所，地方属78所，普通本专科在校生73.59万人，专任教师4.68万人。研究生培养单位27所，在学研究生6.36万人，研究生指导教师1.28万人。

全省学前教育三年毛入园率达到77.92%，提前实现教育规划纲要目标；九年义务教育全面普及，巩固率达到99.36%，学校标准化率显著提高；现代职业教育体系框架基本确立，高中阶段毛入学率90.06%，为高水平普及高中阶段教育奠定良好基础；高等教育毛入学率达到50.03%，迈入高等教育普及化初级发展阶段；继续教育持续发展，覆盖人的不同发展阶段和满足社会不同群体需求的终身教育体系初步形成。

二 黑龙江省教育事业改革的举措

按照中央关于全面深化改革的总体部署,依据教育部的总体安排,黑龙江省委深改组将教育事业的8个方面31项具体改革任务纳入省委改革规划统筹推进实施。在总体把握上,黑龙江省坚持以立德树人为根本任务,以促进公平为基本要求,以优化结构为主攻方向,深度聚焦人才培养体制、考试招生制度、办学体制、管理体制和保障机制等重点领域和关键环节,努力转变教育发展方式,深入推进教育领域综合改革,全力推动教育事业优质、公平、科学发展。在政策保障上,黑龙江先后出台了《深化教育领域综合改革指导意见》《深化考试招生制度改革实施方案》《高教强省二期建设规划》《关于加快发展现代职业教育的实施意见》《黑龙江省统筹推进一流大学和一流学科建设实施方案》和《关于统筹推进县域内城乡义务教育一体化发展的实施意见》,还拟订了《教育脱贫攻坚实施意见》等指导性文件,改革的总体框架和制度体系初步形成。

(一)围绕优化配置教育资源抓改革,有效提升人民群众教育获得感和幸福感

当前,黑龙江省经济发展下行压力较大,城镇化进程较快,教育基础还较为薄弱,教育事业重点在补齐短板、夯实基础上下大力气,多谋民生之利、多解民生之忧。

一是深入推进城乡义务教育资源均衡配置。将更多精力和资源集中到补齐短板、抬高底部上,着力促进教育公平,提升教育整体发展水平。2015年以来,超常规推进义务教育均衡发展,克服财力困难、时限紧张等问题,采取省政府面对面与市县政府"对标""对表"等方式,逐县明确问题任务清单,开发启用网络台账,指导学校布局调整,省财政专门投入2亿元,建立了奖补机制,2016年,黑龙江省33个县区通过国家验收,取得突破性进展。

二是加大县级以下教师补充交流力度。黑龙江省出台《关于推进县(区)域内义务教育学校校长教师交流工作的意见》和《乡村教师支持计划(2015~2020年)实施办法》,多数地区以"学区制管理""强校带弱校""名师下乡"

"支教"等形式开展校长教师交流,交流比例已超过省里规定的10%标准。深入实施"特岗计划",实施范围扩大到全省所有县。省级财政拨付专项资金5640万元对11个集中连片特困县24594名乡镇教师实施生活补助政策。

三是扩大普惠性学前教育和特殊教育资源。实施两期学前三年行动计划,新建、改扩建公办幼儿园1424所,集中开展无证幼儿园专项整治,促进学前教育科学规范健康发展,有效缓解了"入园难"问题,全省普惠性幼儿园比例达到75%。完成了第二批20所特殊教育学校标准化建设任务,推进残疾儿童随班就读和"医教结合、综合康复"实验工作。

四是健全了覆盖全部教育学段的学生资助体系。奖、贷、助、补、减、免以及高校新生绿色通道等政策逐步完善,家庭经济困难学生资助实现了"全覆盖",保证了每一名家庭经济困难学生安心入学就学。黑龙江省率先在国家级贫困地区和集中连片特困地区义务教育学生中全面实施营养改善计划,20个贫困县41万名义务教育学生全部受益。解决了15.82万名农业转移人口随迁子女接受义务教育问题。留守儿童入学率达100%。适龄视力、听力和智力残疾儿童少年入学率达90%以上,入学机会公平、受教育权利得到更好保障。

(二)瞄准服务抓改革,为振兴发展提供智力支撑和人才保障

近年来,全省教育工作准确把握经济发展新常态,主动适应经济社会发展对教育提出的新要求,为经济转型升级提供新动力。

1. 不断深化高等教育综合改革

积极引导地方本科高校转型发展,深入实施两期高教强省建设规划,"1161"工程和特色优势学科建设成效显著。黑龙江省研究制定《统筹推进一流大学和一流学科建设实施方案》,提交省委深改组审议,对黑龙江省"双一流"建设做出总体安排和部署。启动产学研联合培养研究生和中外联合培养研究生改革试点,开展了中医拔尖创新人才培养模式和五年制中医学人才培养模式改革,3所高校入选国家农林人才培养模式改革试点。

2. 建立完善现代职业教育体系

建立了全省职业教育工作联席会议制度和生均经费保障机制,省部共建现

代农村职业教育试验区第一阶段工作已圆满完成。启动了现代学徒制试点，中高职衔接贯通培养试点范围扩大到 19 所高职学院、120 余所中职学校，优化了中等职业教育布局结构，初步形成了县域职业教育培训网络体系。

3. 深化大学生创新创业工作

2015 年，省政府出台大学生创新创业若干意见 30 条，创业基础课程实现全省普及，建立了创新创业学分积累与转换制度，允许在校本科生休学创业学籍最多可保留 8 年，成立全国首家大学生创业贷款担保公司，建成创业基地或孵化场所 191 个，大学生创业人数达到 11614 人，注册企业 939 家，高校毕业生就业率连续 15 年高于全国平均水平，留省学生就业率稳步提升，吸引留住一批优秀人才扎根龙江。

4. 深化教育国际交流合作

主动对接服务"一带一路"战略，搭建高水平对俄交流合作平台，省政府与圣彼得堡国立大学签订了合作备忘录，并积极推进建成 5 个中俄联合研究中心；3 个中俄大学联盟广泛开展活动；哈尔滨师范大学与莫斯科国立苏里科夫美术学院合作建立中俄美术学院；引进圣彼得堡国立音乐学院优质教育资源，建成哈尔滨音乐学院，填补了黑龙江省本科艺术院校设置的空白。设立了黑龙江省来华留学政府奖学金。建立了 7 所孔子学院、22 所孔子课堂，招收各类学员 75203 人。

（三）聚焦热点难点问题抓改革，准确回应人民群众的教育期盼

坚持把办好人民满意教育作为教育改革的出发点，着力破解体制机制障碍，努力解决深层次矛盾。

1. 深化考试招生制度改革

黑龙江省政府出台了改革的总体方案及普通高中学业水平考试、综合素质评价实施办法、减少和规范中高考加分项目和分值的指导意见等系列配套文件。继续推进面向贫困地区定向招生专项计划和支援中西部地区招生协作计划，深入实施省属重点高校面向全省贫困地区农村学生招生专项计划。继续实施中高职衔接五年贯通培养和拔尖技能人才免试推荐升学试点工作。改

革高考招生录取方式，普通高校各批次招生全部实行平行志愿，从严规范招生宣传录取行为，彻底实现了"零点招"，维护了招生考试公平公正。

2. 制定专项规划治理"大班额"

出台小升初免试就近入学指导意见，推行"阳光分班"，推动优质普通高中招生名额合理分配到区域内的初中，为"择校热"降了温。

3. 进一步规范办学行为

尊重教育规律、顺应群众呼声、转变教育观念，黑龙江2014年以省委省政府名义出台《规范普通中小学办学行为若干意见》，集中开展专项治理，公办学校违规补课问题得到有效遏制。

4. 扎实推进巡视整改落实到位

举一反三，集中开展重点领域和关键部门的廉政风险排查，先后开展了落实"三重一大"制度、干部选拔任用以及高校与社会中介机构合作招生、"订单培养"和"假发票"等专项治理，消除了潜在风险，教书育人环境不断净化。

（四）坚持以管理体制改革为保障，构建适应教育现代化发展要求的教育体制机制

按照全省改革部署的要求，持续深入推进教育行政领域管办评分离，努力形成政事分开、权责明确、统筹协调、管理有序的教育管理体制。

1. 积极转变职能，大力简政放权

取消一批评审评估和表彰奖励项目，省教育厅机关行政权力精简比例达到70.86%。推进"放管服"改革，研究制定《关于深化高等教育领域简政放权放管结合优化服务改革的实施意见》。推进省属高校岗位设置权限和中小学教师高级职务评审权下放工作。推进依法行政，统一规范了教育系统行政权力清单，有关执法事项100%建立了"双随机、一公开"检查机制。

2. 完成了省属本科高校章程制定、核准与发布工作

全省市、县两级均成立了政府教育督导委员会及日常办事机构，配备了专、兼职督学队伍，全面建立了督学责任区，责任督学挂牌督导在全省中小学校实现了全覆盖。

3. 着力构建完善教育保障机制

历史性实现了生均公用经费财政拨款普通高中不低于1600元、公办中等职业学校不低于3000元、公办高职院校不低于12000元、特殊教育不低于6000元的教育经费保障标准，公办本科高校生均预算内教育事业费达到1.7万元。

4. 探索推进省属高校基建项目代建制

建立"管理专业化、行为规范化"的建设管理模式和运行机制。大力推进省属高校供热并网工作，并对暂时不能并网供热仍需购置煤炭的高校，全部通过政府招标采购方式完成了供热用煤采购工作。

5. 妥善处理突发事件和重大舆情

面对社会转型期各类矛盾集聚爆发的复杂局面，黑龙江稳控化解了一系列突发事件和重大舆情，有力维护了社会稳定。

三 推进黑龙江省教育事业的思考

努力办好人民满意的教育是教育事业发展的出发点和落脚点，面对上述问题与挑战，笔者给出了如下针对性的推进建议。

（一）多元共享下的教育资源供给改革

破解黑龙江省目前的优质教育资源与人民教育需求的矛盾问题，需要从资源共建机制、资源优化配置、资源长效共享，保障共建共享有序推进等方面着力推进。基于现状和各种要素，结合黑龙江省实际，笔者建议从以下三个方面率先发力。

1. 教育投资主体多元化

一些省市的试点经验表明，教育资源供给主体的多元化是丰富教育资源的有效途径。针对不同阶段的教育公共属性引入市场机制，在政府履行义务教育资源供给主体责任的基础上，进一步完善非义务教育阶段的成本分担机制，改进服务方式，引导社会资源进入教育领域，形成政府与市场两种方式优势互补的资源供给机制；通过政府监督和有限的市场运作，理顺过去教育领域完全由政府"承包"所产生的种种问题,已有经验提醒我们,市场机制运转过程中会出现一些负面问题,如规模盲目扩张、乱收费、"赞助费"、不公平感激增等。对于这些改革进程中所出现的问题,教育主管部门需要做好"裁判员"的工作,采取相应的措施来加以避免。

2.扩大优质教育资源覆盖面

建议通过区域间结对、学校间结群的方式,以"大学区管理制"为抓手,城市校带动农村校,资源占优校带动其他校,促进学校间的交流帮扶与资源互动。利用信息化手段,通过基于大学区优质资源平台的教学研究讨论和教师的校际交流,推动教育均衡发展;实行软硬件设施共享,如优秀教师大学区内交流与教育资源的共建共用,提升成员校对数字化教育资源的使用技能;通过学校之间的结对帮扶,优质资源校的教育资源向资源薄弱校流动,打破名校对优质教育资源的垄断,促使教育资源配置均衡化。

3.推进优质教育资源的深化应用

建议在大学区内推动"同步课堂""知识点课堂""网络协助"等应用方式的开展,促进资源在学校间快速流动;深入推广"一师一优课"和"一课一名师"等活动,动员区域内各学科优秀教师发挥创新创优能力,参与优质教育资源的共建共享;推进"名校网络课堂"的载体建设,从而使名师名课发挥最大效用,实现优质带动,生成更多优质教学微课程,推动优质教育资源的共享,使区域内更多师生受益。

(二)加快高教改革支撑创新驱动发展

黑龙江省在推进产学研深度融合服务创新驱动发展方面具有诸多优势,如拥有丰富的教育和科技资源,高校和科研院所聚集着大批优秀人才,沉淀着大量有转化价值的科研成果,科技资源供给和产业需求紧密结合将释放出巨大的创新潜力。针对现有问题,笔者建议从深化改革、强化激励和专项推进三方面着力展开。

1.深化改革

建议尽早开展科技成果产出单位成果处置权管理改革,科技成果的知识产权由承担单位依法依规获得,赋予产出主体自主处置权;深化省属科研院所聘任制改革，率先将自然科学人员、农业技术人员和实验技术人员系列的专业技术职称评审权下放给省属科研机构；改革省属院校和科研院所的科研人员评价和奖励制度，转变以论文、著作和立项等级为主的评价规则，将科技研发和成果转化作为职称评定的重要依据之一，引导科研人员深入基层或企业开展创新创业活动，加速科研成果落地。

2. 强化激励

建议教育主管部门和科研院所主管单位抓紧调研，尽早出台《黑龙江省科技成果转化及其股权激励暂行实施细则》。科技成果作为无形资产投入企业形成股权时，职务发明人或发明团队有权获得相应股份；鼓励高等院校和科研院所内拥有科技成果的人员依规创办科技型企业，并依智力供给分配企业股权；政府财政可按照科技人员现金出资额度的20%，择优进行股权投资配套支持，股权退出时优先回购给创业团队；督促教育科研主体单位落实《关于加强高等学校科技成果转移转化工作的若干意见》，支持高等院校和非国防科研院所的科技人员离岗创业，人员所在单位在一定期限内保留其原有身份和技术职称。

3. 专项推进

首先，由科技、教育等主管部门牵头，联合高校和科研院所，在相关产业集群地区建设面向针对地区产业集群的技术创新载体，并以优惠条件吸纳中小企业加入，鼓励支持有条件的科研创新主体与企业共建产业技术研发创新战略联盟；其次，由科研、教育、工信等主管部门牵头，联合高校和科研院所，根据相关产业的国内外市场变化情况，开展面向产业的技术咨询和诊断专项行动，动员科技人员到急需技术帮助的企业联合开展技术攻关；再次，鼓励非国防省属科研机构科研人员创办或技术入股科技型企业，支持省属科研院所所属成果转化型企业股份制改造。

（三）转向善治的教育治理体系实现现代化

黑龙江省教育治理体系的现代化处于发展进程中，面对诸多挑战和制约，建议从以下四个方面整合教育治理体系的发展路径。

1. 进一步处理好政府、学校与非政府组织之间的张力问题

教育现代化要求学校与政府的关系保持适度分离，建议政府作为监管核

心主体从宏观上把握教育事业的目标与方向，对学校和与教育相关的非政府组织予以指导、服务和监督，将学校和非政府组织能够自我管理的事务逐步放开，为其自主成长与发展腾出空间；引导非政府组织作为第三方参与教育治理，充分发挥其在参与教育评估、承接政府的部分转移职能以及购买服务客体上的作用，逐步提高非政府组织参与教育治理的能力。

2.进一步处理好政府、学校和非政府组织的共生关系

积极构建不同治理主体在教育治理体系中的共生关系。政府为学校提供基本财力支持，指导并监督学校的教育活动；学校提供知识供给，并发挥专业技能优势。政府为非政府组织搭建成长平台，完善规范非政府组织发展的法律体系，指导、监督、资助非政府组织的教育治理行动；非政府组织承接政府让渡的部分管理权限，承接政府为学校提供的政府购买教育服务。非政府组织为学校的发展提供延伸服务，并与学校合作提高教育供给的能力；学校为非政府组织的作用发挥提供场域，为非政府组织参与教育治理能力的提升提供落地保障。

3.推进政府的教育行政职能由管控型向服务型转变

建议教育管理加快由微观层面向宏观层面的转向，主要精力投入教育发展与规划及教育资源合理流动，将微观具体的部分管理权让渡给学校及非政府组织；教育治理的手段由指令性向指导性转变，指导学校教育的规范发展和非政府组织教育服务的有效供给；弥补学校和非政府组织无力承接或不能有效发挥作用的领域，实现不同治理主体在教育公共事务上的协同合作。

4.促进教育治理的制度变迁

当前，黑龙江省教育治理体系面临着制度供给不足的困境，需要通过推动教育制度的现代化变迁，为教育治理的善治提供法制保障。建议在相关的教育法规条例中彰显多元教育治理主体的法律地位，激发各治理主体参与教育公共事务的主动性与独立性；以实施细则的形式明确各类治理主体的参与方式和参与途径，保障教育治理进程的和谐有序；进一步明确教育治理主体的治理范围、治理责任，促进教育治理主体责任的法制化。

B.12
黑龙江省医疗卫生事业发展报告

盛昕 金红兵*

摘　要： 2017年是贯彻落实全国卫生与健康大会精神和实施"十三五"深化医药卫生体制改革规划的重要一年，是形成较为系统的基本医疗卫生制度框架、完成医改阶段性目标任务的关键一年。黑龙江省不断提高基层卫生计生服务能力、服务质量、服务数量，在公立医院综合改革、积极完善分级诊疗体系建设、稳步推进全民医保体系建设和健康扶贫工作等方面取得显著成效，颁布了多项卫生计生工作改革发展相关政策和文件。黑龙江省全民医保的制度框架虽然已经成形，但还不成熟，在实际操作中尚存在许多问题和挑战：一方面，人民群众希望拥有更可靠的社会保障，更高水平、更高质量、更加公平、更加便捷的医疗卫生服务。另一方面，医保领域的不平衡不充分问题较为突出。不同地区、不同制度之间的保障水平仍然存在差距。其间存在的问题包括医疗资源配置不均衡，医疗服务利用的质量和效益不高；多层次医疗保障体系不健全、需要完善等。今后一个时期，着力解决黑龙江省医保领域存在的不平衡不充分问题，更好地满足人民群众对医疗保障的期盼，将成为改革发展需要应对的主要问题。

关键词： 黑龙江　卫生计生工作　改革与发展

---

* 盛昕，黑龙江省社会科学院社会学研究所研究员，研究方向为城市社会学；金红兵，黑龙江省卫生和计划生育委员会医疗卫生改革处处长。

一 黑龙江省卫生计生工作的新成效

2017年黑龙江省卫生计生工作在公立医院综合改革、积极完善分级诊疗体系建设、稳步推进全民医保体系建设和健康扶贫工作等方面取得显著成效。

（一）全民医保体系建设和健康扶贫工作稳步推进

（1）完成城乡居民基本医保制度整合。进一步完善大病保险制度，提高对贫困人口支付的精准性。将各级财政补助标准提高到每人每年450元，个人缴费最低标准提高到每人每年180元。

（2）推行多元复合型医保支付方式。全面推行按病种付费为主的多元复合型医保支付方式，鼓励有条件的地区开展分级诊疗付费试点。6个公立医院综合改革试点市（地）已全部实行按病种付费，其中5个市（地）按病种付费病种数超过100个。

（3）异地就医住院费用直接结算。全省16个市级统筹区中，14个实现省内异地就医直接结算。推进了跨省异地就医住院费用直接结算，全省13个市级统筹区开通跨省异地就医直接结算，接入国家异地就医结算系统定点医疗机构98所，通过国家异地就医结算系统共结算26笔费用。

（4）进一步加强医疗救助与大病保险有效衔接。通过降低大病保险起付线、提高困难群众在合规范围内的救助比例和封顶线、扩大医疗救助对象范围，实现了医疗救助与大病保险的有效衔接。截至2017年6月，共实施医疗救助201.48万人次，总支出68887.19万元。全省疾病应急救助基金累计达到8071万元。其中：省财政配套资金1529万元，各市配套资金688万元。2014年以来，累计为4944名患者核销医疗费用2000万元。

（5）推进医疗卫生与养老服务相结合。继续推动哈尔滨市、齐齐哈尔市、伊春市三个国家级医养结合试点工作，积极探索医养结合模式和运行机制。在大兴安岭地区继续开展国家养老照护项目试点工作，通过建立完善老年人管理体制和服务网络、开辟就医绿色通道、设立医务室、开展上门巡诊等综合措施，推动医疗护理与养老服务无缝对接、有机结合。截至目前，全省有272个社区卫生服务中心与466个养老机构、176个社区卫生服务中心与225个社区日间照料机构签订了服务协议。有63个养老机构内设了医疗机构，有35个二级以上医院进驻63个养老机构，有17个医院主办养老机构，有180个医院与458个养老机构签订服务协议。

（二）全面推开公立医院综合改革

（1）全部取消药品加成。推动落实公立医院投入责任和补偿政策，调整理顺医疗服务价格，衔接医保政策，建立现代医院管理制度。以公立医院综合改革示范城市和示范县为重点，带动全省医改进程。

（2）落实各项控费措施。控制公立医院医疗费用不合理增长，将全省费用增幅控制在9.28%以内。

（3）扩大临床路径覆盖面。在全部三级公立医院和80%以上的二级公立医院开展临床路径管理，各地市实施临床路径管理的病例数达到公立医院出院病例数的30%以上。

（三）加快推进分级诊疗制度建设

（1）分级诊疗在地市推开。将分级诊疗试点扩大到所有地市。每个县（市）建立1个医联体，每个地市建成1个有明显成效的医联体。

（2）推进家庭医生签约服务。以医联体为支撑，加快推进家庭医生签约服务，全省121个县（市、区、管局）的6137个基层医疗卫生机构推行了家庭医生签约模式，共组建家庭医生团队7344个，签约居民733万人，签约率达到20%，其中重点人群签约率达到41.8%、贫困人口签约率达到48%。

（3）启动社区卫生人才补充计划。利用3年时间招聘1500名规范化培训的住院医生，助力家庭医生签约服务。

（4）实现28个贫困县县医院远程医疗全覆盖，实施"基层中医药服务能力提升工程'十三五'行动计划"。

（四）流动人口（含农民工）健康服务进一步完善

2017年流动人口工作从创新卫生计生服务管理机制入手，以提高流动人口健康水平为核心，推动流动人口卫生计生各项重点工作的落实。

（1）开展流动人口健康教育和促进场所创建工作。以点带面，开展全省流动人口健康教育和促进场所创建工作，推进流动人口健康教育进企业、进学校、进家庭活动。现已创建流动人口健康教育示范企业2个、示范学校5所、健康示范家庭27个，完成全年计划指标半数以上。

（2）完成了流动人口卫生计生动态监测调查工作。2017年全省流动人口动态监测调查有32个县（市、区）、4个农垦管理局、1个森工管理局参加，共计200个抽样点，4000份个人问卷、195份社区问卷。现已完成入户调查、数据录入、在线审查、电话回访、督察指导和数据上报等工作。

（3）开展流动人口信息采集和清理工作。通过国家PADIS平台完成2017年上半年全员流动人口数据统计、跨省流动人口个案及流动人口结构分析表上报。截至目前，全省流动人口总量为2125867人，其中流出人口1448135人，流入人口677732人（含跨省流入116050人）。核查国家卫计委发来的跨省流动人口个案信息1486286条，对重复个案、信息缺失个案、数据不规范个案进行了清理。

（4）发放《人口流动健康同行国家基本公共卫生服务和计划生育服务指南》宣传读本600本，各地共举办健康讲座200余次、留守儿童心理辅导1200余人次。

（五）妇幼卫生保健水平持续提高

（1）积极创建国家级儿童早期发展示范基地，积极开展省级儿童早期发展示范基地的创建工作。组织专家制定了黑龙江省省级儿童早期发展示范基地创建标准，以省保健院大成街院区作为省级儿童早期发展基地示范样板，推动全省各地积极开展省级儿童早期发展基地建设，创建省级儿童早期发展基地。

（2）做好国家贫困地区儿童营养改善项目。黑龙江省于2015年4月启动了贫困地区儿童营养改善项目，齐齐哈尔市、大庆市及绥化市的部分县为项目县，项目县由最初8个扩展为12个，项目覆盖人数从1.4万扩大到3万，营养包有效服用率达到100%，12个项目县累计发放营养包使用手册和婴幼儿喂养指导手册3万本、婴幼儿辅食添加指南宣传单1200张。

（3）做好5岁以下儿童死亡监测工作。主要监测指标为新生儿死亡率、婴儿死亡率和5岁以下儿童死亡率。黑龙江省22个国家监测地区监测5岁以下儿童死亡情况，针对原因找出儿童死亡的相关因素，为卫生行政部门采取降低儿童死亡率措施提供科学依据。由于黑龙江省采取了新生儿复苏适宜技术培训、新生儿死亡评审等一系列行之有效的干预措施，黑龙江省的新生儿死亡率、婴儿死亡率和5岁以下儿童死亡率呈现明显的下降趋势，黑龙江省5岁以下儿童死亡率已降至8.50‰，婴儿死亡率已降至7.20‰，新生儿死亡率已降至5.04‰，多年来首次低于国家平均水平。

（4）做好新生儿复苏项目。新生儿复苏项目作为儿童保健工作的适宜技术，通过每年举办逐级培训以及新生儿复苏网上培训等多种方式，使黑龙江省新生儿的死亡率明显降低。目前已培训省级师资三十余人、新生儿医生280余人，全面提高了黑龙江省新生儿复苏抢救水平，提升了救治能力。

（5）完成重大公共卫生服务项目。实施农村孕产妇住院分娩补助、增补叶酸预防神经管缺陷及农村妇女两癌检查项目，截至目前，为3.5万农村孕产妇提供了住院分娩补助；完成6万农村妇女宫颈癌筛查和3.1万农村妇女乳腺癌筛查，检出宫颈低级别病变4例、高级别病变及以上9例，随访9例，治疗8例；乳腺癌检查检出浸润性导管癌4例、其他恶性肿瘤1例，随访5例，治疗5例；为4.3万准备怀孕的农村妇女增补了叶酸预防神经管缺陷筛查。

（6）完成预防艾滋病、梅毒、乙肝母婴传播项目。截至10月30日，住院分娩产妇中，检查发现HIV抗体阳性产妇5例，其中2例未用药，2例孕期用药，随访中；梅毒感染产妇365例，未用药数150例，一次规范治疗170例，两次规范治疗149例，有15例治疗了三个疗程；新生儿诊断先天性梅毒5例，其余继续随访待诊断。

二 黑龙江省卫生计生政策导向

回顾2017年已经发布的相关政策，涉及公立医院综合改革、医药流通整治、支付方式改革三方面内容。据不完全统计，截至目前，省级主管部门陆续颁布了多项医疗卫生事业改革发展相关政策和文件。省医改领导小组印发了《黑龙江省"十三五"深化医药卫生体制改革规划》，对全省"十三五"期间深化医改工作进行了总体规划布局。

（1）全面部署医疗服务价格改革。以支付为杠杆，广泛参与到公立医院综合改革当中，强调"三医联动"，按病种付费、按人头付费等支付方式改革有序推进，医保在医疗改革方面的作用和影响力凸显。这也是医保方向性政策的主基调。坚持调放结合、政策联动，全面部署医疗服务价格改革。印发了《新增公立医院综合改革试点城市改前工作安排》、《关于全面推开公立医院综合改革的通知》和《全面推开城市公立医院医疗服务价格改革的指导意见》，印发了《黑龙江省推进医疗服务价格改革实施方案》等系列文件。

（2）明确推进医疗联合体建设的工作方案。在2015年全面推开医联体建设的基础上，重点针对医联体紧密程度不够、"联体不连心"等问题，围绕国家推荐的四种医联体模式，分析研究了山西省、上海市静安区、深圳市罗湖区、安徽省天长市等地医联体建设经验，于6月30日印发了《黑龙江省人民政府办公厅关于推进医疗联合体建设和发展的实施意见》。

（3）整合城乡居民基本医疗保险制度。医疗行业本身是政策导向明显、结构固化的行业，系列改革将充分发挥顶层设计的主导优势，同时调动社会资源力量，为居民提供层次丰富、结构合理的医药医疗服务供给。整合城乡居民基本医疗保险制度，实现"六统一"，省、市、县三级新农合行政管理职能与经办机构统一由卫生计生部门移交各级人社部门管理。印发了《关于建立城乡居民基本医疗保险制度的指导意见》，基本完成全省统一的城乡居民医疗保险系统初期建设工作。印发了《黑龙江省医疗保险省内异地就医直接结算管理办法》，全省16个市级统筹区中，14个实现省内异地就医直接结算。推进了跨省异地就医住院费用直接结算，全省13个市级统筹区开通跨省异地就医直接结算，接入国家异地就医结算系统定点医疗机构98所。省民政厅等六部门联合印发了《关于进一步加强医疗救助与城乡居民大病保险有效衔接的通知》，通过降低大病保险起付线、提高困难群众在合规范围内的救助比例和封顶线、扩大医疗救助对象范围，实现了医疗救助与大病保险的有效衔接。

（4）完善健康扶贫政策。完善了医保倾斜政策，起草了《关于切实提高建档立卡贫困人口医疗保障救助水平的实施方案》，出台《黑龙江省农村贫困住院患者县域内先诊疗后付费结算机制工作方案》，加强了贫困地区医疗卫生机构基础建设，健全了对口帮扶脱贫相关方案，形成了三级联动的帮扶模式，制定了《黑龙江省残疾人精准康复服务行动实施方案（2016~2020年）》，在9个市（地）建立专家技术指导组，61个县（市、区）建立工作队，75个县（市、区）确定定点服务机构。

（5）进一步健全药品供应保障机制。一是研究制定了《黑龙江省关于进一步改革完善药品生产、流通、使用政策的实施意见》。二是制定了《全省新一轮集中采购招标中标药品价格联动调整办法》《全省医疗卫生机构采购备案药品管理办法》等制度性文件，完善了全省药品集中采购制度。印发了《关于深入推进同级医疗卫生机构检验结果互认实行检验检测试剂采购两票制的通知（试行）》，在首批参加检验结果互认的112家试点医疗机构率先实行了检验检测试剂采购两票制。印发了《公立医疗机构药品采购"两票制"实施方案》。"营改增+两票制+流通整治"，有助于打击医药流通中存在的过票倒票等灰色行为，从而提升了行业的透明度，鼓励了创新。

（6）统筹推进其他相关改革。积极落实《关于促进黑龙江省社会办医加快发展的若干措施》和《实施意见》，消除社会办医各种限制措施，推动社会办医快速发展。着手研究制定落实《国务院办公厅关于支持社会力量提供多层次多样化医疗服务的意见》的具体措施，启动实施2017年全科医生转岗培训、农村订单定向医学生免费培养和住院医师规范化培训工作。完成23家西医及中医类别第二批新增国家级住培基地申报、审核、认定工作，起草了《黑龙江省助理全科医生培训实施办法》。省政府办公厅出台了《关于推进医疗卫生与养老服务相结合实施意见》，积极探索医养结合模式和运行机制。

三 关于黑龙江省卫生计生工作的几点思考

2017年，黑龙江省在分级诊疗试点、公立医院综合改革等工作上取得显著成效，全省人民的疾病医疗后顾之忧大幅度减轻，这一巨大成就得到了广大人民的高度认可。然而，全民医保的制度框架虽然已经成形，但还不成熟，卫生计生领域面临不少问题。一方面，人民群众希望拥有更可靠的社会保障，更高水平、更高质量、更加公平、更加便捷的医疗卫生服务；另一方面，卫生计生领域的不平衡不充分问题较为突出。比如不同地区、不同制度之间的保障水平仍然存在差距；医疗资源配置不均衡，医疗服务利用的质量和效益不高；多层次医疗保障体系不健全需要完善等等。今后一个时期，着力解决医疗卫生领域存在的不平衡不充分问题，更好地满足人民群众对医疗保障的期盼，将成为改革发展需要应对的主要问题。

（一）问题和挑战

1. 有普惠性而公平性依然不足

最突出的问题，一是医联体的建立是以大医院为主体的，而大医院的初衷多是抢地盘；二是绝大部分地区的医保没有对医联体实施打包付费方式，医联体内的医疗机构没有动力节约成本，大医院依然有动力抢夺基层医疗机构的病人。在这种背景下，一些地区医联体的构建反而更不利于分级诊疗的推进。

2. 基层服务能力薄弱的问题依然没有根本解决

据不完全统计，社区卫生服务中心执业医师不足应有编制的30%，乡镇卫生院执业医师只占应有医师数量的66%。其中有医务人员技术能力较弱的问题，但更为突出的是，由于薪酬制度不合理，现有医务人员的积极性没有被充分调动起来，外部人员也吸引不进来。同时，鼓励大医院对基层进行支持也面临挑战：一方面，很多大医院业务负荷较大，腾不出人手对基层进行支持；另一方面，在实际操作中，很多专科医生虽然具有较高的专业技术，但做不了全科医生的工作，导致在实际工作中很多大医院的专科医生"下不去"，或者即使下去也面临"不适应"的问题。再加上医保报销、药品配备等因素的影响，基层利用率依然不是很高。

3. 信息有效利用依然不足

当前的信息化建设在促进分级诊疗中还存在着信息有效利用依然不足的问题。当前各地普遍建立的居民健康档案和电子病历，尚未实现有效互联互通，没能为转诊提供良好的信息基础。另外，信息化在提升基层服务能力中的作用尚未充分发挥，利用可穿戴设备等信息化技术进行健康管理的有效模式还没有建立。同时，通过远程医疗，对基层进行技术支持，减少病人上转的成效还很有限。

4. 医保支付方式改革面临深层次的挑战

通过医保支付方式改革改变医疗机构行为的努力还面临着不少深层次的挑战。一方面，目前多数地区对基层机构的整体补偿不足，财务管理过严，整体待遇水平过低，有限的支付方式改革，难以从根本上调动基层机构的积极性；另一方面，对医疗机构实施的支付方式改革，仍然面临一些基本的制度性挑战：一是尚未形成稳定的筹资机制，导致任何支付方式（包括价格改革）的不足都可能被放大；二是目前医保所购买的服务只是医疗机构所提供服务的一部分，医疗机构有足够的办法利用医保报销目录外的报销和诊疗手段谋求收益，这无疑会继续增大患者负担，推升医疗整体费用。事实上，从现有的地方实践看，有关改革探索尚未对大医院抢病人、提供过度服务形成有效制约，这无疑使分级诊疗的效果大打折扣。

当前影响改革发展的共同因素，包含以下四方面的内容。

一是理念问题。医疗服务消费中存在着较强的"就高不就低"现象，只要条件允许，患者一般会选择质量更好的服务。因此，人们形成看病唯大医院论的理念。无论大病小病,有条件的患者都会选择大医院就诊,加之长期形成的自由就诊习惯,导致分级诊疗在推进中得不到患者的理解和支持。

二是利益问题。在当前的筹资体系下,就诊量直接关系大医院和其中的医护人员的切身利益。分级诊疗的推进,意味着各个医疗机构的就诊量将会发生变化,既有的利益格局将会发生调整。出于对自身利益保护的考虑,在没有提供有效补偿的前提下,大医院推进分级诊疗的积极性将大打折扣。

三是管理体制的制约。当前我国医疗机构存在着各类管理主体,有些医疗机构由所在地的地方政府管理,有些医疗机构则隶属于中央部委、部队或企业。在由地方政府管理的医疗机构中,有些属于市级,有些属于区级,有些则由省里直接管理。这种碎片化的管理体制,阻碍了医疗资源的整合利用,不利于分级诊疗的推进。

四是资源分配问题。在资源依然相对稀缺的情况下,各医疗机构间在资源分配中存在竞争和冲突。一直以来,大医院在我国的医疗资源分配中占据优势地位。要推进分级诊疗,需要对既有的资源分配模式做出调整。这一过程必然伴随着矛盾、冲突和对抗,不是一蹴而就的[1]。

(二)对策建议

1. 不断完善分级诊疗制度建设

一是深化医联体建设。构建利益、责任、发展共同体,建立责、权、利明晰的区域协同服务模式,着力解决上下级医疗机构"断档"、缺乏利益和责任纽带、双向转诊不畅等问题。二是做实家庭医生签约服务。着眼"更多的百姓拥有自己的家庭医生",加大宣传推进力度,积极调动医生签约服务的积极性,不断完善签约服务内涵,提高签约服务水平和扩大覆盖面,增强签约服务吸引力。三是完善不同级别医疗机构的医保差异化支付政策。完善不同病种、不同级别医疗机构差别化服务收费和医保报销政策,适当拉开

---

[1] 冯文猛、葛延风:《地方分级诊疗实践中的问题》,澎湃新闻,2017年10月2日。

不同级别医疗机构的起付标准和报销比例差距，对符合规定的转诊住院患者可以连续计算起付线，适当提高基层医疗卫生机构的医保支付比例，引导患者养成小病到基层医疗卫生机构就诊的习惯。逐步减少公立医院常见病、多发病和慢性病等普通门诊服务，通过资源整合，提高医疗资源利用效率，使百姓获得优质服务，促进医联体得到进一步发展。重点发挥公立医院在医学科学、技术创新、人才培养等方面的引领带动作用，加快形成有利于公立医院体现公益性、落实好自身功能定位的内生机制，提高医疗服务体系的整体运行效率。

2. 提升基层医疗卫生机构服务能力

围绕解决基层服务能力薄弱的问题，一是从提升基层工作人员技术能力入手，多措并举。基层公立医院和医疗卫生机构服务功能的优化以及服务能力的提升必须依靠自身的不断努力，采用人员培养与人员引进相结合的方式，加大人才培养力度。二是在服务内容扩充方面，应该结合区域就医需求状况，加强临床专科建设，突出重点专科能力特色，结合目前慢性病流行和老龄化程度不断加深的趋势，将对老年人和慢性病的健康管理作为一项主要内容加以扩充。扩大和应用基层医疗卫生机构的适宜技术，为居民提供更便捷、更有效的基本医疗服务。三是鼓励大医院对基层进行支持，通过深入推进城市优质医疗资源下沉，加快建立健全"双下沉、两提升"的长效机制，加强业务指导和学科建设，带动基层医疗卫生机构整体不断发展并向周边辐射。四是探索多种合作办医模式，支持建立有资产纽带关系的合作办医，共建特色专科或专病中心，探索多层级医疗机构的纵向整合，积极培育资源纵向整合医疗集团或医疗联合体，形成发展共同体、利益共同体[①]。

3. 创新"互联网+分级诊疗"服务模式

充分借助大数据战略优势，坚持以信息化为引领，推进不同层级、不同类型医疗机构之间的信息共享和互通，推动区域间医疗协同服务，充分利用

---

① 马伟航等：《浙江省实施三位一体分级诊疗试点改革的实践及思考》，《中国医疗管理科学》2017年第1期。

现代网络信息技术大力建设远程医疗服务体系,并同步与国家和省外优质医疗资源实现互联互通,为群众提供便捷、优质、价廉的医疗服务。

充分利用"互联网+"技术,创新医疗服务模式,鼓励各级医疗机构与互联网企业合作建设功能化、多元化和个性化的预约转诊服务平台。探索"互联网+分级诊疗"的实现形式,充分发挥互联网信息在医疗服务中的同步能力及交流能力,进一步完善医生多点执业政策,探索医师执业的新模式,如医生自由执业等模式的有效实施路径,构建起跨区域、跨行业的医生协作团队,实现医疗资源的优化配置和对患者就医的科学引导。

B.13
黑龙江省人口发展状况分析与对策建议

罗丹丹*

摘　要： 2015年黑龙江省开展了全省1%人口抽样调查，调查结果显示，与2010年相比，黑龙江省人口发展呈现几个变化和特征：人口总量持续下降；劳动年龄人口不断减少，老龄人口不断增加；流出人口规模有所缩小，资源型城市人口流失严重；城镇化水平较高但进程相对缓慢。黑龙江省在人口发展进程中面临着很多的困难和挑战，要积极应对，促进人口与经济社会健康和谐发展。

关键词： 黑龙江　人口发展　人口流失

2015年全国开展了1%人口抽样调查，以了解自2010年以来中国人口在数量、结构、分布等方面的变化情况，更好地为国家经济社会发展提供科学准确的统计信息支持。根据国家要求，黑龙江省于2015年11月1日零时开始开展了全省的1%人口抽样调查，此次调查在黑龙江省抽取了2100个调查小区，共约52万人口，占黑龙江省常住总人口的1.36%。根据抽样调查的统计结果，我们可以分析出黑龙江省自2010年第六次人口普查以来人口发展的一些变化和特征。

---

* 罗丹丹，黑龙江省社会科学院社会学研究所助理研究员，研究方向为人口社会学、应用社会学。

一 黑龙江省人口发展状况

（一）人口总量持续下降

2015年黑龙江省1%人口抽样调查数据显示，截至2015年末，黑龙江省常住总人口为3812万人，比2010年第六次人口普查时人口净减少21.4万人；2016年末，黑龙江省常住总人口为3799.2万人，比2015年末减少12.8万人。从表1可以看出，2014年黑龙江省首次出现人口总量的减少，比前一年减少了2万人，黑龙江省人口总量净减少的进程要晚于吉林省和辽宁省。

表1 2010～2015年东北三省人口变动情况

单位：万人，‰

年份	总人口			出生率			死亡率		
	黑龙江	吉林	辽宁	黑龙江	吉林	辽宁	黑龙江	吉林	辽宁
2010	3833.4	2723.8	4251.7	7.35	7.91	8.8	5.83	5.88	10.9
2011	3834	2726.5	4255	6.99	6.53	7.4	5.92	5.51	7.1
2012	3834	2701.5	4244.8	7.3	5.73	8.1	6.03	5.37	9.4
2013	3835	2678.5	4238	6.86	5.36	7.6	6.08	5.04	8.1
2014	3833	2671.3	4244.2	7.37	6.62	9.0	6.46	6.22	7.1
2015	3812	2662.1	4229.7	6.00	5.87	7.0	6.6	5.53	7.8

资料来源：相关省份的统计年鉴。

人口总量的变化主要受人口自然变动和人口机械变动两方面的影响。人口自然变动是指出生和死亡所引起的人口数量的增减，如果出生人口多于死亡人口，人口就会增加，反之人口就会减少。人口机械变动是指人口的流入和流出所引起的人口数量变化，当流入大于流出时，人口就增加，反之人口就会减少。从黑龙江省人口自然变动来说，2010～2015年，黑龙江省人口自然增长为13.2万人；人口机械变动减少34.6万人，由此全省5年来的人口总量表现为净减少21.4万人，平均每年净减少4.3万人。

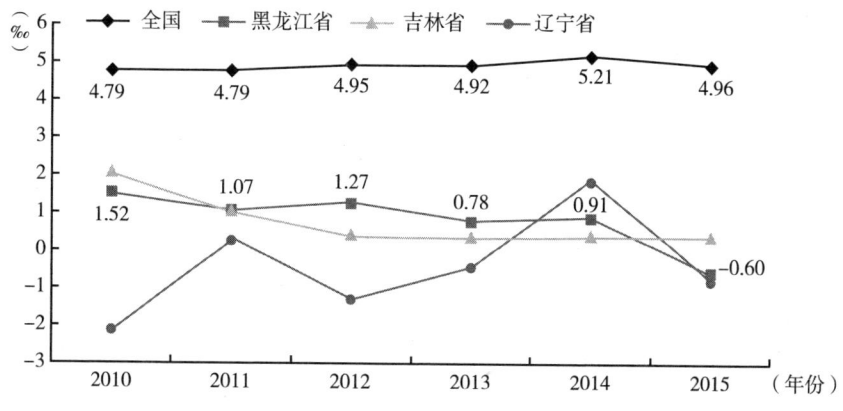

图1 2010~2015年东北三省与全国人口自然增长率比较

资料来源：全国与各省份统计年鉴。

从图1可以看出，东北三省的人口自然增长率都远远低于全国平均水平。统计数据显示，从近5年全国人口增幅来看，黑龙江、辽宁、吉林位列人口增幅最小的前三位，黑龙江省5年来全国人口增幅最小，仅为0.05%。从东北三省人口自然增长率比较来看，黑龙江省的人口自然增长率呈现稳步下降趋势，在2015年首次出现负增长，2016年黑龙江省人口自然增长率为-0.49‰，全省呈现出出生人口少于死亡人口的状况。2014年4月黑龙江省开始实行的"单独二孩"生育政策事实上并没有对全省面临的人口问题起到立竿见影的调节作用。

（二）劳动年龄人口不断减少，老龄人口不断增加

近年来，黑龙江省劳动年龄人口呈现不断减少的趋势，老龄人口比重大幅上升。2015年黑龙江省0~14岁人口数量为423.1万人，占总人口比重为11.1%，比2010年下降了0.6个百分点，2016年全省0~14岁人口比重为11.0%，比上年下降了0.1个百分点；15~59岁劳动年龄人口数量比2010年减少了41.4万人，占总人口比重下降了0.6个百分点；60岁及以上人口数量比2010年增加了46.5万人，比重上升了1.2个百分点，可以看出，黑龙江省人口老龄化日趋严重。据推测，到2020年黑龙江省60周岁及以上常住

老年人口将达到778.8万人，占总人口的比重为18.5%；失能、半失能的老年人口预计为97.4万人；约有80万的老年人口需要接受康复治疗。

表2　2010~2015年黑龙江省人口结构变化

单位：万人，%

年份	0~14岁		15~59岁		60岁及以上	
	数量	比重	数量	比重	数量	比重
2010	449.2	11.7	2751.4	71.8	632.4	16.5
2015	423.1	11.1	2710.0	71.2	678.9	17.7

资料来源：2016年黑龙江省统计年鉴。

从图2可以看出，从2010年到2015年，黑龙江省人口总抚养比上升了2.8个百分点，少年儿童抚养比下降0.8个百分点，而老年人口抚养比上升3.6个百分点。人口老龄化问题将是黑龙江省在今后所面临的最重大的社会问题之一。

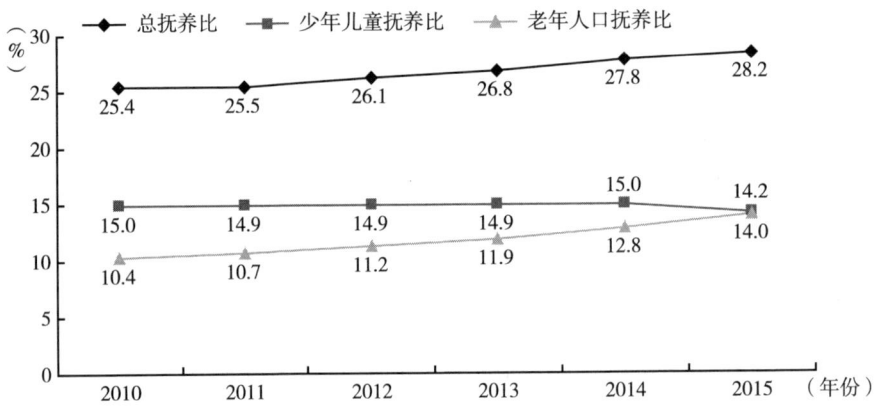

图2　黑龙江省人口抚养比变化情况

（三）流出人口规模有所缩小，资源型城市人口流失严重

2010~2015年的五年间，黑龙江省省际净流出人口为34.6万人，平均每年省际净流出人口为6.92万人，而2000~2010年的十年间，黑龙江省平均每年省际净流出人口为12.6万人，与之相比，近五年黑龙江省流出人口规模有缩小的趋势。

表3 2010年、2015年黑龙江省四煤城人口流动状况比较

单位：万人

年份	流入人口			流出人口			净流出
	省内跨市	省外	总计	省内跨市	省外	总计	
2010	22.4	9.2	31.6	14.8	32.7	47.5	15.9
2015	29.4	6	35.4	18.5	39.9	58.4	23.0

资料来源：2015年黑龙江省1%人口抽样调查数据。

2015年黑龙江省1%人口抽样调查显示，鸡西、鹤岗、双鸭山、七台河四大煤城人口流失现象明显。2010年四煤城流入人口31.6万人（省外流入人口9.2万人），流出人口47.5万人（其中流出到省外32.7万人），净流出人口为15.9万人。而2015年四煤城流入人口35.4万人（省外流入人口6.0万人），流出人口58.4万人（流出到省外39.9万人），净流出人口23.0万人。2010~2015年五年间，四煤城新增净流出人口7.1万人。

数据显示，2000~2010年十年间，四煤城人口总量保持稳定增长，年均增长0.37%，增速高于全省0.14%的年均增长水平。2010年以来，在经济和人口净流出的共同作用下，四煤城常住人口总量下降明显，年下降0.73%，年均降速明显快于全省0.11%的年均下降速度。

黑龙江省鸡西、鹤岗、双鸭山、七台河四煤城近五年来一直处于低生育水平，据推算，四煤城五年间自然增长人口仅为1.6万人，平均每年自然增长0.32万人，平均每个城市每年自然增长只有800人左右。这种极低的生育率水平以及大量人口外流对这些资源型城市的经济发展带来很大的不利影响。

（四）城镇化水平较高但进程相对缓慢

从历史上看，黑龙江省城镇化水平在全国一直处于比较高的位置，2010年在全国各省（区、市）的城镇化水平排序中，黑龙江省以55.7%的城镇化率居第八位。2015年黑龙江省城镇化率为58.8%，高于全国平均水平2.7个百分点，在全国的城镇化水平排序中，居第11位。在东北三省中，黑龙江省的城镇化率处于中间水平，低于辽宁省8.6个百分点，而高于吉林

省3.5个百分点。2016年黑龙江省城镇化率为59.2%，比上一年提高了0.4个百分点。

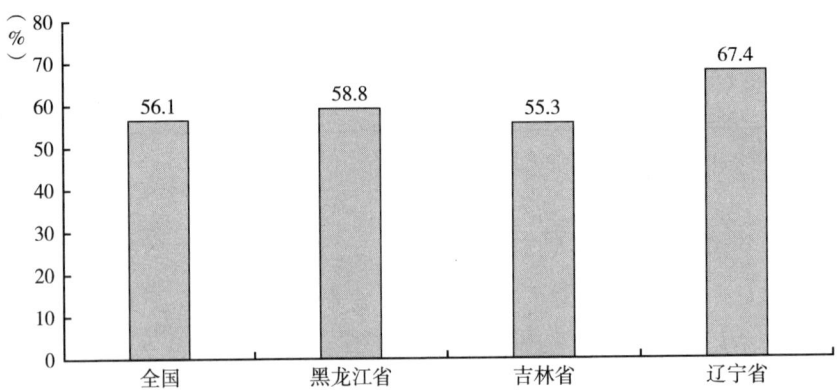

图3　2015年全国与东北三省城镇化率情况

资料来源：全国与相关省份统计年鉴。

虽然，黑龙江省城镇化水平一直居于全国前列，但城镇化进程相对缓慢。2010~2015年，黑龙江省城镇化率提高了3.1个百分点，平均每年提高0.62个百分点；而这五年间，全国城镇化率提高了6.2个百分点，平均每年提高1.24个百分点。可以看出，相对于全国城镇化水平的增速来说，黑龙江省城镇化进程相对缓慢。

二　黑龙江省人口发展存在的突出问题

（一）人口老龄工作困难重重

不断加剧的人口老龄化是黑龙江省今后将要面临的一个重大社会问题，近几年来，黑龙江省越来越重视老龄工作，陆续开展多种形式的养老服务，在全国各地进行候鸟式养老的推广活动，培育黑龙江省养老品牌。同时，推动一系列惠老政策的实施，提高对老年人的优待政策水平等。2017年10月13日，黑龙江省十二届人大常委会第三十六次会议全票通过了《老年人权益保障条例》,该《条例》将于2018年1月1日起正式实行,并对老年人的权益保护、优待政策、子女陪护、社区参与等均做出了比较详细的规定,该《条例》的出台将促进黑龙江省老龄工作更进一步发展。

但是还要看到,黑龙江省老龄工作还面临着很多问题和困难。首先,养老保障压力加大。人口老龄化加剧,老年人口增多,势必会带来养老保险金支出大幅提高,将严重影响社会经济的发展。2015年,辽宁、吉林和黑龙江三省企业养老保险基金可支付月数分别为8.9个月、7.5个月、1.0个月,黑龙江省养老金仅够付一个月;黑龙江省城镇企业职工养老保险基金收入比支出少183亿元,已经收不抵支,养老保险支付压力巨大。其次,医疗卫生消费支出负担加重。据测算,老年人所消费的医疗卫生资源一般是其他人群的三至五倍。一个社会的老年人越多,产生的医疗卫生资源消费支出就越大。2015年黑龙江省60岁及以上老年人口占总人口约1/6,预计到2020年这一比例将超过1/5,2030年将超过1/4,老年人口规模持续扩大,全省面临的医疗卫生消费支出负担巨大。最后,社会养老服务需求增大。在当代"空巢化""少子化"的社会环境下,老年人尤其是那些高龄独居老人、失能老人对社会养老服务的需求将逐渐增大。预计到2020年,黑龙江省失能、半失能老年人将达到97.4万人,约有80万的老年人需要接受康复治疗,社会养老服务亟待进一步发展。

(二)人口流出形势依然严峻

尽管近五年来黑龙江省外流人口规模有缩小的趋势,但是每年流出人口的规模仍大于人口自然增长的数量,人口总量呈现不断减少的趋势。在黑龙江省的各个城市中,只有哈尔滨市和大庆市的常住人口数量是增加的,其他城市的常住人口数量无一例外均出现不同程度的下降,尤其是一些资源型城市的人口流出问题尤为严重。

黑龙江省统计局调研组通过召开部门座谈会和走访社区,进一步了解了鸡西、鹤岗、双鸭山、七台河四大煤城面临的人口流出问题,主要有以下几方面:一是大学毕业生流失问题较严重。四煤城近几年升入大中专院校的学生平均每年为2.2万人左右，每年毕业返回本地就业的比例大致为10%，也就是说四煤城近些年绝大多数的大学毕业生已经流出或迁出。总体来看，四煤城大学生流失问题比较严重，虽然在一定程度上缓解了本地的就业压力，但不利于当地经济的发展。二是流出人口八成以上为劳动年龄人口。2015年黑龙江省1%人口抽样调查显示，四煤城流出人口的平均年龄为34.1岁，85.7%的流出人口年龄在16~60岁之间，劳动年龄人口是流出人口的主体，四煤城人口老龄化程度在不断加剧。三是文化程度越高流出的比例越大。四煤城具有大学文化程度的人口中有25.9%的人口已经外流。其中，具有研究生及以上文化程度的人口流出42.4%，具有大学本科文化程度的人口流出39.1%，另外，具有高中、初中文化程度的人口流出分别为11.4%和6.2%。可见，文化程度越高流出的人口比例越高。四是流出人口中专业技术人员所占比重高于全省平均水平。四煤城所有专业技术人员中约有11.5%的人已经流出，并且流出的专业技术人员占全部流出人口的10.2%，高于从事专业技术工作人员占全部省际流出人口的9.6%的水平。黑龙江省这四个煤城人口外流所面临的问题其实也是全省人口外流所呈现的普遍问题，只不过这些问题在四个煤城范围内显得尤为突出。

（三）城镇化发展后劲不足

新中国成立初期，由于特殊的自然与地理条件，黑龙江省建成了许多国有林场、农场和大型国有企业，这些使得黑龙江省的城镇化水平一直在全国居于前列。截至2016年底，黑龙江省城镇化率已经超过60%，拥有特大城市3个、大城市7个及若干中小城市，但从综合情况来看，黑龙江省城镇化率是一种虚高的、低水平的城镇化率。首先，城镇化水平虚高。黑龙江省城镇化一直处于较高水平，有很大一部分依赖林区、矿区、森工、农垦等国营体系的建立，这些依赖自然资源建立起来的城镇，多数仍以农业第一产业经济为支撑，当地居民的生产、生活方式还缺乏城市特性，而城镇化的核心就在于农村居民的生产和生活方式向现代化的转型，因此这些地区呈现出一直虚高的、低水平的城镇化。其次，城镇化发展速度放缓。2010~2015年黑龙江省城镇人口比重每年平均提高 0.62 个百分点，同比较全国平均值低了 0.61 个百分点。黑龙江省城镇化水平较高水准，但近期增速比较缓慢，其综合平均增长率仅为 2.93%，增速明显放缓。

三 对策建议

（一）进一步完善养老服务体制

随着人口老龄化的不断加剧，老龄工作成为黑龙江省今后的重点工作之一。要加强老龄宣传工作，充分利用各种媒介来营造老龄事业发展的良好氛围。应该以政府部门为主导，做好老龄工作的各种规划，加强政策创新与制度创新，切实保障政策的落地实施。要推进养老服务业的发展，促进养老服务项目化、集约化发展，加强各种养老服务形态之间的衔接与融合。

（二）促进人口有序流动

人口流动是当今市场经济发展的必然产物，同时人口流动也促进了社会经济的发展。黑龙江省作为一个经济欠发达的省份，人口外流很正常，然而也应采取必要措施减少人口外流给全省经济所带来的负面影响。要改善全省的经济发展环境，大力促进服务业等第三产业的发展，增加人口的就业机会与发展机会；要积极改善全省的社会文化环境，创造自由平等的工作和生活环境，留住本地人才，吸引外来人才。

（三）积极推动城镇化建设

积极发挥大城市的辐射联动效应，建立城市集群，发挥其对周边区域的辐射带动作用，从而带动周边地区的小城镇化建设。要加大对农村城镇化进程的资金和政策扶持力度，抓住国家进行东北老工业基地复兴计划这一历史机遇，结合自身独特的优势，切实加大黑龙江省城镇化建设的力度。要全面深化户籍制度改革，打破城乡分割的户口形式，促进城乡人口自由、合理、有序流动。

B.14
黑龙江省生态环境建设及发展报告

张斐男*

> **摘　要：** 2016~2017年黑龙江省生态环境总体状况保持稳定，全省城市空气达标天数比例有所提高；河流水质情况无明显变化；农村环境综合状况较好，秸秆还田工作初步展开；多地发现珍稀野生动植物，生态环境有所好转。但同时也要清醒地看到一些新的环境治理问题，如大气污染治理遭遇瓶颈，新旧污染交替出现，美丽乡村建设需深入细节等。
>
> **关键词：** 生态环境　供暖期雾霾　绿色发展　优质生态产品

中共十九大提出"坚持人与自然和谐共生……坚定走生产发展、生活富裕、生态良好的文明发展道路"，将生态良好确立为和生产发展、生活富裕同等重要的文明发展的一部分，这就为生态环境建设提出了更高的要求。黑龙江省作为生态大省，必须积极面对环境治理工作的新挑战，全力打好生态环境保护攻坚战，建设美丽龙江、美丽中国。

一　2016~2017年黑龙江省生态环境总体状况

2016~2017年黑龙江省生态环境总体状况良好，全省城市空气达标天数比例提高、城市饮用水水源质量同比略有下降、农村秸秆还田工作初步展开、多地自然保护区发现珍稀物种。

---

* 张斐男，黑龙江省社会科学院社会学研究所助理研究员，研究方向为环境社会学。

（一）全省城市空气达标天数比例提高，"烧秸秆""供暖期雾霾"问题引关注

按照《环境空气质量标准》（GB3095~2012）评价标准，2016年全国338个城市平均优良天数比例为78.8%，黑龙江省13个市（地）空气达标天数范围为282~358天，达标天数比例在77.0%~98.6%[①]，平均达标天数占全年比例为91.5%，同比提高了5.6个百分点，高于全国平均水平12.7个百分点。[②] 黑龙江省13个市（地）城市空气质量优良天数比例为91.5%，辽宁省14个地级以上城市环境空气质量优良天数比例为77.6%，[③] 吉林省9个市（州）城市环境空气质量优良天数比例为82%[④]，东北三个省份中，黑龙江省的空气质量相对优于其他两省。

2017年10月，国家环境保护部公布了1~9月全国和京津冀、长三角、珠三角区域及直辖市、省会城市、计划单列市空气质量状况，哈尔滨9月份空气质量排名全国第十。这与2016年的排名不相上下。10月、11月两个月份黑龙江省步入供暖季节，再加上秋收结束，出现焚烧秸秆的现象，空气质量直线下滑。根据国家环境保护部公布的数据，11月黑龙江省包括哈尔滨、大庆、鹤岗等多个城市空气重度污染。黑龙江省的空气状况呈季节性特征，"焚烧秸秆""供暖性雾霾"等话题的议论影响了民众对黑龙江省空气质量乃至环境质量的信心。2017年蓝皮书调查数据显示，公众回答"和其他省相比您觉得现在黑龙江省生态环境软实力在国内位置？"时认为"中上等及上等"的比例占15.7%，"中等"占33.9%，"中下等及下等"占38.7%。

[①] 《黑龙江省环境状况公报（2016）》，黑龙江省环境保护厅，http://www.hljdep.gov.cn，2017年10月15日。

[②] 《中国环境状况公报（2016）》，中华人民共和国环境保护部，http://www.zhb.gov.cn，2017年10月15日。

[③] 《辽宁省环境状况公报（2016）》，辽宁省环境保护厅，http://www.lnepb.gov.cn，2017年10月16日。

[④] 《吉林省环境状况公报（2016）》，吉林省环境保护厅，http://hbj.jl.gov.cn，2017年10月16日。

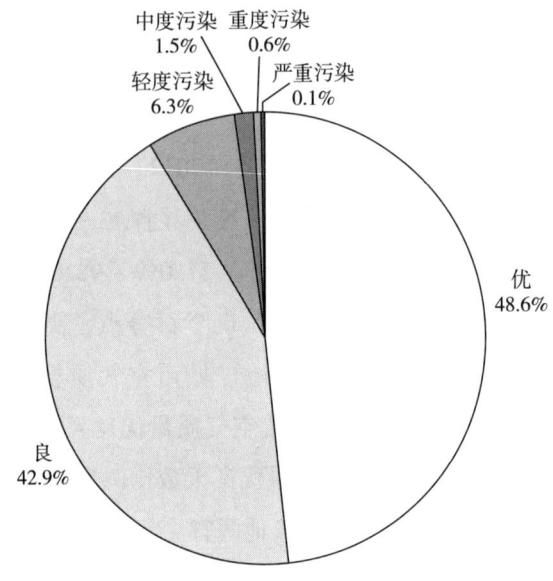

图 1　2016 年全省各类污染天数比例

（二）河流水质状况无明显变化，城市饮用水水源质量同比略有下降

2016年，全省河流水质状况总体为轻度污染，其中，松花江干流水质良好，黑龙江及乌苏里江水质均为轻度污染。城市集中饮用水水源地水质达标率为88.8%，同比提高了3.4个百分点。主要湖库水质情况无明显变化，均为中轻度富营养。由黑龙江省流入吉林省的嫩江、松花江干流断面水质状况良好。①

2017年，环保部门对黑龙江省13个地级及以上城市33个点进行监测，其中地表水水源16个（河流型5个，湖库型11个）、地下水水源17个，1~9月水源水质达标状况见表1。② 总体来看，由于监测指标不同，地表水水源水质优于集中饮用水水源和地下水水源。2016年前三个季度城市集中

---

① 《吉林省环境状况公报（2016）》，吉林省环境保护厅，http://hbj.jl.gov.cn，2017年10月16日。
② 集中式生活饮用水水源为原水，居民饮用水为经过自来水厂处理的末梢水。

饮用水水源平均达标率为 75.5%，2017 年前三个季度平均达标率为 64.9%，城市集中饮用水水源达标率同比略有下降。

表1　2017 年 1~9 月黑龙江省城市饮用水水源地达标情况

单位：%

月份	集中饮用水水源	地表水水源	地下水水源
1	68.8	100	37.5
2	68.8	100	37.5
3	65.6	100	31.2
4	68.8	100	37.5
5	63.6	100	35.3
6	60.6	93.8	29.4
7	60.6	93.8	29.4
8	63.6	100	29.4
9	63.6	100	29.4

资料来源：黑龙江省环保厅环境监测处提供的数据。

（三）农村环境综合状况较好，秸秆还田工作初步展开

2016 年，黑龙江省对 13 个市、39 个县（市、区）115 个村庄进行了农村环境质量监测，分别在村庄和县域两个层面进行了空气、饮用水、地表水、土壤和生态质量状况的监测。依据《农村环境质量综合评价技术规定（试行）》，生态环境质量状况监测结果为 36 个。其中 1 个县（市、区）的农村环境质量综合状况级别为优，没有污染情况，适合农村居民生产和生活；25 个县（市、区）的农村环境质量综合状况为良，轻微污染；10 个县（市、区）为一般，轻度污染。县（市、区）农村环境质量综合状况优、良、一般的比例分别为 2.78%、69.44%、27.78%。

2016 年，黑龙江省农村完成秸秆覆盖还田 3604.48 万亩，碎混还田 847.75 万亩，翻埋还田 1430.73 万亩，秸秆还田总面积 5882.96 万亩。黑龙江全省耕地 1593.00 万公顷，约为 23895 万亩，因此，秸秆还田总面积约占总耕地面积的 25%，未来秸秆还田技术还有待进一步的推广应用。

（四）多地发现珍稀野生动植物，生态环境悄然好转

2016~2017年度黑龙江省环保部门通过全面排查自然保护区违法活动、打击非法捕捞等工作，促使自然保护区生态环境不断转好，多地频繁发现珍稀野生动植物。

黑龙江挠力河国家级自然保护区千鸟湖湿地观测到600余只东方白鹳，数量之多极为罕见，挠力河保护区内东方白鹳大型集群现象已经连续三年出现，种群数量已经超过全球总数的23%。随着近年来湿地保护与恢复工作的开展，湿地生态环境不断好转，珍稀鸟类集群现象频现。黑龙江宝清七星河国家级自然保护区发现大面积国家一级保护植物貂藻，数量多达5000枝。貂藻是世界濒危植物，在世界范围内亦极为罕见，具有净化水体的功能。大量貂藻的发现标志着七星河国家公园生态环境优良。媒体多次报道，在松花江上江鸥翱翔、鱼种增多。这说明，通过多年的自然保护区改造，黑龙江省的自然生态环境逐渐转好，为生态优势的开发和利用奠定了基础。

二 黑龙江省生态环境建设的新议题

（一）大气治理遭遇瓶颈，环境治理信心面临考验

在治理大气污染、防治雾霾的工作上，黑龙江省各级环保部门积极地做了部署，督察与治理并举。哈尔滨、齐齐哈尔、绥化等十一市派出环境执法监察人员410余人次，出动执法车辆110余台次，检查重点企业80余家，取缔露天烧烤30余处。哈尔滨市内九区将淘汰10蒸吨/小时及以下燃煤小锅炉2084台，截至2017年10月底，已淘汰2045台，占总数的98.1%，预计2017年底前全部淘汰。哈尔滨市出台《禁止野外焚烧秸秆改善大气环境质量实施方案》，建立网格化管理体系集中整治秸秆焚烧问题，秸秆还田总面积已经达到耕地总面积的近1/4。但是即便如此，伴随着取暖季的来临，10月、11月哈尔滨市仍然多地出现重度污染，在社交平台上引起了市民的普遍不满。根据蓝皮书调查情况，在"您认为目前下列哪些社会问题更容

易引起群体性事件"一题中,课题组列出了13个社会问题,将"生态环境恶化"列为第一位的民众占10.6%。整体来看,生态环境问题还不能构成最严重的社会问题,但这一数据从侧面反映了公众对于环境污染反复出现、环境治理成效不明显的不满。

大气污染治理力度不断加大,但实际效果和社会反响却不尽如人意。除治理污染的基础性工作之外,大气治理遭遇瓶颈还表现在:第一,治理工作和治理效果未能及时公布和宣传,使公众在遭遇大气污染的情况下加深"治理无效"的印象;第二,一些社交平台推送的涉及大气污染的信息在社会上广泛转发,一些不实信息以及过度渲染的信息,影响公众对治理大气污染的信心,由环境污染问题引发了对社会治理的考验。

从环境社会学的角度来看,环境污染不仅仅是一个自然科学的课题,也是一个社会科学的课题;不仅仅是环境的问题,更是人的问题;不仅要从技术角度,更要从社会治理的角度来解决。大气污染治理遭遇瓶颈,一方面是经济发展到一定阶段的产物,另一方面也是对社会治理能力的考验。仅仅从技术角度去控制污染,忽视从社会角度加以治理,那么治理之路也将阻碍重重。

(二)新旧污染交替出现,环境治理能力面临考验

城市化加快,城市垃圾污染、垃圾围城现象也随之而来,固体废弃物的清运、回收处理一直是城市环境治理的重要内容之一。近年来,黑龙江省加大城市污染治理力度,在全国城镇污水处理情况考核排序中由最初的第30位上升到第20位,城市环境保护基础设施建设水平持续提高[1]。但仍然存在着许多不尽如人意的地方,比如:个别市(区)获得了中央专项资金建设生活垃圾综合处理工程,但是项目运行缓慢,甚至还未投入运行,生活垃圾仍然全部填埋在城市周边,城市垃圾无害化处理率基本为零。

另外,在旧的污染问题还未彻底解决的同时,新的污染问题又出现了。

---

[1] 张斐勇:《黑龙江生态环境建设及发展报告》,《黑龙江社会发展报告(2017)》,社会科学文献出版社,2017。

比如：伴随美团、饿了么、百度等外卖APP的出现，打包餐盒、方便餐具、塑料袋等包装污染已经对环境构成新的威胁。根据美团、饿了么、百度外卖三大外卖平台的数据，每个平台的日订单总量都已超过2000万单。以每单外卖使用一个餐盒计算，每年要产生最少72亿个餐盒垃圾。虽然目前平台还未发布分地区数据，但根据第一财经发布的比较权威的数据，黑龙江省是"2016年外卖订单TOP10省份"之一，就此推测，黑龙江省的白色垃圾数量依然惊人。除此之外，还有物流行业所产生的废旧塑料包装、纸质包装，以及电子垃圾，数量也十分惊人。可以说，旧的污染还未清除，新的污染已经出现。

（三）美丽乡村建设见真章，环境治理面临考验

2017年是《黑龙江省美丽乡村建设三年行动计划（2015~2017）》收官的一年，2017年《黑龙江社会发展报告（2017）》调查问卷特意对美丽乡村建设公众满意度做了调查，在"您对2017年省政府保护生态环境，推进美丽乡村建设的满意程度"这一题中，回答"很满意及比较满意"的占50.5%，"不太满意及很不满意"的占24.9%。可见对于美丽乡村建设的效果持满意态度的人数要高于不满意的人数。但是在美丽乡村建设基础设施扎实推进的同时，我们也要清醒地看到一些细节问题还有待破解。根据《中国环境统计年鉴（2016）》提供的数据，我们可以看到各省市农村改厕情况，笔者选取了东北三省、中部地区、西部地区及东部地区各两个省份以及北京、全国的数据做一对比，发现黑龙江省农村卫生厕所普及率略低于全国平均水平，但是要高于一些中西部地区，但是无害化卫生厕所普及率则远远低于全国平均水平，也要低于主要中西部省份。这一数据从侧面说明了美丽乡村建设虽然取得了进展，但在个别细节问题上，对农村环境治理工作提出了更高的要求。

农村居民对于更好的生产、生活环境的要求也是目前我国社会主要矛盾已经转化的体现之一，党的十九大报告指出，我国目前的主要矛盾是人民日益增长的美好生活需要和不平衡不充分的发展之间的矛盾。因此，农村居民在美丽乡村建设中，必然不满足于对住房、道路、互联网等追求，细节之处见真章，农村环境治理水平还有待进一步提升。

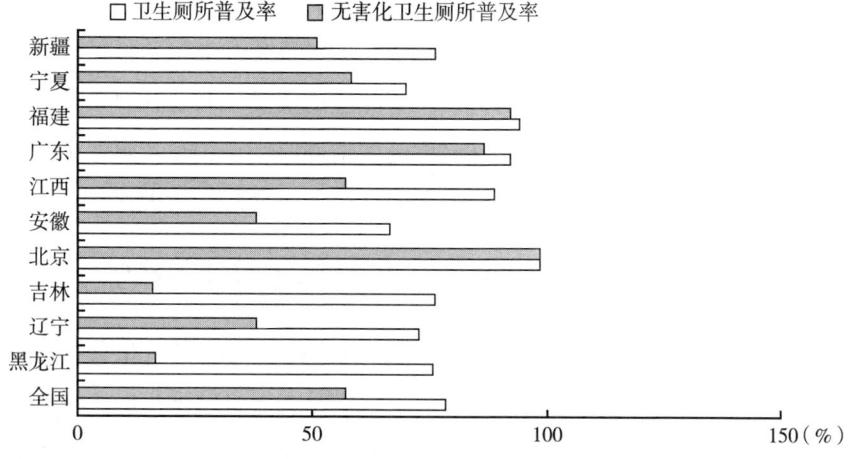

图 2 各地区农村改厕情况（2015）

资料来源：《中国环境统计年鉴（2016）》，中国统计出版社，2016，第 168 页。

三 加强黑龙江省生态环境建设的建议

（一）以新媒体为平台，加深与公众的联系

近年来，随着新媒体的发展，微博、微信等新媒体平台为公众参与社会治理提供了技术支持。首先，新媒体提高了公众参与环境治理的积极性与主动性，一些热点的环境事件都是由公众看到、拍到、发布到新媒体平台从而引起社会关注的；其次，新媒体扩大了公众知情权、参与权、表达权和监督权，新媒体最大限度地整合了社会力量，让公众有机会参与到环境治理之中；再次，新媒体释放了环境治理的话语权，使官与民的对话成为可能。

在这种客观事实的基础上，利用新媒体加深与公众的联系，减少信息损耗及不实信息的扩散，能提高公众对环境治理的信心，从而使公众以更积极的态度参与到环境治理中来。第一，充分利用媒体平台，借助媒体发声，提高主流话语的宣传、引导能力。由于主动关注环境保护部门官方网站、公众号的公众人数有限，因此，可以借助其他公众号、社交平台，主动发布关于

大气污染治理、水污染治理等官方信息，避免不实信息对公众的误导。第二，建立大气污染防治的公众参与机制，比如对发现并举报秸秆燃烧、夜间排放、无处理排放企业及个人的公众给予相应的奖励，联合社区单位建立网格化环境公众监督机制等等。第三，联合舆情部门密切关注新媒体平台环境事件，对不实信息予以及时清理，避免对社会的负面影响扩大化。

（二）以绿色循环经济为抓手，提供更多优质生态产品

党的十九大报告指出，"我们要建设的现代化是人与自然和谐共生的现代化，既要创造更多物质财富和精神财富以满足人民日益增长的美好生活需要，也要提供更多优质生态产品以满足人民日益增长的优美生态环境需要"。提供更多的优质生态产品指明了经济发展与环境保护可以而且应当并举。优质生态产品一方面可以是洁净的空气、干净的水源等生态环境，另一方面也可以是绿色旅游、绿色物流等经济产品。以绿色发展为理念，提供更多优质生态产品可以从三个方面着手。

第一，营造社会氛围。对于旧污染源的治理、新污染源的出现应当坚持全社会共同参与的原则，比如对快递盒、餐盒、电子垃圾等新污染源治理须多措并举，同时更应当注意社会价值观的构建，形成自觉维护环境、自觉参与保护环境的社会氛围。第二，倡导绿色生活方式。越来越多的数据表明，固体废弃物、废水排放量已经由过去的以生产领域为主转向了以生活领域为主，也就是说越来越多的垃圾和污染是在生活领域产生的，因此，反对奢侈浪费，倡导绿色家庭、绿色公司、绿色社区等一系列绿色生活方式的行动，也是提供优质生态产品的根本途径。第三，打造绿色循环经济。调查问卷中在回答"您对2017年省政府利用夏季整体生态化优势，开展特色专业体育赛事和群众性体育活动的满意程度"一题时，回答"很满意及比较满意"的占51.8%，"不太满意及很不满意"的占23.1%。这说明黑龙江省的绿色旅游产业还有很大的发展空间，比如绿色物流、绿色旅游等，以黑龙江省的"青山绿水"为资本，持续开发冬季、夏季的特色旅游项目，也是提供优质生态产品的一种途径。

（三）以绿色发展为理念，推动环境治理向纵深发展

环境治理实践表明，无论是城市污染治理还是美丽乡村建设，都无法仅仅依靠环保部门一己之力做到尽善尽美。在实际工作中，还需要多部门联动、上下级配合、发动群众共同参与才能实现。党的十九大报告特别用一节论述了"加快生态文明体制改革，建设美丽中国"。以绿色发展为理念，完善环境治理细节，推动环境治理向纵深发展，需要在以下几方面有所思考。

第一，以绿色发展为理念，将"绿水青山"代替"金山银山"，推动农村环境治理向纵深发展。乡村建设需要资金，在实际工作中，已划拨资金必须用于解决住房、道路等重要的民生问题，而进一步推进农村环境治理，改善农村环境，除依靠财政资金外，也可以转变思路，以各地方实际情况为依据，自主谋求资金收入，吸纳社会资金，推动绿色金融发展，通过多方努力扩大投入用于改善环境。第二，使环境治理成果成为可测量的指标，将其纳入市、县、区、乡镇的政绩考察系列。督促各级领导从操作层面把生态文明和经济文明作为同等重要的事情来齐抓共管。第三，加快改革生态环境监管体制的步伐，以社会组织和公众参与机制为基础，建立立体化、多元化的监管机制。

B.15
黑龙江省科技创新发展报告

马筱迪 那瑛*

摘 要: 2017年黑龙江省科技创新发展,主要体现在顶层设计中的政策落实与基层摸索中的创新活动发展两方面。在顶层设计的政策方面,黑龙江省主要通过科技创新计划、制度规章更新等来进一步推动科技创新,落实科技发展目标;"黑龙江省科技活动周""高新技术成果发布推介会""虚拟现实产业技术创新战略联盟"等各式各样新颖的精品活动,是基层创新活动的持续摸索,为黑龙江省科技创新发展增加了新动力。在政策落实与创新活动的双重推动下,黑龙江省科技创新发展取得了骄人的成绩,走向更加持续、稳定、高效的发展之路。

关键词: 黑龙江 科技创新 创新活动

2017年,黑龙江省全面贯彻党的十八大、全国科技工作的精神,按照国家"十三五"科技创新规划的要求,持续推进科技创新战略。黑龙江省积极开展科技创新的前沿和核心理论的研究以及关键重要技术的研发,旨在为各领域的科技发展提供卓有成效的基础理论支撑和关键技术支持,如相关的科技论坛、学术沙龙已经相继举办347次,有3.13万人参与,对已有的科技发展和创新推动有着极为重要的意义。相关政策对科技创新的推动与护

---

* 马筱迪,哈尔滨工程大学学生;那瑛,哈尔滨工程大学副教授、硕士生导师。

航,为企业、高等院校和社会公众的科技创新活动提供了一个相对稳定、持续、高效的良性环境和友好氛围。多种形式、各级各类的创新活动,调动了大众创新的热情,动员各种社会主体,为黑龙江省整体的科技创新发展增加了新的活力。

一 黑龙江省科技创新发展的政策落实

从全球化、知识社会发展的趋势来分析,科学技术创新与科技成果转化应用成为经济提升、美好社会建设的重要助推力。而科技创新与科技成果的转化运用,则是两个不同维度上的发展阶段:只有科学技术的创新,无法实现成果转化,不能应用到社会发展与社会建设中,社会大众无法从科技创新中获得利益提升,则不能从根本上推动经济发展和社会建设;实现了成果转化运用,不能与时俱进或者具有前瞻性地实现技术和思想的更新,就很难做到占领科技创新前沿阵地。合理政策的及时制定与有效落实,就是维系科技创新与科技成果转化这两方面的关键要素。制度和政策既能引导技术的不断更新,又能保障科技成果的有效转化,并最终实现科技创新"造福大众"。

(一)新政策为科技创新保驾护航

2017年黑龙江省根据科技创新的新进展和新问题,制定出台了一系列政策、条例和规划,制定颁布实施了有针对性的行动规划和建设规划(见表1)。

表1 2017年政策条例规划情况

序号	政策条例规划的名称	主要内容	实施日期
1	《关于进一步改进和完善省级财政科研项目资金管理等政策的实施意见》	科研项目资金管理 高校、科研院所公务卡结算管理 高校、科研院所差旅会议报销管理 高校、科研院所仪器设备采购管理 高校、科研院所基本建设项目管理	2017年1月10日

续表

序号	政策条例规划的名称	主要内容	实施日期
2	《黑龙江省促进科技成果转化条例》	各级政府、财政部门的职责 科技成果转化的九种形式	2017年2月1日
3	《黑龙江省增材制造(3D打印)产业三年专项行动计划(2017~2019年)》	培育16支创新团队 实现20项成果产业化 支持10家高新技术产业 总产值突破20亿元 带动百亿相关产业链	2016年5月16日
4	《"龙江科技英才"特殊支持计划实施办法(暂行)》	重点支持科技创业人才、科技创新人才、青年拔尖人才和重点领域创新团队(负责人)4类人才;每2年评选1次,每次评选支持60人。其中,科技创业人才25名、科技创新人才20名、青年拔尖人才10名,重点领域创新团队5个(负责人5名)	2017年8月16日

为使社会大众和广大科技创新主体充分了解相关的政策,能够借助政策之力进行更好的科技活动,黑龙江省编制了《科技创新创业政策摘编》,涵盖近年来主要政策的关键信息,包括大众创业、技术创新、平台建设、科技成果转化、人才政策、科技服务、科技金融和知识产权等内容。

黑龙江省在"十二五"时期取得的成绩基础之上,对未来五年的科技发展和建设目标进行了谋划,推出了《黑龙江省"十三五"科技创新规划》。规划回顾了过去五年科技工作的进展情况,提出了新的建设目标。

表2 "十三五"科技创新的主要目标

指标	2015年或"十二五"期间指标	2020年或"十三五"期间目标
研究与试验发展经费投入强度(%)	1.05	2.0
每万人口发明专利拥有量(件)	3.3	6.7
登记科技成果(项)	1612	1800
技术合同成交额(亿元)	127.23	160
高新技术产业增加值占GDP比重(%)	12.2	13

续表

指标	2015年或"十二五"期间指标	2020年或"十三五"期间目标
科技产业孵化器数量（家）	111	150
科技企业孵化器孵化企业（五年累计）（家）	33063	6000
新增具有一定规模和较强竞争力的科技型企业（五年累计）（家）	439	2000
国家级高新技术企业（家）	693	1100
建设"互联网+"技术服务平台（个）	—	7
重点领域创新团队（五年累计）（个）	31（2012~2015年）	50
科技创新杰出青年人才（五年累计）（人）	100	100
青年科技创新人才（五年累计）（人）	631	1000

资料来源：《黑龙江省人民政府关于印发〈黑龙江省"十三五"科技创新规划〉的通知》，黑龙江省政府办公厅，2017年9月20日。

（二）科技行动计划帮助企业实现资源链接

2017年，黑龙江省"向科技要潜力，向创新要活力"，继续推行《黑龙江省千户科技型企业三年行动计划（2015~2017）》，着力打造1000家有实力的科技创新企业以及科技上市公司，这是黑龙江省调整产业结构、转变发展方式、增加创新力度、促进经济社会平稳健康发展的重要举措。

黑龙江省科技厅为了进一步深入推进"千户科技型企业三年行动计划"的实施，相继组织召开科技企业经验介绍会、制造服务平台建设推进会，并扶持大学科技园建设，使得计划行动的配合度大大增加。相比之前两年，黑龙江省科技厅更加看中协调配合、政策的深入贯彻执行，如黑龙江省制造服务平台以千户科技型企业三年行动计划和全省科技服务业产业链深入对接，以企业需求为导向，以布局智能制造服务链，推动龙江制造向服务产业化、规范化、规模化方向发展。同时依托本省制造服务平台和工业领域产业技术创新战略联盟两个载体，整合互补性资源，加速制造技术推广应用和材料、装备产业化进程，积极响应国家及全省"大众创业、万众创新"的号召,着力搭建"互联网+制造服务"平台,使之能够进一步加快信息化与工业化深度融合①。

(三)提高科技成果供给能力

2016年黑龙江省在科技创新大会上首次出台《中共黑龙江省委黑龙江省人民政府关于大力促进高新技术成果产业化的意见》,2017年是贯彻实施的启动年。该《意见》对发展战略、创新导向和重点内容等进行了顶层规划。黑龙江省的科技创新要和国家的总体科技创新发展规划接轨,同时要根据本地的科技优势进行重点推进,对科技创新的各关键环节以及它们内部的衔接、有限联动进行整体优化,通过有效的规划来促进重点领域的关键拓展和前沿新领域的新突破。

2017年黑龙江省大力提升科技成果培育与产出的数量和质量,通过重大科技研发项目对"十大重点产业"、战略性新兴产业等进行重点攻关,努力在关键技术、核心技术和前沿技术方面形成新的研发成果。黑龙江省借助省内企事业科研机构、高等院校中存在的科技资源和优势科研力量,实现跨学科、跨单位的科研聚合,借助科研奖励或后期补助激发科研人员的创新热情。结合2017年国家教育部、财政部、国家发展改革委印发的《关于公布世界一流大学和一流学科建设高校及建设学科名单的通知》,黑龙江省大力支持国家双一流建设,并配合实施省内大学科技园发展计划,为搭建科技创新创业平台更好地服务。比如东北林业大学科技园目前已经入驻企业14家,入驻创业项目46项②。大学科技园以学校为依托,整合优势与特色资源,致力于高新技术企业的孵化、创新创业人才的培养、技术成果转移转化和产学研结合提供支撑平台。应进一步加大与比邻高校、科研院所的合作,驱动协同创新创业,逐步形成管理、服务、产业、外延相结合的,管理与服务卓越的大学科技园,为黑龙江省经济社会发展做出积极的更大的贡献。

---

① 《黑龙江省制造服务平台建设推进会在哈尔滨召开》,黑龙江省科技厅网站,2017年6月14日。
② 《省科技厅党组书记、厅长杨廷双到东北林业大学科技园调研》,黑龙江省科技厅网站,2017年10月26日。

（四）营造企业积极的创新氛围

2017年黑龙江省按照《科技创新券管理办法》的要求，启动了创新券专项工作，主要针对企业购买科技服务给予资金补贴，并进一步降低了企业创新创业成本。为加快推进科技资源优化配置，2017年预计全面新增加盟服务机构46家，累计达828家；新增大型仪器1109台（套），累计达4805台（套）；新增检测项目3943项，累计达3.63万项；服务次数共计已达6.47万次，总服务金额达3.29亿元。[①] 黑龙江在机构、仪器以及经费等方面支持科技创新，激发大众创新积极性，加速科技成果的转化。设立创新券制度的宗旨在于激发中小企业等科技创新主体的活力，对科研院所、高等院校以及企业科研部门的科技服务进行奖励、补贴，减少各个科技创新和技术研究主体及单位的成本投入，进而实现科研成果、科技研究资源平台和科技创新信息的同步共享和有效协同。

二 黑龙江省科技创新发展的创新活动

党的十九大报告明确提出了"创新是推动经济发展的第一动力，是建立创新型国家的战略选择，创新已经成为经济建设的'灵魂'"。[②] 对创新的追求不能仅停留在口号上，而应该是实际活动和项目的进展，才能更好地将科技创新成果转化落地；要推动科技人才的培养，大力推动各高校、科研院所的合作；要促进黑龙江省科技环境的日益改善，并大力发展同周边省市、科技大省的合作创新。

（一）科技创新成果展示

黑龙江省科技创新成果研发紧紧依靠自身农业、工业、高教资源等优势并结合政策推动而展开，在2016年科技创新成果研发取得新成绩的基础上，

---

① 《2017年黑龙江省科技资源共享暨科技创新券工作推进会议召开》，黑龙江省科技厅网站，2017年4月26日。
② 《党的十九大报告（全文）》，人民网，2017年11月21日。

2017年科技创新成果研发不断深化、拓展方向、延伸视角，在多渠道多方式下取得新的科研成就并收获新的研发思路。

2017年黑龙江省科技厅召开了科技企业经验介绍会，各科研机构积极通过推介会、经验交流会等方式进行成果展示。黑龙江省省内高校的科技创新，以哈尔滨工业大学和哈尔滨工程大学两所高校为重要代表。在推介会上，哈尔滨工业大学介绍了该校的科技优势和科技创新的各环节工作，分析了高校创新创业面临的新问题和新形势。哈尔滨工程大学主要介绍了科技园的各方面经验。① 科技成果推介会的召开，使得哈尔滨工业大学和哈尔滨工程大学两所高校的经验在其他高校和院所进行大范围的复制推广，提供了可供参照的模式。具有科技创新优势的高校，它们的科研经验和创新模式具有示范作用和引领带动效应，高校科技人员要转化科技成果，就需要创办相关企业或者与大中小企业合作，这就为创新创业提供了新动能。

2017年5月，东北林业大学召开了高新技术成果发布推介会，会议发布了精心挑选的一系列可转化的高新技术成果，重点推介了11项符合黑龙江省产业发展方向的优秀成果，包括新型激光3D打印木塑复合材料、林业生物质就地深加工木颗粒成套设备、黑木耳系列高端产品精深加工关键技术、林产浆果花色苷分离纯化技术等。② 以东北林业大学为代表的一些省内高校，将黑龙江省本地的农业、林业资源融入科技元素，打造科技创新产品，将地方特色产品打造成高端的科技产品推向更大的市场。这是一种依靠省内农林等特色自然资源，通过高科技研发新成果实现产品升级和产业链更新延伸的方式，实现了地方资源的产业化、科技化和国际化。

同时，省内特色企业同样积极打造科技创新产品，用科技打造企业品牌，用创新赢得市场青睐。黑龙江省七台河市的宝泰隆新材料股份有限公司积极开展产业协同创新，加强产学研合作的不断深入，建成投产国内首套自动化、连续式100吨级工业化制备石墨烯生产线。③ 石墨产业属于新材料和

---

① 《省科技厅组织召开成立科技企业经验介绍会》，黑龙江省科技厅网站，2017年3月6日。
② 《东北林业大学高新技术成果发布推介会》，黑龙江省科技厅网站，2017年5月27日。
③ 《宝泰隆百吨石墨烯量产暨石墨烯应用研讨会》，黑龙江省科技厅网站，2017年1月17日。

新能源产业，也是国家重点发展的产业。我国作为天然石墨资源储藏大国，一直存在低价出口低端产品和高价进口高端产品的现象，石墨产业的升级换代以及技术创新对于国家发展建设具有重要意义。黑龙江省的相关企业在该领域进行了持续创新和不断发展，努力构建现代产业体系，努力在新能源领域占有一席之地，初步实现了产业转型和产品升级的发展目标。

2017年，黑龙江省斩获颇多国家科学技术奖及省级科学技术奖。在2017年1月评选出的2016年国家科学技术奖获奖名单中，黑龙江省共有12个项目获奖（见表3）：国家技术发明奖二等奖共5个，国家科技进步奖二等奖共7个。其中由黑龙江省科研单位主持完成的有7个项目，其中4项获得国家技术发明奖二等奖，有3项获得国家科技进步奖二等奖；另有5个项目由黑龙江省参与完成，其中由哈尔滨工业大学参与完成的"灵巧假肢及其神经信息通道重建技术"项目获得国家技术发明奖一等奖，中国石油天然气股份有限公司大庆石化分公司参与完成的"大型乙烯装置成套工艺技术、关键装备与工业应用"等4个项目获得国家科技进步奖二等奖。①

表3 2016年国家科学技术奖黑龙江获奖名单

序号	项目名称	主持单位	奖项
国家技术发明奖获奖项目			
1	深海高精度超短基线水声定位技术与应用	哈尔滨工程大学	二等奖
2	超大型精密仪器装备气/磁阵列隔微振技术与装置	哈尔滨工业大学	二等奖
3	专用项目两项	哈尔滨工业大学	二等奖
国家科技进步奖获奖项目			
4	大跨空间钢结构关键技术研究与应用	哈尔滨工业大学	二等奖
5	大型复杂结构在线混合试验关键技术与应用	中国地震局工程力学研究所	二等奖
6	功能性饲料关键技术研究与开发	东北农业大学	二等奖
国家科学技术进步奖获奖项目			
7	灵巧假肢及其神经信息通道重建技术	哈尔滨工业大学	一等奖
8	"大型乙烯装置成套工艺技术、关键装备与工业运用"等四项	中国石油天然气股份有限公司大庆石化分公司	二等奖

资料来源：《黑龙江日报》2017年1月10日。

---

① 《黑龙江省12项成果获得国家科技奖励》，《黑龙江日报》2017年1月10日。

（二）推进科技人才培养计划

科技人才的培养是为科技创新积攒后备力量，为科技创新提供源源不断的动力，使之能够更加持续稳定地发展。同时科技创新作为多力激发、共同作用催生的人类宝贵财富，政策制定是宏观指导、是引领，人才队伍则是科技创新踏实稳进、取得成果的关键。2017年6月，科技部下发了《关于公布2016年创新人才推进计划入选名单的通知》（国科发政〔2017〕173号），黑龙江省共有15人入选。其中中青年科技创新领军人才13人、创新创业人才1人、重点领域创新团队1个。截至目前，自2012年创新人才推进计划启动以来，黑龙江省共有69人、6个团队和2个基地入选，其中中青年科技创新领军人才59人、创新创业人才10人、重点领域创新团队6个，创新人才培养示范基地2个。① 经过多年的努力，黑龙江科技人才队伍不断地壮大，从个人、团队到基地，科技人才培养模式逐步确立，能够更加合理高效地培养科技创新人才，同时培养计划和培养活动也与日俱增（见表4），能够更好地为未来的科技人才搭建良好的平台，提升其科技创新能力。

表4 2017年前三季度黑龙江省科技创新活动名单

序号	黑龙江省科技创新活动	时间
1	东北林业大学高新技术成果发布推介会	2017年5月
2	黑龙江大学高新技术成果发布推介会	2017年5月
3	黑龙江省虚拟现实产业技术创新战略联盟	2017年6月
4	第六届中国创新创业大赛（黑龙江赛区）	2017年7月
5	黑龙江省科技服务业联盟第三届会员大会暨发展论坛	2017年7月
6	2017年黑龙江省大众创业万众创新活动周	2017年9月
7	哈尔滨工程大学省科技奖励成果专场推介会	2017年9月
8	构筑大健康 产业龙江行——2017两岸及港澳地区大健康产业发展论坛暨人才项目对接会	2017年9月
9	哈尔滨工业大学、省气象局奖励成果专场对接会	2017年9月

---

① 《黑龙江省15人入选2016年科技部创新人才推进计划》，黑龙江省科技厅网站，2017年7月18日。

值得格外关注的是"2017年黑龙江省大众创业万众创新活动周"的活动，演绎了"科技强国·创新圆梦"的主题，展示出了科学原理，营造了科技创造美好生活的创新氛围，促进了科技与艺术的完美融合，向首个全国科技工作者日（2017年5月26日）奉献了丰盛的科普宴会。黑龙江省的"大众创业万众创新活动周"与全国的科技创新活动周同时进行，布置有"双创成果展"，并设立主会场和分会场。在为期一周的时间里，全省共举办了163场活动①。本次科技活动周紧跟国家步伐、突出了黑龙江省特色。对内首次集中展示了本省选手参加国家科普大赛获奖作品；同时首次突破传统方式在夜间面向公众开放省博物馆，这是一次全新的尝试；建立首个航空科普示范基地，首次举办科普"达人秀"实验展演活动。对外首次增加国际元素，邀请了俄罗斯青少年与黑龙江省青少年开展了科普交流活动。

科技活动周作为黑龙江省展示科技创新成就、推动科学普及的重要平台，已经连续举办十六年，开展了大量形式多样、特色鲜明、贴近民生的群众性科技活动。为科技人才的培养也奠定了雄厚的基础，影响力不断提高，社会认可度不断增强，成为全省公众参与度高、覆盖面广、社会影响力最大的群众性品牌科普活动，有力地推动了全省科普工作的深入开展。2017年为更加突出其优势，黑龙江省又将其打造为科技创新的品牌活动，从而让更多对科技感兴趣的青年人加盟，一些科技达人的转化成果得到更好的平台展示；进一步推进了对科技人才的培养计划，使得黑龙江省的科技后备力量雄厚。

（三）构建良好的科技创新环境

从科技创新成果的研发到科技成果生成实物再到其为实际服务，这是一个漫长的过程，就像植物生长一样，需要肥沃的土壤、适度的水和温度才能茁壮地成长，而良好创新创业环境正是这肥沃的土壤，对科研创新会起到显著的推动作用。反过来，科研创新成果的诞生及落地转化又会催生良好的创

---

① 《2017年黑龙江省科技活动周圆满闭幕》，黑龙江省科技厅网站，2017年5月27日。

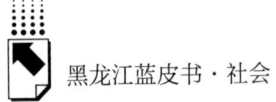

新环境。这是一个互相建构、良性循环的过程。

2017年,黑龙江省良好创新创业环境的构建,既做到政府、科协组织、科研机构相互配合,又做到高新技术与国际相接轨,黑龙江省创新创业环境显现出良好的态势。

黑龙江省政府倡导设立黑龙江省科研院所年度发展论坛,每年都会提出新的主题作为论坛核心问题,围绕核心问题展开高层次而又务实的探讨。同时,黑龙江省政府重视省内科技创新环境,深化改革省内有关科研创新发展的体制机制,依法整治外在发展环境;积极落实科技创新行动计划,开展科普宣传活动,搭建科普服务平台。黑龙江省2017年的科技奖励成果展,共展示出2017年度省科技奖励成果193项,按照工业、农业和社会发展等不同领域分为3个图文展区和2个实物展区,项目涉及航空航天技术、新材料技术、电子信息技术、生物技术、新医药技术、高技术服务业、新能源及节能技术、资源与环境技术、高新技术改造传统产业等9大领域。黑龙江省委和省政府通过论坛、成果推介会以及媒体发声等方式,加强科技创新服务,改善科技创新环境。黑龙江省通过科技创新"引进来""走进去"相结合,营造了省内科技创新的新气象。2017年,黑龙江省进一步加强同俄罗斯等国家的科技合作以及港澳地区的合作,在"走出去""引进来"战略相互配合下,增进了科技创新互动联络,提升了省内科技创新新动力。

三 黑龙江省科技创新发展前景展望

党的十九大指出"科技创新是提高社会生产力和综合国力的战略支撑,必须摆在国家发展全局的核心位置"。黑龙江省更要依据自身的发展特色进行科技发展和科技转型。我国自2014年以来,经济社会发展逐步步入新常态,经济发展下行压力增大,经济增速逐步放缓,发展动力由主要由要素、投资驱动转移到创新驱动上来。

黑龙江省地处中国最北端,拥有丰富的自然资源和东北老工业基地的强大实力。作为中国第一农业大省,黑龙江肥沃的土壤孕育了优质的粮食资源，其享有"中国粮仓"的美誉当之无愧；森林、江河、湖泊以及冰雪是其独特的地理自然条件，是大自然的馈赠，也给黑龙江省提供了巨大潜在的优质能量；作为东北老工业基地，黑龙江省的工业实力不容小觑，在国家相关政策的指导下，东北老工业基地振兴的洪流势不可当，黑龙江省可乘着国家大力支持的东风，充分运用自身丰富的矿产资源，结合政策优势，努力开拓创新。随着国家进入全面深化改革的关键阶段，黑龙江省要努力提升人才积聚力量，提高人才集聚能力，积极引进人才资源，多方合力配合，打造人才资源强省，让经济社会发展的基底充分筑牢。

黑龙江省应当结合自身独特的地理环境和自身优势，积极打造具有东北特色的科技创新模式，在顶层设计的政策支持下，积极培养科技创新供给能力、加大计划配合力度并营造企业的创新氛围；在创新方面，大力发展技术后备力量，为实现科技强国目标提供可造之才，并积极转化科技创新成果，使之为企业、社会服务。

面对取得的可喜成绩，黑龙江省科技创新工作仍秉持着砥砺自强、稳扎稳打的方针。当然，发展的过程中总会出现各种各样的困难与问题，但只要制定合理的政策、搞好创新活动的配套措施，科技创新发展就可以在方法上有章可循，就能做到在发展过程中循序渐进，在发展遇到瓶颈时有法可依。相信随着科技创新的不断发展，黑龙江省会逐步进入一个良性、有序的大发展的新阶段。

社会问题篇

Social Problems

B.16
黑龙江省养老服务业与健康业、旅游业、生态食品业融合发展探析

董静爽 董鸿扬*

摘 要： 本文从人口老龄化快速发展的客观需求、老年人需求结构的变化、优越的生态环境论证了融合发展是养老服务业的必然选择。另外，本文阐述了融合发展的基本架构，即与健康业融合，打造"医养结合"养老新模式；与旅游业融合，打造候鸟旅游新业态；与生态食品业融合，打造养老养生食品新体系，并从规划、政策、云平台、队伍建设方面提出了建议。

关键词： 养老服务业 健康业 旅游业 生态食品业 融合发展

---

* 董静爽，黑龙江工程学院助理研究员，研究方向为产业经济学；董鸿扬，黑龙江省社会科学院研究员，研究方向为应用社会学。

国家制定了老龄事业发展"十三五"规划，出台了《关于全面放开养老服务市场，提升养老服务质量的若干意见》，把养老服务业作为民生事业和朝阳产业来抓，为黑龙江省养老服务业的大发展提供了机遇。黑龙江必须推进养老服务业与健康业、旅游业、生态食品业融合发展。

一 融合发展是养老服务业的必然选择

（一）融合发展是人口老龄化快速发展的客观需要

"十三五"时期，黑龙江省处于老年人口快速增长期，据黑龙江省民政厅提供的数据，截至2016年底，全省60周岁及以上老年人口681.61万，占全省总人口的17.94%，略高于全国总体水平，其中65周岁以上老年人口440.71万，占全省总人口的11.6%。预计到2020年，全省老年人口将达到778万，占全省总人口的18.5%左右。而且黑龙江省老龄化有两个突出的特点：一是失能与半失能老人呈增加趋势。2016年底黑龙江省失能半失能老人，占老年人口总数的16%，这是由于黑龙江地处高寒地区，饮食中高热量的脂肪、高度数白酒、高盐的菜肴，造成老年人口特有的高血压、高血脂、糖尿病、冠心病等，且发病率远高于南方省份，由此造成失能、半失能以及致残率较高，对养老和医疗的需求更为迫切。二是空巢化、少子化家庭、独身家庭、失独家庭增多。家庭的养护功能弱化，邻里守望相助的功能随之弱化。家庭与邻里这种初级社会群体的衰落，对养老服务业的发展提出了新的要求。

养老服务业不仅仅是基本生活照料，应当与健康医疗、休闲旅游、生态食品等服务紧密结合起来，融合发展，从而形成以托底型养老事业与市场化养老产业为两翼、融合发展的新格局。

（二）融合发展适应老年人需求结构的变化

随着经济的发展、生活条件的改善，老年人的需求结构发生了很大变化。由单一层次的物质生活照料的需求，向包括精神文化需求的多维需求转变。养老供需矛盾日益突出，必须推动养老服务供给侧改革，促进养老服务内容从基本生活照料向紧急救援、健康服务、休闲旅游、生态食品、体育健身、文化娱乐、老年教育、心理咨询、精神慰藉等方面延伸，实现养老服务供给与老年人需求精准对接。这就需要养老服务业与健康业、旅游业、生态食品业融合发展，以满足不同层次老年人多方面的需求。

（三）优越的生态环境为融合发展提供了条件

黑龙江省是全国生态示范省，森林面积约有22万平方公里，还有肥沃的黑土、河流、湿地、湖泊。气候条件良好，夏季凉爽，是全国闻名的避暑胜地。黑龙江省绿色食品的种植面积全国第一，达到7309万亩，适宜的气候、高质量的绿色食品、富含负氧离子的森林新鲜空气，非常适合老年人的健康需要。这为养老服务业与候鸟旅游业、健康养生业、生态食品业的融合发展提供了条件。但是黑龙江省养老服务业过于单一，与相关产业的关联度、整合度、融合度不够，综合效益未能充分发挥出来。

由于与相关产业关联度低，致使养老服务业产业链不够长，与医疗健康业、候鸟旅游业、生态食品业各自为政，单线发展，不能发挥整体优势。由于与相关产业整合度低，服务链不够长，在部门分割的现行体制下，养老服务与医疗服务相互脱节，各属于不同的独立系统，相互隔离，各行其是，医疗机构不能养老，养老机构没有医生，服务不能相互衔接。另外，还存在大型医疗机构人满为患，中小医院"吃不饱"的普遍现象。由于与生态食品业融合度低，养老服务业价值链的提升受到影响。

因此，要充分发挥黑龙江省优越的生态条件，推动养老服务业与健康业、旅游业、生态食品业融合发展，延长养老服务业的产业链、服务链、价值链，使生态优势为黑龙江省创造更多财富。

二 养老服务业融合发展的基本架构

要以提高服务质量为中心，打造养老服务业与健康业、旅游业、生态食品业融合的新格局，形成融合发展的基本架构。

（一）"医养结合"是人口老龄化快速发展的客观需求

一是"医养结合"的联合体建设。将具有单一治疗功能的医疗机构与单一养老功能的养老机构联合起来，实现机构上功能互补。按照就近就便、互利互惠的原则，促进养老机构与二级以上医院建立医养联合体，签订合作协议，明确责任，使医疗服务与养老服务互相衔接，在医疗机构与养老机构间建立"绿色通道"。

二是"医养结合"的综合体建设。在具有单一治病功能的医疗机构与具有单一养老功能的养老机构内，在具备一定规模的条件下，使机构具有两种功能，使两种功能互相补充，优势互补，成为一种新型的"医养结合"的综合体。在较大规模的养老机构内设一级以上的医疗机构，有条件的医院也应创办养老机构，解决养老机构无医疗、医疗机构"吃不饱"的问题，从而形成医养综合体的新业态。

三是要加强"医养结合"的专业体建设。"医养结合"的专业体是指从医疗养老为宗旨的专业机构。要在结构转型升级过程中，挖掘现有资源，将闲置或利用率较低的宾馆，校办、厂办医院，闲置较多的一、二级医院转型为康复、老年护理等"医养结合"的专业机构，以解决高龄、重病、失能、部分失能、失独老人的康复、护理问题。

四是"医养结合"的延伸建设。要做到两个延伸：其一，"医养结合"要延伸到社区。要依托社区信息平台，将社区卫生服务中心、乡镇卫生院，与社区养老服务机构无缝对接，做好社区养老的老年人医疗健康服务工作，建立家庭医生签约制度，如对社区老人定期体检、建立健康档案，社区医务人员定期巡诊，建立家庭病床等，使"医养结合"在社区扎根。其二，"医养结合"要延伸到候鸟式旅居养老中去。黑龙江省具有天然的生态优势，茂密的森林、优质的空气、大量的湿地、江河、肥沃的原野具有巨大的吸引力，为发展候鸟式旅居养老提供了条件，能够吸引大批南方游客前来避暑休假。应在生态旅游集中的居住点，引入医疗保健机制，使医疗机构能够为候鸟式旅游居住养老保驾护航。做到能够为候鸟老人提供急诊急救、特色康复保健、中医体检、中医养生体验、中医药健康服务等健康旅游养生服务。

（二）与旅游业融合，打造候鸟式旅游养老新业态

1. 要打造黑龙江候鸟式旅游养老的新形象、新品牌

继续宣传"黑龙江——中国的cool（酷）省"（世界旅游组织为黑龙江省设计的旅游形象标识语）、"美丽神奇黑龙江"、"黑龙江避暑甲天下"、"夏季养老在龙江"、"迷人的哈尔滨之夏"、"冰雕雪塑的童话世界"、举世闻名的"漂流之乡"以及森林、湿地、氧吧、黑土、冰雪等形象，吸引南方游客来黑龙江避暑休闲。

2. 打造适老旅游线路

要符合老年人特点，森林、湿地、景点具有可进入性。可在景点或景点附近建设适合老年人居住的寓所，进入景点要提供便捷的交通工具，如游览电瓶车等。要使旅游、健康与生态食品的供给实现有效组合。饮食上多开发一些有地域特色、有益于健康的养生食品。哈尔滨12349助老公益服务中心开启了15条适老休闲旅游线路，这些旅游线路包括冰城夏都全景游、冰城文化之旅、冰城避暑休闲游、医疗康养乡村游、地下森林游、中俄边境游等，把文化养生内容融入其中，满足了老年人的心理需要。

3. 搞好候鸟式养老基地建设

候鸟式养老基地要突出森林、湿地、氧吧等生态优势，并把养老旅游、健康养生结合起来。要创建"国家级北方夏季健康养老基地"，在农垦、林区、景区建设一批"候鸟养老小镇""候鸟老人之家"。比如黑龙江省森工林区推出的医养结合型的候鸟旅游居住项目——亚布力青云小镇、方正综合养老中心、鸳鸯岭等，可为南方老年人提供五六个月时间的林区避暑养老。黑龙江省还推出了11个生态养老名镇来发展生态养老旅游，如素有"森林氧吧"，森林覆盖率92.7%，空气中每立方厘米平均5万个负氧离子的伊春汤旺河镇；拥有我国最大的火山熔岩的堰塞湖，世界地质公园的镜泊湖镇；拥有世界三大冷泉之一，且富含人体必需微量元素的五大连池镇，都是极好

的避暑旅游胜地。黑龙江的景区、养老基地要与南方景区养老基地建立协作关系，互换游客，夏天组织南方游客来龙江避暑，冬天组织龙江老人去南方过冬。哈尔滨养老基地已与广西、南京、三亚、保定、青岛、武汉、深圳等地签订旅居养老协议，使候鸟式养老成为一种常态的养老方式。

4. 创建候鸟中医药健康旅游示范区

按照国家旅游局、国家中医药管理局的要求，在中药资源富集的林区农区可创建中医药健康旅游示范区。可建立动植物中药博物馆、中草药种植园、中药药膳餐厅、中药药浴馆、中医保健按摩馆等，打造可看、可走、可吃、可住、可体验的中医药旅游养老养生新产品。要适应南方候鸟养老群体"北药南治"的需求，针对南方气候炎热、潮湿以及饮食习惯而引起的疾病，在北方冷凉自然环境中对其进行治疗，以期取得良好的治疗效果。

（三）与生态食品业融合，打造养老养生食品新体系

优越的生态环境使黑龙江省成为生态食品生产大省。推进养老服务业与生态食品业、健康业、养老候鸟旅游业相融合，必将打造出养老养生食品新体系。

1. 推出一批生态食品品牌，牵动养老与医疗、旅游业融合

黑龙江优质生态食品品牌，即无公害农产品、绿色食品、有机农产品和农产品地理标志，统称"三品一标"，闻名全国。农产品有五常大米、方正大米、通河大米、响水大米等，据有关部门介绍，"五常大米"地理标志产品品牌价值639.55亿元、"方正大米"地理标志产品品牌价值89.39亿元、"通河大米"地理标志产品品牌价值83.21亿元，还有森林绿色食品，如尚志、伊春黑木耳、伊春蓝莓等品牌，对于医疗养老养生、旅游都具有独特价值。生态食品（包括无公害、绿色、有机食品）可开发为旅游购物产品、旅游纪念品，生态食品的生产基地可开发为旅游景点。

2. 推进保健食品的开发，促进养老、医疗、旅游业融合

黑龙江省具有丰富的生态食品与北药资源，要充分利用这些资源推进健康产品开发。哈尔滨市专顾委医药卫生专家组提出要采用先进的加工技术，

把纳豆、林下参、刺五加、五味子、黄芪、桔梗、林蛙、黄瓜籽等北药药材与木耳、猴头、灵芝、香菇、银耳、桦褐孔菌等药食两用真菌有机结合,开发出一批具有自主知识产权、功效好、物质基础明确、作用机理清晰、安全性高的现代高科技保健食品。同时,加强药食兼用的功能性食品、特膳食品及健康养生套餐的开发。

3. 研究做大生态食品企业,拓展生态食品市场

在省内、国内开展"绿色、有机食品博览会",如黑龙江省人民政府就主办了黑龙江绿色食品产业博览会和哈尔滨世界农业博览会,2017 年第五届博览会以"绿色生态价值链再造"为主题于金秋 9 月在哈尔滨举行,并举办了黑龙江省消费者最喜爱的 100 种绿色有机食品评选活动。伊春市通过组织绿色有机食品企业和农民专业合作社参加黑龙江绿色食品(北京)年货大集、第十一届国际有机食品博览会、上海国际食品及饮料博览会、广州食品食材展等十余次大型经贸活动,签订森林食品贸易协议 28 项,签约额达 41.2 亿元,现场销售额达 24 万元,从而促进了生态食品企业与养老服务业有机融合,形成养老服务、健康、生态食品业一体化。

三 对完善养老服务业融合发展的建议

(一)在摸清养老业、健康业、旅游业、生态食品业资源底数的基础上,做好规划,进行合理配置

目前全省各类养老机构有床位 21.5 万张,其中民办养老机构床位 12.65 万张,占比 58.8%;全省医疗卫生机构转型和领办的医养结合床位 3.2 万张。有旅行社 669 家,星级饭店 217 家;5A 级景区 5 家、4A 级景区 102 家。在摸清资源底数的基础上,做好融合发展的顶层设计和规划,对资源进行合理配置,为养老服务业与医疗健康业、旅游业、生态食品业精准对接、融合提供基础。对融合取得的成绩和经验、存在的问题,"医养结合"与旅游业、生态食品业融合发展状况,都要及时考察和总结。比如哈尔滨第

一医院康复医院在全国率先采用"五位一体、南北联动"医养结合候鸟新模式,即集医疗、护理、养老、康复、旅游等功能于一体,实现了哈尔滨市第一医院松北院区与三亚海棠湾院区的互相联动。也要总结医养结合与候鸟旅游养老相结合的经验,应将黑龙江省推出的集旅游、居住、医疗、商业、公共服务、娱乐为一体的宜居养老旅游名镇——伊春汤旺河、镜泊湖、五大连池等的经验作为示范样板予以总结和推广。

(二)对养老服务业融合发展提供政策支持

国家和黑龙江省最近几年对养老服务业融合发展进行了顶层设计,并出台了一系列扶持政策。近年来,黑龙江省先后制定出台了十多个政策性文件,在发展规划、土地供给、税费优惠、投融资和补贴支持、人才培养和就业等11个方面建立了引导社会资本投入的政策支持体系。但政策由宏观层面向操作层面转化缺乏必要的具体设计,一些地方和部门对优惠政策落实得不够有力,政策的细化、衔接与整合不到位,使政策的能量未能充分释放出来。在投融资、税费、价格、用地等方面应进一步加大扶持力度。比如投融资方面,黑龙江省政府就主办了生态养老旅游名镇招商推介会,探索政府和社会资本合作(PPP)的投融资模式。要创新金融产品和服务方式,支持养老服务业融合发展。

为推动养老服务业融合发展,黑龙江省质监局制定了省内首项《候鸟式养老服务规范》地方标准并纳入《黑龙江省地方标准制定三年规划》中。该项地方标准从餐饮、住宿、旅游、购物、娱乐和文化角度,对候鸟式养老服务进行了规范,将健康管理、养生膳食、旅游休闲、文化娱乐融为一体,为黑龙江省候鸟式养老服务提供了重要遵循,促进养老服务业、旅游业、健康服务业和生态食品业在更高层次上实现有机融合。

(三)建设养老服务融合发展云平台,提升融合发展的质量

第一,要开发建设全省养老服务融合发展云平台,以老年人健康信息为重点,建立养老供需大数据,以养老机构、医疗机构、旅游实体、生态食品

供应商为主体，整合各类养老资源，推动互联网、物联网技术在养老领域全方位应用。依托东北网、黑龙江报业集团加快推进黑龙江省养老云平台老爸老妈网建设，做到线上线下同步运营。

第二，依托养老服务云平台，在全省推进"智慧养老社区"建设。利用服务热线、一键呼叫终端与交互渠道，接入区域性为老服务信息中心，汇集各类为老服务资源，推进全省社区居家老年人电子健康档案和基层公共卫生服务信息平台建设，交换共享，实现社区居家养老服务高效"线上对接"和优质线下服务。为老年人提供远程健康管理、健康指导服务、远程视频诊疗服务、旅游出行服务、保健食品和生态食品购买服务。探索网上经营的业务模式和商业模式，使黑龙江省养老服务质量登上新台阶。

第三，养老服务业与生态食品业融合要以电商平台为载体。比如伊春市借助第三方平台开设网店622个，销售森林食品8大类300多个品种。组建了伊春电子产业商务园，入驻企业和电商平台已达五十余家，形成了线上产品推广、网店销售支持、产品检验、物流快递服务等配套体系。

第四，加强人才队伍建设，为养老服务业融合发展提供支撑。由于养老服务业融合发展涉及养老、医疗、旅游、生态食品等诸多领域，因此，需要多方面专业人才参与。由于服务的综合性又决定了从业人员除掌握专业知识外，还要具有综合知识，即一专多能的知识结构，因此，必须加大人才队伍建设的力度。

1. 要完善培训机制

就医养结合方面看，要从"医"和"养"两个方面提升从业者的素质和技能，完善岗前培训、岗中培训、继续教育的培训体系，使"医养结合"机构的专业医生、执业护士、管理人员和护理员都具备执业的专业要求，同时要掌握养老服务业与旅游、生态食品等相关知识。特别是对于"4050"人员参加医养结合机构从事护理工作的一定要做到全方位培训，使其更快适应工作。

2. 增添新生力量

大中专学校医护专业、旅游专业、食品专业、社会工作类专业，要大力培养老年医学、康复、护理、旅游、营养、心理和社会工作等方面专业人才，为养老服务业融合发展增添新生力量。

3. 完善从业人员激励保障机制

在养老机构从事医护工作的专业技术人员，在申报职称方面与医疗机构医护人员同等对待，在其他福利待遇方面也应一视同仁，对在旅行社、生态食品业、养老机构及社区从业的人员，按照他们的业绩给予表彰与奖励。

4. 大力发展志愿者队伍，解决养老服务融合发展人员不足的问题

要以街道、社区、医养结合机构为主体，以云服务平台为载体，招募养老服务融合发展的志愿者，主要为热心公益的医务工作者、养老工作者、其他热心公益的社会各界人士，从而形成庞大的养老服务融合发展志愿者队伍，以缓解老龄化快速发展，而政府与社会组织力量不足的矛盾。欧美国家许多社区都实行"时间银行"这种志愿者服务模式，即志愿者将参加公益服务的时间存入时间银行，当自己遭遇困难时就可以从中支取"被服务的时间"。我国南宁、南京、重庆、哈尔滨等地也零星出现过这种模式。这种模式具有旺盛的生命力，应大力引进养老服务融合发展的实践中，从而使融合发展拥有深厚的群众基础。

B.17
黑龙江省新型农业经营主体构建与农村就业扶贫问题研究[*]

程遥 郝帅[**]

摘 要： 黑龙江省新型农业经营主体主要分为专业大户、家庭农场、农民专业合作社以及农业龙头企业四种类型，均具有经济功能和社会功能。伴随着农业供给侧改革，黑龙江省新型农业经营主体发展迅速，目前在全国处于领先地位。新型农业经营主体是吸纳农民就业的主力军，是农民脱贫致富的主体，新型农业经营主体还具有提高农民的素质和技能的作用。促进新型农业经营主体发展及吸纳农民就业、扶贫，可以从加强组织规章制度建设与执行力度、建立完善主管者培训制度、提升新型农业经营主体质量、建立多渠道筹融资体制机制、发挥驻村书记为新型农业经营主体保驾护航的作用等五个方向进行。

关键词： 黑龙江 新型农业经营主体 精准扶贫 就业 增收

黑龙江是全国有名的农业大省，每年为国家提供的商品粮数量稳居全国第一，因而被国家选作《黑龙江省"两大平原"现代农业综合配套改革试

---

[*] 本文为国家社会科学基金一般项目（项目编号：14BJY126）的阶段性研究成果。
[**] 程遥，黑龙江省社会科学院经济研究所研究员，研究方向为农业经济；郝帅，黑龙江省社会科学院助理研究员，研究方向为农业经济。

验总体方案》的实验区,承担着为全国实现农业现代化总结经验、寻找路径的使命。黑龙江省从粮食生产"双第一"发展到今天现代农业"十个第一领跑全国",国人每吃10碗米饭,其中有1碗就来自黑龙江,正所谓"龙粮熟,天下足"。但是黑龙江省还不是农业强省,尤其近年来黑龙江省农村外出务工农民增多,农村劳动力减少,农民老龄化、留守儿童等社会问题突出。"农村地谁来种,农民如何扶贫致富",这是省委省政府及各级农业管理部门面临的一个重要课题。党的十八大报告明确提出要"发展农民专业合作和股份合作,培育新型经营主体,发展多种形式规模经营,构建集约化、专业化、组织化、社会化相结合的新型农业经营体系"。[1] 可见,党中央对新型农业经营主体发展农村经济,吸纳农民就业,带动农村贫困人口脱贫致富,从而全面建成小康社会抱有重大期待。新型农业经营主体是发展农村经济、解决农村就业扶贫问题的重要载体和动力,应充分发挥其功能和作用。

一 黑龙江省新型农业经营主体基本态势

2014年中央一号文件指出,"构建新型农业经营体系,扶持发展新型农业经营主体,到2015年使其带动农户覆盖面达到80%以上"。[2] 省委书记张庆伟在省第十二次党代会报告中提出:"争当农业现代化建设排头兵,是党中央赋予我们的重大任务。坚持以保障国家粮食安全、促进农民持续增收为目标,以构建现代农业产业体系、生产体系、经营体系为抓手,推动粮经饲统筹、农林牧渔结合、种养加一体、一二三产融合发展,走出产出高效、产品安全、资源节约、环境友好的农业现代化道路。"[3] 由此可见中央及省委对新型农业经营主体建设的高度重视。新型农业经营主体是构建现代农业经

---

[1] 《党的十八大报告》,新华网,2012年11月19日。
[2] 《关于全面深化农村改革加快推进农业现代化的若干意见》,中央政府门户网站,www.gov.cn,2014年1月19日。
[3] 《做好"压舱石" 争当"排头兵"》,《黑龙江日报》2017年10月9日。

营制度和经营体系的基石。其对保障国家粮食安全、发展现代农业、带动农民增收脱贫、保护生态环境等方面具有重要作用。

(一)新型农业经营主体类型

1. 新型农业经营主体类型

就目前来看,黑龙江省的新型农业经营主体主要有五类,即种养大户、家庭农场、农民专业合作社、农业龙头企业以及农业社会化服务组织。黑龙江省农业发展实践中,农民专业合作社作用显著。比如农机合作社,主要是入社农户将土地托管给合作社或由合作社代耕土地,实现连片经营,从而充分发挥农业机械化作用,达到节省成本,夺取规模经营效益。据统计,2017年全省共建起现代农机合作社1359个,力争到2020年全省现代农机合作社达到1800个,并进一步使之规范化。再如农民专业合作社,它是在不改变家庭承包经营性质的基础上通过普通农户自愿联合组建合作社,共同以市场需求为导向,来进行生产经营,通过这种组织化推进农业生产的专业化、规模化、产业化发展,如玉米、水稻大田生产,畜牧业,绿色蔬菜种植业等。当前,黑龙江省正处在农业供给侧结构性改革、种植业结构调整、建立现代农业产业体系、加快推进农业现代化进程中,发展新型农业经营主体和构建新型农业经营体系是新时代赋予黑龙江省的重要任务。

2. 新型农业经营主体发展与农村经济发展

党的十八大以来,黑龙江省新型农业经营主体取得快速发展。目前黑龙江省的新型农业经营主体主要有"专业合作社+农户经营""龙头企业+现代农机合作社""农民专业合作社联合社经营"等多种合作模式,这些农业经营主体带动了农业产业向适度规模和产业化经营发展。据统计,黑龙江省百亩以上的各类新型农业经营主体已突破19万个,各类新型农业经营主体带动土地规模经营超过1亿亩。黑龙江省以"两大平原"农业综合配套试验改革为契机,立足于2.39亿亩优质集中连片耕地、适于大农机作业的农业实际,紧抓国家实施购机补贴政策的有利时机,全力组建起1359个现代农机合作社,全省现代农机合作社入社农户16.3万户,自主经营耕地面积

1128万亩，社均自主经营土地面积达到8300亩。全省各类农民专业合作社总数达到19万多个，入社农户达到80多万户，带动农户300多万户，覆盖面积超过70%。农民专业合作社在实现多元化发展的同时，拓宽了农业经营范围，延长了产业链条。截至2017年10月，黑龙江省13个试点县（市）中开展产加销一体化经营的合作社达到604家，带动入社农户44045人；发展农业产业化龙头企业240多家，通过投资自建基地和与农民参股合作共建基地，全产业链经营的发展格局形成；依托国投资金1亿元，吸引社会投资26亿元，投资兴建农村三产融合项目97个；新上农产品加工项目103个，完成固定资产投资22.9亿元，新增农产品加工能力103万吨；2016年，农业经营主体带动农民增收10.2亿元[1]。在新型农业经营主体的助力下，黑龙江省粮食综合生产能力不断提高并获得"十三连丰"的同时，农民人均纯收入也实现"十三连增"。2014年全省农民人均纯收入为10453元，突破万元，远远高于全国平均水平并一直保持高位增长。即便是在增收形势异常严峻的2016年，黑龙江省虽然遭受了严重自然灾害但也取得了较好成绩，全省农民人均可支配收入11832元，同比增长6.6%，高于全国平均值，也高于全国经济增速和城镇居民收入增速。[2]

（二）新型农业经营主体主要功能

新型农业经营主体虽然是以经济合作为出发点产生的农业合作组织，但它同时具有经济和社会两种功能。

1. 经济功能

新型农业经营主体主要通过创新农业经营模式和提供社会化服务两方面带动农民增收脱贫致富。农村贫困人口在新型农业经营主体带动下可获得直接性收入和间接性收入。直接性收入是指新型农业经营主体创新农业经营模式，为贫困户提供固定工作岗位，以获得岗位工资，农户以土地、人力等生

---

[1] 以上数据皆出自《做好"压舱石" 争当"排头兵"》，《黑龙江日报》2017年10月9日。
[2] 以上数据皆出自《做好"压舱石" 争当"排头兵"》，《黑龙江日报》2017年10月9日。

产要素入股新型农业经营主体,年底获得股份分红。间接性收入是指新型农业经营主体为其内部的贫困户提供社会化服务,降低农民的生产成本,对接市场获得较高的产品价格,增加新型农业经营主体内农户的收入。同时新型农业经营主体可以为本村老弱病残等特殊贫困人口提供简单的工作岗位,使其有基本生活保障,助推农村扶贫精准发展。因此,黑龙江省农村就业扶贫应以新型农业经营主体为抓手,重视其在产业扶贫、精准扶贫中的作用,加大对新型农业经营主体的扶持力度,引导新型农业经营主体扩大发展。

2. 社会功能

新型农业经营主体不仅具有发展经济的功能,同时具有推动社会发展的功能。其社会功能主要体现在以下四方面,一是新型农业经营主体吸纳农民就业,增加农民收入,并将出门务工的精壮劳动力吸引返乡务工,直接解决了农民老龄化、妇女化和留守儿童等社会问题;二是新型农业经营主体参与推动乡村基础设施和公共服务事业发展,促进黑龙江省农村人民生活水平的提高;三是新型农业经营主体促进传统产业转型升级,减少粗放型的污染产品生产,保护了农村生态资源环境;四是新型农业经营主体极大地推动了乡村文化、农村旅游等第三产业发展,特别是在传播历史文化,传承当地民俗、礼仪,承接城市先进生活方式、先进生活理念方面起着不可替代的作用。

二 新型农业经营主体与农村就业、脱贫的关系

据统计,2014~2016年,黑龙江省现行标准下的农村贫困人口由111万人减少至44.5万人。农村贫困发生率由6.15%下降至2.47%,20个国家贫困县农村居民人均可支配收入年均增长10.45%。可见,黑龙江省近两年脱贫攻坚工作阶段性成果显著。[①] 2017年,黑龙江省尚有农村贫困人口44.5万人,这些贫困人口文化技术素质低,多是老弱病残、生存环境恶劣、

---

① 以上数据皆出自吕维峰《黑龙江省人民政府关于全省脱贫攻坚情况的报告》,《黑龙江日报》2017年10月10日。

自身脱贫能力差,显见其扶贫难度越来越大。新型农业经营主体是黑龙江省农村贫困人口就业脱贫的重要支撑,发展新型农业经营主体是实现黑龙江省扶贫攻坚任务的重要路径。在黑龙江省农村家庭承包经营体制下,普通农户的小规模、分散经营制约着大型农业机械设备的使用,制约现代科学技术的推广和生产性要素的投入,从而影响了黑龙江省新型农业经营主体带动贫困农民脱贫的进度。因此,黑龙江省要千方百计地培育、发展、壮大新型农业经营主体,多措并举推动新型农业经营主体壮大规模,带动黑龙江省各个贫困村农民就业增收,力争在2019年完成农村脱贫攻坚任务,全省提前全面建成小康社会。

(一)新型农业经营主体是吸纳农民就业的主力军

新型农业经营主体通过创新经营模式、延伸产业链条、规模化产业化经营,吸纳了广大贫困农民就业。目前新型农业经营主体已成为黑龙江省吸纳农民就业的主力军。随着新型农业经营主体的发展,生产经营规模不断扩大,吸纳农民就业的岗位大幅增加。目前,黑龙江省各类新型农业经营主体已突破19万个,入社农户达到80多万户,带动农户300万户。[①] 黑龙江省新型农业经营主体通过土地入社、托管服务、股份合作等多种形式实现了规模化、集约化生产,全省各类新型农业经营主体带动土地规模经营超过1亿亩。新型农业经营主体本着邻里互敬互爱、互相帮扶的精神,为本村的老弱病残等特殊贫困居民提供简单的工作岗位,使其获得长期稳定的收入,从而能够维持基本生活。可见新型农业经营主体已成为黑龙江省吸纳农村就业的主力军。

(二)新型农业经营主体是农民脱贫致富的主体

增加农民收入是黑龙江省农民脱贫致富的主要渠道。黑龙江省农民收入主要来源于农业收入、股份分红、土地流转收入、外出务工等途径。新型农

---

① 以上数据皆出自《做好"压舱石" 争当"排头兵"》,《黑龙江日报》2017年10月9日。

业经营主体创新经营方式能够使其经营的规模得以扩大,生产要素成本降低,农民的专业技能和素质得以提高,这些都促进了农民增收。对于新型农业经营主体的成员而言,每年除了可以拿到固定的岗位工资,还可以根据投资入股的股本得到年终分红;土地流转获得的承包费也是农民收入的重要部分。龙头企业在增加农民就业、提高农民收入、帮助农民脱贫致富方面起到了较大的作用。其通过与农户、家庭农场、合作社合作,建立生产基地等方式,提高了农业生产效率,增加了农民经济效益。同时,它的快速发展,就地、就近雇用当地农民使其就业,直接增加了更多的就业岗位,促进了劳动力就近转移,从而带动区域贫困村脱贫致富。另外,许多新型农业经营主体开拓创新,将扶贫资金或财政补贴以及给贫困户的发展资金整合使用,将资产按比例量化到每个股东账户,确保贫困户分红底线,并采用保底分红的方式进行分配,促进了农民脱贫致富。

(三)新型农业经营主体发展提高了农民素质与技能

黑龙江省新型农业经营主体的带头人、组织者或者管理人员基本上具有较高文化水平,掌握一定的生产技术,是懂经营、会管理、爱农业的农业生产经营能手。同时他们掌握一定资源,具有较强创业意识,能够开展规模化、集约化、产业化生产。平日里他们在组织带领农户进行农业生产中,通过言传身教、自身示范等做法,无形中提高了个体农户的素质和技能。因此政府在培养现代职业农民的过程中,可先行培育新型农业经营主体,待他们成熟后再对农民进行培训。通过他们对在国家培训中没有完全领会和掌握所学知识和技能的农民进行二次培训,以实现把农民培养成现代职业农民的最终目的。2017年,黑龙江省搭建了以现代农业科技园为载体,新型经营主体、科研院校、农业企业和推广部门等力量协同攻关的科技创新联合体,创建现代农业科技园350个,实训职业农民1万人,培训农民100万人次,进一步提升了黑龙江省农民的专业技能和素质,为黑龙江省农村就业脱贫打下了基础。

（四）新型农业经营主体增强了农民自身生存发展能力

首先，新型农业经营主体的发展在客观上提供了大量的就业机会，使广大农村贫困农民在新型农业经营主体中获得固定工作，拥有稳定的工资收入，保障了贫困农民的就业和基本的生活。其次，农民可以以土地、劳动力、资金、技术入股新型农业经营主体，参与新型农业经营主体的生产经营活动，年底可以获得股份分红，进一步增加农民的收入，从而增加农民创业资本，提高农民的生活水平。再次，新型农业经营主体对经营主体内农民进行技术指导，通过改进生产技术，不但降低了生产成本，还提高了农产品质量、增加了产量，并且带领农民更好地对接市场，增加了农产品附加值。新型农业经营主体极大地增强了农民自身发展能力。

三 黑龙江省新型农业经营主体就业扶贫存在的主要问题

总体来看，目前黑龙江省新型农业经营主体数量少，个体实力不强，创新创业能力弱，其发展过程中还存在一些突出问题。

（一）经营规模偏小，组织管理不规范

黑龙江省一般农户经营规模土地普遍在 20~50 亩，经营规模小，内部组织不健全，而且地块较为零散，成本高、效益低，既不利于标准化生产，也不利于大型农机作业。当前黑龙江省土地流转平台刚刚确立，处于试点进行中，在全省并未全面铺开，土地流转程序及监管机制还不健全，土地资源约束限制了新型农业经营主体的发展。其次，由于黑龙江省农业经营主体大多数规模小，组织内部结构不健全、运行管理制度不规范，经营效益没有充分发挥，这也限制了新型农业经营主体发展壮大。

（二）带头人文化低，领导能力参差不齐

农民受教育程度偏低，基本上是中小学文化，大部分农民普遍更注重眼

前利益，忽视长远发展。黑龙江省有些新型农业经营主体存在产权上不够明晰、管理上不够民主的问题以及一言堂的现象。部分新型农业经营主体被带头人大户操纵，小农户的利益无法得到保障。与我国发达地区相比，黑龙江省新型农业经营主体带头人组织能力差，对农民的示范带动性差，管理涣散，组织农民生产、经营、对接市场的力度不够，没有使农民看到组织起来生产经营的高效益，导致农民加入组织的积极性不高，影响了新型农业经营主体的快速、规模化发展，甚至有的经营主体被市场淘汰。

（三）新型农业经营主体质量不高，农业功能缺失

黑龙江省新型农业经营主体在拥有土地规模、企业资金、生产装备等方面与发达国家相比有差距。所以其在带动农村农民发展上、农业基本设施建设上及水利设施建设上都不是很到位。这也致使其在发展现代农业上有些功能缺失，一定程度上阻碍了农业现代化的发展。特别是农业防灾、减灾能力弱，一定程度上还得"靠天吃饭"。今后应大力加强新型农业经营主体自身实力建设，增强其作为农业现代化实践主体的综合实力，提高其发展"优质、高产、高效"农业的动力和功能，以便其更好地发挥吸纳农民就业、增加农民收入、精准扶贫的作用。

（四）新型农业经营主体资金匮乏，扩张发展力量不强

黑龙江省新型农业经营主体普遍存在缺少发展资金的问题，因而它们发展扩张速度缓慢。我国银行申请贷款手续复杂，贷款条件要求苛刻，交易成本高，而无论是种养大户、家庭农场还是农民合作社、中小型农业企业，他们普遍缺乏融资的有效担保和抵押物，致使融资贷款困难。黑龙江省小额信贷等扶持性贷款规模较小，远远无法满足新型农业经营主体的资金需求，资金缺乏是严重制约黑龙江省新型农业经营主体发展的主要障碍之一。

（五）政府就业扶贫政策对新型农业经营主体的作用发挥不足

黑龙江省支持新型农业经营主体发展的政策不够完善，政策目标不够明

确,扶持措施不够具体,政策支持力度不够大。表现在:一是土地流转制度刚刚确立,并未全面铺开,限制了新型农业经营主体的发展。二是在新型农业经营主体融资上未能很好地搭建融资平台,制约了新型农业经营主体的发展。三是对现代化的服务组织管理引导不到位。农村社会化服务体系还不健全、公益性的服务机构服务能力不强、经营性服务组织实力较弱、服务方式落后、服务内容单一。四是对国家给予的新型农业经营主体支持政策未能很好执行,由于各种原因未能全部落实,同时缺乏对政策执行效果的监督和评估。

四 促进新型农业经营主体发展及吸纳农民就业、扶贫的对策建议

(一)多措并举促进规模发展,加强组织规章制度建设与执行力度

黑龙江省应因地制宜合理制定扶持发展政策,促进新型农业经营主体规模化发展。一方面加大指导培育,降低注册门槛、简化注册程序,从数量上扩充发展;另一方面加快土地流转,并使流转土地向新型农业经营主体倾斜。在土地流转上一是完善土地确权颁证,明晰农民土地产权。二是明确农户土地产权的法律地位,完善法律。三是保证新型农业经营主体获得稳定的土地使用权和合理的土地流转价格。四是农业管理部门应帮助指导新型农业经营主体进行内部组织建设,完善组织规章制度,并加强其执行力度。

(二)建立完善新型农业经营主体带头人、主管者培训制度和管理规划

提高新型农业经营主体的文化水平,加快提升新型农业经营主体的农业专业知识、科学技术应用和经营管理能力及农业经营管理水平是促进新型农业经营主体快速发展的最有效手段。为此,应发挥好政府引领连接作用,制

定新型农业经营主体带头人培训制度,建立教育培训、认定管理和政策扶持"三位一体"的农业经营主体培育机制。同时在农村围绕主导产业挑选种养大户、家庭农场主、专业合作社骨干,根据他们的特点进行分类培训,将他们培育为生产经营型、专业技能型和专业服务型的新型农业经营主体的领军人物,并强化培训制度和进行规范考核。

(三)加大财力物力支持,着力提升新型农业经营主体质量,提升其就业和扶贫能力

黑龙江省各级政府应关注新型农业经营主体发展对资金的需求,加大对其资金支持力度。一是对新型农业经营主体资金支持的额度,应采取动态形式增长,可按照各级财政增长比重同步提升。二是把各个部门有关农业的扶持项目在分配上向新型农业经营主体倾斜,将国家项目资金进行整合,有效利用。三是加大对新型农业经营主体基础设施建设的支持力度。将水利工程、国土规划、资源开发等基础设施建设项目分配向新型农业经营主体倾斜,以项目资金引领带动新型农业经营主体进行农业基础设施建设。四是政府各级财政应创建融资担保平台,对快速发展的新型农业经营主体给予信贷担保资金层面的支持。五是充分利用好"互联网+"技术,打造好农村电商平台,与国内外农产品市场对接,减少市场流通环节,创建"农田到餐桌"直销模式,为农户代销产品、代购物资、增收节支。全方位、多角度地提升新型农业经营主体质量,促其为农民提供更多就业岗位,增加农民工资收入,精准扶贫。

(四)建立完善多渠道筹融资体系,加强新型农业经营主体的自身发展能力

为使新型农业经营主体更好地发挥带动农民就业、帮助农民增收致富、精准脱贫的功能,应加强其自身发展能力。可从以下三方面进行:一是号召鼓励农户社员以资金入股形式融资。在以往农户以土地入股的形式融资基础上进一步开拓融资渠道,号召农户或社员将自己家庭拥有的资金整合,以资金的形式入股融资，借以满足新型农业经营主体发展中不断增长的资金需求。二是鼓励社会各界工商资本进入农业领域。在国家政策的引导下，地方各级政府在遵循国家政策的前提下，应灵活运用政策支持新型农业经营主体发展壮大，进一步采取贴息、税费减免等优惠政策引进工商资本投入农业领域。三是加大国家财政投入。中央政府应每年拨出一定的财政资金作为专项资金支持新型农业经营主体发展。这些资金应主要用于新型农业经营主体内部组织建设、扩大生产经营规模、提高使用推广高新技术能力、购买先进农用器具及其他先进生产资料。同时，对生产经营管理效益好、发展规模大、示范带动作用强的新型农业经营主体给予更大的财政等优惠政策支持。

（五）发挥驻村书记为新型农业经营主体保驾护航的作用，助推精准扶贫

2015年，黑龙江省集中选派了3484名干部到建档立卡的贫困村担任第一书记。据调研，驻村书记能够因地制宜发展新型农业经营主体，通过新型农业经营主体吸纳贫困户就业及给予物资等方面的援助进行扶贫。截至2017年，黑龙江省选派驻村书记工作已满两年，驻村书记扶贫效果显著，实现了建档立卡贫困村和党组织软弱涣散村全覆盖，为贫困村协调资金19.7亿元，发展产业扶贫项目2903个，受益农户22.4万户，解决实际问题4.5万个。[①] 黑龙江省应再接再厉发挥好驻村书记的扶贫作用，在各单位挑选骨干力量到艰苦贫困农村，因地制宜为每个贫困户谋划致富出路，积极联系村党组织因地制宜培育新型农业经营主体，为新型农业经营主体落实国家政策、协调贷款资金、谋划产业项目、联系产品市场销售，全方位的精准扶贫，增加全村贫困居民收入。争取到2019年，提前一年时间实现全省农村贫困居民脱贫致富。

---

① 以上数据皆来自《黑龙江新闻联播》，2017年9月24日。

参考文献

蒋和平等：《中国特色农业现代化建设机制与模式》，中国农业出版社，2013。
宋洪远、赵海等：《中国新型农业经营主体发展研究》，中国金融出版社，2015。
宋洪远等：《"十二五"时期农业和农村政策回顾与评价》，中国农业出版社，2016。
金海年：《2049：中国新型农业现代化战略》，中信出版社，2016。
钱永忠、陈松、王宁：《我国农业标准化战略与增强农业竞争力研究》，中国农业出版社，2014。
胡剑锋：《中国农业产业组织发展演变的制度分析》，人民出版社，2010。

B.18 黑龙江省快递行业"放管服"政策效应研究报告

国家统计局黑龙江调查总队课题组*

摘　要： 本报告通过专题调研、深入座谈等方式分析研究黑龙江促进快递行业发展相关政策在简政放权、行业监管、电子商务协同等方面的落实效应，进而发现宏观政策的"长短板"，针对政策落实中面临的困境，提出合理的建议。

关键词： 黑龙江　快递行业　"放管服"

快递行业的协调发展是保证电子商务市场平稳增长的前提条件。但我国快递行业仍然面临许多问题，行业内的品牌众多，同质化竞争激烈，"价格战"一直是竞争的主旋律，存在低效率竞争，严重制约了快递行业的进一步转型升级。研究促进快递行业发展相关政策的落实效应，探寻政策落实中面临的困境，对促进快递行业平稳发展具有重大意义。本报告通过专题调研、深入座谈等方式分析研究促进黑龙江快递行业发展相关政策在简政放权、行业监管、电子商务协同等方面的落实效应，进而发现宏观政策的"长短板"，针对政策落实中面临的困境，提出合理的建议。

---

* 课题组成员：刁玉兰，黑龙江调查总队副巡视员；王志云，黑龙江调查总队服务业处处长；赵宗瑛，黑龙江调查总队服务业处副处长；康宁，黑龙江调查总队服务业处处长；刘佳琦（主执笔），黑龙江调查总队服务业处主任科员。

一 黑龙江省快递行业发展现状

国家邮政局制定的《快递行业服务标准》对快递服务的定义为：快速收寄、运输、投递单独封装的、有名址的快件（快递服务组织依法收寄并封装完好的信件和包裹等寄递物品的统称）或其他不需储存的物品，按承诺时限递送到收件人或指定地点并获得签收的寄递服务。

统计数据显示，从2015年开始黑龙江省快递业务进入高速增长阶段，成为新常态下经济增长的新亮点。当年业务量增速达到80.2%，排名全国第二；2016年实现业务收入33.2亿元，同比增长55.4%，是同期全省地区生产总值增速的9倍（见图1）。

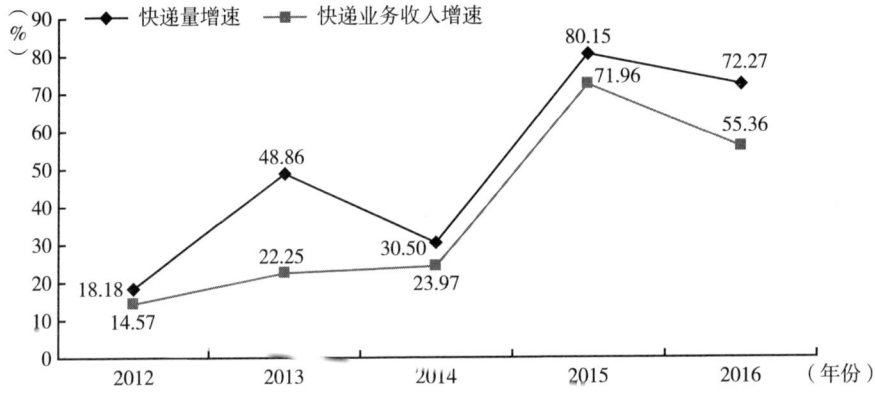

图1 2012~2016年黑龙江省快递业务量和业务收入增速

资料来源：根据黑龙江省邮政管理局公布的黑龙江省邮政行业运行情况整理所得。

但由于产业内同质化竞争激烈，为了争夺市场份额，快递企业的"价格战"日趋激烈。统计数据显示，2011年以来全省平均每单业务带来的收入一路下滑，由23.32元降至15.23元，降幅达到34.7%（见图2）。同时，受油价和人工成本不断上涨的影响，快递企业利润空间不断被压缩。

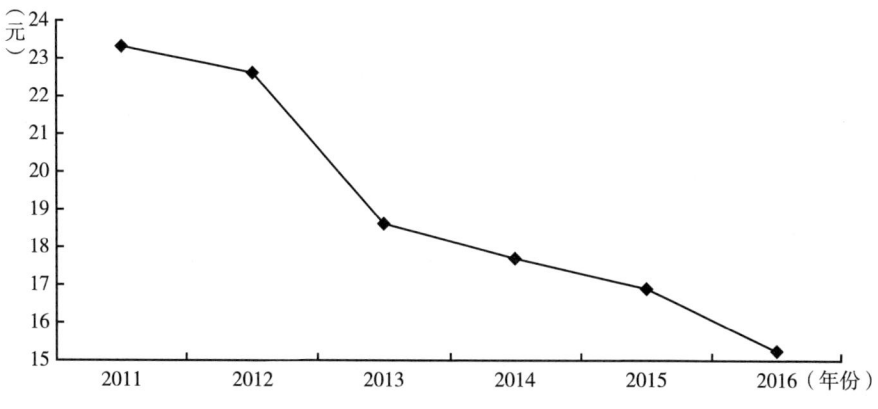

图 2　2011～2016 年黑龙江省单件业务收入情况

二　黑龙江省促进快递行业发展政策落实效应分析

（一）"放管服"相关政策在快递行业落实效应分析

2017 年 6 月 13 日，国务院总理李克强在全国深化简政放权放管结合优化服务改革电视电话会议上强调，要始终抓住"放管服"改革这一"牛鼻子"，坚韧不拔地推进政府职能转变。为充分了解黑龙江省"放管服"相关政策在快递行业的落实情况，国家统计局黑龙江省调查总队在全省 13 个地市选取了 121 个快递行业样本单位就相关情况开展了专题调研，其中公办机构占 11.6%，民办机构占 88.4%；地市级分支机构占 78.5%，区县级分支机构占 21.5%。

1. 简政放权相关政策落实效应

为做好简政放权的"减法"、优化快递市场环境，黑龙江省各级政府上下联动，采取了一系列改革措施，让企业少跑腿、好办事、不添堵，为放宽市场准入、促进公平竞争清障搭台。一是优化宣传，半数以上快递企业为"放管服"工作点赞。调研结果显示，对近年来国家加大简政放权力度、放宽市场准入政策非常了解的企业占比为 28.9%，基本了解的占 48.8%；对国家邮政局2015年印发的《快递业务经营许可工作优化方案》非常了解的占28.9%，基本了解的占55.4%；认为近三年政府出台的"放管服"政策获得感强的企业占57.0%。二是深化快递行业商事制度改革，简化快递业务经营许可审批备案程序。比如佳木斯市工商部门实行同一工商登记机关管辖范围内快递企业"一照多址"管理模式；佳木斯市邮政管理局优化了快递企业许可准入、变更、年报、备案、注销等审批事项，企业申请材料总体精减55%，准入审批时限由45个工作日压缩至25个工作日以内，许可变更绿色通道企业压缩至15个工作日以内。调研结果显示，32.2%的被访企业认为办理许可准入、变更、分支机构备案等事项需提交的申请资料大大减少，51.2%的企业认为有所减少。33.9%的企业认为办理相关事项所需时间大大减少，50.4%的企业认为所需时间有所减少。三是积极拓展"互联网+政务"应用领域，以政务公开推动简政放权。比如伊春市邮政管理局在升级完善邮政服务行政许可信息系统，实现邮政普遍服务两项许可全流程网上办理的基础上，积极落实权利公开制度，在邮政行政许可、行政处罚等决定做出后7个工作日内予以网上公开，加大政府信息开放力度。

2.行业监管相关政策落实情况

"简除烦苛，禁察非法。"在简政放权做"减法"的同时，也要做好行业监管的"加法"，黑龙江省各级政府部门在"宽进严管"大背景下，不断尝试推行多种现代化监管措施，以适应简政放权对事中事后监管的新要求。一是加强执法检查，严厉打击违法违规行为。比如七台河市邮政管理局，2014年至今共开展执法检查303次，出检631人次，查处违法违规行为24件，处罚金2.3万元。二是加强寄递渠道安全监管，严格执行"收寄验视、实名收寄"制度。比如鹤岗市邮政管理局投入十余万元构建视频联网监控平台，截至2016年底，将全市及两县130余家快递营业网点全部接入管理系统，实现了24小时无死角监控。三是建立联合检查长效工作机制。比如黑河市邮政管理局与市烟草专卖局开展了打击利用寄递渠道涉烟违法活动专项检查，并联合市烟草专卖局、公安局下发了《关于打击物流运输寄递领域涉烟违法犯罪活动专项行动方案》，2016年查处通过寄递渠道邮寄假烟案件1起；2016年，协助公安部门破获利用快递非法邮寄毒品案件1起。

3. 行业支持相关政策落实情况

"以敬民之心，行简政之道。""放管服"改革是一个系统的整体，既要做好简政放权的"减法"和加强监管的"加法"，也要善于做优化服务的"乘法"。近年来，黑龙江省各级政府将优化服务工作向纵深推进，为促进快递行业发展创造条件。一是为快递车辆"谋路权"，缓解"最后一公里"通行难题。鹤岗市邮政管理局联合鹤岗市公安局交警支队、鹤岗市交通运输局等部门为全市首批109台快递车辆办理了"绿色通行证"，解决了快递车辆城乡通行难、运转不畅，影响投递、揽收时效等问题。二是加强从业人员培训，提高服务质量。双鸭山邮政管理局2017年上半年联合消防部门、禁毒委、公安局开展了消防安全知识专业培训、寄递渠道进度知识讲座和反恐怖主义法教育培训，提高了从业人员安全防范能力和危机应对处置能力。三是加强硬件设施建设，为企业解难题。为解决快递企业缺乏安检设备，无法严格执行"过机安检"制度的问题，伊春市邮政管理局鼓励快递企业配置安防安检设备，截至目前，全市配置安检机6台，拨付补助资金48.1万元；同时，伊春市政府建设了面积3000平方米的物流园区，承诺新进入的快递企业享受三年免房租优惠政策。

（二）黑龙江省推动快递行业与农村电子商务协同发展相关政策落实效应分析

近年来，在中央的高度重视下，各类电商企业意识到农村将成为电商领域的新蓝海，纷纷抢滩布局，农村电商快速增长。黑龙江省是农业大省，农村经济在全省经济社会发展中占有重要位置，挖掘农村电子商务增长潜力对于推进农业供给侧改革、助力精准扶贫具有重要作用。

1. 推动快递行业与农村电子商务协同发展的意义

"质好价不高，量大不挣钱"，一直是黑龙江农产品面临的问题。推进快递与农村电子商务协同发展对推进农业供给侧结构性改革，发挥黑龙江省绿水青山的生态优势，实现精准扶贫和农民增收具有重要意义。

一是助力推进农业供给侧结构性改革。近年来,黑龙江省农业生产实现连年丰收,农业主要矛盾由总量不足转变为结构性矛盾。由于农产品市场化、产业化程度较低,以大路货为主的农产品供给难以适应居民消费对优质、营养、安全的需求,导致好土地没有开发出好产品,好东西难以卖出好价钱,农民收入持续增长乏力。因此,在积极推进农业供给侧结构性改革的过程中,应加快推进快递行业与农村电子商务协同发展,培育壮大农村电子商务市场主体,深化农村流通体制改革,构建现代农村商品流通和服务网络,实现农产品由"种得好"向"卖得好"转变,再靠"卖得好"带动倒逼"种得更好",形成农产品生产销售良性循环。

二是助力精准扶贫实现共同富裕。商务部近年来累计支持的496个示范县中,国家级贫困县共有261个,占52.6%,综合示范共带动了12万户贫困户就业。"电子商务进农村"也带动了各类企业加速进入农村电子商务领域。截至2016年底,阿里巴巴"千县万村计划"已覆盖约500个县2.2万个村,合伙人超过2万人。菜鸟公司40%县到村的物流能够当日送达,99%第二天送达。京东在1700余个县建立了县级服务中心和京东帮扶店,培育了30万名乡村推广员,覆盖44万个行政村。苏宁在1000余个县建设了1770家直营店和超过1万家授权服务点。中国邮政集团的"邮掌柜"系统已覆盖二十多万个农村邮政服务站点。

2. 黑龙江省发展农村电子商务的优势

一是良好的绿色农业和生态资源优势。黑龙江省是农业大省,多年来通过大力发展现代农业,深入推进"两大平原"现代农业综合配套改革,农业综合生产能力稳步提升。2016年,全省生态高产标准农田新增665.4万亩,绿色有机食品认证面积达到7400万亩,约占全国总面积的23%,建设"互联网+"高标准绿色有机种植示范基地1170个,绿色食品总产值实现2030亿元,绿色食品加工企业发展到600余家,在优质绿色农产品供给方面为农村电商发展提供了保障。

二是涉农电子商务平台日益壮大。黑龙江省政府通过整合省内现有农产品和绿色有机食品资源,打造了一批区域性农产品和绿色有机食品电子商务平台，在全省145个电子商务平台中，涉农电子商务平台92个，占平台总数的63.4%，在统计的5大类交易平台中位列第一。

3. 黑龙江省农村电子商务发展现状

近年来，在各级政府部门的推动下，黑龙江省农村电子商务发展较快，"电子商务进农村"综合示范县、涉农电子商务平台、地方馆、农产品网络品牌、电子商务产业园区建设工作稳步推进，为发展农村电子商务奠定了良好基础。

一是"电子商务进农村"综合示范县建设成效显著。截至目前，全省21个县（市）获批成为国家"电子商务进农村"综合示范县，其中国家级贫困县10个、省级贫困县4个，贫困县占综合示范县总数的66.7%；共获得中央财政资金3.78亿元（已拨付1.99亿元），县级财政提供配套资金1290万元，带动企业投资3.72亿元。2014~2016年，黑龙江开展各类培训6万多人次，带动1.8万余人就业。新增电商网民52.8万人，帮助1.1万名贫困群众开办网点创业，1200余名贫困群众通过相关产业就业。实现农村电子商务交易额16.4亿元，其中农产品的上行交易额6.19亿元。

二是涉农电子商务稳步前进，有效促进农产品销售。近年来，全省92个自建涉农电子商务平台实现了不同程度的发展，有效推进了黑龙江省农产品网络品牌建设，带动了农产品网销。2016年，北大荒粮油拍卖网网络交易额达33.8亿元；牡丹江龙飞商贸实业有限公司中国土特产网的木耳、蘑菇等菌类产品网络零售额达4.7亿元，大农网线上销售3.56亿元；宁安市石板水稻专业合作社打造的"石板源"石板大米品牌2016年实现网络销售额200万元；明水县返乡大学生乔卫奇经营淘宝网店"对面小城"和兴仁镇石仁村残疾贫困户于秀伟经营淘宝网店"自然de味道"2016年销售额分别达到2010万元和180万元。

三是转变品质营销理念，打造"生态有机"绿色品牌。黑龙江的粳稻产量全国第一，2017年水稻最低收购价每斤下调了5分钱、稻农预计减收近18亿元，为了稳住农民的钱袋子，黑龙江立足于品质营销理念，大力发展特色显著的北方优质粳稻，加快绿色有机农业发展。在绥化市北林区保田水稻种植合作社,"鸭稻共作,生态有机"成为 2 万多亩水田的新标签。抛弃化肥、农药、除草剂老三样儿,依靠政府支持的 300 万元,合作社还建起了"互联网+"高标准示范基地,可以通过地里的高清摄像头和手机 APP 向全国各地的消费者直播 6000 亩有机稻的生长过程。截至 8 月份,保田合作社的有机稻已经被订购一空,一亩地比过去多赚了 3000 元。

四是鼓励农村电商营销模式创新。2017 年黑龙江省政府提出了农产品营销"十六条",通过综合应用 B2B 直销、认购等农村电商营销新模式,实现单品小包装向合同大订单的突破,帮助农民走上致富道路。比如位于双鸭山市的黑龙江省壹度伍电子商务有限公司通过阿里巴巴平台,实现黑米意向订单 1700 吨,销售总额 405 万元。

4. 黑龙江省推动快递行业与农村电子商务协同发展相关政策落实效应

2016 年 7 月,黑龙江省政府出台了《加快农村电子商务发展工作方案》(黑政办发〔2016〕37 号),明确了大力培育农村电子商务市场主体、推动农村电子商务应用、营造农村电子商务发展环境等重点任务,提出了要加强建设新型农村日用消费品流通网络、提高农村物流配送能力等具体要求。2017 年中央一号文件《中共中央国务院关于深入推进农业供给侧结构性改革加快培育农业农村发展新动能的若干意见》,将推进农村电商发展列为农业供给侧结构性改革任务之一,提出加工流通企业与电商企业全面对接融合、加强从村到乡镇的物流体系建设、完善鲜活农产品直供直销体系等促进快递物流与农村电子商务协同发展的具体要求。为了解黑龙江省快递行业与农村电子商务协同发展相关政策落实效应,国家统计局黑龙江调查总队对全省 13 个地市开展了专题调研。

一是农村电商服务网络逐渐完善。通过开展国家"电子商务进农村"综合示范县建设,黑龙江省农村电子商务服务网络初步形成,21 个电子商务进农村综合示范县已建成电商公共服务经营中心 18 个、物流配送中心 16 个,改造、新建乡(镇)、村服务站点 1530 个。此外,社会企业积极参与农村电子商务服务网络布局,本省电商平台 37 秒易淘商城与省内三十多个县签订合作协议,建成服务网点 2000 多个。农村淘宝已在省内 10 个国家

"电子商务进农村"综合示范县（市）落地，建成县级服务中心10个、农村服务网点213个。苏宁已在第一、二批全部15个国家"电子商务进农村"综合示范县（市）落地，建设县级线下体验店15个。邮掌柜在67个县（市）落地，在全省建设邮掌柜1405处，村级覆盖率为15.63%，建设乡镇服务网点3509个。

二是交邮合作创造"平台价值"。推进交通运输与邮政行业的全面合作，解决了农村物流通道"最后一公里"和"最初一公里"难题，促进了全省农村电商加快发展。借助邮乐网和"龙邮农品"电商平台帮助贫困农户送农特产品"触网"，解决农特产品的滞销问题；通过交邮合作平台，助力黑龙江名优特农产品"走出去"和"卖得好"。自开展交邮合作以来，佳木斯市分公司交邮合作站点累计代投邮件19.18万件、代收包裹17.6万个、代购邮乐商品318笔；牡丹江市108个交通邮政综合服务站累计交易额达695.36万元，在促进农产品销售、支持"精准扶贫"等方面发挥了积极作用；齐齐哈尔富裕县11家快递企业入驻客运站投资建设的县级物流分拣中心，客运系统已配送各类商品3.6万件，增加运费收入近40万元，其中中转快递企业包裹740件。

三是构建适合农村电子商务发展需要的物流配送体系。冷链运输体系建设对于保证农产品安全，降低农产品损耗，推动农业产业化具有重要意义。比如大庆市肇源县鲶鱼沟万基谷物加工有限责任公司与阿里巴巴合作进行线上销售，创建了C2F（Customer-to-Factory，顾客对工厂）的土地订单销售方式，通过私人定制、全程溯源、代储月供等环节实现企业产品营销。秋收时节，企业将收割的稻谷运至 -10℃恒温仓中储藏，并按月现磨以快递的形式配送至消费者手中。

（三）黑龙江省推动快递行业与对俄跨境电子商务协同发展相关政策落实效应分析

1. "中蒙俄经济走廊"建设为提升黑龙江省对俄贸易竞争力带来的机遇

2017年黑龙江省政府工作报告提出，要积极参与"中蒙俄经济走廊"

建设，构建以对俄合作为重点的对外开放新格局。在"一带一路"国家战略大背景下，"中蒙俄经济走廊"建设成为发展新动能，不但为我国扩大与俄欧、东北亚合作提供了重要平台，也为深化对俄经贸合作提供了新的机遇。一是优化开放性经济环境，打造新的区域经济增长点。从欧亚大陆的版图上看，黑龙江是我国连接欧亚的重要枢纽和主通道，具有建设国际合作区域经济中心的潜力。"中蒙俄经济走廊"建设，形成了以大通道、大贸易和大物流为主线的新贸易格局，促进不同国家和地区之间资源禀赋比较优势的互换，有助于打造新的区域经济增长点，为区域经济可持续发展提供有力支撑。二是有助于"打造一个窗口，建设四个区"发展定位的实现。"中蒙俄经济走廊"建设，使黑龙江成为我国向北开放的重要窗口，通过深化黑龙江（中俄）自由贸易区、沿边重点开发开放试验区、跨境经济合作示范区、面向欧亚物流枢纽区四个区建设，加快形成全方位对外开放新格局。三是深入推进基础设施互联互通，奠定中俄贸易发展基础。通过同江界河铁路大桥、黑河界河公路大桥等重点跨境基础设施和黑瞎子岛陆路客运口岸等基础设施建设，黑龙江省对俄跨境电商得以发展，打造境内外联动、上下游衔接的跨境产业链；有利于加快对俄农业合作再升级；有利于挖掘对俄工业与技术合作潜力，拉动对俄贸易进入新的"快车道"。

2.黑龙江省对俄跨境电子商务发展现状

黑龙江省与俄罗斯有 2981 公里共同边境线，对俄边境口岸 15 个，年过货能力 2900 万吨，对俄贸易和对俄投资均占全国总量的 20% 以上，是中国对俄合作的第一大省。为充分发挥黑龙江省对俄独特的地缘优势，黑龙江省委省政府高度重视发展对俄跨境电子商务，2016 年 3 月，黑龙江省政府印发了《推进跨境电子商务健康快速发展工作方案》（黑政办发〔2016〕22 号），明确了以壮大跨境电子商务经营主体和促进传统外贸企业深化电子商务应用为核心任务。全省自建各类跨境电商平台 19 个，主营业务涵盖对俄跨境电商销售、跨境贸易撮合、跨境支付和跨境电商物流推广等方面；2016 年共发寄对俄国际邮包 948.84 万件，占我国对俄国际包裹数量的 1/3，货重 2410 吨，货值近 2 亿美元；积极在俄罗斯建立 12 个海外仓，总仓储面积14.6万平方米，对俄跨境电子商务成为蓬勃发展的电子商务的新亮点。

一是大力培育本土对俄跨境电商平台。黑龙江省高度重视对俄跨境电子商务平台建设，培育了Come365、中机网、迈远索菲尔、俄速通、东宁达俄通、绥易通、俄品多等一批本土对俄跨境电商平台。黑河市中机利源达电子商务公司自建电子商务平台"中机网"，主要销售中国工程机械及机电产品，现已入驻大中型企业1000余家，经营产品达30大类6000余款，并与俄罗斯20家支付平台签署了支付通道开通协议，可以成功接收俄罗斯在线支付平台的电子货币，2017年初以来的交易额已达2400万元。二是引进的知名跨境电子商务平台独具特色。同江市2016年初引进青岛北极光公司建设跨境电子商务平台，极力打造中俄跨境电商平台，促进对俄经贸转型升级。2016年3月3日在同江注册为"黑龙江盛宇电子商务有限公司"，公司自建B2B模式跨境电商平台"洋葱头"，2017年上半年通过平台服务的交易量为1730余万元，预计2017年实现平台服务交易量8000万元左右。三是跨境电商服务能力显著提升。黑龙江电子口岸开通运行；绥芬河市开发建设了跨境电子商务通关服务平台、公共服务平台、综合服务平台，并实现"三台联通"；黑龙江（哈尔滨）跨境贸易电子商务综合服务平台建成并上线运行。上述平台的建成，进一步提升了黑龙江省跨境电子商务通关服务能力。此外，国务院批准成立了哈尔滨综合保税区和哈尔滨新区，为跨境电子商务主体集聚发展打下了良好基础。四是对俄跨境电商结算功能基本完备。为拓展跨境电子商务支付服务范围，通过入驻跨境电子商务物流仓储中心和跨境电子商务产业园区等方式提供便捷服务，提高支付服务效率。哈尔滨银行立足自身经营特色，打造"中俄跨境电子商务在线支付平台"，开展境外国际卡线上支付收单和俄罗斯境内电子钱包、支付终端机、移动支付业务，为黑龙江省对俄跨境电商发展提供了有效支撑。绥芬河市引入易智付科技（北京）有限公司建设对俄跨境电商平台"龙贸通"，在面向对俄中小企业开展跨境电商业务的同时，采用首信易支付渠道，将订单、支付、物流等服务融于一体。

3. 黑龙江省推动快递行业与对俄跨境电子商务协同发展相关政策落实效应

《黑龙江省推进跨境电子商务健康快速发展工作方案》提出，以提升跨境电子商务物流仓储服务能力、加快跨境电子商务产业园区建设和构建跨境电子商务服务体系为抓手，全力推动跨境电子商务健康快速发展，打造全国区域性跨境电子商务交易中心、物流中心和结算中心，这为快递行业与对俄跨境电子商务协同发展提供了充足的政策红利。

第一，对俄跨境电商物流通道建设步伐加快。一是对俄货运大通道建设步伐加快。黑龙江省先后开辟了对俄跨境电商航空、陆路货运大通道、哈俄货运班列。2013年，黑龙江省打通了哈尔滨市至叶卡捷琳堡航空大通道，先后开通了哈尔滨－叶卡捷琳堡货运包机专线以及哈尔滨－新西伯利亚、哈尔滨－克拉斯诺亚尔斯克、哈尔滨－叶卡捷琳堡－莫斯科客货混载航线，开创了国内包机出口电商小包的先例。哈尔滨市对俄航空跨境电商通道的开通，使我国对俄跨境物流运输时限由过去的60～90天缩短到5～20天。2016年，通过哈尔滨－叶卡捷琳堡货运包机和哈尔滨－新西伯利亚、哈尔滨－叶卡捷琳堡客货混载方式发寄对俄国际邮政小包878.14万件，同比增长12.98%，货值1.75亿美元，同比增长58.46%。二是创新开辟对俄运输通道。2017年绥芬河在俄罗斯单方面关闭了绥芬河至弗拉迪沃斯托克国际邮路的情况下，创新陆路通道运营模式，开辟了采用国际快件运输的方式，主要是借助俄方海关监管车，将跨境电商货物出口至俄罗斯，平均每天申报货物2000票，高峰期可达到4000多票，每周有3～4列班车往返装载电商货物出境，突破了物流运输瓶颈。此外，这条通道可以包机空运电子产品，解决了航空禁止运输锂电池产品的问题，极大地拓宽了我国电商企业对俄电子产品的出口品类范围。2017年1～6月份，累计出口跨境电商包裹9.5万件，完成交易额7836万元。

第二，海外仓和边境仓建设稳步推进。截至目前，黑龙江俄速通国际物流有限公司、黑河中机电子商务有限责任公司、黑河市丰泰机电产品交易有限公司、哈尔滨俄运通科贸有限公司、黑河市顺兴果蔬有限公司、黑河市俄速腾国际物流有限公司等6家企业在俄罗斯共有14个海外仓，总仓储面积

6.94万平方米，2017年上半年实现交易额1935.3万美元，营业收入1070万元。在对俄边境仓建设方面，黑河市设立5个边境仓，实现交易额2001万美元；绥芬河市设立1个边境仓，实现交易额18万元。通过开展对俄海外仓和边境仓建设，对俄跨境电商商品物流配送能力有效提升，降低了物流成本，提升了配送效率，为黑龙江省外贸企业更好地融入俄罗斯电商市场提供了有效支撑。

第三，创新对俄包裹寄递方式。哈尔滨市作为主要的对俄航空包裹发寄地，积极研发对俄电商包裹新产品，计划推出对俄罗斯几大主要城市的限时寄递业务，主要包括对俄大包、对俄小包两种业务；黑河市作为对俄主要陆路货运大通道，将对俄国际区域包裹业务通达范围从"点对点"拓展到俄罗斯全境，并积极开发北京、义乌等国内对俄电子商务重点城市。拓展揽收范围，建立境内、外关邮合作平台，强化交流互访，开通流冰期"气垫船"邮路，实现对俄包裹365天无间隙运行，促进对俄包裹业务的跨越式发展。

三 黑龙江促进快递行业发展政策落实中面临的困境

（一）行业"放管服"政策体系建设存在不足

调研结果显示，有62.8%的被访快递机构表示近三年享受过优惠或扶持政策，涵盖了财政补贴、土地供应、为车辆通行停靠提供便利或优惠、组织从业人员职业技能培训等方面。但是仍有企业反映相关政策制定不切合企业实际。一是快递用车不符合快递业务需求。比如，七台河市快捷速递有限责任公司反映七台河市交通运管部门要求使用电瓶车作为快递车辆，但由于电瓶车容量小且动力不足，对于位于坡路较多的七台河地区的快递企业非常不利。二是物流园区建设滞后。调查结果显示，37.2%的快递企业表示所在地区建设了快递物流园区；82.6%的企业存在经营场所和分拣场所分离的情况；68.6%的企业目前使用的经营和分拣场所是自行租赁的，其中有

36.1%的企业经营和分拣场所年租赁费用占营业成本费用的比重在30%以上。经营和分拣场所的分离、自行租赁场地，导致企业必须支付更高的人工和场租费用，使得企业在发展过程中备感压力。三是快递经营许可限制仍然较多。《快递业务经营许可工作优化方案》出台实施后，取消了多数有关快递企业的前置性行政审批事项，但快递业务经营许可仍为前置审批事项。目前，快递企业存在大量的末端网点，特别是与便利店、社区店的合作网点，难以达到分支机构设立条件，无法取得快递经营许可备案，只能无照经营或超范围经营。

（二）行业市场生态体系不健全

相对于互联网已经高度渗透的城镇，目前农村的互联网渗透率整体而言依旧处于极低水平。截至2016年12月，全国网民规模已经达到7.31亿，其中农村网民规模达到2.01亿，占比27.4%；互联网普及率达到53.2%，其中城镇地区互联网普及率为69.1%，农村地区互联网普及率为33.1%，城乡互联网普及率相差36个百分点；城乡网民在网购、支付、旅游预订类应用上的使用率相差20多个百分点①。从数据来看，城镇中的互联网人口红利正在逐渐消失，市场由增量向存量转变，流量红利在零售端逐渐消失已经成为一种趋势，但农村地区却是一片蓝海。据《2017~2021年中国农村电商市场深度调研及投资前景预测报告》预计，2017年我国农村电商市场规模将达到6256亿元，未来五年（2017~2021）年均复合增长率约为38.87%，2021年市场规模将达到23266亿元。

市场虽大，骨头却略硬，多数农民更倾向于传统的销售模式。究其原因，一是受传统思维习惯和个人文化素质等因素影响。截至2016年12月，我国非网民规模为6.42亿，其中农村非网民占比为60.1%。上网技能缺失以及文化水平限制仍是阻碍非网民上网的重要原因，而受没有电脑，当地无法连接互联网等条件限制而无法上网的非网民仅占12.8%。二是受当前

---

① 中国互联网络信息中心：《2016年中国互联网络发展状况统计报告》。

农产品生产过程中机械化、规模化程度低影响,很多农民觉得为了那点粮食"触网"太费事儿。比如齐齐哈尔市农户王贺龙说:"本身种地不多,产量不多,当地市场就能销售,价格虽然低一点,但是省心。那点粮食上网销售,不够操心费力的。"三是诚信体系缺失,有的农民存在"货到地头死"的担忧。比如伊春宝兴镇韩学良专业合作社2016年末将自家生产的2.5万公斤大豆在一亩田农业网发布供应信息,绥化市粮商通过线上联系,要求以线下交易的方式进行交易,价格比本地每市斤高出几分钱。但是由于存在运输烦琐、货到地头死的担忧,韩学良最终没有进行网络交易,而是将全部大豆卖给了上门收购的中间商。据估计,如果网络销售成功,将增收1500~2000元。四是平台建设投资大见效慢,企业难以承重。已经建成并且完善运行的电商平台确实可以增进企业(农户)的经济效益,但是平台开发建设资金需求量大,且建成后收益不可预期,很多企业表示难以承重。比如位于鸡西市的兴圣沙棘科技开发有限公司,主要生产、开发沙棘菌类产品,年产沙棘木耳近50万段,产值达750万元,但是投资建设电商平台的初期费用不低于200万元,资金不足导致企业建设电子商务平台计划流产。

2. 电商平台顶层设计缺乏互联网思维

电商平台的发展,必须将政府、TP商(互联网服务商)、网商有机融合,也就是将政策、服务、营运有机融合,让政府之手与市场之手共同发力、优势互补。目前,黑龙江省电子商务发展仍处于初级阶段,多数地区以政策为导向,电商产业园呈现"一窝蜂"兴起现象。一是电商园区功能发挥不明显。有的园区存在后续投入不足、经营管理乏力、企业内生动力不足、配套设施不完善等问题,导致园区作用发挥不明显。二是电商平台布局分散、缺乏整合。省内现有电商平台以独立发展为主,没有进行有效整合,缺乏集聚效应。目前,虽然全省电子商务非常活跃,但各地都处于摸索状态,由于缺乏专门的领导机构,无法有效开展电子商务工作,甚至出现各部门各自为政的情况,难以击中要害;更因为缺乏统一规划,电商的发展无法实现齐头并进,也导致政府资源浪费,远没有达到 $1+1>2$ 的效果。

3. 缺乏专业人才体系支撑

当前来看，快递行业的发展，依托于电商的发展，而电商的发展，离不开人才体系的支撑。人才是电商发展的第一资源；电商的竞争，说到底就是人才的竞争。中国电子商务研究中心出具的《2016年度中国电子商务人才状况调查报告》显示，被调查企业中，处于招聘常态化，每个月都有招聘需求的占37%；处于业务规模扩大，人才需求强烈，招聘工作压力大的占30%；85%的电商企业存在人才缺口，相比上年，提升了10个百分点。在人才需求方面，40%的企业急需电商运营人才，26%的企业急需推广销售人才，12%的企业急需综合性高级人才，9%的企业急需产品策划与研发人才，5%的企业急需技术性人才（IT、美工），4%的企业急需供应链管理人才。在人才流失方面，人员流失率高、人员不稳定、招聘难度大的企业占18%，比上年上升了11个百分点；58%的电商企业认为人才流失是困扰人力资源部门的主要问题；人才在一年内的流失率10%以下的企业占20%；10%~20%的企业占28%；20%~30%的企业占26%；30%~50%的企业占15%；50%以上的企业占11%。

由此可见，专业人才紧缺当前仍是阻碍电商企业发展的最大痛点。一方面是高级人才紧缺，另一方面是人才流动频繁，跨界流动和跨区域流动成为一种普遍现象。究其原因，一是院校电商专业培训与实际脱节。很多大学开设了电商专业，但招不来人，就业也不好。从表面来看是信息不对称，实际上是由于培训方式滞后、内容与现实脱节、理论教学较多实践较少，造成毕业后人才与产业需求不匹配。二是从业人员忠诚度较低。目前电商行业从业人员普遍认为该行业受社会尊重程度低，造成人才对企业忠诚度较低，流动性强，使得一些企业不愿意花较高成本培养和提升员工的实操能力。面对人才缺口，"造血"能力的不足，很多电商企业不得不采取极端的做法来应对，高薪"挖角"成为常见手段之一。

4. 配送标准体系发展滞后

快递行业与电子商务的关系是一种互为条件、互为动力、相互制约的关系。然而目前配送标准体系发展滞后，导致电商发展也遭遇瓶颈。一是

"最初一公里"问题突出。涉农产品经营主体大多分散在农村,虽然靠近产品生产地,但是多数快递配送网点只覆盖乡镇一级,村屯快递网点少,寄递难度大。而且部分偏远农村公路不畅通,尤其是冬季积雪清理不到位,增加了快递运送成本,压缩了网上交易的议价空间。二是冷链物流发展滞后。随着生活水平的不断提升,人民对食品安全的需求也日益加大,涉农产品的新鲜程度逐渐成为消费者的关注重点。

四 推进政策落实的意见和建议

快递与电商的协调发展,关键在于政府的引导。作为政府,一是要以用户体验为中心,真正找到用户的痒点,找到用户的普遍需求,为用户创造价值;二是要注重产业协同效应,在政策制定和电商规划上做到位。

(一)做好惠民政策宣传

调查结果显示,在表示近三年没有享受过优惠或扶持政策的45家快递机构中,有93.3%的企业回答原因是不知道相关政策;认为"放管服"相关政策获得感一般或不强的52家快递机构中,有23.1%的机构表示主要是由于不清楚具体有哪些政策。比如某知名快递公司市级分支机构负责人同时也是当地快递协会会长在调研时说:"我们这很多优惠政策连我都不知道,更何况别的公司。"这说明惠民政策宣传仍旧存在死角,政策宣传不是仅仅把政策挂在部门网站,也不是搞"运动型"的宣传活动,要利用多种宣传手段,让企业真正搞清楚、弄明白。

(二)做好电商创业氛围宣传

注重营造电商氛围,加强创业引导。通过多媒体渠道,尤其是农村地区,进行电商创业有关信息的传播。开展各类鼓励电商创业的活动,宣传电商创业优势,树立电商创业典型,在最短时间内通过鲶鱼效应达到轰动效应,让农民被身边人、身边事感染,主动开展电商创业。

（三）建立人才发展战略

一是引入"外援"。黑龙江省的电子商务正处于产业起步阶段，最直接的办法是引进人才，而且应该成批量引进，迅速带动产业发展；在引进人才的同时，还应注意发挥示范作用，带动本地人才的成长，共同推动产业发展。二是留住人才。留住人才必须遵循科学规律。其一，马斯洛的需求层次论——满足人的不同需求，不仅要满足物质需求，还要满足精神需求，待遇留人、感情留人、事业留人，也就是从满足人各种需求的角度提出的；其二，亚当斯的公平理论，就是要建立起公平的激励机制。三是全力实施人才回归战略。吸引人才回归，机制新、服务优、环境好是关键。通过出台一系列人才回归服务、激励机制，打通人才回归"绿色通道"，对回归干事创业人员，在就业务业上当好参谋，在办证审批上简化程序，在融资上合理担保，积极提供创业就业指导和服务，帮助解决回归人员户籍、社会保障等方面的困难，营造爱才、引才、护才、成才的氛围。

（四）加强产业平台建设

一是做强电子商务必须建立电子商务产业园。作为电子商务服务专业化、集中化的业态代表，电子商务产业园能够吸纳各种元素，产生集聚效应，为网商提供集成化服务，实现"力出一孔""以一敌百"的效果。二是注重产业园的后续管理。因为县一级的产业园区吸引能力较弱，企业要用熟练工却招不来。政府抛出的橄榄枝也不是每个企业都愿意去接，因为土地资源已经不再是重点，即使优惠政策丰厚，民营企业也不愿入驻。黑龙江省可以参考吉林通榆模式，由政府抽调精干力量组成"电子商务发展中心"，整合协调电商企业供应链各环节的互动分工，最大程度激发产业园活力。

（五）加强电商物流体系建设

充分发挥政策宏观调控作用，支持冷链物流设施建设，并制定标准予以财政补助。一是支持低温物流园区建设。积极引进、培育冷链物流龙头企业,支持建设集生鲜农产品交易、仓储、运输、加工、检测、集中配送等功能于一体,技术先进、管理规范的低温物流园区。二是支持低温快递服务网络建设。支持在农村建设低温仓储、购置带有统一标识的冷藏货运车辆、建设农村冷链物流配送体系。三是支持第三方冷链物流信息平台建设。支持建设集在线交易、信息发布、位置跟踪、技术咨询、产业动态分析等功能于一体的区域性、第三方冷链物流资源交易公共服务平台。

(六)做好诚信体系建设

一是探索建设政府层面的诚信体系,比如要求定期通报交易信息,交易纠纷协同处理,信用评定互相认可,优质商户政府背书、设立交易诚信专项基金等,坚决打击扰乱市场秩序的行为。二是注重发挥行业协会协管作用,完成内部的自律、信息的对接、对外的宣传和标准的制定等工作,加上政府的优惠政策和基础建设支持,让黑土地农产品抱团出征,赢得市场。三是建立产品和服务的信息溯源机制,利用信息技术手段实现产品从生产到消费的全程信息溯源,保障产品的质量和出现问题后的责任追究,也作为电商主体信用评价的辅助手段。

B.19
黑龙江省信教妇女状况研究

辛嫒 闵杰*

摘　要： 妇女是宗教活动的重要参与者和传播者。本研究重点探讨黑龙江省信教妇女基本生存状况、社会认知及思想状况、信仰状况及妇女信教的主要影响因素，指出宗教在一定程度上满足了妇女群众日益多元的精神需求，而社会保障体系和社会支持网络的不完善使得妇女往往求助宗教来解决自身困境。建议政府应不断完善社会保障体系和社会支持系统，加大社区文化生活建设，同时，在各宗教组织中建立妇联组织，加强对信教妇女的思想引导。

关键词： 黑龙江　信教妇女　状况研究　思想引导

党和政府一向重视宗教工作，制定了宗教信仰自由政策。宗教信仰自由作为公民的一项权利，得到了宪法和法律的保障。改革开放以来，中国宗教事业蓬勃发展，信教人数逐年递增。

黑龙江省是一个多宗教省份，黑龙江省宗教事务局2016年的数据显示，全省现有佛教、道教、伊斯兰教、天主教、基督教、东正教等宗教，信教群众约占全省总人口的5%，其中信教妇女约占70%。

妇女是宗教活动的重要参与者和传播者。在人民群众思想多元化的新时

---

* 辛嫒，黑龙江省妇女研究所研究员，研究方向为社会性别与公共政策；闵杰，黑龙江省妇女研究所助理研究员，研究方向为社会性别与公共政策。

期，为掌握黑龙江省信教妇女的基本状况，了解宗教对妇女思想和生活的影响，更好地引导女性信教群众与社会主义社会相融合，为党委、政府决策妇女群众工作提供科学依据，2017年黑龙江省妇联成立专题调研组，在全省范围内开展信教妇女状况调研。

一 黑龙江省信教妇女状况

2017年4~8月，黑龙江省妇联对全省信教妇女状况进行全面调查，在全省每个县区发放20份问卷，全省13个市（地）及2个直管县的133个县区共计发放问卷2660份，问卷回收率100%，其中回收有效问卷2611份，问卷有效率98.2%。本次调查中，男性占31.6%，女性占68.4%，其中目前有信仰者占72.5%，男性有信仰者占68.3%，女性有信仰者占74.5%。

（一）基本状况

1. 信教妇女以中老年人居多，文化程度普遍不高，健康自评状况较差，以信仰基督教和佛教为主

本次调查中，受访者年龄最小的15岁，最大的87岁，平均年龄47.8岁。18岁以下受访者占0.2%，19~35岁占17.1%，36~60岁占67.8%，60岁以上占15.0%。受访者中未婚占6.7%，已婚占81.9%，离婚占5.2%，丧偶占6.2%。小学及以下学历的占16.6%，初中学历占32.9%，高中/中专/中技占25.2%，大专及以上占25.3%。

信教群众中长期居住地为城镇的占71.2%、乡村的占78.0%，其中，城镇信教男性为67.5%，城镇信教女性为73.0%，乡村信教男性为72.7%，乡村信教女性为79.9%。

在健康方面，信教妇女自评状况较差，认为自己健康状况"良好"的比例为54.6%，低于信教男性2.9个百分点，低于非信教妇女14.6个百分点。

本次调查数据显示，在黑龙江省，基督教（56.0%）、佛教（32.8%）

和回教/伊斯兰教的信仰比例最高。从分城乡数据来看,城镇受访信教妇女信仰比例前三位的宗教分别为基督教(55.4%)、佛教(35.3%)和回教/伊斯兰教(4.8%);乡村受访信教妇女信仰比例前三位分别为基督教(63.4%)、佛教(23.2%)和天主教(7.9%)(见表1)。

表1 分城乡、分性别受访者目前信仰的宗教类别

单位:%

长期居住地	信仰的宗教类别	男性	女性	总计
城镇	佛教	34.6	35.3	35.0
	回教/伊斯兰教	12.4	4.8	7.5
	基督教	51.1	55.4	53.9
	道教	1.0	0.7	0.8
	天主教	0.3	2.3	1.6
	其他基督教	0.3	0.5	0.5
	民间信仰(拜妈祖、关公等)	0.3	0.4	0.3
	其他	—	0.5	0.3
乡村	佛教	26.5	23.2	24.1
	回教/伊斯兰教	2.9	3.7	3.4
	基督教	64.7	63.4	63.8
	道教	—	0.6	0.4
	天主教	5.9	7.9	7.3
	其他基督教	—	0.6	0.4
	民间信仰(拜妈祖、关公等)	—	0.6	0.4
	其他	—	—	0.2

2. 信教妇女在业率低,经济依赖度高,在业信教妇女工作稳定性较差

收入方面数据显示,信教受访者家庭年收入低于非信教受访者。信教受访者2016年的平均家庭年收入为33140.86元,非信教受访者2016年平均家庭年收入46802.08元。从收入分组数据看,乡村信教受访者收入状况差于城镇信教受访者。乡村信教受访者2016年家庭收入为8000元以下的比例为17.5%,高于城镇信教受访者6.6个百分点;2016年家庭收入为8001~24000元的比例为47.3%,高于城镇信教受访者5.4个百分点;2016年家庭年收入为24000元以上的比例为35.2%,低于城镇信教受访者12.0个百分点。

信教妇女在业率低于不信教妇女，低于信教男性。调查数据显示，受访者中正在从事有收入工作的男性占76.0%，女性占63.7%。从有无信仰的角度看，有宗教信仰的男女受访者正在从事有收入的工作的比例均低于没有宗教信仰的男女受访者。信教妇女正在从事有收入的工作的比例为56.5%，比不信教妇女比例低28.0个百分点，比信教男性低12.9个百分点（见表2）。

表2 分城乡、分性别、分有无信仰受访者是否正在从事有收入的工作

单位：%

长期居住地	有无宗教信仰			男性	女性	总计
城镇	有	是否正在从事有收入的工作	否	30.4	43.7	39.6
			是	69.6	56.3	60.4
	无	是否正在从事有收入的工作	否	9.0	15.4	13.0
			是	91.0	84.6	87.0
乡村	有	是否正在从事有收入的工作	否	31.3	42.9	40.1
			是	68.8	57.1	59.9
	无	是否正在从事有收入的工作	否	13.9	15.8	15.2
			是	86.1	84.2	84.8
总计	有	是否正在从事有收入的工作	否	30.6	43.5	39.7
			是	69.4	56.5	60.3
	无	是否正在从事有收入的工作	否	9.7	15.5	13.4
			是	90.3	84.5	86.6
	总计	是否正在从事有收入的工作	否	24.0	36.3	32.4
			是	76.0	63.7	67.6

信教妇女经济依赖度高。课题组调查发现，信教妇女目前的主要生活来源为"家庭其他成员供养"的比例高达17.8%，是信教男性的2.1倍，是非信教妇女的2.9倍。其中，农村信教妇女的经济依赖度最高；生活来源为"家庭其他成员供养"的比例高达30.3%，是农村信教男性的3.7倍，是农村非信教妇女的3.3倍。城镇信教妇女的经济依赖度同样不容忽视，城镇信教妇女依靠"家庭其他成员供养"的比例为14.1%，高于城镇信教男性5.6个百分点，高于城镇非信教妇女8.5个百分点（见表3）。

表3 分城乡、分性别、分有无宗教信仰受访者目前的主要生活来源为"家庭其他成员供养"

单位：%

长期居住地	是否有宗教信仰	男性	女性	总计
城镇	有	8.5	14.1	12.4
	无	2.7	5.6	4.5
乡村	有	8.3	30.3	25.0
	无	2.8	9.3	7.2
总计	有	8.5	17.8	15.0
	无	2.7	6.2	4.9

与非信教妇女相比，城镇信教妇女从业类型主要为非公共部门，稳定性相对较差。城镇信教妇女中，就业类型比例最高的前两位分别为：打零工（27.0%）、自谋职业或自主创业（17.2%）；城镇非信教妇女就业类型比例最高的前两位分别为：党政机关（25.8%）、社会团体/居、村委会（17.0%）。乡村信教妇女中，就业类型比例最高的前两位分别为：种植农作物/饲养家禽（55.2%）、打零工（25.8%），乡村非信教妇女中，就业类型比例最高的前两位分别为：种植农作物/饲养家禽（42.6%）、打零工（27.9%）。值得关注的是，城镇党政机关及事业单位中具有宗教信仰的受访者比例不容忽视，信教男女比例分别为11.1%和13.3%（见表4）。

表4 分城乡、分性别信教受访者目前正在从事的工作类型

单位：%

长期居住地	工作类型	男性	女性	总计
城镇	党政机关	3.2	4.4	4.0
	事业单位	7.9	8.9	8.5
	企业	19.7	14.5	16.4
	政府安置的公益岗位	2.5	4.8	4.0
	自谋职业或自主创业	18.7	17.2	17.7
	打零工	30.5	27.0	28.2
	种植农作物/饲养家禽	2.9	2.1	2.4
	社会团体/居、村委会	7.3	7.4	7.4
	其他工作	7.3	13.7	11.4

续表

长期居住地	工作类型	男性	女性	总计
乡村	党政机关	1.5	1.8	1.7
	事业单位	1.5	2.5	2.2
	企业	11.8	1.8	4.8
	政府安置的公益岗位	—	0.6	0.4
	自谋职业或自主创业	10.3	6.1	7.4
	打零工	17.6	25.8	23.4
	种植农作物/饲养家禽	51.5	55.2	54.1
	社会团体/居、村委会	2.9	2.5	2.6
	军队	—	0.6	0.4
	其他工作	2.9	3.1	3.0

3. 信教妇女社会保障及社会支持网络相对脆弱，随年龄增长遇到困难求助教会/教友比例上升

社会保障方面，农村信教妇女享有养老保险比例仅为23.2%，男性为40.0%；农村信教妇女享有医疗保险比例为67.9%，男性为70.5%；城镇信教妇女享有医疗保险的比例为65.0%，男性为66.7%；城镇信教妇女享有养老保险的比例为49.4%，男性为45.2%。

社会支持网络方面，调查数据显示，信教女性在生活中遇到困难时寻求帮助的对象前三项分别为亲属（36.3%）、朋友（17.7%）和教会/教友（16.5%），信教男性寻求帮助的对象前三位同样为亲属、朋友和教会/教友（见表5）。

表5 分性别信教群众有困难时寻求帮助的对象比例

单位：%

对象	男性	女性
教会/教友	13.6	16.5
亲属	36.8	36.3
朋友	22.3	17.7
同事	5.8	5.3
邻居	3.1	3.5

续表

对象	男性	女性
政府	9.4	8.9
妇联	2.1	4.9
社区	5.5	5.4
其他	1.4	1.5
总计	100.0	100.0

说明：此处统计方法为基于相应的百分比。

从分年龄组数据分析看，成年信教妇女呈现出年龄越大向亲属、朋友寻求帮助比例越低，而向教会/教友寻求帮助的比例越高的特点，可见随着年龄的增长，信教妇女与教会/教友之间的心理支持、情感支持乃至物质支持在不断增强，而与亲属、朋友之间的关系在转弱（见表6）。

表6 分年龄组信教妇女有困难时寻求帮助的比例

单位：%

类别	找亲属	找朋友	找教会/教友
18周岁及以下	100.0	—	—
19~35周岁	76.1	43.9	15.8
36~60周岁	61.9	29.8	26.5
61岁及以上	55.7	21.4	37.7

4. 因信仰宗教被歧视的妇女比例高于男性，约1/4的城乡妇女因信仰宗教与家庭成员发生过矛盾

调查数据显示，6.5%的信教妇女"经常"因为信仰宗教而被歧视，34.8%的信教妇女"偶尔"因为信仰宗教而被歧视，比例分别高出信教男性1.5个百分点。

24.2%的城镇信教妇女因为信仰宗教与家庭成员发生过矛盾，高于城镇信教男性5.8个百分点；28.8%的乡村信教妇女因为信仰宗教与家庭成员发生过矛盾，低于乡村信教男性2.4个百分点。从生命周期角度看，在成年至老年阶段，家庭照料责任以及经济负担责任较重，从事宗教信仰活动，势必

会占用一定的时间，花费一定的支出，在19~35周岁和36~60周岁的信教妇女中，分别有25.6%的人因为信仰宗教与家庭成员偶尔/经常发生矛盾，在60周岁以上的信教妇女中，该比例略有下降，为23.0%；在成年信教男性中，随着年龄增长，与家庭成员发生矛盾的比例较信教女性明显下降（见表7）。

表7 分性别、分年龄组因为信仰宗教与家庭成员发生过矛盾的比例

单位：%

类别		18周岁以下	19~35周岁	36~60周岁	60周岁以上	总计
男性	经常	—	4.8	2.8	2.9	3.1
	偶尔	—	20.5	17.7	15.4	17.7
	没有	100.0	74.7	79.5	81.7	79.2
女性	经常	—	2.8	2.8	2.4	2.7
	偶尔	—	22.8	22.8	20.6	22.3
	没有	100.0	74.5	74.4	77.0	75.0

闲暇时间利用方面，信教妇女闲暇时间和家务劳动之余主要是参加宗教活动（20.9%）、看电视（15.9%）和走亲访友（10.8%），信教男性闲暇时间和家务劳动之余主要是参加宗教活动（19.0%）、看电视（18.8%）和上网（11.4%）（见表8）。

表8 分性别信教群众闲暇时间和家务劳动之余主要活动

单位：%

类别	男性	女性
走亲访友	9.9	10.8
看电视	18.8	15.9
打牌或打麻将	5.3	3.3
读书或看报	10.3	10.0
上网	11.4	8.6
参加宗教活动	19.0	20.9
探望扶持教友	4.7	6.9

续表

类别	男性	女性
在家待着	9.0	9.7
上街购物	3.0	4.8
学习培训	3.1	3.9
其他文化活动	5.0	4.6
无闲暇时间	0.5	0.6
总　计	100.0	100.0

（二）信教妇女的社会认知及思想状况

1. 信教与非信教妇女对待社会公平性的认知无明显差异，对未来生活及本省经济社会发展的信心方面略显积极

调查结果显示，认为当前社会"公平"的信教妇女比例为51.0%，高于非信教妇女0.7个百分点，低于信教男性2.7个百分点。认为当前社会"不公平"的信教妇女比例为7.6%，高于信教男性1.9个百分点。在对个人事业进步、生活改善的原因分析方面，多数信教妇女（61.5%）认为得益于"党和国家的好政策"，1/4信教妇女（25.2%）认为是"神的保佑"，11.9%的信教妇女认为是"个人努力"的结果。在对个人生活是否幸福的主观回答方面，信教妇女认为自己"比较幸福"和"很幸福"的比例为71.6%，高于信教男性3.7个百分点，低于非信教妇女4.7个百分点。

在对未来生活的信心以及对黑龙江省经济社会发展的信心方面，信教妇女的认知态度略显积极。信教妇女对未来生活很有信心的比例为62.5%，高于信教男性7.6个百分点，高于非信教妇女4.3个百分点；信教妇女对黑龙江省经济社会发展很有信心的比例为51.0%，高于信教男性0.8个百分点，高于非信教妇女0.2个百分点（见表9、表10）。

表9 分性别、分有无宗教信仰受访者对未来生活的信心状况

单位：%

类别		男性	女性
有宗教信仰	很有信心	54.9	62.5
	有一定信心	37.5	28.8
	信心不足	6.5	7.3
	没有信心	1.1	1.4
无宗教信仰	很有信心	53.9	58.2
	有一定信心	39.9	34.7
	信心不足	4.7	6.2
	没有信心	1.6	0.9

表10 分性别、分有无宗教信仰受访者对黑龙江省经济社会发展的信心状况

单位：%

类别		男性	女性
有宗教信仰	很有信心	50.2	51.0
	有一定信心	35.4	38.2
	信心不足	10.6	8.7
	没有信心	3.8	2.1
无宗教信仰	很有信心	46.1	50.8
	有一定信心	42.2	39.0
	信心不足	8.1	7.3
	没有信心	3.5	2.9

2. 在信仰与法律、信仰与言论的关系方面，信教妇女较信教男性认知更为清晰，态度更为明确

调查发现，72.4%的信教妇女和69.0%的信教男性认为如果有人在宗教活动场所发布批评政府的言论，应该"坚决制止"。80.5%的信教妇女不同意"宗教是超越国家界限的，因而可以不受一国法律的制约"，高于信教男性2.7个百分点；92.9%的信教妇女同意"如果有人利用宗教从事反对党和政府的活动，政府可以介入宗教事务并加以制止"，高于信教男性2.5个百分点。此外，89.5%的信教妇女认为"妇女和男人一样，都可以成为宗教领袖"，高于信教男性6.3个百分点；59.9%的信教妇女认为"与男人相比，妇女往往是更虔诚的教徒"，高于信教男性4.7个百分点。

（三）信教妇女的信仰状况

1. 对待所信仰的宗教，信教妇女较男性更为虔诚

乡村信教妇女随着年龄增长，在宗教活动中的活跃度增加。调查数据显示，69.6%的信教妇女开始信教的年龄是中年（36~60周岁）。86.1%的信教妇女和84.4%的信教男性认为"信仰宗教对人有好处"，64.3%的信教妇女和62.1%的信教男性对身边的人信仰宗教持"支持"态度。对待所信仰的宗教的态度方面，77.2%的信教妇女"非常虔诚，深信不疑"，高于信教男性6.4个百分点。18.2%的信教妇女"有时信有时不信"，4.6%的信教妇女"别人信我也跟着信"。

信教妇女最初选择宗教的原因最主要的三项分别是：受爱人/父母等家庭成员影响（20.4%）、受邻居/朋友的影响（16.2%）和神的召唤（12.6%）；信教男性最初选择宗教的原因最主要的三项分别是：受爱人/父母等家庭成员影响（30.2%）、民族传统（14.7%）和受邻居/朋友的影响（14.4%）（见表11）。

表11 分性别信教受访者最初选择宗教的原因

单位：%

类别	男性	女性
受爱人/父母等家庭成员影响	30.2	20.4
民族传统	14.7	10.3
受邻居/朋友的影响	14.4	16.2
精神空虚，想寻找精神寄托	6.3	6.4
闲暇时间多	2.3	2.2
扩大社会交际面，广交朋友	2.3	3.9
对宗教感到好奇	3.6	4.5
借助宗教力量重拾信心	6.8	8.3
为自身或亲人祈福求平安健康，解除病痛	11.0	12.5
神的召唤	7.3	12.6
借助宗教组织的力量解决实际生活困难	1.1	2.7
总　计	100.0	100.0

在城镇，信教妇女在宗教活动中担当组织者的比例为6.9%，低于信教男性0.7个百分点；在乡村，信教妇女在宗教活动中担当组织者的比例为10.3%，高于信教男性2.9个百分点。从分年龄组数据看，信教妇女年龄组越高担当宗教活动的组织者的比例越大，19~35周岁信教妇女中，担当宗教活动组织者的比例为3.5%，36~60周岁的比例为7.6%，60周岁以上的比例为10.3%。信教妇女参加宗教活动的频率较信教男性高，其中"一周一次"的比例为53.2%，高于信教男性4.6个百分点；"一月一次"的比例为12.5%，高于信教男性1.5个百分点。

2. 经常被要求捐赠是信教妇女认为的三个主要消极因素之一，信教妇女年龄组越高，为信仰而"经常"捐赠的比例越高

在回答信仰宗教后生活有哪些积极影响方面，信教妇女回答比例最高的前三项分别是：获得内心的平静和幸福，心情更愉快（26.2%）；一心向善，更愿意帮助别人（16.8%）；以及对生活更有信心（12.8%）（见表12）。

表12　分性别信教受访者认为信仰宗教以后的积极影响

单位：%

类别	男性	女性
获得内心的平静和幸福,心情更愉快	31.5	26.2
疾病没有了	6.1	7.4
感觉人际关系更和谐	9.8	9.9
感觉家庭关系变好了	9.5	9.5
对生活更有信心	11.4	12.8
对人生和世界的看法发生改变	7.5	8.2
思维方式发生改变	5.2	5.6
一心向善，更愿意帮助别人	16.5	16.8
宗教组织和信教同伴帮我解决了生活中的实际困难	2.4	3.5
其他	0.1	0.2
总　计	100.0	100.0

在回答信仰宗教后有哪些消极影响方面,信教妇女回答比例最高的前三项分别是:神并没有解决自己生活中的主要困难和问题(49.7%),被信教同伴指责自己不够虔诚(26.2%),以及经常被要求为宗教组织或机构捐钱捐物(16.9%)(见表13)。值得关注的是,23.3%的信教妇女和25.0%的信教男性"经常"为支持所信仰的宗教,而向相关的宗教组织或个人(例如神父、牧师、和尚、道士、尼姑及阿訇等)捐钱捐物,收入分组数据显示,该行为与收入水平非正相关;分年龄组数据显示,信教妇女年龄组越高,为信仰而"经常"捐赠的比例越高。19~35周岁年龄组比例为17.9%,36~60周岁年龄组比例为23.0%,61周岁及以上年龄组比例为27.7%。

表13 分性别信教受访者认为信仰宗教以后的消极影响

单位:%

类别	男性	女性
神并没有解决自己生活中的主要困难和问题	51.0	49.7
被信教同伴指责自己不够虔诚	27.5	26.2
经常被要求为宗教组织或机构捐钱捐物	13.7	16.9
与信教同伴间的矛盾和冲突成为生活中的新困扰	7.8	7.2
总　计	100.0	100.0

(四)信教妇女对当地妇联组织活动的参与度和需求状况

1. 相比农村信教妇女以及城镇非信教妇女,城镇信教妇女对当地妇联组织的活动参与度不高

妇联组织的活动是否具有吸引力和活力,是否能有效黏合信教妇女、服务信教妇女,是当前摆在妇联组织面前的一项亟须破解的难题。调查数据显示,64.6%的信教男性和64.3%的信教妇女认为"妇联组织在关爱帮助信教妇女方面发挥的作用十分有限",其中城镇信教妇女持此观点的比例为61.3%,农村信教妇女持此观点的比例为74.0%。

信教妇女"经常参加"和"偶尔参加"本地妇联组织的活动比例为53.3%，比非信教妇女低27.1个百分点。其中，城镇信教妇女"经常参加"和"偶尔参加"的比例为53.7%，高于农村信教妇女1.9个百分点，低于城镇非信教妇女25.6个百分点（见图1）。从分年龄组数据看，随着年龄组的升高，经常参与妇联活动的成年信教妇女比例逐渐降低（见图2）。

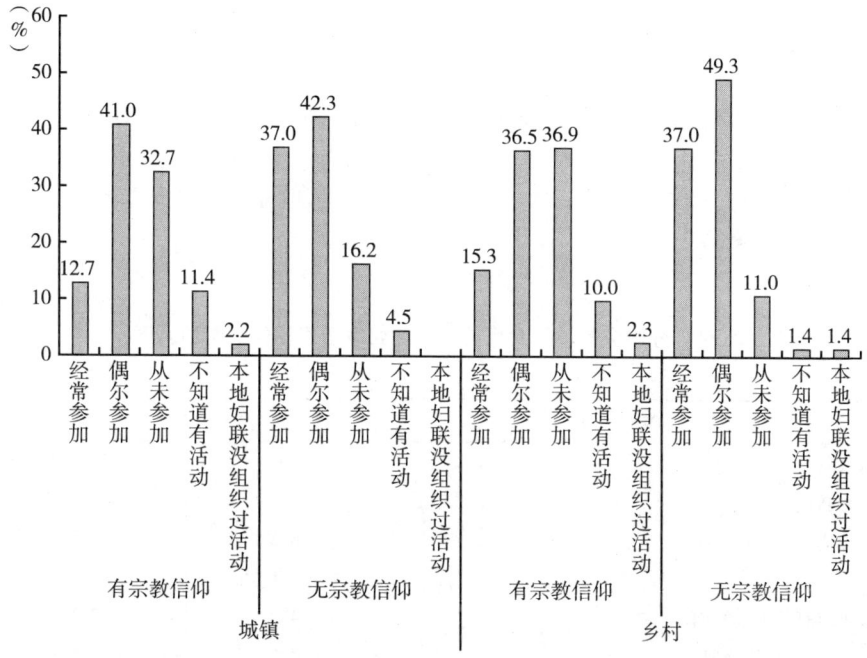

图1 分城乡、分有无宗教信仰女性受访者参加本地妇联活动的频率

2. 增加收入是当前城乡信教妇女最需要妇联组织提供的帮助

各级妇联组织在城乡信教妇女的生存与发展中，仍需夯实"存在感"，对信教妇女最关心、最直接、最现实的根本利益问题加以关注。调查数据显示，城镇信教妇女最需要妇联组织提供的帮助前三项是：增加收入（37.4%）、医疗救助（14.2%）以及两癌筛查和居家养老/助老服务（7.1%）。乡村信教妇女最需要妇联组织提供的帮助前三项是：增加收入

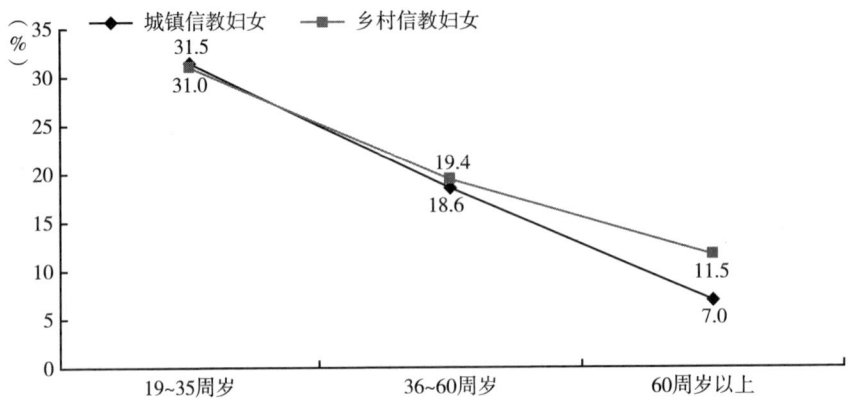

图 2 分城乡、分年龄组成年信教妇女"经常参加"妇联组织活动的比例

(37.9%)、医疗救助(17.4%)以及就业岗位和就业指导(8.1%)(见表14)。

表 14 分城乡信教妇女目前最需要妇联组织提供的帮助类型

单位：%

类型	城镇	乡村
增加收入	37.4	37.9
医疗救助	14.2	17.4
就业岗位和就业指导	6.2	8.1
两癌筛查	7.1	6.5
场地/项目/资金等创业支持	4.2	3.3
免费职业/技能培训	4.7	5.8
居家养老/助老服务	7.1	7.3
公共托幼服务	1.4	0.7
子女教育指导	6.2	5.3
减轻家务负担	4.2	4.3
心理健康咨询/指导	2.8	0.8
维权服务	2.5	1.7
事务代办	1.2	0.6
其他帮助	0.8	0.3
总　　计	100.0	100.0

二 妇女信教的主要影响因素

（一）国家宗教信仰自由政策促进了宗教事业的发展和信教妇女人数的增加

尊重和保护宗教信仰自由，是中国政府对待宗教问题的一项长期的基本政策。1954年公布的《宪法》规定："中华人民共和国公民有宗教信仰的自由。"在党和国家宗教信仰自由政策的保护下，近年来，宗教传播有加速的趋势，传教方式也更为灵活。以佛教为例，四川甘孜喇荣五明佛学院索达吉堪布菩提学会在全国成立了多个菩提爱心小组，采用网络学习和线下学习相结合的方式免费向学员传授佛法经书，即便是远在哈尔滨的学员，也可通过参加菩提爱心小组每周一次的小组学习共修佛法，因而吸引了大批信众。

与男性相比，妇女从众心理更强，在佛教、基督教等宗教所宣传的慈悲、助人等教义感染下信教的妇女，往往自发地成为宗教的传播者，积极地向家庭成员、邻居、朋友宣传宗教。本次调查发现，20.4%的信教妇女最初选择宗教的原因是"受爱人/父母等家庭成员影响"，16.2%的信教妇女是"受邻居/朋友的影响"。在哈尔滨市的商场、繁华街道上，也常常可见女性发放佛教、基督教宣传单或是拦住路人宣讲教义，却鲜见男性。作为宗教传播的主力军，妇女信教态度也较男性更为虔诚，27.6%的信教妇女认为，"我所信仰的宗教是最好的，其他宗教根本无法相比"，比持同一观点的信教男性高出6.5个百分点。

（二）社会保障体系和社会支持网络的不完善使得妇女往往求助宗教来解决自身困境

艰难的生活经历和病痛折磨是妇女信教的最直接原因之一。在现实生活中超出自身能力无法解决的问题和无法解脱的痛苦驱使她们在宗教中寻求庇护之所，寻求具有超自然力量的神的庇护和保佑，寄希望于来生可以摆脱痛苦获得幸福。调查发现，12.5%的妇女信教原因是"本人或家庭成员发生重大疾病，为自身或亲人祈福求平安健康，解除病痛"。有8.3%的信教妇女最初选择宗教的原因是"生活中曾遇到重大困难挫折，借助宗教的力量重拾信心"，还有2.7%的妇女信教是为了"借助宗教组织的力量解决实际生活困难"。

低收入和低社会保障水平使妇女与男性相比更容易陷入生活困境。黑龙江省第三期中国妇女社会地位调查数据显示，妇女享有社会保障总体水平不高。本次调查也发现，信教妇女正在从事有收入工作的比例为56.5%，比信教男性低12.9个百分点，信教妇女享有医疗保险、养老保险、工伤保险、失业保险的比例均低于信教男性，信教妇女目前主要生活来源为"家庭其他成员供养"的比例是信教男性的2.1倍。在回答"您目前最需要哪些帮助？"这一问题时，37.4%的城镇信教妇女和37.9%的乡村信教妇女表示目前最需要增加收入。

陷入生活困境的妇女能够得到的社会支持十分有限。调查发现，36.3%的信教妇女在遇到困难时会找亲属帮忙，17.7%的信教妇女找朋友帮忙，5.3%的信教妇女找同事帮忙，3.5%的信教妇女找邻居帮忙。在亲朋与熟人之外，有8.9%的信教妇女会找政府帮忙，5.4%的信教妇女找社区帮忙，4.9%的信教妇女找妇联帮忙。依据社会支持理论的观点，一个人所拥有的社会支持网络越强大，他（她）就能够越好地应对各种来自环境的挑战[1]。而信教妇女的社会支持网络相对薄弱，应对生活各种挑战的能力相对较弱，她们在生活的重压下极易把希望寄托给宗教，幻想有一种超自然的神力来解救自己。

妇女生活困境的背后折射出社会保障体系的不健全和社会支持网络的不完善。而宗教组织恰恰在一定程度上填补了这种不完善所产生的空白。它使身为弱势群体的妇女通过宗教组织找到了安全感、归属感。当信教妇女身处生活困境，特别是本人或家属面临生老病死等人生重大关口的考验时，宗教组织可以运用组织的力量发动信徒，通过集体的力量帮助某一个处于困境中

---

[1] 东波、颜宪源:《新农村建设背景下农村老年弱势群体社会支持网络的建构——基于黑龙江省农村老年人生活状况调查数据的实证研究》,《西安电子科技大学学报》（社会科学版）2009年第2期。

的个体渡过难关。当同为弱势群体的个体集合在一起形成合力时,其"弱势"亦可转化为某种意义上的"强势"。调查发现,16.5%的信教妇女和13.6%的信教男性在生活有困难时能找教会/教友帮忙,19.3%的信教妇女在遇到困难时得到了教会的"物质帮助"。由此可见,政府需要更加关注百姓民生问题,为妇女群众扶危解困,才能成为妇女心目中最有力、最可靠的庇护者。

(三)宗教在一定程度上满足妇女日益多元的精神需求

改革开放以来,伴随着经济的飞速发展,人民群众对精神文化生活的需求也日趋旺盛。根据马斯洛需要层次理论,部分生活实现小康甚至富裕的妇女,其需要从生理层面转向心理层面,有了更多的精神追求。而那些还在温饱线上苦苦挣扎的妇女,其痛苦的内心世界亦迫切需要被共情和被抚慰。妇女精神需求日益多元。

社会文化产品供给不足、公共文化生活贫乏使妇女群众多样化、多层次的精神文化需求在日益增长的同时却常常不能得到充分满足。调查发现,27.5%的城镇社区和27.8%的村子不组织文体活动,35.7%的城镇社区和39.9%的村子只在过年或过节时组织活动。

社区文化生活单调但宗教组织的各种活动却很频繁。以哈尔滨市为例,哈尔滨市南岗基督教会每周在教堂举办四次活动,哈尔滨菩提爱心小组也会每周固定举办小组学习讨论,还定期、不定期地组织放生、助念、共修等活动,吸引了大批妇女参加,填补了她们的精神空虚。53.2%的信教妇女一周参加一次宗教活动,高于信教男性4.6个百分点;与男性相比,妇女承担了更多的家务劳动和家庭责任,工作和家庭双重负担下,她们的情感需要更多的慰藉。

日益增长的文化需求无法得到充分满足,部分妇女开始在宗教信仰中寻求精神寄托。本次调查发现,6.4%的妇女最初选择宗教的原因是"精神空虚,想寻找精神寄托"。26.2%的妇女表示在信教后"获得了内心的平静和幸福,心情更愉快"。73.1%的信教妇女得到了教会的"精神安慰和鼓励"。宗教教义中慈悲、助人、友爱的精神使妇女在奉献爱心的过程中找到了精神寄托，信教妇女彼此之间的关怀又使她们感受到了温暖，宗教不但提供了信教妇女解除痛苦获得永生的信念，还从情感抚慰、人生价值实现等多方面多层次满足了信教妇女的精神需求。

三 建议和对策

2016年，习近平总书记在全国宗教工作会议上指出："宗教问题始终是我们党治国理政必须处理好的重大问题，宗教工作在党和国家工作全局中具有特殊重要性，关系中国特色社会主义事业发展，关系党同人民群众的血肉联系，关系社会和谐、民族团结，关系国家安全和祖国统一。"

宗教工作的本质是群众工作，做好信教妇女群众工作，需要政府、妇联、宗教界人士和社会各界力量的共同努力，使信教妇女生活有保障，思想有引导，精神文化需求得到充分满足，组织和凝聚广大信教妇女同全国人民一道，为实现全面建成小康社会奋斗目标、实现中华民族伟大复兴的中国梦而奋斗。

（一）政府应不断完善社会保障体系和社会支持系统，加大力度解决民生问题，保障信教妇女生活无后顾之忧

政府应继续加大力度解决民生问题，完善社会保障制度，提高信教妇女的社会保障享有水平，使信教妇女生活有保障，病有所医，老有所养，对生活有信心。

不断完善并充分发挥社会救助系统的功能，及时为生活困难的信教妇女扶危解困。大力发展社会工作，充分利用好义工等志愿服务力量，搭建妇女群众信赖的社会支持网络，使包括信教妇女在内的所有妇女群众在遇到急事难事时能够第一时间得到援助。

当民生问题不再成为问题，当妇女及其家庭成员的衣食住行、生老病死都能够由政府妥善安排和解决，妇女就不会再把希望寄托在虚无的超自然的神灵上，只有这样，才能使党和政府成为信教妇女心目中最有力、最可靠的庇护者。

（二）在各宗教组织中建立妇联组织，加强对信教妇女的思想引导

全面正确地贯彻党和国家的宗教信仰自由政策、尊重信教群众信仰的同时，并不意味着放弃对信教群众的思想政治工作。信教群众和不信教群众，虽然在思想信仰上有差异，但有着一致的根本政治利益和根本经济利益。习近平总书记在全国宗教工作会议上强调，做好党的宗教工作，把党的宗教工作基本方针坚持好，关键是要在"导"上想得深、看得透、把得准，做到"导"之有方、"导"之有力、"导"之有效，牢牢掌握宗教工作主动权。

加强对信教妇女的思想引导，就要充分发挥妇联的组织优势，延伸妇联组织工作触角，在省、市、县、区各级各类宗教组织中建立妇联组织，在各类宗教场所建立妇女工作联络站。以信教妇女容易接受的方式，从生活上关心信教妇女疾苦，从思想上引导信教妇女爱党爱国，充分了解信教妇女的心声与需求，充分发挥妇联组织凝聚人心、温暖人心的作用，把更多的信教妇女群众团结、聚拢在党和政府周围。要用社会主义核心价值观来引领和教育信教妇女，使其与社会主义建设、与全面建成小康社会的目标相一致，才能防止她们被宗教极端思想及境外敌对势力侵害和利用。

（三）加大社区文化生活建设，满足妇女群众日益增长的多元文化需求

全面建成小康社会对发展社会主义文化提出了更高的要求，只有大力发展文化产业，提供更多丰富的公共文化产品，才能满足包括妇女在内的人民群众日益增长的文化需求，使妇女群众可以在积极、健康、正能量的文化中吸收养分，树立和保持正确的世界观、人生观和价值观。

应尽可能利用好、发展好基层社区这个最便捷的群众文化阵地，丰富广大群众的文化生活。政府应鼓励和支持工会、共青团、妇联等群团组织以社区为阵地开展活动，并提供场地资金等必要的支持。通过调查研究及时发现妇女群众最新的精神文化需求，以群众喜闻乐见的形式有针对性地开展活动，不断增强社区对信教妇女的吸引力，使社区真正成为汇聚人心的百姓之家，成为包括信教妇女在内的广大人民群众自己的精神家园。

社会治理篇
Social Governance

B.20
黑龙江省出租车行业"黑车"整治中的问题及对策

冯向辉 李志庆[*]

摘 要: 黑龙江省出租车行业的"黑车"多为私家车、高仿出租车、非法网约车、残疾人代步车、摩托车和"港田"车。近年来,黑龙江省各级政府部门主要通过专项打击行动和多部门联合执法两项举措开展"黑车"整治活动,但成效并不明显。"黑车"治理的难点主要为公共交通产品供给不足、出租车管理体制失灵、"黑车"利润丰厚、执法取证难和公务人员养"黑车"等几个方面。为此,建议通过优化公共交通资源配置、完善出租车管理体制、改善出租车经营体制、强

---

[*] 冯向辉,黑龙江省社会科学院法学研究所编审,研究方向为法理学、地方法治;李志庆,黑龙江省社会科学院法学研究所研究实习员,研究方向为地方法治、俄罗斯法。

化执法监管体系等几项举措加以完善。

关键词： 黑龙江 "黑车"整治 依法改革 社会法治化

为了保障道路运输安全，维护道路运输市场秩序，中国实行道路运输许可制度，即只有取得道路运输经营许可方可从事道路运输经营。与之相对应，未取得道路运输许可而从事道路运输经营的行为，被称为"非法营运"，其营运车辆就是我们通常说的"黑车"。按照类型划分，"黑车"可划分为"货运黑车"和"客运黑车"。客运黑车根据其经营类型又可细分为从事固定线路运输的班线"黑车"和从事个性化运输服务的出租"黑车"。本文研究的出租车行业中的"黑车"，是指未取得道路运输经营许可，而擅自从事有偿个性化运输服务的车辆。

2016年7月，交通运输部、工业和信息化部、公安部、商务部、工商总局、质检总局、国家网信办七部委联合发布《网络预约出租汽车经营服务管理暂行办法》（以下简称《暂行办法》），正式赋予网约车以合法地位，并将其纳入出租车管理体系。《暂行办法》授权城市出租汽车行政主管部门出台具体的车辆标准、营运要求，并发放《网络预约出租汽车运输证》。但是，省内很多城市（齐齐哈尔、绥化等）截至目前仍未出台本地的实施细则，当然也未发放《网络预约出租汽车运输证》，因此，这些城市的有些执法人员仍将《暂行办法》规定的这类网约车认定为"黑车"进行打击。笔者认为，由于本地尚未出台实施细则，未能发放《网络预约出租汽车运输证》而对《暂行办法》规定的网约车进行打击的做法是违法的。因此，依托合法注册登记的互联网服务平台从事预约出租汽车服务的网约车不属于本文所称的"黑车"范畴。

一 黑龙江出租车行业"黑车"整治的现状

出租车作为现代都市公共交通运输的重要方式，为缓解城市公共交通运力不足的压力、方便大众出行、扩大社会就业、提升城市综合服务能力等做出了很大的贡献,但是随着出租车行业的发展和壮大,非法经营问题即"黑出租"现象不断显现,以致严重制约了出租车行业的长期、稳定和健康发展。

(一)出租车行业"黑车"的存在现状及其特点

黑龙江地处高寒地区,受冬季持续时间长、人口分布稀疏、经济发展水平不高等因素的影响,"黑车"种类与中国其他省市相比既有共性,也有自身独特性。调查结果显示,黑龙江的"黑车"主要有私家车、高仿出租车、非法网约车、残疾人代步车、摩托、"港田"等几种。

1. 私家车"黑车"

这种类型的"黑车"主要由普通私家车构成。车主驾驶私家车辆在人流密集的车站、商场、重要交通枢纽巡游或蹲点载客。通常双方事先约定好价格,有的车辆装有计价器可以打表,收费价格与出租车相近或者略低一些。在网约车出现之前,私家车"黑车"在省内的大中小城市都比较常见。网约车出现后,许多原先的私家车"黑车"被引入网络预约出租车,成为合法出租车。目前,在哈尔滨市区私家车"黑车"已经比较少见,主要活跃在一些商场或交通中转枢纽(如处于江南江北中转节点的公路大桥附近区域)等固定地点。但在其他地市和区县范围内,私家车"黑车"仍比较活跃,其中,有些私家车"黑车"会通过套车牌的方式来躲避电子监控和投诉举报。

2. 高仿出租车

高仿出租车配置假的出租车营运牌照、车顶灯、计价器,也可提供假的发票,在颜色、外观上与正规出租车相仿。有的套用正规出租车的真车牌和真营运牌照。这类"黑车"仿真度极高,即使是执法人员靠肉眼也难以辨别真伪。车辆大多来源于下线后流入二手车市场的出租车以及未进入报废程序而重新流入市场的报废车辆。由于高仿出租车需要一系列的仿真材料和设备,操作实践比较复杂,普通营运个体难以生存,因此,这类车大多是组织化运营:由数十台车构成一个车队,车辆由车队老板出资购买或者由驾驶员自己出资购买,老板提供仿真设备、维修改装服务,并负责保护所有车辆的安全，驾驶员按照车辆采购出资来源的不同每日缴纳数额不等的"份子钱"。驾驶员承包车辆的，每日缴纳120元左右的"份子钱"；驾驶员自己出资购买车辆的，每日缴纳50元左右的"保护费"。这种类型的"黑车"主要存在于哈尔滨、大庆等大中型城市。

3. 非法网约车

与正规网约车的区别是，非法网约车不是经过合法登记注册的平台开展营运业务，而是借助微信、QQ、微博等社交工具私自发布招揽承运、顺风车、拼车信息。非法网约车主要存在于位置较偏远的城郊与市区之间、跨城之间。非法网约车的价格一般低于正规出租车和大巴车价格，驾驶员和乘客之间往往较为熟悉或者容易建立起稳固的关系，执法取证时很难得到乘客的配合。

4. 残疾人代步车

根据公安部《机动车驾驶证申领和使用规定》，右下肢或双下肢残疾人可以申请残疾人专用小型自动挡载客汽车准驾车型的驾驶证，代号为C5，驾驶的车辆包括残疾人专用小型、微型自动挡载客汽车。近年来，许多喷涂着残疾人机动车专用标志，顶着"代步"字样黄顶棚的残疾人代步车开始配上计价器和载客牌加入非法营运行列。这类车辆有的由残疾人自己驾驶运营，也有一些是由组织化的车队运营。鉴于残疾人生活艰难，找工作不容易，而且严格执法会引起激烈的抗拒，在对这类车辆执法时执法人员往往会陷于情与法的矛盾境地，严格执法很难落实。如今，这类车辆已广泛分布于黑龙江省各个地区，成为"黑车"的重要组成成分。

5. 摩托、"港田"车

这类车辆主要活跃于繁华拥堵的市区、中小城市和城市郊区。在哈尔滨，由于交通拥堵比较严重，小巧轻便的摩托和"港田"在早晚高峰期拥有很大的优势。在一些中小城市和城市郊区，由于出租车配置较少、价格较高，摩托和"港田"具有很大的价格优势，也可弥补出租车的空缺。这类车辆通常在固定的地点等客，运载路程比较短，而且比较灵活，在突击执法时会立刻消失得无影无踪，执法风头过去后则立刻复出。

（二）现存"黑出租"的主要社会危害

"黑出租"侵害出租车行业合法经营者权益，扰乱出租车市场的正常秩序，破坏社会发展环境，也影响全社会的稳定，因此，百姓反映极为强烈。

1. 监管盲区，乘客人身财产安全没有保障

首先，"黑出租"车主和车辆本身均未经登记、审核，运行线路无从确定，运行轨迹无法记录，为犯罪分子提供了可乘之机。据媒体报道，黑龙江曾发生过借"黑车"营运之机杀害、抢劫、强奸、勒索顾客的案例，也发生过"黑车"车主被拉乘的不法乘客抢劫、杀害的案例。案发之后很难确定犯罪分子的身份，很难将犯罪分子绳之以法。其次，"黑车"司机没有从业资格证，未接受过相关的业务技能培训，"黑车"车辆没有强制年检，车辆性能未知，安全隐患大。为降低成本，"黑车"从业者往往购买淘汰的二手车、黄包车，车况堪忧，而且大多不会购买交通责任保险。一旦发生交通事故，对乘客造成了人身伤害，需要赔偿或支付医疗费时，"黑车"司机往往难以赔偿，更倾向于选择逃逸。最后，"黑车"常套牌和悬挂假车牌行驶，不用担心因违反交规而受到处罚，因此闯红灯、违停、超载等现象频发，无论对乘客还是公共交通安全都存在重大的风险。

2. 无证经营，扰乱出租车市场秩序

出租车是为方便公众出行而设计的一种服务方式，属于城市交通范畴，具有公共属性。为了保证公共服务的水平和质量，出租车行业实行政府管制。政府通过特许经营来对出租车的数量和服务质量进行控制，所以出租车市场不是一个完全自由竞争的市场，而是具有一定的垄断特性。因此，出租车的特许经营权就带有了垄断赋予的天然权益属性。为了保障社会公平和权利、义务的对等，政府必然要为出租车经营权的获取设定较高的标准，同时收取一定的"租金"——授权费用。所以，出租车经营者通过缴纳经营牌照费用取得出租车经营权。但是，"黑车"逃避了其应担的义务——缴纳出租车经营权费用和接受政府的管控（如定价），却从事着与出租车相同的业务。因此"黑车"的存在对出租车合法经营者而言是不公平的。此外，"黑车"因逃避义务而成本低廉、产生暴利，拥有更为灵活的定价空间，价格

优势使"黑车"对正规出租车的运营产生冲击。这样，就会产生"黑车"驱逐"良车"的状况，扰乱出租车市场的运营秩序。

（三）出租车行业"黑车"整治的主要措施

对于出租车行业，黑龙江省人民政府已经明确由交通运输部门主管，黑龙江省运管局专门成立了全省出租车管理办公室，各市/地、县也都成立了出租车管理处等出租汽车行政主管部门，彻底改变了多头管理的局面。行业管理体制的理顺，为整治"黑出租"提供了保障。

1. 通过专项整治行动定期严打"黑出租"

根据国务院《中华人民共和国道路运输条例》和交通运输部《巡游出租汽车经营服务管理规定》，未经许可从事运输经营的活动由县级以上地方人民政府道路运输管理机构和出租汽车行政主管部门承担执法职能，因此，交通部门是打击"黑车"的直接责任主体。由于"黑车"大量使用套牌车辆、高仿车辆，而根据《中华人民共和国道路交通安全法》的规定，使用伪造、变造或者其他车辆的机动车登记证书、号牌、行驶证、驾驶证、检验合格标志、保险标志的行为，以及驾驶已达报废标准的机动车上道路行驶的行为均由公安机关交通管理部门承担执法职能。

在"黑车"整治行动中，"严打"是见效最快、立竿见影的举措，也是各级政府和执法部门最为青睐的整治方式。由于执法人员数量有限、执法任务繁杂、执法力量分散，为提高执法效率和加大打击力度，对"黑车"的打击以定期的专项打击活动为主。活动期间，交通部门会集大批人力、物力上街执法，通过全天巡查、定点守候、明察暗访、上限处罚等措施开展高压性的严打行动。

2017年全省各地市均开展了"黑车"专项打击行动（见表1），参与主体为交通部门和公安部门，其他相关部门为辅。专项整治期间，通常按照上限执行处罚，惩处力度比平时大，出租车市场迅速变得清净。但是，专项活动的打击效果容易反弹，活动结束后许多"黑车"会立刻重回市场。

表1 2017年黑龙江省各地市开展"黑车"打击专项行动情况

地区	"黑车"打击行动
哈尔滨	1. 2016年12月至2017年3月末,哈尔滨市在全市范围内开展深入推进非法营运治理行动,重点打击私家车、"营转非"出租车、套牌出租车等从事非法营运,利用残疾人车非法营运,旅游车辆、租赁车辆以及私家车依附在长途客运线路上从事道路运输等7项违法行为 2. 2017年按照市委、市政府的统一部署,市纪委监察局联合公安、检察、交通等机关和部门组成调查组,截至2017年11月13日,清查"营转非"下线出租车、报废车1.68万辆,查扣非法营运出租车214辆,打掉"黑车"团伙7个,采取刑事强制措施176人、"两规"措施2人,将174辆非法营运出租车线索移送公安机关处理,依法整治规范了全市出租车市场秩序
鹤岗	2017年4月,鹤岗市交通局运管处联合市公安交警、公安特警、残联等相关部门合力执法,各负其责,严厉打击黑车。在工农、向阳、南山等主要路段设立检查点,对过往车辆进行无间隙检查
大庆	自2017年7月20日至10月19日,大庆市交通运输局联合公安机关开展打击非法营运行为"季风"行动,主要对市各重点路段开展打击各类非法营运行为
牡丹江	2017年9月牡丹江市运管处开展出租汽车市场专项整治行动
鸡西	鸡西市交通部门每周二、周四与交警部门定期开展出租汽车市场专项整治行动,共同打击"黑车"非法营运,取缔残疾人代步车非法安装的出租专用设施
双鸭山	2017年1~2月双鸭山市交通运输部门还与公安交警、综合执法部门密切配合开展为期2个月的整治校园周边"黑出租"专项行动
黑河	2017年3月底黑河市启动整治非法营运车辆百日攻坚专项行动
齐齐哈尔	2016年5月至2017年5月,齐齐哈尔市开展为期一年的道路运输打非治违专项整治行动
绥化	为了维护良好的道路运输市场秩序,打击"黑车",绥化市运管处从2017年3月15日开始采取有力措施,开展了专项整治行动
佳木斯	佳木斯成立了由市公安局、运管处、城管局等执法单位组成的打击非法营运小组,开展了打击非法营运专项整治行动
七台河	2017年11月七台河市交通部门组织开展首场降雪打击"黑车"会战,重点打击趁雪雨冰冻天气站外揽客"黑车"
伊春	2017年上半年,伊春市在全市范围内集中开展打非治违专项行动,共查处非法营运144起
大兴安岭	2017年10月31日,大兴安岭地区启动打击非法从事道路旅客运输经营专项整治行动

2.通过联合执法多角度全方位整治"黑出租"

随着经济社会的发展,"黑车"的形态也日益复杂。如今的"黑车"已呈现出产业化、组织化等新特点。"黑车"行业与回收销售报废车、伪造车牌等证件、非法喷涂出租车车身颜色等多项违法行为存在直接的关联,而且"黑车"运营的组织化催生了很多"黑车"团伙甚至是黑社会组织。与此同时,政府公务人员包庇、私养"黑车"也已不再是秘密。因此,"黑车"治理已不仅仅是交通部门和公安交警部门的分内职责,加强部门间联系,开展联合执法势在必行。

起初,省内的联合执法多以交通部门和公安交警部门之间的联合为主,近几年多部门联合执法的治理行动逐渐增多。2017年10月,黑龙江省人民政府办公厅发布《打击非法从事道路旅客运输经营专项整治行动方案》(以下简称《方案》),提出坚持政府主导、综合治理原则,要求各级政府建立联合执法机制,成立由政府分管领导为总召集人、各相关部门负责人为成员的"打击非法从事道路旅客运输经营专项整治行动工作联席会议"。《方案》规定:由交通运输部门负责"黑车"非法经营行为的摸底调查和路面稽查工作,由公安部门利用交通管理监控系统实施"黑车"监控、开展路面稽查、打击非法经营团伙和黑恶势力,由工商部门负责取缔无照经营行为,由网信部门对利用社交软件发布"网约车""顺风车"信息的账号进行查处,由法院负责"黑车"处罚案件的强制执行工作,由检察院负责行动中涉及刑事案件的批捕、公诉和职务犯罪案件的侦查工作,由监察部门负责查处公务人员徇私舞弊、私养"黑车"、充当"黑车"运营保护伞等违纪违法行为,由质监部门查处非法安装使用计价器的行为,由政府法制部门、信访部门和维稳部门做好其他相关配合工作。

二 出租车行业"黑车"整治中的问题及成因

近年来,黑龙江省各级政府通过专项打击行动和联合执法对"黑车"进行整治,但"黑车"并未因此绝迹,打击效果并不明显。其原因到底何在?经过调查分析,我们认为"黑出租"屡禁不止的原因和问题主要在于如下几个方面。

(一)公共交通资源配置无法满足公众的需求,以致"黑出租"生存空间较大

首先,市内公交线路未能实现全面覆盖,公交运营时间结束过早。黑龙江城市公交线路的设计并不能完全覆盖所有公众的需求,有些地方从出发地到目的地可能需要转几次车,有的地方直线路程很近却要绕行很远。其次,市郊公交线路少、间隔时间长、末班车停运时间早,是"黑车"的重灾区。末班公交的运营时间,夏季哈尔滨市区通常在八点半左右,大庆等地级市则在七点半左右,县级市在六点半左右;到了冬季通常要提前一个小时或半个小时。从市区到郊区的末班车时间要更早,以哈尔滨为例,夏季在晚七点左右,冬季在晚六点左右。公交停运后,只剩出租车和"黑车"可选,而由于空车返回的概率较大,许多出租车并不愿跑,因此乘客们不得不选择"黑车"。

(二)出租车的管理体制失灵、服务质量不高给"黑出租"提供生存空间

出租车市场实行牌照管制,由出租车管理部门确定出租车投放数量以及牌照的发放。自1996年起,出租车行业实行企业化管理,新发放的出租车牌照只发给出租车公司,同时要求所有已经投放的出租车(包括自然人获得的出租车牌照)必须归口到某个公司管理之下。由政府管理出租车公司,由公司管理具体的驾驶员。根据这项制度的设计初衷,政府可以通过牌照的发放和收回来管理出租车公司,出租车公司可以通过公司的奖惩体制来管理驾驶员,而政府则得以从原先繁杂的管理事务中解脱出来。但是在实践中,由于评价监督机制缺失以及政府部门及执法人员的权力寻租,政府无法实现对出租车公司的有效监管;出租车公司由于逐利性,为追求驾驶员带来的经济效益而实质上放弃了自己的监管职能。最终,出租车管理部门被出租车公

司等利益群体绑架，出租车公司沦落为收取"份子钱"的机器，出租车驾驶员则成为无人监管且追求利益最大化的"卖手腕者"。在高额"份子钱"的压迫下和自身利益最大化的驱使下，强行拼客、拒载、挑客、绕道、宰客成为黑龙江省许多出租车司机的"家常便饭"，造成非常恶劣的影响，而这恰恰也为"黑出租"的生存提供了空间。

（三）执法人员与"黑车"运营者形成了坚固的利益共同体，以致严打执行难

长期以来，由于政府对出租车数量实行管制，出租车供给数量与实际需求之间一直存在较大的缺口。在这种情形下，避开高额牌照获取费用的"黑车"运营就成为一个暴利的行业，尤其是在一些人流密集的区域。在利益的诱惑下和监督机制缺失的情形下，执法人员权力寻租就成为自然而然的现象。久而久之，执法人员与"黑车"运营者形成了坚固的利益共同体，有的执法人员自己或通过亲属直接养"黑车"，有的执法人员则充当着"黑车"运营者的保护伞，谋取非法利益。因此，在很多地区专项整治行动就成为一种作秀，平时执法部门"睁一只眼，闭一只眼"，民愤激烈时便出来罚罚款、抓几台"黑车"，装装样子，走过场，事后再给放出去。这也是近年来"黑车"打击行动成效不好的主要原因之一。

（四）"黑出租"利润相对丰厚、违法成本低，以致"黑车"司机铤而走险

不用缴纳每日一两百元的"份子钱"，也不用纳税，收入轻易就可超过正常出租车司机，却不用起早贪黑地忙碌，想休息就休息，这是许多司机选择"黑车"营运的原因，也是"黑车"司机不愿"洗白"的重要原因。根据交通运输部《巡游出租汽车经营服务管理规定》，对从事非法巡游业务的责任主体处5000元以上2万元以下的罚款。对这个额度的罚款损失，"黑车"司机经营十多天即可赚回。加上执法人员有限，黑车司机对执法人员面孔逐渐比较熟悉；同时由于黑车司机的内部消息比较灵通（因

为个别交管人员走漏风声），突击执法活动很容易暴露，"黑车"被抓的概率很小。甚至有些执法人员与黑车司机勾结，黑车司机仅上交少量的利益分成，由执法人员负责庇护，这也大大降低了黑车司机的风险和成本，致使其铤而走险。

（五）"黑出租"各种保护伞的存在，使"黑出租"的整治和监管难上加难

与全国其他地域一样，长期以来黑龙江出租车行业的非法营运问题难于整治的直接原因主要有四个：一是发现难，"黑车"运营时大多采用假车牌或套牌，即使执法人员发现或通过摄像头发现违法车辆后，也很难确定和查找营运主体。二是取证难，在有些情况下必须确定存在"营运"的事实才能进行惩处，为此需要"人赃并获"和乘客作证才能定性为非法营运。在"钓鱼执法"被严厉禁止的情形下，执法人员要获取证据必须长期暗中蹲点监控，这对目前的执法资源而言是一个巨大的挑战，注定不能常态性地实行。而且，许多乘客出于情面、害怕担责、认为问题不大等原因也不愿作证。三是监督难，"黑车"大多采用报废的出租车或者喷涂与出租车颜色相同的车身，悬挂与出租车相同的车灯，也可提供假的乘车票据，很难辨别，监督渠道难以发挥作用。四是处置难，由于一些非法营运人员的非法营运活动得到个别公职人员的纵容和"保护"（见表2），对"黑出租"查处极为不力，所以实践中不定期的"黑车"专项整治行动收效甚微，以致出现"行动来时黑车销声匿迹，行动结束后黑车重新复出"的状况。

表2 为"黑出租"充当"保护伞"的表现行为

主体	行为
监管部门	履行主体责任不力
执法部门	不作为、乱作为
个别党员干部	接受请托、关照说情；通风报信、收受好处；滥用职权、违规执法，甚至为非法营运出租车充当"保护伞"

（六）"黑出租"的存在与相关法律政策及典型案例的宣传工作不到位有关

新闻媒体通过典型案例宣传"黑出租"危害性的广度和力度不够。相关法律政策知识，诸如《道路运输条例》，交通运输部《巡游出租汽车经营服务管理规定》，2016年7月28日发布的《国务院办公厅关于深化改革推进出租汽车行业健康发展的指导意见》（国办发〔2016〕58号）和交通运输部、工信部等七部委颁布的《网络预约出租汽车经营服务管理暂行办法》（2016年11月1日施行）尚未及时广泛地宣传，以致广大乘客对"黑出租"的危害没有预期，也不能自觉抵制"黑出租"。同理，违法经营者不清楚、不知道自己的违法行为可能会承担的行政乃至刑事责任，也不能中止或终止其违法犯罪行为。由于监管体制机制的不健全，个别监管部门及工作人员也存在或许能够逃避惩处，不被追究行政、刑事责任的侥幸心理，进而实施违纪违法甚至犯罪行为，这是出租行业"黑车"现象屡禁不止的一个致命因素，更使"黑出租"整治面临十分严峻的挑战。

三 出租车行业"黑车"整治的对策

根治出租车行业"黑车"问题是一项十分艰难的任务，必须从源头上消除其产生的各种因素——坚持综合治理的原则、采取疏堵结合的方法，逐步压缩"黑出租"的生存空间。首先，要通过优化公共交通资源配置，完善出租车管理体制，提高出租车服务水平，提高公众满意度。其次，要通过改善出租车经营体制，减轻出租车司机负担，增强"黑车"司机"洗白"的意愿和动力。最后，要通过强化执法监管体系，纯洁执法队伍，增强打击"黑车"的能力和动力。具体对策如下。

（一）优化公共交通资源配置，扩大公共交通覆盖范围

公交线路布局应紧跟城市发展步伐，在新开发区域及时布置或延长公

交线路。对现有公交线路的运载效率进行定期评估，根据评估结果及时调整公交线路规划。适当延长末班车时间，同时可适当扩大公交车晚间发车间隔，并将发车方案在每个站台公布。完善市郊线路设置，晚间运营期间在中转枢纽与郊区之间开设定点班车，保障郊区居民的晚间出行。积极推进轨道交通建设，强化轨道线路、站点设计与公交线路、站点设计的衔接、配合。

（二）深化出租车管理体制改革，提高出租车服务质量

按照2017年7月18日《黑龙江省人民政府办公厅关于深化改革推进出租汽车行业健康发展的实施意见》的规定，黑龙江省将推行新增出租车经营权期限制和无偿使用制，严厉打击出租车经营权的转让和倒卖行为。在这种情况下，出租车管理体制改革应从六个方面着手。第一，放开出租车数量管制，让市场来调节出租车的数量。转变政府管理方式，由政府设定准入标准，申请者符合条件就发放营运牌照。第二，应对现有出租车经营权实行到期收回制度，对于无经营期限规定的出租车经营权进行回购。第三，经政府、出租车公司、出租车驾驶员协会多方共同协商，合理确定不同经营模式出租车的"份子钱"数额，并按照权责对等的原则明确出租车公司的权利和义务。第四，将乘客匿名评价系统引入巡游出租车管理体系，评价结果与公司的出租车经营权直接关联，用乘客评价推动出租车服务水平的提高。第五，严格实行出租车到期强制报废制度，加强交警对车辆报废厂的监管，完善报废车回收制度，防止报废车再次流入市场。第六，合理规范网约出租车的发展，让市场在网约出租车资源配置中起决定性作用，不得对网约车的数量和价格进行过度干预，避免套用巡游出租车管理制度。

（三）完善地方法规、政府规章，依法改革交通领域执法权

良法是善治的前提。应该依据相关法律法规，及时制定地方性法规、规章等规范性文件，使黑龙江省的"黑出租"整治有法可依。同时，应严格落实2017年10月19日《黑龙江省打击非法从事道路旅客运输经营专项整

治行动方案》中的要求,切实发挥联席会议的作用,实行领导负责制,避免该方案不落实或落实不到位。加大对"黑车"上下游产业链的治理:依法打击销售制作假牌照、假证件的活动;依法取缔封锁发布非法网约车信息的账号、网站;严格监管车辆报废销毁流程,防止报废车再次流入市场;加强对二手车市场的监管,严厉打击销售下线出租车、报废车辆的不法行为;强化对社会车辆、下线出租车辆非法喷涂、非法改装和非法安装、销售计价器、车顶灯等营运设施的监管治理,依法查处,取缔相关"黑窝点";公安部门应强化对"黑车"领域团伙作案和涉黑组织的打击力度。与此同时,通过下发政府文件的形式建立交通部门与公安交警部门的常态化联合执法机制,定期开展路面联合稽查行动。在有条件的地方,积极开展交通领域执法权集中试点,实施"大部制"改革,以解决交通领域现有执法权的分散问题,提高执法合力和效率。

(四)健全交管执法监督制约制度,不断提高交通执法能力

根据《生活报》的一篇报道,2016年10月27日下午,绥化市北林区四方台镇的几名合法营运车主将三台"黑车"别住并向北林区运管站举报,而运管站竟然不知如何处理——三名副站长互相推诿、执法人员不够两人、找不到服装……拥有180名工作人员、号称全省最大县区级运管站的北林区运管站,竟然派不出人前去执法,在"研究""协调"两个小时后,好不容易派出的两名执法人员终于赶到现场后,却只坐在车里做笔录、打电话,导致一台"黑车"逃逸。[①] 当下,大多数"黑车"线索举报给交通部门,至于交通部门如何继续跟踪举报线索、整治"黑出租"则缺少有效的强有力的措施,而不受监督和制约的权力必然滋生腐败。目前,执法监督权限主要由政府法制部门和纪检监察部门行使。法制部门主要负责执法规范性的监督,纪检监察部门主要负责对相关执法人员的党纪国法监督。由于多种原

---

① 《3台"黑车"被举报者抓住 运管站"研究"俩点才出现场》,东北网,http://heilongjiang.dbw.cn/system/2016/11/02/057427685.shtml。

因，长期以来这两种监督对"黑车"执法领域的不作为以及养"黑车"行为并未起到打击、震慑作用。建议以监察体制改革为契机，将"黑车"线索举报平台交由新成立的监察委员会管理，通过新的渠道——群众举报监督——监察委员会执法监督来解决"黑车"执法调查取证难和"黑车"执法监督失灵问题。此外，通过以建立健全相关执法部门及其公职人员履职权力清单、责任清单、义务清单制度，科学界定他们的权力边界、责任界限和义务要求，形成运用法治监督干部用权的"新常态"。

（五）完善执法责任制，加大对公职人员违法行为的惩处力度

在打击非法营运方面，各相关部门要严格依照法律法规赋予的权限和规定的程序，开展打击非法营运工作。要坚持重证据、遵程序，准确把握执法尺度。同时，要坚决抵制为非法营运"说情""打招呼"等现象，对于机关干部和其他公职人员的违法行为——参与或变相参与非法营运，发现违法行为不及时查处，索取、收受他人财物或者谋取其他利益，为非法营运充当"保护伞"，等等，一经查出，要坚决处理，决不姑息。尤其要加大对公务人员养"黑车"行为的惩处力度。一经发现，一律开除公职（目前的处罚以调离执法岗位为主），涉嫌犯罪的及时移交司法部门。

（六）做好出租车领域的法治宣传和网格化管理工作，营造全社会守法氛围

要通过报纸、电视、广播、网络等多种媒体大力宣传打击非法营运的各项法律法规及政策，引导各方预期，营造严打、严管、严控的强大声势。要继续实行有奖举报制度，公布举报电话，鼓励社会各界积极提供信息，并逐步推行出租车行业的大数据管理，加强对违法违规行为、投诉举报等信息记录，努力为出租汽车行业改革，特别是"黑出租"整治的法治化、常态化营造良好的舆论氛围和社会环境。

总之，整治"黑出租"是一项长期的系统工程，需要全社会的共同参与和努力，各级领导要真抓实干。政府各有关部门应采取有力措施，严格落

实责任，加强相互协调，针对不同情况，精准发力，全力破解执法监督的难题，确保"黑出租"整治工作取得实质性成效。

参考文献

胡金凤：《黑车司机的日常营运生活》，南京航空航天大学硕士学位论文，2014。

郭锐欣、张鹏飞：《进入管制与黑车现象》，《世界经济》2009年第3期。

吴亮：《黑车取证的执法困境及其出路》，《清华法学》2016年第1期。

杨向东：《上海市出租车市场规范与黑车治理》，《上海政法学院学报》（法治论丛）2013年第2期。

刘洪哲：《哈尔滨市出租汽车行业行政执法实例研究》，黑龙江大学硕士学位论文，2015。

韩冰：《哈尔滨市出租车行业规制问题研究》，哈尔滨工业大学硕士学位论文，2014。

B.21
黑龙江省对俄经贸活动的地方立法问题与对策

朱南平*

摘　要： 在我国强力推进法治国家战略的当下，作为对俄经贸合作具有优势的黑龙江，在对俄经贸合作领域建立地方规范体系，依法治理对俄经贸活动，是地方法治化工作提档升级、助推"一带一路"及"中蒙俄经济走廊"建设的客观要求。目前对俄经贸活动领域地方法治化建设的关键是制度建设，即在国家立法鞭长莫及之处为对俄经贸合作的各类参与主体（包括公权力主体和民商事主体）及地方法治化工作的展开提供地方立法依据和基础。黑龙江对俄经贸活动的核心竞争力和软实力的打造离不开这种软系统的建设，地方立法建设也是黑龙江构建对俄经贸合作好环境的法律突破口。

关键词： 对俄经贸活动　地方立法　好环境

习近平在2016年3月7日第十二届全国人民代表大会第四次会议期间专门参加了黑龙江省代表团会议，并指出，要深入推进依法治国，着力打造全面振兴好环境。习近平的讲话，强调了法治在国家与社会生活中的重要作

---

* 朱南平，黑龙江省社会科学院法学研究所副研究员，研究方向为国际投资法、俄罗斯民商法。

用，并阐释了领导干部运用法治思维和法治方式开展工作的重要性。[①] 2016年12月，二十一世纪经济研究院公布的《2016年投资环境指数报告》，通过具体统计数据，指出黑龙江省是当年中国投资环境最差的省份。[②] 经过近两年的时间，黑龙江省是否切实领会了"用法治思维和法治方式开展工作的重要性"？在法治化进程中打造好环境的工作是否有进展？尤其是以对俄经贸合作为主导战略的黑龙江省在对俄经贸合作方面的法律环境是否有所改善？问题的症结出在哪里？

习近平强调的"要深入推进依法治国，着力打造全面振兴好环境"，深刻地诠释了"好环境"与"依法治国"的内在逻辑关系，即"好环境"来自法治化。结合黑龙江省实际状况，正确理解工作的"法治方式"，就要明晰对俄经贸合作领域的法治化环境建设是一个系统工程，包括立法、执法和司法等各个方面，而其中最重要的首先是制度建设，表现为各种形式的地方立法的建立，形成行为规范体系，为人们的社会经济活动及国家执法、司法机关的公权力行使提供准则依据。黑龙江省对俄经贸活动、对俄经济关系方面的地方立法关涉黑龙江省整体法治化进程。立法是法治的前提条件，没有立法所创设的规则体系，就会使法治化沦为空谈。

一 黑龙江省对俄经贸活动地方立法的必要性

（一）因缺乏依法治理导致早期中俄边境贸易乱象丛生

三十年前黑龙江对俄边境口岸贸易开始逐步活跃，由于俄罗斯轻工产品及日用工业品的极度匮乏，形成了较大的市场需求。在利益驱动下，黑龙江的边民、个体户及来自全国各地的商人向俄罗斯大量倒卖轻工产品和日用品

---

① 《把法治作为基本思维方式和工作方式》，《南方日报》，http://news.xinhuanet.com/2016-03/08/c_1118260966.htm，2016年3月8日。
② 《2016年投资环境指数报告》，财新网，http://www.cb.com.cn/difangjingji，2016年12月8日。

等。当时也流行易货贸易，中国人从俄罗斯那里换回原材料、化工产品、皮衣、皮靴、望远镜等俄罗斯的各种商品。客观上由于当时对中俄边贸缺乏规范性立法，黑龙江的边境口岸呈现出管理缺失、监管不到位等无序化现象，又由于我方中小企业缺乏自律，导致大量假冒伪劣产品流通销售到俄罗斯，使俄罗斯人在买到中国不法商贩生产和出卖的劣质商品后，逐步形成对中国产品的负面认识。

黑龙江需要汲取历史教训，"前事不忘，后事之师"。尤其涉及的不是一般的社会事务及其行政管理，而是触及地方法治文明和社会生态建设的法律基础问题，必须认真总结历史经验教训。在当时对俄边境贸易兴起的年代，无论是从业的商人还是政府公务人员都未意识到这种无序化经营、监管缺失的问题后果严重性。当时监管部门比较突出的问题包括：对从事对俄边贸的经营主体的资格、资质缺乏审查和管理，鱼龙混杂。对出口到俄罗斯的各类商品的质量缺乏实质性监管。监管人员没有严格掌握和适用进出口商品的本国质量标准，也缺乏对俄罗斯进口商品质量标准的关注和研究。从公权力层面看，缺乏地方立法设置，使从业商人和政府公务人员没有详细规则作为依据。

黑龙江对俄经贸活动领域至今仍缺乏法律规制。从20世纪80年代后期我国对俄经济活动开展至今，对俄经贸领域虽然在不同历史阶段出现了大量问题，但黑龙江省立法机关和政府职能部门及公务人员都极少进行法律问题的梳理和总结，作为我国对俄经贸合作的前沿大省对这一领域存在的问题缺乏应有的关注和认识，就黑龙江省对俄经贸活动的法律治理、规范制约进行地方立法，对俄经贸活动领域的立法总体上还是空白。而国家在对俄贸易方面对黑龙江寄予厚望，这也正是为什么要在黑龙江对俄经贸活动领域进行并完善地方立法的原因。

（二）对俄经贸活动中，我方主体法律意识不强，缺乏用法律方法建立保护机制和保护自身权益

黑龙江对俄经贸合作领域的工作事实上涉及了大量超出本地甚至本国的

国际化事务，不可避免地融入跨国、跨文化元素。作为对俄经贸合作的参与方，俄罗斯的公权力主体和民商事主体通常都具有较好的文化与法律素养以及极强的法律意识。从对俄经贸合作的实践上可以看到，俄罗斯人极其重视合作项目的法律细节工作，甚至达到了"法律文牍主义"的程度，具体表现在他们拥有极强的法律风险意识和对项目涉及的法律文本近乎苛求的工作态度。相比之下我们的对俄经贸合作主体，包括一些公职人员和绝大多数的民商事主体，通常缺乏良好的法律素养，法律意识普遍淡薄，常常表现出"法律虚无主义"倾向，在与俄方合作过程中通常处于劣势，不利于对俄经贸合作的健康发展。

黑龙江省有必要借助地方立法帮助对俄经贸合作领域的公、私权主体强化法律意识，完善法律方面的基础工作，形成良好的法律工作方式，这样既能保护自身合法权益，也能为中俄经贸合作规范化健康发展提供支撑。

（三）地方立法需跟上国家"一带一路"和"中蒙俄经济走廊"战略进程

我国"一带一路"倡议的实施及黑龙江省"龙江丝路带"的推进，使黑龙江省作为全国对俄贸易大省面临史无前例的机遇与挑战。俄罗斯是"一带一路"上我国企业通向欧洲的必经之国，同时又是"一带一路"上最大的市场。在实施"一带一路"倡议的过程中，黑龙江及全国各地的企业积极响应，一场史无前例的对俄大规模投资纷至沓来。与此伴随而来的是境外投资的风险，包括跨文化风险、法律风险、市场风险、政治风险、不同国家经营主体的诚信风险等各种风险，以及区域经济的整合、跨国法律冲突的调整、人员往来及文化交流的规范等等，都给黑龙江省提出了前所未有的挑战。根据笔者对俄罗斯投资环境掌握的情况，我国政府公务人员和企业家对俄罗斯真实的社会经济状况、民俗文化、思维与法律习惯等不是十分了解，在这种状况下对俄投资规模的不断扩大必将面临多重风险。为了保证"一带一路"倡议在俄罗斯的安全实施，进而保障我国"一带一路"战略整体顺利推进、成功运行，黑龙江省须综观全局，识别任务，明确工作，建立必要的工作规则体系，打造特色地方立法，完善"一带一路"倡议安全实施的地方法律基础。

（四）黑龙江省及哈尔滨市在全国对俄经贸合作中的特殊地位须通过地方立法加以强化

黑龙江省在我国对外经贸关系中的定位就是"以对俄合作为重点"，这成为黑龙江省有别于其他省份的战略选择方向，正如黑龙江省委书记张庆伟在《紧密团结在以习近平同志为核心的党中央周围　奋力走出黑龙江全面振兴发展新路子》（2017年4月29日）的报告中指出的，黑龙江省要"以对俄合作为重点，扩大全方位对外合作"，深入对接国家"一带一路"战略，发挥地缘优势，注重同俄罗斯远东地区开展战略对接，积极参与"中蒙俄经济走廊"建设。① 作为黑龙江省省会城市，哈尔滨在对俄经济合作中有着较长的历史，因而被国务院批准设立哈尔滨新区，成为我国唯一拥有以对俄合作为主题的国家级新区，成为对俄中心城市和中俄全面合作重要承载区。

针对黑龙江省的定位及哈尔滨新区的法律地位，相关立法部门应该如何开展工作，需要制定哪些规则，创设哪些保障措施，这些也有必要借助地方立法加以固化，形成地方法律依据和实施工作的法律基础。在此基础之上，黑龙江省与哈尔滨市地方立法机关及政府可以基于地方的环境条件及对俄经贸合作需要进行必要的地方立法工作，以完善地方法治建设。

二　黑龙江省对俄经贸活动的立法对策

党的十九大进一步强调"坚持全面依法治国""坚持新发展理念""深化依法治国实践"，并成立了中央全面依法治国领导小组。黑龙江省应及时

---

① 张庆伟：《紧密团结在以习近平同志为核心的党中央周围　奋力走出黑龙江全面振兴发展新路子》，东北网，http://m.dbw.cn/harbin/system/2017/05/08/057631061.shtml，2017年4月29日。

把握国家法治化走向，识别和认清时代发展需要，弥补过往发展过程中忽略的深层制度建设。客观地看，依法治国在落实到地方的过程中存在大量信息盲点，相关部门未做全面细致的地方性调查，因而没有掌握必要的和足够的立法案例与依据，对对俄合作经贸活动的规范化方法缺乏专业化法理认知，不了解国际性、重大活动领域对立法的需求，因而没有将其纳入工作视野和议事日程。黑龙江省对俄经贸活动领域的地方立法基本上处于空白状态，地方立法机关和地方政府对对俄工作的法律专业层面的考虑、地区特质化法律环境的创设尚未引起足够的重视。在党的十九大以后，黑龙江省在对俄经贸活动领域法治化的重要任务就是建立有法可依的法制前提，应充分调查黑龙江省对俄经贸活动中各种主体，包括公权力主体和各种民商事主体面临的问题、风险，明确全省对俄工作，开展对地方特有问题的实务性研究，强化规矩的设立、制度的建设、法规的保障，借此建立新时代工作的法律基础和长效机制，改变黑龙江省在制度建设方面的薄弱环节，真正加强黑龙江省制度文化建设的软实力和地区文明体系建设的真功夫。在国家上位法鞭长莫及之处以地方立法方法完善相关领域的制度创新。

（一）准确把握国家法治化走向，强化地方立法意识

黑龙江省须强化对"用法治思维和法治方式开展工作的重要性"的清醒认识，以清除法治化进程的思想障碍。国家及各地方政府的法治化进程并非一蹴而就，是一个需要科学研究的漫长过程。"黑龙江省是中国投资环境最差的省份"，这一负面评价反而应该成为激励黑龙江人奋力改革、转变思想，强化法治思维并迎头赶上的动力。转变思想就意味着我们应当谨慎使用传统的管理方式，从政府法律主管部门来看，仅仅以政策和搞运动的方式进行对俄经济活动的管理是不够的，习惯于用行政化手段解决问题，缺乏长远考虑，忽略长效机制的建立，导致短期行为，这些都是与对社会事务的管理缺乏法治化方法分不开的。与此相关，突出的问题是缺乏相关的立法基础建设，这对要建立法治化文明国家和社会而言是各个国家机关，尤其是立法、执法和司法机关要高度重视的，这意味着对传统工作与管理模式的改变。应

把重点放在如何采取更有效的法治化手段,把对俄经贸活动面临的重大问题与风险纳入法治化治理进程。

黑龙江省需要强化法治思维,对任何重大项目、任何关涉地方经济发展的社会事务都需从法治化的角度考虑如何建立稳定基础与规则,具体说就是要从地方立法的角度考量其必要性,这是一个地方政府对社会、对自身负责任的表现,能够反映出社会法治化文明的实际发展状况和水平。依法治国落实到具体各省份,就意味着这一国家战略在各地的实践,而地方法治的关键是落地措施,国家战略与国家法律在地方的贯彻需要结合地方省情,需要地方立法的配合与支持。黑龙江省对俄经贸合作,必须借助地方立法加以落实。

(二)在对俄经贸活动领域用好地方立法权,把握制度创新主动权

黑龙江省应充分认识地方立法权的重要性,积极用好地方立法权,这是打造地方好环境的基本法律手段。行使地方立法权是指在不违背国家宪法、法律及行政法规的条件下根据地方实际情况、结合地方具体条件进行地方立法。针对黑龙江省对俄经贸活动的特点,地方立法机关及政府应根据黑龙江省对俄战略定位及实践及时发现和研究这一领域存在的问题,并进行归纳总结,制定相应的地方立法,调整对俄经贸活动,使对俄经贸合作的各类经济主体有法可依,避免早期对俄经贸活动因缺乏监管而出现的乱象重现。

根据《立法法》第七十三条第二款"属于地方性事务需要制定地方性法规的事项"规定,"除本法第八条规定的事项外,其他事项国家尚未制定法律或者行政法规的,省、自治区、直辖市和设区的市、自治州根据本地方的具体情况和实际需要,可以先制定地方性法规。"这就是说,在国家立法鞭长莫及之处,即国家尚未制定法律或者行政法规时,地方立法不必一味只看上位法,或等待国家上位法出台,这样也不符合国家倡导的创新精神,而应植根于地方特有的现实问题,深入进行调查研究,总结地方社会实践,积极研究适合省情的问题解决方案,及时进行地方立法。借助地方立法,从制度层面完善法治环境建设,是打造地方好环境的持续有效的法律保障。

地方立法权是国家赋予地方的一种权力资源,同时也是给予地方权力机关发挥地方优势、创造特色法律软环境的重大机会。黑龙江省在对俄经贸合作领域的立法,涉及大量复杂而又有较强专业性的调查工作,也涉及大量的国内外法律与实务案例的研究,需要地方立法机关、政府职能部门、对俄合作企业及专业研究机构的通力合作。从操作对策看,黑龙江省应以立法机关牵头组建对俄经贸活动立法工作组,组织中俄经贸合作各类相关主体,包括国家机关职能部门的公务人员及从事对俄业务的各类企业代表,展开相关立法项目的大量调查工作,其中需要注意以下两方面的调查。

首先是对俄经贸合作业务调查。需要调查的内容十分广泛,包括对俄经贸活动主体及其规范化,对俄经贸活动相关的公权力机关及其管理、监管行为、监管方法,对俄经贸人力资源方面(如考核、培训、人员流动监管),对俄经贸业务流程的合规性,总体上需要循序渐进,逐步完善立法与规制。具体看,需要针对与俄罗斯相关的大量贸易关系、投资关系、民间往来、政府协议等基础信息收集,开展对俄经贸活动具体合作业务的细致调查,调查的内容还包括由我方政府力推的对俄大项目合作业务,如对俄矿业合作业务、对俄电力合作业务、对俄农业合作业务、对俄林业合作业务、对俄水产资源合作业务、对俄化工合作业务、对俄油气资源合作业务、对俄境外经济合作区招商业务、对俄金融合作业务、对俄旅游合作业务、对俄电子商务业务等各类业务,并在调查的基础上建立对俄经贸合作业务数据库。这是为黑龙江省对俄经贸领域的地方立法建立信息数据基础,否则,对俄经贸活动的地方立法就会缺乏依据。

其次是对俄方因素的调查。对俄经贸领域的地方立法,虽然是地方立法,却因为黑龙江省对俄的特殊战略地位使对俄经贸活动的立法不同于一般意义上的地方立法,必须考虑俄罗斯元素,即从对俄经贸合作关系、对俄项目牵涉的国内国外(俄罗斯)法律连接点和相关性予以全程考虑和评估。这也是打造黑龙江省特色地方立法的一个重要方面。由于对俄经贸合作的一方是俄罗斯人(包括法人),即使项目所在地是黑龙江省,也必须考虑俄罗斯人的法律文化习惯及法律背景。如果合作项目形成于俄罗斯境内，那么就更需要对项目所在地（东道国）的法律进行专业系统的尽职调查了。黑龙江省对俄经贸活动的相关地方立法需要考虑两国因素，立法者要有跨国视野，对相关的中俄法律都要加以调查评估，增强黑龙江省地方立法的包容性，强化黑龙江省地方立法因为涉俄因素在全国的独创性和地方特色，提高黑龙江省地方立法的国际化水平。

（三）对俄经贸合作领域立法需要注意东道国法律规定

黑龙江省企业在俄罗斯设立的16家产业园区没有在投资东道国俄罗斯联邦经济特区或产业园区的立法框架内设立，但在国内它们却以产业园区名义进行招商，吸引国内各类投资人，这会给这些投资企业带来很大的法律风险。目前黑龙江省对在俄境内设立的产业园区正在逐步实现规范化管理，如制定了黑龙江省《境外经贸合作区发展规划》《境外经贸合作区考核办法》等，这些都是黑龙江省在对俄经贸合作领域进行法治化所采取的积极措施。同时，应当特别引起黑龙江省立法专家、政府工作人员及在俄投资的企业家注意的是，在对俄经贸活动中所有在俄罗斯境内的项目必须考虑项目所在国即俄罗斯的立法条件，按照投资者母国的法律规定尤其是企业、项目在所在国的法律资质的认定，是否具备域外效力，换句话说，在俄罗斯境内设立产业园区的合法资质只能依据俄罗斯的法律，而不能依据中国的法律。

在俄设立境外产业园区，这是黑龙江省对俄经贸合作的重要形式和关键领域，对中俄两国相关的区域经济发展都具有重大战略意义，有利于俄罗斯远东经济的振兴，也有利于"一带一路"倡议与俄罗斯欧亚经济联盟的对接。这一领域的法治化建设应当引起黑龙江省的高度重视。根据黑龙江省在俄产业园区的现实状况及未来黑龙江省发展在俄产业园区的需要，建议省政府相关部门采取如下对策。

首先，黑龙江省有必要以完善黑龙江省在俄产业园区法律地位为目标对俄罗斯的相关立法展开研究，在充分研究项目所在国的系列法律规定的基础上完善黑龙江省在规范境外产业园区方面的针对性的地方立法。黑龙江省企业进入俄罗斯的司法管辖区后最重要的工作就是要找到相关的法律保护制度。针对黑龙江省企业在俄投资的产业园区的法律问题,俄罗斯两部新立法——2014 年 12 月 29 日俄联邦出台的《俄罗斯联邦经济社会超前发展区联邦法》(共 10 章 36 条,以下简称《超前发展区法》)和 2015 年 7 月 13 日俄联邦总统签署的《符拉迪沃斯托克自由港联邦法》(共 6 章 31 条,以下简称《自由港法》)最值得关注,对黑龙江省在俄境内设立产业园区的合法化治理具有重要的参考价值。这两部法律之所以应被关注是因为,一是黑龙江省企业在俄所建产业园区大多数地处俄罗斯远东地区,而俄罗斯的这两部新立法的适用区域范围都主要在俄罗斯远东。例如,《超前发展区法》第 8 章专门规定了"远东发展机构设立和运营,以及对远东联邦区联邦主体单独的国家扶持措施的特点",旨在发展远东经济。而《自由港法》的适用区域范围包括滨海边疆区阿尔乔姆市、符拉迪沃斯托克市、纳霍德卡市、乌苏里斯克市等 15 个行政区,这些都是黑龙江省在俄罗斯远东投资项目分布的地区。特别值得注意的是,《超前发展区法》第 2 章第 3 条还规定了"超前发展区内可建设产业(工业)园区"。这为黑龙江省在俄远东产业园区的法律地位完善提供了立法依据和选择方案。二是这两部法律都为入驻企业提供了多方面的优惠条件,包括优惠的税收制度、自由关税区制度及简化行政审批制度等。《自由港法》还规定自由港区域内可以从事不违反俄罗斯法律的任何经营活动。这些优惠制度条件是目前黑龙江省在俄产业园区不具备的。除了上述两部新立法,为了完善黑龙江省对俄经贸合作的法治化治理,黑龙江省有必要针对俄罗斯对外经济合作的法律体系进行系统化研究,成立对俄经贸合作法律研究课题组,对所有相关配套立法进行专项深入的研究,避免以偏概全,防止法律误判。①

其次,针对已经在俄罗斯设立的 16 家产业园区,应当积极想办法研究改善其法律条件。产业园区运营企业应以吸纳更多投资为理由与俄罗斯地方

---

① 朱南平、李志庆:《黑龙江省在俄产业园区面临的法律风险调查报告》,《黑龙江社会发展报告(2017)》,社会科学文献出版社,2017。

政府进行协商谈判，要求给予优惠条件和法律保护，借此推动俄罗斯地方经济发展。如果这些产业园区企业无法得到优惠政策及法律保护，也可以研究探讨有计划地实施转移策略的可能性，即在已经建立的超前发展区里注册投资企业，以不违反俄罗斯法律的方式转移资产进入俄罗斯超前发展区，从而获得优惠条件与法律保障，当然这种迫不得已的方法需要务实的合法性与可行性论证。

（四）以地方立法方式从源头上加强涉及"一带一路"的大规模对俄投资项目的法律评估及法律风险控制

"一带一路"框架下对俄投资呈现规模化和大型化趋势，必将伴随高风险。对俄投资法律风险防范势在必行，而如何规避俄巨额投资行为隐含的风险成为新的挑战。这方面只靠行政命令是不够的，有必要完善该领域的地方立法，形成稳定的长效的规范投资行为的规则体系。"一带一路"在政府的倡议下会极大促进国有与民营企业的赴俄投资。与此同时，黑龙江省政府还需借助公权力资源和优势发挥规范化功能，并通过建立和完善对相关领域的地方立法形成规则、流程，使各类企业借助专业化的立法与操作规则，避免遭受盲目投资或因对东道国法律无知而导致的损失，降低企业对俄投资的法律风险。因此，相关的地方立法必须经过专业化调查，并由该领域跨国、跨法域、跨语言的专家参与地方立法，使黑龙江省乃至我国企业不再重蹈其他在俄投资失败企业的覆辙，借助地方立法，规范和控制对外经济行为的正确操作，这也是国家机构借助公权力优势帮助企业的基本方法。

多年来，黑龙江省对俄投资的评估方面，多数集中于经济、技术的可行性评估和论证，法律方面的评估往往流于形式并且通常是在经济、技术评估之后。这种对俄投资评估模式的瑕疵在黑龙江省小规模对俄投资过程中并未引起人们的警觉，但在国家实施"一带一路"倡议及黑龙江省推进"中蒙俄经济走廊"建设的新时期，这种评估模式已经不适应时代的需要了，因为"一带一路"倡议及黑龙江省"中蒙俄经济走廊"建设将助推黑龙江省企业乃至全国各地企业对俄大规模投资的兴起，对大规模投资的法律安全问题不能再忽视，俄罗斯投资环境的法律高风险问题必须引起重视。为此，黑龙江省应采取如下对策来完善对俄投资项目的法律评估程序与法律风险控制机制。

一方面，为了防范对俄投资项目的法律风险，建立黑龙江省科学规范的对俄投资项目评估机制，应尽快建立对俄投资合作项目的法律评估前置程序。根据对俄投资的大量实务案例分析，为了控制对俄投资项目的风险，笔者认为法律专业评估应先行于经济、技术评估，这就是要实施法律评估前置程序。这是针对高风险投资环境的一种防范性安排。根据这一要求，黑龙江省政府相关职能部门的公务人员在审核对俄投资项目的过程中应向对俄投资企业提出要求，对俄投资企业应首先提交针对在俄投资项目的法律评估报告。

另一方面，从长远角度看，为确保国家实施"一带一路"倡议及黑龙江省推进"中蒙俄经济走廊"建设，实施对俄大规模投资的持续与后续安全，黑龙江省政府应该考虑建立对俄投资法律方案审查的长效机制，即以立法方式确立对俄投资前置性法律专业审查制度，由公权力介入，从立法的源头实施对俄投资的法律风险控制，强化源头治理，确立前置性法律评估为法定程序，预设法律风险控制方案，从而保护黑龙江省乃至我国企业对俄投资的法律安全，在全国率先开展黑龙江省对俄投资法律风险控制方面的地方立法工作。

B.22
黑龙江志愿服务信息化建设的探索与思考

杜 丹[*]

摘 要： 深入贯彻落实党中央关于大力加强和推广志愿服务工作制度化、法制化建设的一系列重要工作部署，加强志愿服务工作的信息化建设是一条重要途径和保障。黑龙江省从2011年以来，在志愿服务信息化建设上走在了全国前列，得到中央文明办等部门的肯定，也得到兄弟省区市的鼓励。同时，信息化建设的实践也使我们提前感受到其特有的艰难和存在的问题。加强志愿服务信息化建设是一项很有前途，同时又绝不能回避的重要工作，因此，期望与大家共同研究和思考。

关键词： 黑龙江 志愿服务 信息化

信息化是全面提高志愿服务工作质量和水平，全面激发志愿服务组织活力，激发志愿者参与热情，落实志愿服务工作保障的重要途径和载体。黑龙江省基于志愿服务制度化、法制化建设，扎实推进志愿服务信息化建设，在数字志愿、智慧志愿和效能志愿等方面取得一系列重要成果，有效保障了全省志愿服务工作的健康发展。其探索的过程和所面临的挑战具有一定的启示意义，值得人们共同思考。

---

[*] 杜丹，黑龙江省青年志愿者协会副会长。

一 信息化建设使黑龙江志愿服务工作赢得领先优势

(一)志愿服务法制化建设为黑龙江省志愿服务信息化建设提供了理论和法律的依据

2010年以前,黑龙江省在志愿服务法制化建设上已经走在全国的前列,2003年即由省人大审议通过了第一部省级志愿服务工作的法律文件——《黑龙江省志愿服务条例》。2010年,中共黑龙江省委办公厅、省政府办公厅印发《关于深入开展志愿服务活动的意见》,在全国率先以行政公文的形式明确了成立由省文明委领导的志愿服务活动协调小组,负责制定全省志愿服务活动总体规划。2012年,黑龙江省人大又对2003年版《黑龙江省志愿服务条例》进行修订,在全国率先提出"精神文明建设指导机构"的概念,把中央倡导的建立各级精神文明建设指导委员会统一领导,各级精神文明建设指导委员会办公室牵头,各部门共同参加的要求,落实到志愿服务法制化的实践之中。2014年全国人大常委会副委员长万鄂湘同志在视察黑龙江省志愿服务工作时给予肯定,并且由全国人大和有关部门牵头出台《志愿服务条例》示范文本,2015年经过李克强总理审批,发全国所有具有立法权的单位参照执行。2017年由国务院出台的《志愿服务条例》对于志愿服务工作执法主体的表述,也选择了黑龙江省的方式。黑龙江省对于全国志愿服务制度化、法制化建设做出了重要贡献。《黑龙江省志愿服务条例》在明确志愿服务工作执法主体的基础上,进一步要求:志愿服务组织应当对志愿者参加志愿服务活动的情况进行记录,并根据志愿者的要求,就其参加志愿服务活动的情况出具有关的证明。

(二)制度化建设为黑龙江省志愿服务信息化奠定坚实的组织基础

依据《黑龙江省志愿服务条例》和省委省政府相关文件要求,黑龙江省在志愿服务组织建设上着力破解志愿服务组织体系建设的全国性难题。如何准确统计志愿者人数，到目前为止在很多省区市依然是一个难题，包括一些国家机关也难以准确统计志愿者人数。原因在于志愿服务组织建设的特殊性和复杂性。由于各部门对志愿服务工作都非常重视，并且都在大力推进，形成了以不同部门牵头、各自自成体系的志愿服务组织系统，比如，由民政部门牵头的社区志愿服务组织、由共青团组织牵头的青年志愿服务组织、由妇联牵头的巾帼志愿服务组织等。2009年统计，黑龙江省共有23类志愿服务组织，分别由25个部门管理。很多志愿者由于同时具有多重身份，所以出现一"人"多"家"、一"家"多"人"现象。而当时黑龙江省很多城市面临创建全国文明城市的压力，其中一个重要条件就是注册志愿者要达到建成区人口的8%。可如何确定准确数据，当时无论哪个单位都无法提供。由于志愿者分别隶属于不同部门建立的志愿服务组织，并且有的人因不同身份还同时成为不同组织的成员，所以没有一个部门能够有效地对志愿者提供的服务进行有效记录，更无法实现科学、准确的激励，落实必要的社会保险。

如何破解这个难以绕过的难题，黑龙江省从2009年开始进行专题研究，于2010年提出建立二元结构组织体系的工作思路，即"区域志愿服务组织"和"专项志愿服务组织"。所谓"区域志愿服务组织"是指依托各级行政、企业、事业单位和社区、村屯机构建立的志愿服务组织。在这些机构中，志愿者的身份是唯一的。或者是某一单位的成员，或者是某一社区的居民，公民只能以身份证为依据，加入一个特定的团队。由社区（单位、中小学、高校的班级）、街道（高校院系）、区县（高校）、市（地），直至省，分别成立文明委领导、文明办牵头的区域志愿服务组织，即各市（地）的志愿服务总队、区（县、高校）的志愿服务大队、街道（新社区）的志愿服务中心工作站和建立在社区（单位、中小学校）的学雷锋志愿服务工作站，形成覆盖全省所有区域性单位的志愿服务组织体系。所谓"专项志愿服务组织"是指由省直各个部门、社团牵头成立的志愿服务组织，统一定义为"志愿服务组织"。各个部门根据成立志愿服务组织的性质、任务和组成人员特点，分别成立党员志愿服务总队、青年志愿服务总队、巾帼志愿服务总队等，目前全省已经成立包括文化、法律、金融等23类志愿服务总队。每个总队的下属组织是各个市（地）的专项志愿服务支队、各个区（县、高校）的志愿服务分队，基层是各个专项志愿服务队，构成覆盖各行各业、延伸到所有社区、单位的专项志愿服务队。"二元组织结构"志愿服务组织体系的确定，有效解决了"统"与"分"的矛盾，以区域组织为基础，建立准确的志愿者统计体系，以专项组织为支撑，全面促进和落实志愿服务组织建设。

信息化使黑龙江省整个志愿服务组织体系活了起来。2011年3月11日，在经过充分准备和赴上海、广东、四川、湖南、福建、浙江等地学习考察，黑龙江省智慧志愿支持系统①开始试运行。在经历六年的逐步发展和完善后，目前初步具有以下成绩。

1. 为广大群众提供了自主选择志愿服务组织、自主注册志愿者的平台

志愿者是志愿服务活动的主体，但是人们对志愿服务活动和志愿者都存在一定的偏见。比如，有的人认为志愿服务无非是"应景"、做好事。志愿者无非是单位组织公益活动的参加者，所以对志愿服务的自主性、专业性、合法性并不重视。其实志愿服务是社会文明进步达到一定水平，公民文明素养达到一定程度才能出现的社会现象。只有公民在文化素质达到一定程度、经济条件不再拮据、拥有一定自己可支配时间，并且对社会抱有同情心和责任感的情况下才有志愿服务。所以建立志愿者注册系统，不仅仅在于统计志愿者人数，更重要的是为每个希望参加志愿服务的公民提供可以自主加入志愿服务组织的平台、可以自主选择志愿服务活动的载体、可以公平获得社会认同的渠道、可以充分实现个人价值的空间。如何使公民能够根据自己的意愿、专长和优势选择志愿服务组织，注册成为志愿者曾经是一个很大的难题。由于以往志愿服务组织多是建立在学校、机关单位，对于生活在社会上的大多数普通群众来说，特别是那些来自外地的群众，他们没有机会和条件选择加入志愿服务组织，也没有办法和渠道注册成为志愿者。通过在互联网

---

① 黑龙江省智慧志愿支持系统，最初曾定名为"黑龙江省志愿服务人才库系统""黑龙江省志愿服务管理系统"。

上开通智慧志愿——黑龙江省志愿服务支持系统，为所有希望做志愿者的人提供了公平选择的机会，因此，不仅仅是黑龙江省的群众，很多外省区的群众，或是离开黑龙江省外出求学、工作的人在智慧志愿支持系统注册成为志愿者。在注册方式上由公民自主注册，自主设定"用户名"和密码，自主管理和应用"个人用户中心"。自主注册机制的建立打破了地域、注册的局限，提供了自主选择的机会，有效维护了志愿者的个人权益，保护了志愿者的个人隐私，实现了对志愿者的充分尊重，极大地调动了广大公民积极参加志愿服务活动的热情。目前，全省注册志愿者已经达到 3274047 人，占建成区人口的 30.55%，占全省总人口的 9.36%，成为全省经济社会发展的重要力量。

2. 为所有群众提供了自主选择志愿服务活动的平台

志愿服务活动是志愿服务工作的基本形态和实现形式，是志愿服务组织实力、能力和作用的具体体现。由于志愿服务活动是由成千上万的志愿服务团队每天在全省各地自觉展开的常态工作，从一般意义上很难准确了解和掌握。智慧志愿支持系统的建立有效地解决了志愿服务信息统计的难题。第一，建立志愿服务活动发布系统。所有注册的团队具有独立的团队工作平台，可以在平台上根据实际需要发布志愿服务活动信息。其活动信息通过支持系统的"导航"平台，自动出现在省志愿服务平台的活动页面上。所有希望并且有时间、有条件、有能力参加志愿服务活动的志愿者，可以进入志愿服务活动导航平台，在适宜自己的时间、地点，选择能够发挥个人优势，并且乐于参与的服务内容，之后点击完成报名，就可以自主参加志愿服务活动了。第二，建立志愿服务活动记录系统。依托智慧志愿支持系统，所有团队发布的活动自动记录到系统之中，所以各级组织都可以第一时间掌握所管辖地区、单位开展志愿服务活动的内容、数量和参加人数。目前，全省每年开展志愿服务活动 574352 项，年总服务时间 79672393 小时，全省年人均服务时间 24.24 小时。所开展的活动中，健康救济类、关爱环境类、关爱未成年人类、关爱老年人类、成人教育类和文化体育服务类分别占 51.26%、16.26%、5.10%、5.91%、10.94% 和 10.52%。建立志愿服务活动发布和记录机制，使以基层组织为主导、以志愿者为主体的志愿服务工作机制有了可靠的网络支撑，也使所有志愿者和志愿服务组织真正地活了起来，工作实了起来，志愿服务真正进入"志愿"阶段。

3.规范了志愿服务组织体系建设

所有区域和专项志愿服务组织被纳入全省智慧志愿支持系统。新建或调整志愿服务组织采取上级组织推荐的办法，即由这些组织的上级单位，通过智慧志愿支持系统的管理平台填报添加组织的请求，经过市和省级管理员审核批准，注册成立新的团队。与以往的组织管理不同之处，在于建立在互联网平台上的全省所有志愿服务组织，一方面都有明晰的组织关系，构成纵横结合、有序衔接、职责清楚的组织体系，每一级组织都能够有效掌握所属志愿服务组织的建设和工作情况；另一方面依托网络优势，所有志愿服务组织具有独立招募志愿者、发布和组织志愿服务活动、查看志愿服务活动记录、获得激励保障支持的能力，成为富有生机和活力的组织，能够充分发挥志愿服务活动的主导作用。目前，全省共有志愿服务组织139693个，其中区域组织26944个，专项组织112749个。

4.为志愿者和组织提供了可靠的激励和社会保障

由于有了志愿服务时间、次数和内容的准确记录，也为全省志愿服务组织和志愿者的激励回馈提供了坚实的数据基础。第一，建立志愿者身份、服务时间确认机制。依托计算机和手机上的志愿服务平台，志愿者可以实时查看和打印个人的志愿服务时间确认书（包括中、英、俄文版），证明自己的服务时间和内容。建立在智慧志愿支持系统基础上的实时认证体系，使志愿服务时间、志愿者身份记录具有更大的准确性和权威性，对于证明志愿者身份，参加教学、出境、应聘都发挥了重要作用，深受广大志愿者的欢迎。第二，建立星级志愿者表彰制度。当个人服务时间达到100、300、600、1000、1500小时，支持系统将会自动授予一至五星级志愿者荣誉称号，星级将显著展示在《志愿服务时间确认书》《志愿者证》上面。目前，全省现有五星、四星、三星、二星和一星志愿者4184人、9640人、41994人、150548人和478584人。第三，建立年度嘉许机制。从2014年以来，依托智慧志愿支持系统的大数据支持，每年12月31日，系统将会自动对当年服务时间达到1000小时、500小时、200小时、100小时和50小时的志愿者，分别给予卓越金奖、金奖、银奖、铜奖和爱心奖荣誉称号，电子嘉许证书会自动发送到受奖人员的个人用户中心，既可以查看，也可以下载保存。依托智慧志愿支持系统给予的表彰，与以往的表彰先进措施相比，最突出的特点就是体现了机会的均等和及时，使每个为志愿服务做出贡献的人都能够得到社会的肯定和褒奖。近年来，每年受到年度嘉许的志愿者都达到36万人以上。依托系统支持，志愿者的服务时间和星级还进入全省公民诚信记录体系，成为各地优惠志愿者的重要依据。第四，落实志愿者意外保险。志愿者参加志愿服务活动，既是公益行为也是法律行为，所以志愿者的权益必须得到尊重和保障。2014年黑龙江省与中国平安（养老）黑龙江分公司达成协议，为全省300多万注册志愿者提供每年每人15万元的意外保险，2015年又增加了每人1000元的医疗险，近年来还增加了其他险种，使保险机制越来越完善。在政府提供保费较少的情况下，不断完善保险措施，重要的原因在于以智慧志愿支持系统为支撑。保险业务也是经济行为和法律行为，要求提供准确、及时、翔实的理赔资料。黑龙江省300多万注册志愿者分布在全省48万平方公里的土地上，每天同时在开展几千项志愿服务活动，准确掌握相关信息的难度是很大的。可由于有智慧志愿支持系统实时提供信息的支持，加上事先明确的相关条件，使这项重要的保障工作得到有效的落实。目前，这项志愿服务保险业务已经持续4年，取得很大的政治影响和社会效益。

5. 建立规范严谨的考评机制

由于有智慧志愿支持系统的实时统计支持，实现对全省所有志愿服务组织工作的定量考评。第一，建立月度指数公布机制。将志愿服务工作中最重要的部分参数作为考评依据，如志愿服务团队动员率、志愿服务活动参与率、年人均服务时间、星级志愿者占比、星级志愿服务团队占比，分别赋予不同权重，使全省各市（地）、部门、系统、单位的志愿服务成果一目了然。第二，建立年度志愿服务工作考评机制。在落实各地自评、各相关部门考评和系统提供信息考评的同时，每年组织志愿服务年度考核机制，增加工作成果考评、问卷调查等项目，使考核评价工作由虚变实、由柔变刚、由窄变宽、由短变长，全面规范了志愿服务组织管理，提高了全省志愿服务制度化、法律化建设水平。二元结构志愿服务组织体系理念的提出和实践，较好解决了志愿服务组织管理和责任落实的重大难题，为全面加强志愿服务组织建设提供可靠的保障，也形成了独具特色的志愿服务工作优势，目前，有多个省市已经借鉴黑龙江省志愿服务制度化、信息化建设的经验，中央文明办也多次向全国推广了黑龙江省的做法。2016年，黑龙江省智慧志愿支持系统荣获全国最佳志愿服务品牌项目荣誉称号。

二 信息化建设是持续推进不断探索同时历尽坎坷的艰难过程

智慧志愿支持系统持续6年的运行和完善，从技术层面经过了从持续微创新到实现颠覆性创新的全过程，6年、367项功能创新、不计其数的微小改动，促进黑龙江省智慧志愿支持系统由弱小走向强大、由简单走向完善、由自我认同走向广泛认同的过程。而比技术推广更为艰难的则是工作理念、工作方式、工作习惯的改造过程。

信息化、大数据的全面应用和持续发力，对于完善全省志愿服务组织管理，提高全省志愿服务工作质量和队伍建设水平，促进各项工作的健康发展发挥了重要的推动作用。同时，大数据也把很多以往难以发现的问题，特别是一些趋势性的问题如实反映出来，把各地各部门在思维方式、工作作风、工作方式等方面的差距显示出来，其表现就是明显的"不平衡"和"不适应"现象。

（一）志愿服务组织动员率不平衡的问题持续多年难以解决

志愿服务组织动员率是反映基层组织活跃程度的重要指标，是指各地各单位志愿服务组织中，能够独立开展活动，建立志愿服务活动记录机制的团队所占的比重。"动员率"概念的提出，其意义在于提示大家不仅要关注各地各单位开展了多少项有影响力的重大活动，而且要看各地基层组织的整体建设水平，即基层团队的实际动员发动情况，实际发挥作用情况和所取得的实际成效。近年来，各地志愿服务组织建设稳步推进，从近期统计情况看，牡丹江市、大兴安岭地区、哈尔滨市志愿服务组织动员率分别达到66.69%、57.05%和53.53%，跨越50%的大关，居全省前三位。其中，牡丹江市近年来发展进步的速度很快，动员率由2014年的15.51%上升到2015年的54.56%，跨越全省第九名、第三名，最终占据全省龙头位置。但是，相关部门通过实际考核发现各地志愿服务组织建设存在比较严重的不平衡现象。目前，全省有66.67%的市（地、系统）志愿服务组织动员率低于40%，动员率最低的城市仅为6.49%。从专项组织情况看，近年来专项志愿服务队呈现大发展的态势，基层团队总数由15194个迅速增长到112749个，增长了6.42倍，但是活跃团队反而由2912个，下降到2787个，动员率也由25.68%下降为16.43%。作为动员率总体水平较高的哈尔滨市，各区县之间也存在很大的差异。道里区、香坊区，分别拥有379个和263个学雷锋志愿服务工作站，动员率均达到100%，而巴彦县和通河县的197个和125个学雷锋志愿服务工作站，分别只有17个和9个活跃的志愿服务工作站，动员率仅为8.63%和7.2%。全省67470个基层志愿服务工作站中，活跃团队为23319个，占34.56%。120792个专项志愿服务队中，活跃团队仅有5574个，动员率为4.61%。基层团队动员率不平衡问题反映出基层组织建设方面存在着较大的薄弱环节。近年来，各地各级组织对志愿服务工作的重视程度日益提高，领导参与、媒体宣传、典型表彰都很火热，动人事迹也层出不穷。但是，基础不牢，地动山摇。组织动员率就是对基层志愿服务组织建设水平的综合反映，各地各类志愿服务组织动员率的差距直接反映出各地在志愿服务组织建设上存在的差距，这是一个值得人们关注的问题。

（二）志愿服务活动参与率各地之间存在较大差异

"志愿服务活动参与率"是反映广大志愿者实际参加志愿服务活动的情况。一个地区、一个单位，无论注册多少志愿者，如果仅仅是"挂名的志愿者"没有任何意义。哈尔滨市为全省做出表率，全市有1304762名注册志愿者，活跃志愿者达到971510人，志愿服务活动参与率达到74.46%。值得一提的是省直机关注册的46633名志愿者中，活跃志愿者达到20679人，参与率达到44.34%，进入全省各大单位前五名。全省志愿服务活动参与率进入排名前列的还有佳木斯市、省直管市、省森工总局，参与率分别为62.68%、57.05%和48.9%。参与率低于30%的单位达到10个，占统计单位的50%；占全省志愿者人数的23.26%。参与率最低的某城市注册志愿者67973人，参与率仅为8.13%，即活跃志愿者只有6022人。全省志愿服务活动的平均参与率为54.59%，活跃志愿者达到1782781人。由此可见，全省尚有1482733人为"挂名志愿者"。

（三）志愿服务活动开展的数量和规模各地之间也长期存在比较大的差距

统计志愿服务活动的进展情况，第一要看各地实际开展活动的数量，第二要看年人均服务时间。年人均志愿服务时间排在前列的依然是哈尔滨市，达到59.08小时，远远高于全国文明城市年人均服务25小时的标准。之后是鸡西市、佳木斯市、省直管市、牡丹江市和省森工总局，年人均时间分别为23.42小时、23.37小时、10.132小时、9.47小时和9.103小时。年人均志愿服务时间低于1小时的单位有4个，年人均服务时间最少的城市只有0.391小时。志愿服务年服务次数和年人均服务时间，是反映一座城市、一个系统志愿服务工作的客观指标，是衡量整体文明程度、公民文明素质和综合文化软实力的重要客观指标，年服务次数和年人均服务时间的不平衡问题直接反映了各地工作质量和水平的差距。

（四）志愿者队伍建设水平参差不齐问题长期难以解决

"星级志愿者"在志愿者队伍中所占的比例，是各地各单位志愿队伍建设水平和整体素质状况的集中体现。星级志愿者的产生具有更高要求，不仅是活跃志愿者，还必须累计一定标准的服务时间。目前，全省星级志愿者平均占比为22.7%。文艺、慈善、金融、巾帼、文明城市、法律、禁毒、老年、科普志愿服务组织中,星级志愿者分别占到51.09%、49.80%、48.26%、47.54%、47.14%、46.32%、46.18%、45.35%和45.35%,而党员、青年和环保三支较大的志愿服务组织,其中星级志愿者仅分别占27.90%、30.64%和38.32%。哈尔滨市、佳木斯市和鸡西市星级志愿者占比分别为55.75%、20.31%和16.41%。值得关注的还有齐齐哈尔市、大庆市等志愿服务工作基础比较好的城市,其很多重要指标在全省排名并不靠前。全省高校星级志愿者占比仅为4.7%,活跃志愿者仅为16.34%。由此可见,我们对全省志愿者队伍建设水平不能估计过高。

对比近五年的相关参数,先进和后进市(地)单位的格局几乎没有变化,工作落后地区和单位的位次很难较大幅度地提升,这种状况值得大家认真研究和深入思考。

三 关于黑龙江省志愿服务信息化建设的深度思考

习近平总书记强调:"全党要提高战略思维能力,不断增强工作的原则性、系统性、预见性、创造性。"党中央把构建社会志愿服务体系与加强市场服务、政府服务相并列。习近平总书记多次亲自给志愿者和志愿服务团队写信,十六届六中全会以来的党代会报告、决议中,有十多次从不同侧面对志愿服务工作进行部署。这些情况都集中反映了志愿服务在全党全国工作的重要战略布局之中的重要地位,志愿服务应当纳入战略规划和战略思考,有序有力地推进和实施。志愿服务信息化建设就是黑龙江省立足实际的重大战略性举措。针对工作中所反映的问题,如工作发展不平衡,思想理念、工作方式和工作习惯存在不适应,笔者认为应当做好四项工作,强化目标意识,着力推进志愿服务基础工作创新;强化责任意识,着力推进志愿服务领导方式创新;强化能力意识,着力推进志愿服务工作手段创新;强化认同意识,着力推进志愿服务文化环境创新。

（一）强化目标意识，着力推进志愿服务基础工作创新

志愿服务是意识形态领域的重要工作，属于团结人、教育人的思想政治工作范畴。由于有些同志对思想政治工作存在一些偏见，习惯于关注一些见效快、影响大的事情，而对于一些基础性、积累性的工作重视不够。这种思维定式导致工作方法的"短、平、快"，更加注重形式和规模，而缺乏持久的推进和实效的度量。思想政治工作的根本任务是教育人、影响人、改变人。而"教育""影响"和"改变"都不是一朝一夕的事情，更不能一蹴而就，必须遵循特有的规律和特点。各级志愿服务工作的领导机关应当逐步转变思想观念，做好志愿服务工作首要的任务不仅仅要"造声势""博眼球"，而应着力于社会志愿服务体系构建，营造志愿服务文化，培育志愿服务习惯，创造"有爱心就能够做志愿者""有时间就能够自主参加志愿服务"的参与机制和社会环境。这是一个长期、艰巨的任务，必须具有强大的理论自信和战略定力，正确把握工作方向，勇于集中投放力量，扎实打牢工作基础。依托网络系统建立志愿服务工作的信息统计、信息处理、信息应用指导机制，为打牢志愿服务工作基础提供了坚实的工作支撑。转变思维方式，转变工作作风，用好志愿服务信息建设的成果，把主要精力转向抓基层、打基础，准确掌握全省、各地、各系统、各单位志愿服务工作的总体情况、实际工作和发展趋势，从每个学雷锋志愿服务工作站抓起，从每个志愿服务队抓起，推进志愿服务工作从"经验"管理向智慧管理、定量评估、科学保障过渡，使所有志愿服务团队富有生机和活力，这是打牢工作基础的关键环节，也是最重要的工作创新。

（二）强化责任意识，着力推进志愿服务领导方式创新

黑龙江省建立的志愿服务月度指数公布机制，定期公布各地各单位的志愿服务工作指数，较好地发挥了激励和促进作用，也得到各单位领导同志的重视。很多负责同志经常关注本地本单位志愿服务工作指数，提出严格要求，但是多数单位志愿服务工作指数的全省位次很难改变。究其原因在于责

任意识和领导方式存在一些误区,如何看信息和用信息是首先需要关注的问题。如何"看信息"?有些同志、特别是领导同志往往更重视"位次",即在全国、全省、全市、全县、全系统排列的位次,如果排名领先领导会很高兴,排名靠后领导就会很焦虑。志愿服务工作的所有指数是来自所有志愿者参加志愿服务活动、所有团队开展志愿服务工作所自然生成的指数,是实际工作状况的真实反映。所以每个指数的提升或降低,都将经历较长的演变过程。比如,志愿服务组织动员率指数,反映的是至少一年时间所管辖志愿服务组织中,有多少团队在有效开展活动。因此,各项志愿服务工作指数都具有较大的客观性和稳定性。如果"动员率"降低,所反映的是至少半年时间内相关工作出现问题,"动员率"提升也要经过至少半年时间的工作努力才能见到成效。再比如志愿服务活动的"参与率",反映的是在一定的时间段各单位有多少志愿者实际参加了志愿服务活动,反映的是有多少"真正的"而不仅仅是"挂名的"志愿者。所以,志愿服务的工作指数更多反映的是某种工作的发展趋势和目前所处的水平。面对指数,特别是指数上存在的差距,正确的态度应该是,既要认真分析数据的"位次",更应该分析数据变化的原因,这是各级组织、各单位负责同志、各单位实际管理部门最重要的责任。各单位要把"懂指数""用指数"作为转变工作作风、转变领导方式、转变思维习惯的突破口,沉下去、深下去、抓下去,把责任查清,把问题抓实,把工作抓细,把培训指导和责任追究落到实地,把动员和组织群众的工作抓活,只有强化责任意识,着力推进志愿服务领导方式创新,才能收到事半功倍、水到渠成的效果。

(三)强化主人意识,着力推进志愿服务工作手段创新

在信息化建设的环境下,推动工作落实,提升工作指数,全面提高基层组织的工作规划能力、活动组织能力、有效推进能力至关重要。面对网络化、信息化建设的新局面、新载体和新方法,不理解、不明白、不适应、不习惯的情况比较普遍。很多同志学历很高、工作能力很强,可对于信息化建设缺乏责任意识、缺乏探索精神、缺乏参与热情的现象非常普遍。其实,智

慧志愿支持系统的特点就是简单、实用，这一点不仅得到很多基层骨干的认同，而且得到外省来考察同志的认同。其实很多同志应用智能化手机的能力很强，掌握志愿服务信息工作也不应该有问题。但是，不参与、不操作、依赖性，往往使单位或组织的领导成为信息化建设的"局外人"，更容易导致简单的工作变复杂，容易的工作变生疏和无所适从。所以，推进志愿服务工作信息化，首要的任务是各级领导干部、组织骨干要首先解决"信息盲"的问题，要亲自参与，掌握第一手信息，了解第一手情况，赢得信息化建设的主导权和话语权。近年来，黑龙江省建立了"双百千万"义务宣讲机制，鼓励广大志愿服务骨干争当志愿服务信息化建设的义务宣讲员，并且推出时间记录机制。各单位分管负责同志、志愿服务工作骨干要带头强化"主人"意识，理直气壮、勇于担当、亲自动手，做所在单位、团队志愿服务工作的主导者、倡导者和实践者，强化主人意识，着力推进志愿服务工作手段创新，赢得志愿服务信息化建设的主动权。

（四）强化认同意识，着力推进志愿服务文化环境创新

认同是最重要的力量。黑龙江省志愿服务信息化建设的突出特点是注册志愿者、记录志愿服务活动、积累志愿服务时间，只能基于志愿者个人的自主行为，任何人都无法代为注册、人为地增加服务时间。这样做的意义在于从制度和机制上体现对志愿者的尊重，难度则在于人为改变某些数据更为困难，保证了记录的客观性和准确性。通过6年多的探索，全省活跃志愿者达到54.59%[①]，就是志愿服务信息化工作得到广大群众认同的最好证明。同时，还有45%的志愿者达不到活跃程度，也对深入推进志愿服务信息化建设提出更高要求。解决这个问题的关键在于引导所有志愿者提高应用信息系统的自觉性。如何使人们对于信息系统自觉运用，在集中宣传和抓好培训的基础上，要更加注重志愿文化的培育和弘扬。第一，参加志愿服务是每个公民的自觉行为，是高尚公民素质的集中体现。所以自主选择志愿服务组织、

---

① 本文所用数据均来自黑龙江省智慧志愿支持系统。

自主参加志愿服务活动是公民的权利。而只有正确应用智慧志愿支持系统才能满足公民的自主选择要求，体现出志愿者的意愿。第二，参加志愿服务是莫大的荣誉。所有志愿者在服务他人的同时，在内心深处都希望得到他人和社会的尊重和肯定，而服务时间的记录就是对志愿者服务社会所做贡献的最好体现。第三，志愿服务本身是法律行为。无论志愿者本身还是被服务对象的利益都应当得到尊重和保护。比如志愿者享受意外保险服务，前提是有志愿者注册记录、参加活动记录和一定服务次数的记录。第四，对于很多优秀志愿者来说，参加志愿服务是他们生活的一部分，是一种生活追求。所以，推进志愿服务制度化、信息化建设，还要从满足广大志愿者的精神和文化需求出发，更加重视志愿文化建设，在引导广大志愿者对于志愿服务信息化、制度化建设全面认同的基础上，在使广大志愿者切实体会到社会尊重、社会服务的基础上，推动志愿服务制度化和信息化建设不断取得新进步。

B.23
黑龙江省省直机关工作作风整治问题与对策研究

唐守祥　杜宇　韩智伟*

摘　要： 当前，黑龙江省正处在全面振兴发展的机遇期、经济社会的转型期。要实现全面建成小康社会、实现黑龙江的全面振兴，就要切实以习近平新时代中国特色社会主义思想为统领，把机关工作作风整治和干部队伍建设摆在突出位置，为龙江全面振兴提供根本保障。调研结果表明，省直机关工作作风表现为总体向好态势，但也存在效率低下、标准不高、观念陈旧、纪律性差、担当不足等一些普遍、尖锐且亟待解决的问题。为此，要切实做到认清形势，提高认识；强化学习，提升素质；优化服务，建立制度；精心组织，抓好考核；做实做牢"五个好作风"；以问题导向推进作风整顿向纵深发展；以上率下，示范带动。

关键词： 黑龙江省省直机关　作风整治　工作作风

不矜细行，终累大德。党政机关工作作风无小事。习总书记两次在对黑龙江的重要讲话中都提出，要坚持把改进干部作风作为振兴发展的重要保

---

* 唐守祥，齐齐哈尔市社会科学院社会发展研究所所长、研究员，研究方向为社会问题；杜宇，齐齐哈尔市社会科学院科研办公室主任、助理研究员，研究方向为社会发展；韩智伟，齐齐哈尔市社会科学院地方经济研究所研究实习员，研究方向为地方经济社会发展。

证。当前,黑龙江省正处在全面振兴发展的机遇期、经济社会的转型期,要实现全面建成小康社会、实现黑龙江的全面振兴,就要以总书记讲话为根本遵循,以习近平新时代中国特色社会主义思想为统领,把干部队伍的作风建设摆在突出位置,为龙江全面振兴提供根本保障。

一 机关作风整治的意义及必要性

(一)机关作风整治的意义

机关作风是党的生命,是党风政风的重要组成部分,是党政机关效能的具体体现。重视机关作风建设是党的优良传统和党的建设的重要组成部分,是党和政府执政能力的核心和基础,事关党和政府的形象、事关党和群众的血肉联系、事关改革发展与稳定大局、事关党的政治生态、事关全面建成小康社会的目标进程。

党的十八大以来,尤其是党的十八届六中全会提出了"党要管党、从严治党"的战略决策以来,习总书记站在时代发展的全局战略最高点,提出了一系列关于党的作风建设的重要思想。党中央出台的"改进工作作风、密切联系群众"的八项规定、"三严三实"等,可谓对党的机关工作作风存在的问题重拳出击,以期改陋习、树新风。

延安时期进行的一次规模宏大的马列主义思想的普遍教育,是出于我们党的历史发展状态、党的组织状态、当时中国革命的任务等方面的迫切要求。延安整风的基本内容是"反对主观主义以整顿学风,反对宗派主义以整顿党风,反对党八股以整顿文风",整风运动的方针是"惩前毖后,治病救人""既要弄通思想,又要团结同志",整风运动取得了重大收获,在中国革命历史上具有深远意义。这次整风在党的建设方面创造了极其丰富的经验,丰富和发展了马列主义建党学说。

新时代条件下,黑龙江在全面深化机关工作作风整顿,推动龙江振兴发展方面取得了丰硕成果;在积极探索机关作风整顿的客观规律,探索加强和改进全机关作风政治建设的路径方面成效显著。黑龙江省和全国一样,处于两个百年目标实现交汇期,整顿机关作风意义十分重大,探索机关作风建设的内在规律、汲取作风建设的历史经验、加快服务型政府建设等意义深远,这也是党执政为民、实现中华民族伟大复兴的根本保证。

(二)深层次原因及必要性

1. 党的建设需要

中国共产党自成立以来,就十分重视作风建设,尤其是党的工作作风。今天,我们正在全面深化改革开放,全面实现中华民族伟大复兴,也正处在加快建设现代市场经济的伟大征程中,也正处在爬坡过坎的攻坚期。取得全面建成小康社会的决定性胜利,夺取中国特色社会主义的伟大胜利必须以优良的工作作风作为保障。面对前进道路上的诸多问题,搞好作风建设就是首要任务,这里深层次的问题是要解决思想问题,这是根本大事。

2. 经济发展的需要

干部作风是黑龙江省全面振兴的根本保证,作风整顿要着眼于破解全省经济发展的难题。黑龙江省是一个资源大省,粮、油、木、煤、机等行业为我国经济社会发展做出了巨大贡献。随着全球经济下行态势加剧,近年来,黑龙江省经济发展形势几近低迷,2013~2015年经济增速排在全国后几位,形势异常严峻。鉴于此,我们任务更重、责任更大,工作作风改进也迫在眉睫。个别党员干部还认为经济社会发展与自己关系不大,毫无责任担当。因此,作风整顿是全省经济社会发展的必然要求。

3. 思想解放的需要

延安整风使党的工作作风得到了一次彻底的整顿,新时代对党的机关工作作风整顿是中国特色社会主义取得全面胜利的更高要求。深化改革需要全民解放思想,坚定不移走改革之路,需要踢开阻碍经济发展的"拦路虎",需要突出创新推动。经济社会的快速发展,需要我们每个人脚踏实地去工作,那种工作中的"耍滑偷懒"是要不得的。工作不能"耍花搭锄",要"严丝合缝"和"脚踏实地"。工作中一定要强化执行力,立说立办,务求实效。

4. 振兴发展的需要

要振兴就要真抓实干，来不得半点虚假。在黑龙江省，"人治思维"的不良作风较为严重。因为市场经济是法治经济、知识经济、创新经济、人才经济和竞争经济，这就要求彻底摒弃"摆平""搞定"等"匪性"思维，改变陈旧固守型工作作风；要求全省干部职工素质过硬，敢担当；要求全省干部职工重学习，发扬工匠精神，让人才成为振兴龙江经济发展的主体。市场经济是竞争经济，要把那些具备"三个好把式"的干部用起来，摆脱论资排辈的旧观念。

二 省直机关工作作风基本情况与问题分析

（一）基本情况

省直机关工作作风整顿启动以来，领导小组统筹谋划、精心组织，有关部门主动作为、密切配合，扎实做好分类指导、明察暗访、督促问责、营造氛围等各项工作，作风整顿各项任务有序推进。聚焦破坏发展环境的突出问题，通报典型案例；聚焦"三个坏把式""五个坏作风"，体现精准发力、见人见事、边查边改的要求，作风整顿和环境治理取得阶段性成效。总体来看，全省省直机关工作作风总体是好的，但也存在一些问题，比如，有的干部在处理复杂问题时，动不动就讲"摆平""搞定"，不讲依法行事；有的政府部门存在比较明显的部门利益法制化、执法工作随意化倾向；有的地方在招商引资时给投资者随意许愿，投资项目落地后吃拿卡要，形象俱损；有些部门和单位新官不理旧账，随意变规划、变政策，不守信用。机关工作纪律方面，工作期间网上购物、炒股、打游戏问题依然存在；不遵守工作时间，迟到、早退、空岗等现象屡见不鲜。这些问题看似无伤大雅，却关乎形象、作风，关乎党和国家的前途命运，可谓"千里之堤毁于蚁穴"。可以想象，经常发生与工作无关的"小事情"，凸显的却是作风建设的大问题。

调查数据显示，2017年6月初，省直机关作风整顿领导小组对40个省直机关单位进行督导调研时，查实有违反工作纪律的问题36件，涉及14个单位，占比为35%。为此，我们要高度重视，以小见大，从领导干部做起，从小事小节做起，讲规矩、守纪律，努力营造新风正气。

表1　省直机关作风整顿领导小组对省直机关单位督导调研所得出勤率情况

调研单位数量(个)	在编总人数(人)	实际出勤人数(人)	病、事假(人)	出勤率(%)	出勤率排前三位的单位
40	4414	3962	448	89.76	省地矿局、外事办、体育局，分别为100%、98.82%、97.67%

资料来源：《黑龙江省省直机关作风整顿情况通报》第6期，《"三率"督导调研情况通报》。

表2　省直机关作风整顿领导小组对40个单位调研问卷情况

走访办公室(间)	访查人员(人)	发放问卷(份)	违反工作纪律(件)	占比(%)
1634	3491	2903	36	35

资料来源：《黑龙江省省直机关作风整顿情况通报》第6期，《"三率"督导调研情况通报》。

表3　省直机关作风整顿领导小组对省直机关单位工作人员在岗率调研情况

调研单位数量(家)	脱岗单位(个)	脱岗人数(人)	在岗率(%)	脱岗率(%)
40	4	6	89.62	10.38

资料来源：《黑龙江省省直机关作风整顿情况通报》第6期，《"三率"督导调研情况通报》。

表4　省直机关作风整顿领导小组对省直机关单位工作人员专注率调研情况

调研单位数量(家)	工作不专注(个)	不专注率(%)	人员平均专注率(%)
40	14	35	98.67

资料来源：《黑龙江省省直机关作风整顿情况通报》第6期，《"三率"督导调研情况通报》。

从调研情况看（见表1~表4），全省省直机关工作状态明显好转，但还是存在一些问题，表现在一些单位和部门对作风整顿安排部署敏感性不强、行动迟缓，存在压力传导不足问题，一些干部职工尚未真实感受到作风整顿带来的冲击和震慑。在工作纪律方面，违纪问题占比35%，工作期间炒股、买彩票、购物、看电影电视剧、浏览不健康网页、下棋、打扑克、聊天、上网玩游戏、读小说等现象依然存在，有的单位还相当严重。此外，工作环境不整洁，办公物品摆放凌乱等现象大量存在；一些工作人员整天无精打采、委靡不振，工作状态差。出勤方面，存在各种弄虚作假现象，如部分单位负责人为庇护未出勤、旷工人员，在不能提供佐证材料的情况下，以这些人员公出为名进行敷衍。还有一些单位人员，包括一些领导干部，午间聚餐，吃喝一下午，问题很是严重。

2017年6月22~29日，省直机关作风整顿领导小组采取民意测评、问卷调查、座谈走访等形式，开展了"党政综合、经济管理、执法监督、管理服务和其他"5类省直机关作风整顿分类调研。向省人大代表发放问卷200份，向机关党委副书记、党校学员、机关干部、服务对象等发放问卷934份，通过召开座谈会、走访、访谈、听汇报等形式，对省直机关工作作风现状、五类单位突出问题进行了深入了解（见表5~表11）。

表5 省人大代表和社会各层面对40家省直机关单位的问卷调查评价

单位：家，%

调研单位数量	调研者	评价好	评价一般	评价差
40	省人大代表	87	11.0	2.0
	社会各层面	78.5	19.7	1.8

资料来源：《黑龙江省省直机关作风整顿情况通报》第14期，《分类调研情况综述》。

表6 省人大代表反向测评结果情况

单位：%

类别 \ 问题	思想僵化占比	标准不高占比	效率低下占比	担当不足占比	纪律松弛占比
党政综合类	26.9	28.3	26.6	28.6	24.8
经济管理类	35.5	36.0	36.7	37.0	31.2
执法监督类	32.3	34.7	35.1	35.0	30.6
管理服务类	30.8	32.4	32.3	32.8	29.0
其他类	30.2	30.6	29.7	30.3	27.5

资料来源：《黑龙江省省直机关作风整顿情况通报》第14期，《分类调研情况综述》。

表7 省直机关作风整顿领导小组对省直机关40家单位分类问卷调查情况

单位：%

类别	思想僵化、因循守旧	效率低下、工作不落实	不敢担当、碰硬	服务意识不强	脱离实际、脱离群众
党政综合类	49.4	40.6	39.9	35.1	24.3

资料来源：《黑龙江省省直机关作风整顿情况通报》第14期，《分类调研情况综述》。

表8 省直机关作风整顿领导小组对省直机关40家单位分类问卷调查情况

单位：%

类别	思想僵化、因循守旧	效率低下、工作不落实	研究问题不透彻	服务意识不强	政务公开不透明
经济管理类	41.2	35.7	39.9	41.2	24.3

资料来源：《黑龙江省省直机关作风整顿情况通报》第14期，《分类调研情况综述》。

表9 省直机关作风整顿领导小组对省直机关40家单位分类问卷调查情况

单位：%

类别	作风粗暴、衙门习气	法制观念不强	效率低下、工作不落实	思想僵化、因循守旧	工作程序不规范
执法监督类	37.7	35.4	31.5	25.7	23.7

资料来源：《黑龙江省省直机关作风整顿情况通报》第14期，《分类调研情况综述》。

表10 省直机关作风整顿领导小组对省直机关40家单位分类问卷调查情况

单位：%

类别	服务意识不强	标准不高、责任心不强	效率低下、工作不落实	思想僵化、因循守旧	不敢担当、碰硬
管理服务类	53.0	44.1	33.2	31.0	16.0

资料来源：《黑龙江省省直机关作风整顿情况通报》第14期，《分类调研情况综述》。

表11 省直机关作风整顿领导小组对省直机关40家单位分类问卷调查情况

单位：%

类别	服务大局意识不强	思想僵化、因循守旧	工作标准不高	脱离实际、脱离群众	研究问题不深不透彻
其他类	40.0	36.2	35.7	33.5	30.1

资料来源：《黑龙江省省直机关作风整顿情况通报》第14期，《分类调研情况综述》。

从表5～表11来看，还存在许多不容忽视的问题。一是"五个坏作风"普遍存在，有的单位和部门比较严重，尤其是执法监督类和经济管理类；二是力度不足，主要表现在工作统筹不够有力，就整顿抓整顿，与主责主业脱钩、与"两学一做"分置、与日常管理脱节，力量分散形不成合力；三是思想禁锢，表现为思想发动不到位，有畏难情绪和疲沓心理，存在一定的抵触情绪；四是制度不健全，调研对象认为，作风整顿应该在健全考评体系、完善激励关怀制度、建立容错纠错机制上下功夫。

（二）问题分析

1. 茫然不觉

有些工作人员甚至是一些领导干部面对新时代发展茫然不知所措，沉湎于过往。由于地理环境等客观原因，有些人还沉湎于计划经济时代的发展思维中，沉睡不醒或茫然不知。这种"冬眠"式的工作作风严重地阻碍了黑龙江省经济社会的全面发展，很多机遇政策一一错过，经济发展过缓、停滞甚至后退也就成为必然。有的干部对新形势、新任务有所觉醒，但光喊不动、不敢担责、谨小慎微、不思进取。有的干部表现为有所行动，但犹豫不决、坐等观望、步伐踉跄。更有甚者，一些党员领导干部偏离中央精神和省委部署，工作偏离正确方向。

2. 效率低下

表现为工作不落实，干工作情绪不高、绩效差；行政效能低下，运行流程不畅；工作环节交叉，慵懒散漫、推诿扯皮、掣肘滞力。一些职能部门、"权力部门"人为设置"玻璃门""旋转门""弹簧门"等障碍。还有"不给好处不办事，给了好处乱办事"等现象，机关作风病态严重。

3. 标准不高

从调研结果来看，省直机关一些部门或单位工作表现甚为粗枝大叶，工作要求和标准不高。例如，工作不严谨、不细致、不认真，缺乏"工匠精神"；不求有功，但求无过，不求过得硬；线条粗放、大而化之，缺少精细化工作态度；工作标准低下、要求松，站位不高；思想浅薄，对文件精神理解不透不深等等，故而成效不佳。

4. 观念陈旧

机关工作中明显暴露出思想僵化、因循守旧、观念陈腐、认识模糊等问题。主要表现为学习不深入、不刻苦、不勤奋；对新形势、新问题、新时期、新时代的理解和认识不清不深；对一些发展棘手问题不敢碰、不掌握、不敏感；思想认识和政策水平跟不上时代步伐，思维方式陈旧；有传统路径依赖意识，改革创新精神不足，不善于用新理念创造性开展工作；市场观念弱化，不善于用新时代中国特色社会主义思想统领工作，不习惯于用市场经济方法研究、分析和解决问题。

5. 纪律性差

工作中，更多的是表现为贯彻执行中央和省委、省政府决策部署不力、打折扣，避实就虚、做选择。一些单位和部门搞"上有政策，下有对策"这一套，落实中央、省委、省政府规定不彻底。比如，"中央八项规定"和省委、省政府"九项规定"落实得不够到位。还表现为法治观念淡薄、不廉洁用权、不守程序、不守规矩；表现为不讲诚信、顶风违纪、随意妄为、任性乱为、不讲规矩、纪律松弛。比如，擅离职守、迟到早退、玩物丧志、沉迷网络与赌局酒局等，上班工作期间从事与工作无关的活动。

6. 担当不足

主要表现为"不敢碰硬"。担当精神不足、不负责任、不敢碰硬问题严重。主要表现为面对问题不担责，遇到问题绕着走，"不讲有功、只求无过""当一天和尚撞一天钟"，在其位不谋其政，做"老好人"，当"太平官"。对于工作中的棘手问题、矛盾问题束手无策，更不敢得罪人，不敢秉公办事，对上级不良行为不敢抵制、将错就错，必将酿成大乱。大搞"码头文化""圈子文化"，对党的纪律置若罔闻，违法乱纪现象层出不穷、屡见不鲜。

三 机关工作作风整治对策思考

机关工作作风整顿是一项长期的工作。我们要坚持以习近平新时代中国特色社会主义思想为统领，搞好省直机关工作作风整治。中国特色社会主义进入新时代，新时代就需要有新的伟大实践，需要有新课题，新课题产生新理论，新理论催生新思想，新思想又指导我们新时代的工作实践。回顾我党的建设和发展历史，作风建设贯穿于全过程，一丝都不能松懈。因此，要做好全省机关作风整顿，就要汲取党在作风建设上的好经验，扎实工作，确保各项目标任务取得重大成效。

（一）认清形势，提高认识

作风问题关乎党的形象，关乎全省振兴发展。对于全省机关作风整顿活动，黑龙江省委书记张庆伟同志提出"要突出重点、精准发力，要领导带头、以上率下，要整体谋划，全力推动，要抓住日常、严在经常"。黑龙江省要有"踏石留印，抓铁有痕"的精神，扎实做好全省机关作风整顿工作。

全省各省直单位要认清形势，提高对作风整顿的认识，要落实责任、真管严管，向重点、难点、焦点问题聚焦，对待现实存在的种种问题，要细剖深挖，把问题查深摸透。要做到立行立改，决不允许推脱延误。要不等不拖不靠，抓紧研究谋划，拿出切实可行的办法。把问题较大、较多的一些单位列为整顿重点，现场指导，驻点督办、跟踪问效。同时，要对群众反映大、意见多、管理混乱、违纪违法等问题，从严查处－逐级问责－公开曝光，真正起到警示震慑作用。

（二）强化学习，提升素质

在全省形成勤于学习的良好氛围，勤于学习是提升工作能力的前提。切实立足省情，围绕黑龙江省经济转型升级难题，探索繁荣发展之路，在知行合一、学以致用方面下大功夫、大气力。我们要以习近平新时代中国特色社会主义思想为统领，做好各项工作，结合"两学一做"学习教育常态化、制度化，加强教育，打牢夯实转变工作作风的思想基础。

要切实提升素质。要加强教育培训，引导机关干部勤于学习、乐于思考，在学习上下一番功夫，让学习成为一种常态，从而提高干部队伍素质。

要加快全面建成小康社会步伐，推动发展、化解矛盾、维护稳定，推动解放思想、创新思维，把握规律，勇闯前路。在干部队伍里，大力倡导深入基层一线工作，深入精准扶贫一线，提高"驻村驻乡"主动性，自觉提高党性。深入问题多、困难大、矛盾集中的基层一线，多层次、多方位、多渠道开展调查研究，听实话、察实情、获真知、收实效。

（三）优化服务，建立制度

省直机关要落实"服务受理零推诿，服务方式零距离，服务结果零投诉，服务质量零差错"等"四零"服务承诺制度。加快建设"互联网＋政务服务"体系，建立政府等行政机构公开服务平台，完善网上政务服务平台，让信息充分走进千家万户，让服务对象接受更便捷更充分的政务信息服务，真正让人民满意。

要做到廉洁从政，就要一手抓思想政治教育，一手抓制度建设，做到奖惩并举。要使党政机关干部时刻保持警醒，就要惩治腐败。我们要摒弃过去那种"一阵风""走过场"式的工作方式和作风，走出"作风问题抓一抓就好转、松一松就反弹"的怪圈，克服这一弊端的最有效方法就是制定科学有效的制度。要时刻把制度建设贯穿于作风整顿活动的全过程，通过建立各项规章制度，并突出制度执行力，推动作风建设常态化、长效化。

（四）精心组织，抓好考核

全省各机关单位，对机关作风整顿要高度重视、统筹安排、精心组织、确保实效，要把作风整顿作为一项极其重要的政治任务来完成。要切实加强组织领导，各级机关要分别成立机关作风整顿领导小组，及时研究和解决机关工作作风问题。要注重工作责任落实，严格明确责任、协调联动，全力推进作风整顿活动深入开展。要抓好监察考核，对作风整顿活动实行全程督察，抓好整改落实工作，开展明察暗访，集中处理机关工作作风方面存在的严重问题。对热点、难点、重点问题跟踪督察，联动整改。对线索清晰、内容具体、影响恶劣的问题快速查办、从严问责。要深化舆论引导，充分运用各类媒体，大力宣传先进典型；并选取反面典型案例，发挥警示效应。坚持正面舆论导向为主，体现正能量，为作风整顿活动营造良好氛围。同时，要以考评机制为保障，强化组织考核机制，建立社会评价机制，建立考核与评价互动机制，以此推动推进作风整顿，建立一支素质高、能力强、作风实、形象好的干部队伍。

（五）做实做牢"五个好作风"

从省直机关作风整顿着手，做牢做实"五个好作风"。五个好作风，即勤于学习好作风、严谨细致好作风、勤勉高效好作风、务实担当好作风、严格自律好作风。一是勤于学习方面，要坚持学习服务实践需要，掌握理论知识，然后从指导实践入手，立足黑龙江省经济转型、升级难题和困境，重点分析省情，析困难之因，寻振兴之策，下大力气为振兴龙江做贡献。二是严谨细致方面，我们一定要牢牢树立精准理念，并把这一理念贯穿于工作的始终。要大力弘扬和倡导"工匠精神"，求真务实，甘心奉献。从最普通、最简单的事情做起、从身边的事做起，坚持高标准严要求，严谨细致地做好每项工作。三是勤勉高效方面，要激发干事创业的内生动力，为黑龙江全面振兴争分夺秒。比如，在工作中，要提高工作效率，提升工作精气神，工作说干就干，决不拖泥带水，使每一项工作落地生根，实现工作效率、工作质量、工作激情、工作干劲等多丰收。四是务实担当方面，要全力落实好谋大事办实事的责任担当，要敢于碰硬、敢于攻坚、敢于冲锋陷阵。要在推动改革和发展上有担当，在服务基础上有担当，争做责任担当的模范。五是严格自律方面，要牢牢依照"八项规定"去做，带头反对"四风"，结合"两学一做"学习教育，坚决执行省委"九项规定"，以上率下，带头开展作风整顿，努力以廉政的良好形象赢得群众支持和信任，树立廉洁勤政的好形象，做严格自律的排头兵。

（六）以问题为导向推进作风整顿向纵深发展

各级机关要以全省机关作风整顿为突破口，从"不能为、不想为、不会为、不敢为"等方面问题入手,坚持问题导向,聚焦发展问题、研究问题和解决问题。让有能力、能干事、敢干事、会干事的干部有广阔的空间和舞台,让勤于做事的人才有充分的保障。牢牢把握"有为才能有位,有位更要有为"的辩证原理,让没有问题有作为的人有广阔的施展空间;分析和解决工作中各项问题,实现工作实效、实绩的最大化。同时,以问题为导向,深度聚焦、剖析和整改,进一步增强全省机关干部特别是领导干部的职责意识,切实增强"主动为"的行动自觉,增强"有作为"的本领、"敢作为"的胆识魄力。以问题为导向,切实增强作风整顿的思想自觉,查摆出共性、个性问题,在实际工作中加以克服,从而实现工作成效最优化。在我党的历史上,每次整风活动都指向了所在历史阶段的重点问题。全省省直机关作风整顿就是要解决一系列"慵懒散"问题,解决各种不作为问题,坚决整治"五个坏作风"和"三个坏把式",打造一支作风扎实、素质过硬、敢于担当的干部队伍。另外,要把发现问题作为切入点,抓住突出问题,找准自身问题,把再造工作流程作为突破点,并使之成为重要支撑。

(七)以上率下,示范带动

我们要坚持以上率下,以工作成效作为检验标准搞好机关作风建设。榜样示范的力量是无穷的,作风建设要坚持以上率下、示范带动的重要原则。具体来看,要从省直机关做起、从领导干部开始,带头查摆问题,从小事做起,做好全省建设的表率,进一步切实增强广大机关干部特别是领导干部的责任担当,要做到严查深剖见实效。工作中,要有一副追求卓越的好把式,就要坚持高标准严要求,在"工作成效"上下功夫。要率先垂范,有一副雷厉风行的快把式、埋头苦干的真把式,要求真务实,不躲闪、不畏缩,为推动龙江发展贡献力量。

B.24 后　记

《黑龙江社会发展报告（2018）》是黑龙江省社会科学院关于"黑龙江省社会形势分析与预测"的第21个年度报告。报告主要以黑龙江省社会科学院社会学所、法学所的科研人员为主进行撰写，同时邀请了来自哈尔滨工程大学、国家统计局黑龙江调查总队、黑龙江省婚姻家庭研究所以及省内有关厅局和地市的专家学者参加。

2017年对全省社会形势分析与预测的多项研究基于对全省公众、社科专家和党政干部调查问卷所得数据进行撰写。调研组选取了哈尔滨市道外区、松北区、双城区、延寿县，克山县、齐齐哈尔市铁锋区、拜泉县、桦川县，七台河市勃利县、黑河市逊克县10个县区的40个村/居为调查样本，被访者覆盖城乡、各阶层、各年龄阶段。同时还对黑龙江省社会科学院、黑龙江大学、黑龙江省委党校、哈尔滨工程大学、哈尔滨学院等单位的社科研究专家、全省各级党政领导干部进行了问卷调查。三类调查问卷累计发放1200份。调查就2017年黑龙江省社会发展与社会建设各方面进展情况广泛收集反馈意见，获得了大量社情民意的第一手资料，丰富研究素材，充实报告内容。问卷由田雨设计，马睿泽、周红路、邢晓明分别组织了民意问卷、专家问卷和党政干部问卷的调查工作。

本书由主编王爱丽负责全书总报告撰写和终审，执行主编田雨负责全书统稿，副主编王欣剑、王建武、张斐男负责分篇审阅，周红路和张岩进行了文字校对，刘明明和马睿泽进行了数据校对，杨大威和王昊（学习与探索杂志社）、张友全进行了文字统稿和排版。正是由于这些人的辛勤努力和付出，保证了该书能够顺利出版。

社会科学文献出版社社长谢寿光、区域与发展编辑中心主任任文武给予了本书高度的重视和热情的支持，尤其是编辑丁凡，在时间紧、任务重、要求高的情况下，为本书的出版付出了大量的精力和心血，在此一并表示衷心的感谢！

《黑龙江社会发展报告（2018）》致力于对省情民意深入探究，为政府各级部门决策提供科学参考，欢迎社会各界人士给予关注和指正！

社会科学文献出版社　　**皮书系列**

❖ 皮书起源 ❖

"皮书"起源于十七、十八世纪的英国，主要指官方或社会组织正式发表的重要文件或报告，多以"白皮书"命名。在中国，"皮书"这一概念被社会广泛接受，并被成功运作、发展成为一种全新的出版形态，则源于中国社会科学院社会科学文献出版社。

❖ 皮书定义 ❖

皮书是对中国与世界发展状况和热点问题进行年度监测，以专业的角度、专家的视野和实证研究方法，针对某一领域或区域现状与发展态势展开分析和预测，具备原创性、实证性、专业性、连续性、前沿性、时效性等特点的公开出版物，由一系列权威研究报告组成。

❖ 皮书作者 ❖

皮书系列的作者以中国社会科学院、著名高校、地方社会科学院的研究人员为主，多为国内一流研究机构的权威专家学者，他们的看法和观点代表了学界对中国与世界的现实和未来最高水平的解读与分析。

❖ 皮书荣誉 ❖

皮书系列已成为社会科学文献出版社的著名图书品牌和中国社会科学院的知名学术品牌。2016年，皮书系列正式列入"十三五"国家重点出版规划项目；2013~2018年，重点皮书列入中国社会科学院承担的国家哲学社会科学创新工程项目；2018年，59种院外皮书使用"中国社会科学院创新工程学术出版项目"标识。

中国皮书网

（网址：www.pishu.cn）

发布皮书研创资讯，传播皮书精彩内容
引领皮书出版潮流，打造皮书服务平台

栏目设置

关于皮书：何谓皮书、皮书分类、皮书大事记、皮书荣誉、
皮书出版第一人、皮书编辑部

最新资讯：通知公告、新闻动态、媒体聚焦、网站专题、视频直播、下载专区

皮书研创：皮书规范、皮书选题、皮书出版、皮书研究、研创团队

皮书评奖评价：指标体系、皮书评价、皮书评奖

互动专区：皮书说、社科数托邦、皮书微博、留言板

所获荣誉

2008年、2011年，中国皮书网均在全国新闻出版业网站荣誉评选中获得"最具商业价值网站"称号；

2012年，获得"出版业网站百强"称号。

网库合一

2014年，中国皮书网与皮书数据库端口合一，实现资源共享。

权威报告・一手数据・特色资源

皮书数据库
ANNUAL REPORT(YEARBOOK) DATABASE

当代中国经济与社会发展高端智库平台

所获荣誉

- 2016年,入选"'十三五'国家重点电子出版物出版规划骨干工程"
- 2015年,荣获"搜索中国正能量 点赞2015""创新中国科技创新奖"
- 2013年,荣获"中国出版政府奖・网络出版物奖"提名奖
- 连续多年荣获中国数字出版博览会"数字出版・优秀品牌"奖

成为会员

通过网址www.pishu.com.cn或使用手机扫描二维码进入皮书数据库网站,进行手机号码验证或邮箱验证即可成为皮书数据库会员(建议通过手机号码快速验证注册)。

会员福利

- 使用手机号码首次注册的会员,账号自动充值100元体验金,可直接购买和查看数据库内容(仅限使用手机号码快速注册)。
- 已注册用户购书后可免费获赠100元皮书数据库充值卡。刮开充值卡涂层获取充值密码,登录并进入"会员中心"—"在线充值"—"充值卡充值",充值成功后即可购买和查看数据库内容。

卡号:376611461292
密码:

数据库服务热线:400-008-6695
数据库服务QQ:2475522410
数据库服务邮箱:database@ssap.cn
图书销售热线:010-59367070/7028
图书服务QQ:1265056568
图书服务邮箱:duzhe@ssap.cn

S 基本子库
SUB DATABASE

中国社会发展数据库（下设 12 个子库）

全面整合国内外中国社会发展研究成果，汇聚独家统计数据、深度分析报告，涉及社会、人口、政治、教育、法律等 12 个领域，为了解中国社会发展动态、跟踪社会核心热点、分析社会发展趋势提供一站式资源搜索和数据分析与挖掘服务。

中国经济发展数据库（下设 12 个子库）

基于"皮书系列"中涉及中国经济发展的研究资料构建，内容涵盖宏观经济、农业经济、工业经济、产业经济等 12 个重点经济领域，为实时掌控经济运行态势、把握经济发展规律、洞察经济形势、进行经济决策提供参考和依据。

中国行业发展数据库（下设 17 个子库）

以中国国民经济行业分类为依据，覆盖金融业、旅游、医疗卫生、交通运输、能源矿产等 100 多个行业，跟踪分析国民经济相关行业市场运行状况和政策导向，汇集行业发展前沿资讯，为投资、从业及各种经济决策提供理论基础和实践指导。

中国区域发展数据库（下设 6 个子库）

对中国特定区域内的经济、社会、文化等领域现状与发展情况进行深度分析和预测，研究层级至县及县以下行政区，涉及地区、区域经济体、城市、农村等不同维度。为地方经济社会宏观态势研究、发展经验研究、案例分析提供数据服务。

中国文化传媒数据库（下设 18 个子库）

汇聚文化传媒领域专家观点、热点资讯，梳理国内外中国文化发展相关学术研究成果、一手统计数据，涵盖文化产业、新闻传播、电影娱乐、文学艺术、群众文化等 18 个重点研究领域。为文化传媒研究提供相关数据、研究报告和综合分析服务。

世界经济与国际关系数据库（下设 6 个子库）

立足"皮书系列"世界经济、国际关系相关学术资源，整合世界经济、国际政治、世界文化与科技、全球性问题、国际组织与国际法、区域研究 6 大领域研究成果，为世界经济与国际关系研究提供全方位数据分析，为决策和形势研判提供参考。

法律声明

"皮书系列"（含蓝皮书、绿皮书、黄皮书）之品牌由社会科学文献出版社最早使用并持续至今，现已被中国图书市场所熟知。"皮书系列"的相关商标已在中华人民共和国国家工商行政管理总局商标局注册，如LOGO（ ）、皮书、Pishu、经济蓝皮书、社会蓝皮书等。"皮书系列"图书的注册商标专用权及封面设计、版式设计的著作权均为社会科学文献出版社所有。未经社会科学文献出版社书面授权许可，任何使用与"皮书系列"图书注册商标、封面设计、版式设计相同或者近似的文字、图形或其组合的行为均系侵权行为。

经作者授权，本书的专有出版权及信息网络传播权等为社会科学文献出版社享有。未经社会科学文献出版社书面授权许可，任何就本书内容的复制、发行或以数字形式进行网络传播的行为均系侵权行为。

社会科学文献出版社将通过法律途径追究上述侵权行为的法律责任，维护自身合法权益。

欢迎社会各界人士对侵犯社会科学文献出版社上述权利的侵权行为进行举报。电话：010-59367121，电子邮箱：fawubu@ssap.cn。

社会科学文献出版社

皮书系列

2018年

智库成果出版与传播平台

社会科学文献出版社
SOCIAL SCIENCES ACADEMIC PRESS (CHINA)

社长致辞

蓦然回首，皮书的专业化历程已经走过了二十年。20年来从一个出版社的学术产品名称到媒体热词再到智库成果研创及传播平台，皮书以专业化为主线，进行了系列化、市场化、品牌化、数字化、国际化、平台化的运作，实现了跨越式的发展。特别是在党的十八大以后，以习近平总书记为核心的党中央高度重视新型智库建设，皮书也迎来了长足的发展，总品种达到600余种，经过专业评审机制、淘汰机制遴选，目前，每年稳定出版近400个品种。"皮书"已经成为中国新型智库建设的抓手，成为国际国内社会各界快速、便捷地了解真实中国的最佳窗口。

20年孜孜以求，"皮书"始终将自己的研究视野与经济社会发展中的前沿热点问题紧密相连。600个研究领域，3万多位分布于800余个研究机构的专家学者参与了研创写作。皮书数据库中共收录了15万篇专业报告，50余万张数据图表，合计30亿字，每年报告下载量近80万次。皮书为中国学术与社会发展实践的结合提供了一个激荡智力、传播思想的入口，皮书作者们用学术的话语、客观翔实的数据谱写出了中国故事壮丽的篇章。

20年跬步千里，"皮书"始终将自己的发展与时代赋予的使命与责任紧紧相连。每年百余场新闻发布会，10万余次中外媒体报道，中、英、俄、日、韩等12个语种共同出版。皮书所具有的凝聚力正在形成一种无形的力量，吸引着社会各界关注中国的发展，参与中国的发展，它是我们向世界传递中国声音、总结中国经验、争取中国国际话语权最主要的平台。

皮书这一系列成就的取得，得益于中国改革开放的伟大时代，离不开来自中国社会科学院、新闻出版广电总局、全国哲学社会科学规划办公室等主管部门的大力支持和帮助，也离不开皮书研创者和出版者的共同努力。他们与皮书的故事创造了皮书的历史，他们对皮书的拳拳之心将继续谱写皮书的未来！

现在，"皮书"品牌已经进入了快速成长的青壮年时期。全方位进行规范化管理，树立中国的学术出版标准；不断提升皮书的内容质量和影响力，搭建起中国智库产品和智库建设的交流服务平台和国际传播平台；发布各类皮书指数，并使之成为中国指数，让中国智库的声音响彻世界舞台，为人类的发展做出中国的贡献——这是皮书未来发展的图景。作为"皮书"这个概念的提出者，"皮书"从一般图书到系列图书和品牌图书，最终成为智库研究和社会科学应用对策研究的知识服务和成果推广平台这整个过程的操盘者，我相信，这也是每一位皮书人执着追求的目标。

"当代中国正经历着我国历史上最为广泛而深刻的社会变革，也正在进行着人类历史上最为宏大而独特的实践创新。这种前无古人的伟大实践，必将给理论创造、学术繁荣提供强大动力和广阔空间。"

在这个需要思想而且一定能够产生思想的时代，皮书的研创出版一定能创造出新的更大的辉煌！

社会科学文献出版社社长
中国社会学会秘书长

2017年11月

社会科学文献出版社简介

社会科学文献出版社（以下简称"社科文献出版社"）成立于1985年，是直属于中国社会科学院的人文社会科学学术出版机构。成立至今，社科文献出版社始终依托中国社会科学院和国内外人文社会科学界丰厚的学术出版和专家学者资源，坚持"创社科经典，出传世文献"的出版理念、"权威、前沿、原创"的产品定位以及学术成果和智库成果出版的专业化、数字化、国际化、市场化的经营道路。

社科文献出版社是中国新闻出版业转型与文化体制改革的先行者。积极探索文化体制改革的先进方向和现代企业经营决策机制，社科文献出版社先后荣获"全国文化体制改革工作先进单位"、中国出版政府奖·先进出版单位奖，中国社会科学院先进集体、全国科普工作先进集体等荣誉称号。多人次荣获"第十届韬奋出版奖""全国新闻出版行业领军人才""数字出版先进人物""北京市新闻出版广电行业领军人才"等称号。

社科文献出版社是中国人文社会科学学术出版的大社名社，也是以皮书为代表的智库成果出版的专业强社。年出版图书2000余种，其中皮书400余种，出版新书字数5.5亿字，承印与发行中国社科院院属期刊72种，先后创立了皮书系列、列国志、中国史话、社科文献学术译库、社科文献学术文库、甲骨文书系等一大批既有学术影响又有市场价值的品牌，确立了在社会学、近代史、苏东问题研究等专业学科及领域出版的领先地位。图书多次荣获中国出版政府奖、"三个一百"原创图书出版工程、"五个'一'工程奖"、"大众喜爱的50种图书"等奖项，在中央国家机关"强素质·做表率"读书活动中，入选图书品种数位居各大出版社之首。

社科文献出版社是中国学术出版规范与标准的倡议者与制定者，代表全国50多家出版社发起实施学术著作出版规范的倡议，承担学术著作规范国家标准的起草工作，率先编撰完成《皮书手册》对皮书品牌进行规范化管理，并在此基础上推出中国版芝加哥手册 ——《社科文献出版社学术出版手册》。

社科文献出版社是中国数字出版的引领者，拥有皮书数据库、列国志数据库、"一带一路"数据库、减贫数据库、集刊数据库等4大产品线11个数据库产品，机构用户达1300余家，海外用户百余家，荣获"数字出版转型示范单位""新闻出版标准化先进单位""专业数字内容资源知识服务模式试点企业标准化示范单位"等称号。

社科文献出版社是中国学术出版走出去的践行者。社科文献出版社海外图书出版与学术合作业务遍及全球40余个国家和地区，并于2016年成立俄罗斯分社，累计输出图书500余种，涉及近20个语种，累计获得国家社科基金中华学术外译项目资助76种、"丝路书香工程"项目资助60种、中国图书对外推广计划项目资助71种以及经典中国国际出版工程资助28种，被五部委联合认定为"2015-2016年度国家文化出口重点企业"。

如今，社科文献出版社完全靠自身积累拥有固定资产3.6亿元，年收入3亿元，设置了七大出版分社、六大专业部门，成立了皮书研究院和博士后科研工作站，培养了一支近400人的高素质与高效率的编辑、出版、营销和国际推广队伍，为未来成为学术出版的大社、名社、强社，成为文化体制改革与文化企业转型发展的排头兵奠定了坚实的基础。

 宏观经济类 皮书系列 重点推荐

宏观经济类

经济蓝皮书
2018年中国经济形势分析与预测

李平 / 主编　2017年12月出版　定价：89.00元

◆ 本书为总理基金项目，由著名经济学家李扬领衔，联合中国社会科学院等数十家科研机构、国家部委和高等院校的专家共同撰写，系统分析了2017年的中国经济形势并预测2018年中国经济运行情况。

城市蓝皮书
中国城市发展报告 No.11

潘家华　单菁菁 / 主编　2018年9月出版　估价：99.00元

◆ 本书是由中国社会科学院城市发展与环境研究中心编著的，多角度、全方位地立体展示了中国城市的发展状况，并对中国城市的未来发展提出了许多建议。该书有强烈的时代感，对中国城市发展实践有重要的参考价值。

人口与劳动绿皮书
中国人口与劳动问题报告 No.19

张车伟 / 主编　2018年10月出版　估价：99.00元

◆ 本书为中国社会科学院人口与劳动经济研究所主编的年度报告，对当前中国人口与劳动形势做了比较全面和系统的深入讨论，为研究中国人口与劳动问题提供了一个专业性的视角。

宏观经济类·区域经济类

中国省域竞争力蓝皮书
中国省域经济综合竞争力发展报告（2017～2018）

李建平　李闽榕　高燕京 / 主编　2018年5月出版　估价：198.00元

◆ 本书融多学科的理论为一体，深入追踪研究了省域经济发展与中国国家竞争力的内在关系，为提升中国省域经济综合竞争力提供有价值的决策依据。

金融蓝皮书
中国金融发展报告（2018）

王国刚 / 主编　2018年2月出版　估价：99.00元

◆ 本书由中国社会科学院金融研究所组织编写，概括和分析了2017年中国金融发展和运行中的各方面情况，研讨和评论了2017年发生的主要金融事件，有利于读者了解掌握2017年中国的金融状况，把握2018年中国金融的走势。

区域经济类

京津冀蓝皮书
京津冀发展报告（2018）

祝合良　叶堂林　张贵祥 / 等著　2018年6月出版　估价：99.00元

◆ 本书遵循问题导向与目标导向相结合、统计数据分析与大数据分析相结合、纵向分析和长期监测与结构分析和综合监测相结合等原则，对京津冀协同发展新形势与新进展进行测度与评价。

 社会政法类 | 皮书系列 重点推荐

社会政法类

社会蓝皮书
2018年中国社会形势分析与预测

李培林　陈光金　张翼 / 主编　2017年12月出版　定价：89.00元

◆ 本书由中国社会科学院社会学研究所组织研究机构专家、高校学者和政府研究人员撰写，聚焦当下社会热点，对2017年中国社会发展的各个方面内容进行了权威解读，同时对2018年社会形势发展趋势进行了预测。

法治蓝皮书
中国法治发展报告No.16（2018）

李林　田禾 / 主编　2018年3月出版　估价：118.00元

◆ 本年度法治蓝皮书回顾总结了2017年度中国法治发展取得的成就和存在的不足，对中国政府、司法、检务透明度进行了跟踪调研，并对2018年中国法治发展形势进行了预测和展望。

教育蓝皮书
中国教育发展报告（2018）

杨东平 / 主编　2018年4月出版　估价：99.00元

◆ 本书重点关注了2017年教育领域的热点，资料翔实，分析有据，既有专题研究，又有实践案例，从多角度对2017年教育改革和实践进行了分析和研究。

皮书系列重点推荐

社会政法类

社会体制蓝皮书
中国社会体制改革报告 No.6（2018）

龚维斌 / 主编　2018 年 3 月出版　估价：99.00 元

◆ 本书由国家行政学院社会治理研究中心和北京师范大学中国社会管理研究院共同组织编写，主要对 2017 年社会体制改革情况进行回顾和总结，对 2018 年的改革走向进行分析，提出相关政策建议。

社会心态蓝皮书
中国社会心态研究报告（2018）

王俊秀　杨宜音 / 主编　2018 年 12 月出版　估价：99.00 元

◆ 本书是中国社会科学院社会学研究所社会心理研究中心"社会心态蓝皮书课题组"的年度研究成果，运用社会心理学、社会学、经济学、传播学等多种学科的方法进行了调查和研究，对于目前中国社会心态状况有较广泛和深入的揭示。

华侨华人蓝皮书
华侨华人研究报告（2018）

贾益民 / 主编　2018 年 1 月出版　估价：139.00 元

◆ 本书关注华侨华人生产与生活的方方面面。华侨华人是中国建设 21 世纪海上丝绸之路的重要中介者、推动者和参与者。本书旨在全面调研华侨华人，提供最新涉侨动态、理论研究成果和政策建议。

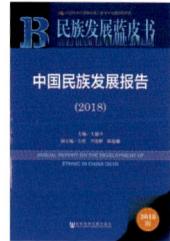

民族发展蓝皮书
中国民族发展报告（2018）

王延中 / 主编　2018 年 10 月出版　估价：188.00 元

◆ 本书从民族学人类学视角，研究近年来少数民族和民族地区的发展情况，展示民族地区经济、政治、文化、社会和生态文明"五位一体"建设取得的辉煌成就和面临的困难挑战，为深刻理解中央民族工作会议精神、加快民族地区全面建成小康社会进程提供了实证材料。

产业经济类

房地产蓝皮书
中国房地产发展报告 No.15（2018）

李春华　王业强 / 主编　2018年5月出版　估价：99.00元

◆ 2018年《房地产蓝皮书》持续追踪中国房地产市场最新动态，深度剖析市场热点，展望2018年发展趋势，积极谋划应对策略。对2017年房地产市场的发展态势进行全面、综合的分析。

新能源汽车蓝皮书
中国新能源汽车产业发展报告（2018）

中国汽车技术研究中心　日产（中国）投资有限公司　东风汽车有限公司 / 编著　2018年8月出版　估价：99.00元

◆ 本书对中国2017年新能源汽车产业发展进行了全面系统的分析，并介绍了国外的发展经验。有助于相关机构、行业和社会公众等了解中国新能源汽车产业发展的最新动态，为政府部门出台新能源汽车产业相关政策法规、企业制定相关战略规划，提供必要的借鉴和参考。

行业及其他类

旅游绿皮书
2017～2018年中国旅游发展分析与预测

中国社会科学院旅游研究中心 / 编　2018年2月出版　估价：99.00元

◆ 本书从政策、产业、市场、社会等多个角度勾画出2017年中国旅游发展全貌，剖析了其中的热点和核心问题，并就未来发展作出预测。

皮书系列 重点推荐　行业及其他类

民营医院蓝皮书
中国民营医院发展报告（2018）

薛晓林 / 主编　2018年1月出版　估价：99.00元

◆ 本书在梳理国家对社会办医的各种利好政策的前提下，对我国民营医疗发展现状、我国民营医院竞争力进行了分析，并结合我国医疗体制改革对民营医院的发展趋势、发展策略、战略规划等方面进行了预估。

会展蓝皮书
中外会展业动态评估研究报告（2018）

张敏 / 主编　2018年12月出版　估价：99.00元

◆ 本书回顾了2017年的会展业发展动态，结合"供给侧改革"、"互联网+"、"绿色经济"的新形势分析了我国会展的行业现状，并介绍了国外的发展经验，有助于行业和社会了解最新的展会业动态。

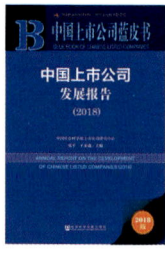

中国上市公司蓝皮书
中国上市公司发展报告（2018）

张平　王宏淼 / 主编　2018年9月出版　估价：99.00元

◆ 本书由中国社会科学院上市公司研究中心组织编写的，着力于全面、真实、客观反映当前中国上市公司财务状况和价值评估的综合性年度报告。本书详尽分析了2017年中国上市公司情况，特别是现实中暴露出的制度性、基础性问题，并对资本市场改革进行了探讨。

工业和信息化蓝皮书
人工智能发展报告（2017～2018）

尹丽波 / 主编　2018年6月出版　估价：99.00元

◆ 本书国家工业信息安全发展研究中心在对2017年全球人工智能技术和产业进行全面跟踪研究基础上形成的研究报告。该报告内容翔实、视角独特，具有较强的产业发展前瞻性和预测性，可为相关主管部门、行业协会、企业等全面了解人工智能发展形势以及进行科学决策提供参考。

 国际问题与全球治理类　　皮书系列 重点推荐

国际问题与全球治理类

世界经济黄皮书

2018年世界经济形势分析与预测

张宇燕 / 主编　2018年1月出版　估价：99.00元

◆ 本书由中国社会科学院世界经济与政治研究所的研究团队撰写，分总论、国别与地区、专题、热点、世界经济统计与预测等五个部分，对2018年世界经济形势进行了分析。

国际城市蓝皮书

国际城市发展报告（2018）

屠启宇 / 主编　2018年2月出版　估价：99.00元

◆ 本书作者以上海社会科学院从事国际城市研究的学者团队为核心，汇集同济大学、华东师范大学、复旦大学、上海交通大学、南京大学、浙江大学相关城市研究专业学者。立足动态跟踪介绍国际城市发展时间中，最新出现的重大战略、重大理念、重大项目、重大报告和最佳案例。

非洲黄皮书

非洲发展报告 No.20（2017～2018）

张宏明 / 主编　2018年7月出版　估价：99.00元

◆ 本书是由中国社会科学院西亚非洲研究所组织编撰的非洲形势年度报告，比较全面、系统地分析了2017年非洲政治形势和热点问题，探讨了非洲经济形势和市场走向，剖析了大国对非洲关系的新动向；此外，还介绍了国内非洲研究的新成果。

皮书系列重点推荐 国别类

国别类

美国蓝皮书
美国研究报告（2018）

郑秉文　黄平／主编　2018年5月出版　估价：99.00元

◆ 本书是由中国社会科学院美国研究所主持完成的研究成果，它回顾了美国2017年的经济、政治形势与外交战略，对美国内政外交发生的重大事件及重要政策进行了较为全面的回顾和梳理。

德国蓝皮书
德国发展报告（2018）

郑春荣／主编　2018年6月出版　估价：99.00元

◆ 本报告由同济大学德国研究所组织编撰，由该领域的专家学者对德国的政治、经济、社会文化、外交等方面的形势发展情况，进行全面的阐述与分析。

俄罗斯黄皮书
俄罗斯发展报告（2018）

李永全／编著　2018年6月出版　估价：99.00元

◆ 本书系统介绍了2017年俄罗斯经济政治情况，并对2016年该地区发生的焦点、热点问题进行了分析与回顾；在此基础上，对该地区2018年的发展前景进行了预测。

 文化传媒类

皮书系列
重点推荐

文化传媒类

新媒体蓝皮书
中国新媒体发展报告 No.9（2018）

唐绪军 / 主编　2018年6月出版　估价：99.00元

◆ 本书是由中国社会科学院新闻与传播研究所组织编写的关于新媒体发展的最新年度报告，旨在全面分析中国新媒体的发展现状，解读新媒体的发展趋势，探析新媒体的深刻影响。

移动互联网蓝皮书
中国移动互联网发展报告（2018）

余清楚 / 主编　2018年6月出版　估价：99.00元

◆ 本书着眼于对2017年度中国移动互联网的发展情况做深入解析，对未来发展趋势进行预测，力求从不同视角、不同层面全面剖析中国移动互联网发展的现状、年度突破及热点趋势等。

文化蓝皮书
中国文化消费需求景气评价报告（2018）

王亚南 / 主编　2018年2月出版　估价：99.00元

◆ 本书首创全国文化发展量化检测评价体系，也是至今全国唯一的文化民生量化检测评价体系，对于检验全国及各地"以人民为中心"的文化发展具有首创意义。

皮书系列 重点推荐　地方发展类

地方发展类

北京蓝皮书

北京经济发展报告（2017～2018）

杨松/主编　2018年6月出版　估价：99.00元

◆ 本书对2017年北京市经济发展的整体形势进行了系统性的分析与回顾，并对2018年经济形势走势进行了预测与研判，聚焦北京市经济社会发展中的全局性、战略性和关键领域的重点问题，运用定量和定性分析相结合的方法，对北京市经济社会发展的现状、问题、成因进行了深入分析，提出了可操作性的对策建议。

温州蓝皮书

2018年温州经济社会形势分析与预测

蒋儒标　王春光　金浩/主编　2018年4月出版　估价：99.00元

◆ 本书是中共温州市委党校和中国社会科学院社会学研究所合作推出的第十一本温州蓝皮书，由来自党校、政府部门、科研机构、高校的专家、学者共同撰写的2017年温州区域发展形势的最新研究成果。

黑龙江蓝皮书

黑龙江社会发展报告（2018）

王爱丽/主编　2018年6月出版　估价：99.00元

◆ 本书以千份随机抽样问卷调查和专题研究为依据，运用社会学理论框架和分析方法，从专家和学者的独特视角，对2017年黑龙江省关系民生的问题进行广泛的调研与分析，并对2017年黑龙江省诸多社会热点和焦点问题进行了有益的探索。这些研究不仅可以为政府部门更加全面深入了解省情、科学制定决策提供智力支持，同时也可以为广大读者认识、了解、关注黑龙江社会发展提供理性思考。

宏观经济类

城市蓝皮书
中国城市发展报告（No.11）
著(编)者：潘家华 单菁菁
2018年9月出版 / 估价：99.00元
PSN B-2007-091-1/1

城乡一体化蓝皮书
中国城乡一体化发展报告（2018）
著(编)者：付崇兰
2018年9月出版 / 估价：99.00元
PSN B-2011-226-1/2

城镇化蓝皮书
中国新型城镇化健康发展报告（2018）
著(编)者：张占斌
2018年8月出版 / 估价：99.00元
PSN B-2014-396-1/1

创新蓝皮书
创新型国家建设报告（2018～2019）
著(编)者：詹正茂
2018年12月出版 / 估价：99.00元
PSN B-2009-140-1/1

低碳发展蓝皮书
中国低碳发展报告（2018）
著(编)者：张希良 齐晔
2018年6月出版 / 估价：99.00元
PSN B-2011-223-1/1

低碳经济蓝皮书
中国低碳经济发展报告（2018）
著(编)者：薛进军 赵忠秀
2018年11月出版 / 估价：99.00元
PSN B-2011-194-1/1

发展和改革蓝皮书
中国经济发展和体制改革报告No.9
著(编)者：邹东涛 王再文
2018年1月出版 / 估价：99.00元
PSN B-2008-122-1/1

国家创新蓝皮书
中国创新发展报告（2017）
著(编)者：陈劲 2018年3月出版 / 估价：99.00元
PSN B-2014-370-1/1

金融蓝皮书
中国金融发展报告（2018）
著(编)者：王国刚
2018年2月出版 / 估价：99.00元
PSN B-2004-031-1/7

经济蓝皮书
2018年中国经济形势分析与预测
著(编)者：李平 2017年12月出版 / 定价：89.00元
PSN B-1996-001-1/1

经济蓝皮书春季号
2018年中国经济前景分析
著(编)者：李扬 2018年5月出版 / 估价：99.00元
PSN B-1999-008-1/1

经济蓝皮书夏季号
中国经济增长报告（2017～2018）
著(编)者：李扬 2018年9月出版 / 估价：99.00元
PSN B-2010-176-1/1

经济信息绿皮书
中国与世界经济发展报告（2018）
著(编)者：杜平
2017年12月出版 / 估价：99.00元
PSN B-2003-023-1/1

农村绿皮书
中国农村经济形势分析与预测（2017～2018）
著(编)者：魏后凯 黄秉信
2018年4月出版 / 估价：99.00元
PSN G-1998-003-1/1

人口与劳动绿皮书
中国人口与劳动问题报告No.19
著(编)者：张车伟 2018年11月出版 / 估价：99.00元
PSN G-2000-012-1/1

新型城镇化蓝皮书
新型城镇化发展报告（2017）
著(编)者：李伟 宋敏 沈体雁
2018年3月出版 / 估价：99.00元
PSN B-2005-038-1/1

中国省域竞争力蓝皮书
中国省域经济综合竞争力发展报告（2016～2017）
著(编)者：李建平 李闽榕 高燕京
2018年2月出版 / 估价：198.00元
PSN B-2007-088-1/1

中小城市绿皮书
中国中小城市发展报告（2018）
著(编)者：中国城市经济学会中小城市经济发展委员会
中国城镇化促进会中小城市发展委员会
《中国中小城市发展报告》编纂委员会
中小城市发展战略研究院
2018年11月出版 / 估价：128.00元
PSN G-2010-161-1/1

皮书系列 2018全品种 区域经济类·社会政法类

区域经济类

东北蓝皮书
中国东北地区发展报告（2018）
著(编)者：姜晓秋　2018年11月出版 / 估价：99.00元
PSN B-2006-067-1/1

金融蓝皮书
中国金融中心发展报告（2017～2018）
著(编)者：王力 黄育华　2018年11月出版 / 估价：99.00元
PSN B-2011-186-6/7

京津冀蓝皮书
京津冀发展报告（2018）
著(编)者：祝合良 叶堂林 张贵祥
2018年6月出版 / 估价：99.00元
PSN B-2012-262-1/1

西北蓝皮书
中国西北发展报告（2018）
著(编)者：任宗哲 白宽犁 王建康
2018年4月出版 / 估价：99.00元
PSN B-2012-261-1/1

西部蓝皮书
中国西部发展报告（2018）
著(编)者：瑞勇 任保平　2018年8月出版 / 估价：99.00元
PSN B-2005-039-1/1

长江经济带产业蓝皮书
长江经济带产业发展报告（2018）
著(编)者：吴传清　2018年11月出版 / 估价：128.00元
PSN B-2017-666-1/1

长江经济带蓝皮书
长江经济带发展报告（2017～2018）
著(编)者：王振　2018年11月出版 / 估价：99.00元
PSN B-2016-575-1/1

长江中游城市群蓝皮书
长江中游城市群新型城镇化与产业协同发展报告（2018）
著(编)者：杨刚强　2018年11月出版 / 估价：99.00元
PSN B-2016-578-1/1

长三角蓝皮书
2017年创新融合发展的长三角
著(编)者：刘飞跃　2018年3月出版 / 估价：99.00元
PSN B-2005-038-1/1

长株潭城市群蓝皮书
长株潭城市群发展报告（2017）
著(编)者：张萍 朱有志　2018年1月出版 / 估价：99.00元
PSN B-2008-109-1/1

中部竞争力蓝皮书
中国中部经济社会竞争力报告（2018）
著(编)者：教育部人文社会科学重点研究基地南昌大学中国中部经济社会发展研究中心
2018年12月出版 / 估价：99.00元
PSN B-2012-276-1/1

中部蓝皮书
中国中部地区发展报告（2018）
著(编)者：宋亚平　2018年12月出版 / 估价：99.00元
PSN B-2007-089-1/1

区域蓝皮书
中国区域经济发展报告（2017～2018）
著(编)者：赵弘　2018年5月出版 / 估价：99.00元
PSN B-2004-034-1/1

中三角蓝皮书
长江中游城市群发展报告（2018）
著(编)者：秦尊文　2018年9月出版 / 估价：99.00元
PSN B-2014-417-1/1

中原蓝皮书
中原经济区发展报告（2018）
著(编)者：李英杰　2018年6月出版 / 估价：99.00元
PSN B-2011-192-1/1

珠三角流通蓝皮书
珠三角商圈发展研究报告（2018）
著(编)者：王先庆 林至颖　2018年7月出版 / 估价：99.00元
PSN B-2012-292-1/1

社会政法类

北京蓝皮书
中国社区发展报告（2017～2018）
著(编)者：于燕燕　2018年9月出版 / 估价：99.00元
PSN B-2007-083-5/8

殡葬绿皮书
中国殡葬事业发展报告（2017～2018）
著(编)者：李伯森　2018年4月出版 / 估价：158.00元
PSN G-2010-180-1/1

城市管理蓝皮书
中国城市管理报告（2017-2018）
著(编)者：刘林 刘承水　2018年5月出版 / 估价：158.00元
PSN B-2013-336-1/1

城市生活质量蓝皮书
中国城市生活质量报告（2017）
著(编)者：张连城 张平 杨春学 郎丽华
2018年2月出版 / 估价：99.00元
PSN B-2013-326-1/1

社会政法类 / 皮书系列 2018全品种

城市政府能力蓝皮书
中国城市政府公共服务能力评估报告（2018）
著(编)者：何艳玲　2018年4月出版／估价：99.00元
PSN B-2013-338-1/1

创业蓝皮书
中国创业发展研究报告（2017~2018）
著(编)者：黄群慧　赵卫星　钟宏武
2018年11月出版／估价：99.00元
PSN B-2016-577-1/1

慈善蓝皮书
中国慈善发展报告（2018）
著(编)者：杨团　2018年6月出版／估价：99.00元
PSN B-2009-142-1/1

党建蓝皮书
党的建设研究报告No.2（2018）
著(编)者：崔建民　陈东平　2018年1月出版／估价：99.00元
PSN B-2016-523-1/1

地方法治蓝皮书
中国地方法治发展报告No.3（2018）
著(编)者：李林　田禾　2018年3月出版／估价：118.00元
PSN B-2015-442-1/1

电子政务蓝皮书
中国电子政务发展报告（2018）
著(编)者：李季　2018年8月出版／估价：99.00元
PSN B-2003-022-1/1

法治蓝皮书
中国法治发展报告No.16（2018）
著(编)者：吕艳滨　2018年3月出版／估价：118.00元
PSN B-2004-027-1/3

法治蓝皮书
中国法院信息化发展报告No.2（2018）
著(编)者：李林　田禾　2018年2月出版／估价：108.00元
PSN B-2017-604-3/3

法治政府蓝皮书
中国法治政府发展报告（2018）
著(编)者：中国政法大学法治政府研究院
2018年4月出版／估价：99.00元
PSN B-2015-502-1/2

法治政府蓝皮书
中国法治政府评估报告（2018）
著(编)者：中国政法大学法治政府研究院
2018年9月出版／估价：168.00元
PSN B-2016-576-2/2

反腐倡廉蓝皮书
中国反腐倡廉建设报告No.8
著(编)者：张英伟　2018年12月出版／估价：99.00元
PSN B-2012-259-1/1

扶贫蓝皮书
中国扶贫开发报告（2018）
著(编)者：李培林　魏后凯　2018年12月出版／估价：128.00元
PSN B-2016-599-1/1

妇女发展蓝皮书
中国妇女发展报告 No.6
著(编)者：王金玲　2018年9月出版／估价：158.00元
PSN B-2006-069-1/1

妇女教育蓝皮书
中国妇女教育发展报告 No.3
著(编)者：张李玺　2018年10月出版／估价：99.00元
PSN B-2008-121-1/1

妇女绿皮书
2018年：中国性别平等与妇女发展报告
著(编)者：谭琳　2018年12月出版／估价：99.00元
PSN G-2006-073-1/1

公共安全蓝皮书
中国城市公共安全发展报告（2017~2018）
著(编)者：黄育华　杨文明　赵建辉
2018年6月出版／估价：99.00元
PSN B-2017-628-1/1

公共服务蓝皮书
中国城市基本公共服务力评价（2018）
著(编)者：钟君　刘志昌　吴正杲
2018年12月出版／估价：99.00元
PSN B-2011-214-1/1

公民科学素质蓝皮书
中国公民科学素质报告（2017~2018）
著(编)者：李群　陈雄　马宗文
2018年1月出版／估价：99.00元
PSN B-2014-379-1/1

公益蓝皮书
中国公益慈善发展报告（2016）
著(编)者：朱健刚　胡小军　2018年2月出版／估价：99.00元
PSN B-2012-283-1/1

国际人才蓝皮书
中国国际移民报告（2018）
著(编)者：王辉耀　2018年2月出版／估价：99.00元
PSN B-2012-304-3/4

国际人才蓝皮书
中国留学发展报告（2018）No.7
著(编)者：王辉耀　苗绿　2018年12月出版／估价：99.00元
PSN B-2012-244-2/4

海洋社会蓝皮书
中国海洋社会发展报告（2017）
著(编)者：崔凤　宋宁而　2018年3月出版／估价：99.00元
PSN B-2015-478-1/1

行政改革蓝皮书
中国行政体制改革报告No.7（2018）
著(编)者：魏礼群　2018年6月出版／估价：99.00元
PSN B-2011-231-1/1

华侨华人蓝皮书
华侨华人研究报告（2017）
著(编)者：贾益民　2018年1月出版／估价：139.00元
PSN B-2011-204-1/1

皮书系列 2018全品种 社会政法类

环境竞争力绿皮书
中国省域环境竞争力发展报告（2018）
著(编)者：李建平 李闽榕 王金南
2018年11月出版 / 估价：198.00元
PSN G-2010-165-1/1

环境绿皮书
中国环境发展报告（2017~2018）
著(编)者：李波　2018年4月出版 / 估价：99.00元
PSN G-2006-048-1/1

家庭蓝皮书
中国"创建幸福家庭活动"评估报告（2018）
著(编)者：国务院发展研究中心"创建幸福家庭活动评估"课题组
2018年12月出版 / 估价：99.00元
PSN B-2015-508-1/1

健康城市蓝皮书
中国健康城市建设研究报告（2018）
著(编)者：王鸿春 盛继洪　2018年12月出版 / 估价：99.00元
PSN B-2016-564-2/2

健康中国蓝皮书
社区首诊与健康中国分析报告（2018）
著(编)者：高和荣 杨叔禹 姜杰
2018年4月出版 / 估价：99.00元
PSN B-2017-611-1/1

教师蓝皮书
中国中小学教师发展报告（2017）
著(编)者：曾晓东 鱼霞　2018年6月出版 / 估价：99.00元
PSN B-2012-289-1/1

教育扶贫蓝皮书
中国教育扶贫报告（2018）
著(编)者：司树杰 王文静 李兴洲
2018年12月出版 / 估价：99.00元
PSN B-2016-590-1/1

教育蓝皮书
中国教育发展报告（2018）
著(编)者：杨东平　2018年4月出版 / 估价：99.00元
PSN B-2006-047-1/1

金融法治建设蓝皮书
中国金融法治建设年度报告（2015~2016）
著(编)者：朱小黄　2018年6月出版 / 估价：99.00元
PSN B-2017-633-1/1

京津冀教育蓝皮书
京津冀教育发展研究报告（2017~2018）
著(编)者：方中雄　2018年4月出版 / 估价：99.00元
PSN B-2017-608-1/1

就业蓝皮书
2018年中国本科生就业报告
著(编)者：麦可思研究院　2018年6月出版 / 估价：99.00元
PSN B-2009-146-1/2

就业蓝皮书
2018年中国高职高专生就业报告
著(编)者：麦可思研究院　2018年6月出版 / 估价：99.00元
PSN B-2015-472-2/2

科学教育蓝皮书
中国科学教育发展报告（2018）
著(编)者：王康友　2018年10月出版 / 估价：99.00元
PSN B-2015-487-1/1

劳动保障蓝皮书
中国劳动保障发展报告（2018）
著(编)者：刘燕斌　2018年9月出版 / 估价：158.00元
PSN B-2014-415-1/1

老龄蓝皮书
中国老年宜居环境发展报告（2017）
著(编)者：党俊武 周燕珉　2018年1月出版 / 估价：99.00元
PSN B-2013-320-1/1

连片特困区蓝皮书
中国连片特困区发展报告（2017~2018）
著(编)者：游俊 冷志明 丁建军
2018年4月出版 / 估价：99.00元
PSN B-2013-321-1/1

流动儿童蓝皮书
中国流动儿童教育发展报告（2017）
著(编)者：杨东平　2018年1月出版 / 估价：99.00元
PSN B-2017-600-1/1

民调蓝皮书
中国民生调查报告（2018）
著(编)者：谢耘耕　2018年12月出版 / 估价：99.00元
PSN B-2014-398-1/1

民族发展蓝皮书
中国民族发展报告（2018）
著(编)者：王延中　2018年10月出版 / 估价：188.00元
PSN B-2006-070-1/1

女性生活蓝皮书
中国女性生活状况报告No.12（2018）
著(编)者：韩湘景　2018年7月出版 / 估价：99.00元
PSN B-2006-071-1/1

汽车社会蓝皮书
中国汽车社会发展报告（2017~2018）
著(编)者：王俊秀　2018年1月出版 / 估价：99.00元
PSN B-2011-224-1/1

青年蓝皮书
中国青年发展报告（2018）No.3
著(编)者：廉思　2018年4月出版 / 估价：99.00元
PSN B-2013-333-1/1

青少年蓝皮书
中国未成年人互联网运用报告（2017~2018）
著(编)者：李为民 李文革 沈杰
2018年11月出版 / 估价：99.00元
PSN B-2010-156-1/1

皮书系列 2018全品种 — 社会政法类

人权蓝皮书
中国人权事业发展报告No.8（2018）
著(编)者：李君如　2018年9月出版 / 估价：99.00元
PSN B-2011-215-1/1

社会保障绿皮书
中国社会保障发展报告No.9（2018）
著(编)者：王延中　2018年1月出版 / 估价：99.00元
PSN G-2001-014-1/1

社会风险评估蓝皮书
风险评估与危机预警报告（2017~2018）
著(编)者：唐钧　2018年8月出版 / 估价：99.00元
PSN B-2012-293-1/1

社会工作蓝皮书
中国社会工作发展报告（2016~2017）
著(编)者：民政部社会工作研究中心
2018年8月出版 / 估价：99.00元
PSN B-2009-141-1/1

社会管理蓝皮书
中国社会管理创新报告No.6
著(编)者：连玉明　2018年11月出版 / 估价：99.00元
PSN B-2012-300-1/1

社会蓝皮书
2018年中国社会形势分析与预测
著(编)者：李培林　陈光金　张翼
2017年12月出版 / 定价：89.00元
PSN B-1998-002-1/1

社会体制蓝皮书
中国社会体制改革报告No.6（2018）
著(编)者：龚维斌　2018年3月出版 / 估价：99.00元
PSN B-2013-330-1/1

社会心态蓝皮书
中国社会心态研究报告（2018）
著(编)者：王俊秀　2018年12月出版 / 估价：99.00元
PSN B-2011-199-1/1

社会组织蓝皮书
中国社会组织报告（2017-2018）
著(编)者：黄晓勇　2018年1月出版 / 估价：99.00元
PSN B-2008-118-1/2

社会组织蓝皮书
中国社会组织评估发展报告（2018）
著(编)者：徐家良　2018年12月出版 / 估价：99.00元
PSN B-2013-366-2/2

生态城市绿皮书
中国生态城市建设发展报告（2018）
著(编)者：刘举科　孙伟平　胡文臻
2018年9月出版 / 估价：158.00元
PSN G-2012-269-1/1

生态文明绿皮书
中国省域生态文明建设评价报告（ECI 2018）
著(编)者：严耕　2018年12月出版 / 估价：99.00元
PSN G-2010-170-1/1

退休生活蓝皮书
中国城市居民退休生活质量指数报告（2017）
著(编)者：杨一帆　2018年5月出版 / 估价：99.00元
PSN B-2017-618-1/1

危机管理蓝皮书
中国危机管理报告（2018）
著(编)者：文学国　范正青
2018年8月出版 / 估价：99.00元
PSN B-2010-171-1/1

学会蓝皮书
2018年中国学会发展报告
著(编)者：麦可思研究院
2018年12月出版 / 估价：99.00元
PSN B-2016-597-1/1

医改蓝皮书
中国医药卫生体制改革报告（2017~2018）
著(编)者：文学国　房志武
2018年11月出版 / 估价：99.00元
PSN B-2014-432-1/1

应急管理蓝皮书
中国应急管理报告（2018）
著(编)者：宋英华　2018年9月出版 / 估价：99.00元
PSN B-2016-562-1/1

政府绩效评估蓝皮书
中国地方政府绩效评估报告 No.2
著(编)者：贠杰　2018年12月出版 / 估价：99.00元
PSN B-2017-672-1/1

政治参与蓝皮书
中国政治参与报告（2018）
著(编)者：房宁　2018年8月出版 / 估价：128.00元
PSN B-2011-200-1/1

政治文化蓝皮书
中国政治文化报告（2018）
著(编)者：邢元敏　魏大鹏　龚克
2018年8月出版 / 估价：128.00元
PSN B-2017-615-1/1

中国传统村落蓝皮书
中国传统村落保护现状报告（2018）
著(编)者：胡彬彬　李向军　王晓波
2018年12月出版 / 估价：99.00元
PSN B-2017-663-1/1

中国农村妇女发展蓝皮书
农村流动女性城市生活发展报告（2018）
著(编)者：谢丽华　2018年12月出版 / 估价：99.00元
PSN B-2014-434-1/1

宗教蓝皮书
中国宗教报告（2017）
著(编)者：邱永辉　2018年8月出版 / 估价：99.00元
PSN B-2008-117-1/1

产业经济类

保健蓝皮书
中国保健服务产业发展报告 No.2
著(编)者：中国保健协会　中共中央党校
2018年7月出版 / 估价：198.00元
PSN B-2012-272-3/3

保健蓝皮书
中国保健食品产业发展报告 No.2
著(编)者：中国保健协会
　　　　中国社会科学院食品药品产业发展与监管研究中心
2018年8月出版 / 估价：198.00元
PSN B-2012-271-2/3

保健蓝皮书
中国保健用品产业发展报告 No.2
著(编)者：中国保健协会
　　　　国务院国有资产监督管理委员会研究中心
2018年3月出版 / 估价：198.00元
PSN B-2012-270-1/3

保险蓝皮书
中国保险业竞争力报告（2018）
著(编)者：保监会　2018年12月出版 / 估价：99.00元
PSN B-2013-311-1/1

冰雪蓝皮书
中国冰上运动产业发展报告（2018）
著(编)者：孙承华　杨占武　刘戈　张鸿俊
2018年9月出版 / 估价：99.00元
PSN B-2017-648-3/3

冰雪蓝皮书
中国滑雪产业发展报告（2018）
著(编)者：孙承华　伍斌　魏庆华　张鸿俊
2018年9月出版 / 估价：99.00元
PSN B-2016-559-1/3

餐饮产业蓝皮书
中国餐饮产业发展报告（2018）
著(编)者：邢颖
2018年6月出版 / 估价：99.00元
PSN B-2009-151-1/1

茶业蓝皮书
中国茶产业发展报告（2018）
著(编)者：杨江帆　李闽榕
2018年10月出版 / 估价：99.00元
PSN B-2010-164-1/1

产业安全蓝皮书
中国文化产业安全报告（2018）
著(编)者：北京印刷学院文化产业安全研究院
2018年12月出版 / 估价：99.00元
PSN B-2014-378-12/14

产业安全蓝皮书
中国新媒体产业安全报告（2016~2017）
著(编)者：肖丽　2018年6月出版 / 估价：99.00元
PSN B-2015-500-14/14

产业安全蓝皮书
中国出版传媒产业安全报告（2017~2018）
著(编)者：北京印刷学院文化产业安全研究院
2018年3月出版 / 估价：99.00元
PSN B-2014-384-13/14

产业蓝皮书
中国产业竞争力报告（2018）No.8
著(编)者：张其仔　2018年12月出版 / 估价：168.00元
PSN B-2010-175-1/1

动力电池蓝皮书
中国新能源汽车动力电池产业发展报告（2018）
著(编)者：中国汽车技术研究中心
2018年8月出版 / 估价：99.00元
PSN B-2017-639-1/1

杜仲产业绿皮书
中国杜仲橡胶资源与产业发展报告（2017~2018）
著(编)者：杜红岩　胡文臻　俞锐
2018年1月出版 / 估价：99.00元
PSN G-2013-350-1/1

房地产蓝皮书
中国房地产发展报告No.15（2018）
著(编)者：李春华　王业强
2018年5月出版 / 估价：99.00元
PSN B-2004-028-1/1

服务外包蓝皮书
中国服务外包产业发展报告（2017~2018）
著(编)者：王晓红　刘德军
2018年6月出版 / 估价：99.00元
PSN B-2013-331-2/2

服务外包蓝皮书
中国服务外包竞争力报告（2017~2018）
著(编)者：刘春生　王力　黄育华
2018年12月出版 / 估价：99.00元
PSN B-2011-216-1/2

工业和信息化蓝皮书
世界信息技术产业发展报告（2017~2018）
著(编)者：尹丽波　2018年6月出版 / 估价：99.00元
PSN B-2015-449-2/6

工业和信息化蓝皮书
战略性新兴产业发展报告（2017~2018）
著(编)者：尹丽波　2018年6月出版 / 估价：99.00元
PSN B-2015-450-3/6

产业经济类 — 皮书系列 2018全品种

客车蓝皮书
中国客车产业发展报告（2017~2018）
著(编)者：姚蔚　　2018年10月出版 / 估价：99.00元
PSN B-2013-361-1/1

流通蓝皮书
中国商业发展报告（2018~2019）
著(编)者：王雪峰　林诗慧
2018年7月出版 / 估价：99.00元
PSN B-2009-152-1/2

能源蓝皮书
中国能源发展报告（2018）
著(编)者：崔民选　王军生　陈义和
2018年12月出版 / 估价：99.00元
PSN B-2006-049-1/1

农产品流通蓝皮书
中国农产品流通产业发展报告（2017）
著(编)者：贾敬敦　张东科　张玉玺　张鹏毅　周伟
2018年1月出版 / 估价：99.00元
PSN B-2012-288-1/1

汽车工业蓝皮书
中国汽车工业发展年度报告（2018）
著(编)者：中国汽车工业协会
　　　　　中国汽车技术研究中心
　　　　　丰田汽车公司
2018年5月出版 / 估价：168.00元
PSN B-2015-463-1/2

汽车工业蓝皮书
中国汽车零部件产业发展报告（2017~2018）
著(编)者：中国汽车工业协会
　　　　　中国汽车工程研究院深圳市沃特玛电池有限公司
2018年9月出版 / 估价：99.00元
PSN B-2016-515-2/2

汽车蓝皮书
中国汽车产业发展报告（2018）
著(编)者：中国汽车工程学会
　　　　　大众汽车集团（中国）
2018年11月出版 / 估价：99.00元
PSN B-2008-124-1/1

世界茶业蓝皮书
世界茶业发展报告（2018）
著(编)者：李闽榕　冯廷佺
2018年5月出版 / 估价：168.00元
PSN B-2017-619-1/1

世界能源蓝皮书
世界能源发展报告（2018）
著(编)者：黄晓勇　　2018年6月出版 / 估价：168.00元
PSN B-2013-349-1/1

体育蓝皮书
国家体育产业基地发展报告（2016~2017）
著(编)者：李颖川　　2018年4月出版 / 估价：168.00元
PSN B-2017-609-5/5

体育蓝皮书
中国体育产业发展报告（2018）
著(编)者：阮伟　钟秉枢
2018年12月出版 / 估价：99.00元
PSN B-2010-179-1/5

文化金融蓝皮书
中国文化金融发展报告（2018）
著(编)者：杨涛　金巍
2018年5月出版 / 估价：99.00元
PSN B-2017-610-1/1

新能源汽车蓝皮书
中国新能源汽车产业发展报告（2018）
著(编)者：中国汽车技术研究中心
　　　　　日产（中国）投资有限公司
　　　　　东风汽车有限公司
2018年8月出版 / 估价：99.00元
PSN B-2013-347-1/1

薏仁米产业蓝皮书
中国薏仁米产业发展报告No.2（2018）
著(编)者：李发耀　石明　秦礼康
2018年8月出版 / 估价：99.00元
PSN B-2017-645-1/1

邮轮绿皮书
中国邮轮产业发展报告（2018）
著(编)者：汪泓　　2018年10月出版 / 估价：99.00元
PSN G-2014-419-1/1

智能养老蓝皮书
中国智能养老产业发展报告（2018）
著(编)者：朱勇　　2018年10月出版 / 估价：99.00元
PSN B-2015-488-1/1

中国节能汽车蓝皮书
中国节能汽车发展报告（2017~2018）
著(编)者：中国汽车工程研究院股份有限公司
2018年9月出版 / 估价：99.00元
PSN B-2016-565-1/1

中国陶瓷产业蓝皮书
中国陶瓷产业发展报告（2018）
著(编)者：左和平　黄速建
2018年10月出版 / 估价：99.00元
PSN B-2016-573-1/1

装备制造业蓝皮书
中国装备制造业发展报告（2018）
著(编)者：徐东华　　2018年12月出版 / 估价：118.00元
PSN B-2015-505-1/1

行业及其他类

"三农"互联网金融蓝皮书
中国"三农"互联网金融发展报告（2018）
著(编)者：李勇坚 王弢
2018年8月出版 / 估价：99.00元
PSN B-2016-560-1/1

SUV蓝皮书
中国SUV市场发展报告（2017~2018）
著(编)者：靳军　2018年9月出版 / 估价：99.00元
PSN B-2016-571-1/1

冰雪蓝皮书
中国冬季奥运会发展报告（2018）
著(编)者：孙承华 伍斌 魏庆华 张鸿俊
2018年9月出版 / 估价：99.00元
PSN B-2017-647-2/3

彩票蓝皮书
中国彩票发展报告（2018）
著(编)者：益彩基金　2018年4月出版 / 估价：99.00元
PSN B-2015-462-1/1

测绘地理信息蓝皮书
测绘地理信息供给侧结构性改革研究报告（2018）
著(编)者：库热西·买合苏提
2018年12月出版 / 估价：168.00元
PSN B-2009-145-1/1

产权市场蓝皮书
中国产权市场发展报告（2017）
著(编)者：曹和平　2018年5月出版 / 估价：99.00元
PSN B-2009-147-1/1

城投蓝皮书
中国城投行业发展报告（2018）
著(编)者：华景斌
2018年11月出版 / 估价：300.00元
PSN B-2016-514-1/1

大数据蓝皮书
中国大数据发展报告（No.2）
著(编)者：连玉明　2018年5月出版 / 估价：99.00元
PSN B-2017-620-1/1

大数据应用蓝皮书
中国大数据应用发展报告No.2（2018）
著(编)者：陈军君　2018年8月出版 / 估价：99.00元
PSN B-2017-644-1/1

对外投资与风险蓝皮书
中国对外直接投资与国家风险报告（2018）
著(编)者：中债资信评估有限责任公司
　　　　　中国社会科学院世界经济与政治研究所
2018年4月出版 / 估价：189.00元
PSN B-2017-606-1/1

工业和信息化蓝皮书
人工智能发展报告（2017~2018）
著(编)者：尹丽波　2018年6月出版 / 估价：99.00元
PSN B-2015-448-1/6

工业和信息化蓝皮书
世界智慧城市发展报告（2017~2018）
著(编)者：尹丽波　2018年6月出版 / 估价：99.00元
PSN B-2017-624-6/6

工业和信息化蓝皮书
世界网络安全发展报告（2017~2018）
著(编)者：尹丽波　2018年6月出版 / 估价：99.00元
PSN B-2015-452-5/6

工业和信息化蓝皮书
世界信息化发展报告（2017~2018）
著(编)者：尹丽波　2018年6月出版 / 估价：99.00元
PSN B-2015-451-4/6

工业设计蓝皮书
中国工业设计发展报告（2018）
著(编)者：王晓红 于炜 张立群　2018年9月出版 / 估价：168.00元
PSN B-2014-420-1/1

公共关系蓝皮书
中国公共关系发展报告（2018）
著(编)者：柳斌杰　2018年11月出版 / 估价：99.00元
PSN B-2016-579-1/1

管理蓝皮书
中国管理发展报告（2018）
著(编)者：张晓东　2018年10月出版 / 估价：99.00元
PSN B-2014-416-1/1

海关发展蓝皮书
中国海关发展前沿报告（2018）
著(编)者：干春晖　2018年6月出版 / 估价：99.00元
PSN B-2017-616-1/1

互联网医疗蓝皮书
中国互联网健康医疗发展报告（2018）
著(编)者：芮晓武　2018年6月出版 / 估价：99.00元
PSN B-2016-567-1/1

黄金市场蓝皮书
中国商业银行黄金业务发展报告（2017~2018）
著(编)者：平安银行　2018年3月出版 / 估价：99.00元
PSN B-2016-524-1/1

会展蓝皮书
中外会展业动态评估研究报告（2018）
著(编)者：张敏 任中峰 聂鑫焱 牛盼强
2018年12月出版 / 估价：99.00元
PSN B-2013-327-1/1

基金会蓝皮书
中国基金会发展报告（2017~2018）
著(编)者：中国基金会发展报告课题组
2018年4月出版 / 估价：99.00元
PSN B-2013-368-1/1

基金会绿皮书
中国基金会发展独立研究报告（2018）
著(编)者：基金会中心网　中央民族大学基金会研究中心
2018年6月出版 / 估价：99.00元
PSN G-2011-213-1/1

行业及其他类

皮书系列 2018全品种

基金会透明度蓝皮书
中国基金会透明度发展研究报告（2018）
著(编)者：基金会中心网
　　　　　清华大学廉政与治理研究中心
2018年9月出版 / 估价：99.00元
PSN B-2013-339-1/1

建筑装饰蓝皮书
中国建筑装饰行业发展报告（2018）
著(编)者：葛道顺 刘晓一
2018年10月出版 / 估价：198.00元
PSN B-2016-553-1/1

金融监管蓝皮书
中国金融监管报告（2018）
著(编)者：胡滨　　2018年5月出版 / 估价：99.00元
PSN B-2012-281-1/1

金融蓝皮书
中国互联网金融行业分析与评估（2018~2019）
著(编)者：黄国平 伍旭川　2018年12月出版 / 估价：99.00元
PSN B-2016-585-7/7

金融科技蓝皮书
中国金融科技发展报告（2018）
著(编)者：李扬 孙国峰　2018年10月出版 / 估价：99.00元
PSN B-2014-374-1/1

金融信息服务蓝皮书
中国金融信息服务发展报告（2018）
著(编)者：李平　　2018年5月出版 / 估价：99.00元
PSN B-2017-621-1/1

京津冀金融蓝皮书
京津冀金融发展报告（2018）
著(编)者：王爱俭 王璟怡　2018年10月出版 / 估价：99.00元
PSN B-2016-527-1/1

科普蓝皮书
国家科普能力发展报告（2018）
著(编)者：王康友　2018年5月出版 / 估价：138.00元
PSN B-2017-632-4/4

科普蓝皮书
中国基层科普发展报告（2017~2018）
著(编)者：赵立新 陈玲　2018年9月出版 / 估价：99.00元
PSN B-2016-568-3/4

科普蓝皮书
中国科普基础设施发展报告（2017~2018）
著(编)者：任福君　2018年6月出版 / 估价：99.00元
PSN B-2010-174-1/3

科普蓝皮书
中国科普人才发展报告（2017~2018）
著(编)者：郑念 任嵘嵘　2018年7月出版 / 估价：99.00元
PSN B-2016-512-2/4

科普能力蓝皮书
中国科普能力评价报告（2018~2019）
著(编)者：李富强 李群　2018年8月出版 / 估价：99.00元
PSN B-2016-555-1/1

临空经济蓝皮书
中国临空经济发展报告（2018）
著(编)者：连玉明　2018年9月出版 / 估价：99.00元
PSN B-2014-421-1/1

旅游安全蓝皮书
中国旅游安全报告（2018）
著(编)者：郑向敏 谢朝武　2018年5月出版 / 估价：158.00元
PSN B-2012-280-1/1

旅游绿皮书
2017~2018年中国旅游发展分析与预测
著(编)者：宋瑞　2018年2月出版 / 估价：99.00元
PSN G-2002-018-1/1

煤炭蓝皮书
中国煤炭工业发展报告（2018）
著(编)者：岳福斌　2018年12月出版 / 估价：99.00元
PSN B-2008-123-1/1

民营企业社会责任蓝皮书
中国民营企业社会责任报告（2018）
著(编)者：中华全国工商业联合会
2018年12月出版 / 估价：99.00元
PSN B-2015-510-1/1

民营医院蓝皮书
中国民营医院发展报告（2017）
著(编)者：薛晓林　2018年1月出版 / 估价：99.00元
PSN B-2012-299-1/1

闽商蓝皮书
闽商发展报告（2018）
著(编)者：李闽榕 王日根 林琛
2018年12月出版 / 估价：99.00元
PSN B-2012-298-1/1

农业应对气候变化蓝皮书
中国农业气象灾害及其灾损评估报告（No.3）
著(编)者：矫梅燕　2018年1月出版 / 估价：118.00元
PSN B-2014-413-1/1

品牌蓝皮书
中国品牌战略发展报告（2018）
著(编)者：汪同三　2018年10月出版 / 估价：99.00元
PSN B-2016-580-1/1

企业扶贫蓝皮书
中国企业扶贫研究报告（2018）
著(编)者：钟宏武　2018年12月出版 / 估价：99.00元
PSN B-2016-593-1/1

企业公益蓝皮书
中国企业公益研究报告（2018）
著(编)者：钟宏武 汪杰 黄晓娟
2018年12月出版 / 估价：99.00元
PSN B-2015-501-1/1

企业国际化蓝皮书
中国企业全球化报告（2018）
著(编)者：王辉耀 苗绿　2018年11月出版 / 估价：99.00元
PSN B-2014-427-1/1

皮书系列 2018全品种
国别类 · 文化传媒类

国别类

澳大利亚蓝皮书
澳大利亚发展报告（2017-2018）
著（编）者：孙有中 韩锋　　2018年12月出版 / 估价：99.00元
PSN B-2016-587-1/1

巴西黄皮书
巴西发展报告（2017）
著（编）者：刘国枝　　2018年5月出版 / 估价：99.00元
PSN Y-2017-614-1/1

德国蓝皮书
德国发展报告（2018）
著（编）者：郑春荣　　2018年6月出版 / 估价：99.00元
PSN B-2012-278-1/1

俄罗斯黄皮书
俄罗斯发展报告（2018）
著（编）者：李永全　　2018年6月出版 / 估价：99.00元
PSN Y-2006-061-1/1

韩国蓝皮书
韩国发展报告（2017）
著（编）者：牛林杰 刘宝全　　2018年5月出版 / 估价：99.00元
PSN B-2010-155-1/1

加拿大蓝皮书
加拿大发展报告（2018）
著（编）者：唐小松　　2018年9月出版 / 估价：99.00元
PSN B-2014-389-1/1

美国蓝皮书
美国研究报告（2018）
著（编）者：郑秉文 黄平　　2018年5月出版 / 估价：99.00元
PSN B-2011-210-1/1

缅甸蓝皮书
缅甸国情报告（2017）
著（编）者：孔鹏 杨祥章　　2018年1月出版 / 估价：99.00元
PSN B-2013-343-1/1

日本蓝皮书
日本研究报告（2018）
著（编）者：杨伯江　　2018年6月出版 / 估价：99.00元
PSN B-2002-020-1/1

土耳其蓝皮书
土耳其发展报告（2018）
著（编）者：郭长刚 刘义　　2018年9月出版 / 估价：99.00元
PSN B-2014-412-1/1

伊朗蓝皮书
伊朗发展报告（2017~2018）
著（编）者：冀开运　　2018年10月 / 估价：99.00元
PSN B-2016-574-1/1

以色列蓝皮书
以色列发展报告（2018）
著（编）者：张倩红　　2018年8月出版 / 估价：99.00元
PSN B-2015-483-1/1

印度蓝皮书
印度国情报告（2017）
著（编）者：吕昭义　　2018年4月出版 / 估价：99.00元
PSN B-2012-241-1/1

英国蓝皮书
英国发展报告（2017~2018）
著（编）者：王展鹏　　2018年12月出版 / 估价：99.00元
PSN B-2015-486-1/1

越南蓝皮书
越南国情报告（2018）
著（编）者：谢林城　　2018年1月出版 / 估价：99.00元
PSN B-2006-056-1/1

泰国蓝皮书
泰国研究报告（2018）
著（编）者：庄国土 张禹东 刘文正
2018年10月出版 / 估价：99.00元
PSN B-2016-556-1/1

文化传媒类

"三农"舆情蓝皮书
中国"三农"网络舆情报告（2017~2018）
著（编）者：农业部信息中心
2018年6月出版 / 估价：99.00元
PSN B-2017-640-1/1

传媒竞争力蓝皮书
中国传媒国际竞争力研究报告（2018）
著（编）者：李本乾 刘强 王大可
2018年8月出版 / 估价：99.00元
PSN B-2013-356-1/1

传媒蓝皮书
中国传媒产业发展报告（2018）
著（编）者：崔保国　　2018年5月出版 / 估价：99.00元
PSN B-2005-035-1/1

传媒投资蓝皮书
中国传媒投资发展报告（2018）
著（编）者：张向东 谭云明
2018年6月出版 / 估价：148.00元
PSN B-2015-474-1/1

文化传媒类

非物质文化遗产蓝皮书
中国非物质文化遗产发展报告（2018）
著(编)者：陈平　2018年5月出版／估价：128.00元
PSN B-2015-469-1/2

非物质文化遗产蓝皮书
中国非物质文化遗产保护发展报告（2018）
著(编)者：宋俊华　2018年10月出版／估价：128.00元
PSN B-2016-586-2/2

广电蓝皮书
中国广播电影电视发展报告（2018）
著(编)者：国家新闻出版广电总局发展研究中心
2018年7月出版／估价：99.00元
PSN B-2006-072-1/1

广告主蓝皮书
中国广告主营销传播趋势报告No.9
著(编)者：黄升民　杜国清　邵华冬　等
2018年10月出版／估价：158.00元
PSN B-2005-041-1/1

国际传播蓝皮书
中国国际传播发展报告（2018）
著(编)者：胡正荣　李继东　姬德强
2018年12月出版／估价：99.00元
PSN B-2014-408-1/1

国家形象蓝皮书
中国国家形象传播报告（2017）
著(编)者：张昆　2018年3月出版／估价：128.00元
PSN B-2017-605-1/1

互联网治理蓝皮书
中国网络社会治理研究报告（2018）
著(编)者：罗昕　支庭荣
2018年9月出版／估价：118.00元
PSN B-2017-653-1/1

纪录片蓝皮书
中国纪录片发展报告（2018）
著(编)者：何苏六　2018年10月出版／估价：99.00元
PSN B-2011-222-1/1

科学传播蓝皮书
中国科学传播报告（2016~2017）
著(编)者：詹正茂　2018年6月出版／估价：99.00元
PSN B-2008-120-1/1

两岸创意经济蓝皮书
两岸创意经济研究报告（2018）
著(编)者：罗昌智　董泽平
2018年10月出版／估价：99.00元
PSN B-2014-437-1/1

媒介与女性蓝皮书
中国媒介与女性发展报告（2017~2018）
著(编)者：刘利群　2018年5月出版／估价：99.00元
PSN B-2013-345-1/1

媒体融合蓝皮书
中国媒体融合发展报告（2017）
著(编)者：梅宁华　支庭荣　2018年1月出版／估价：99.00元
PSN B-2015-479-1/1

全球传媒蓝皮书
全球传媒发展报告（2017~2018）
著(编)者：胡正荣　李继东　2018年6月出版／估价：99.00元
PSN B-2012-237-1/1

少数民族非遗蓝皮书
中国少数民族非物质文化遗产发展报告（2018）
著(编)者：肖远平（彝）　柴立（满）
2018年10月出版／估价：118.00元
PSN B-2015-467-1/1

视听新媒体蓝皮书
中国视听新媒体发展报告（2018）
著(编)者：国家新闻出版广电总局发展研究中心
2018年7月出版／估价：118.00元
PSN B-2011-184-1/1

数字娱乐产业蓝皮书
中国动画产业发展报告（2018）
著(编)者：孙立军　孙平　牛兴侦
2018年10月出版／估价：99.00元
PSN B-2011-198-1/2

数字娱乐产业蓝皮书
中国游戏产业发展报告（2018）
著(编)者：孙立军　刘跃军
2018年10月出版／估价：99.00元
PSN B-2017-662-2/2

文化创新蓝皮书
中国文化创新报告（2017·No.8）
著(编)者：傅才武　2018年4月出版／估价：99.00元
PSN B-2009-143-1/1

文化建设蓝皮书
中国文化发展报告（2018）
著(编)者：江畅　孙伟平　戴茂堂
2018年5月出版／估价：99.00元
PSN B-2014-392-1/1

文化科技蓝皮书
文化科技创新发展报告（2018）
著(编)者：于平　李凤亮　2018年10月出版／估价：99.00元
PSN B-2013-342-1/1

文化蓝皮书
中国公共文化服务发展报告（2017~2018）
著(编)者：刘新成　张永新　张旭
2018年12月出版／估价：99.00元
PSN B-2007-093-2/10

文化蓝皮书
中国少数民族文化发展报告（2017~2018）
著(编)者：武翠英　张晓明　任乌晶
2018年9月出版／估价：99.00元
PSN B-2013-369-9/10

文化蓝皮书
中国文化产业供需协调检测报告（2018）
著(编)者：王亚南　2018年2月出版／估价：99.00元
PSN B-2013-323-8/10

皮书系列 2018全品种 — 文化传媒类 · 地方发展类-经济

文化蓝皮书
中国文化消费需求景气评价报告（2018）
著（编）者：王亚南　　2018年2月出版／估价：99.00元
PSN B-2011-236-4/10

文化蓝皮书
中国公共文化投入增长测评报告（2018）
著（编）者：王亚南　　2018年2月出版／估价：99.00元
PSN B-2014-435-10/10

文化品牌蓝皮书
中国文化品牌发展报告（2018）
著（编）者：欧阳友权　　2018年5月出版／估价：99.00元
PSN B-2012-277-1/1

文化遗产蓝皮书
中国文化遗产事业发展报告（2017～2018）
著（编）者：苏枬　张颖岚　卓杰　白海峰　陈晨　陈叙图
2018年8月出版／估价：99.00元
PSN B-2008-119-1/1

文学蓝皮书
中国文情报告（2017～2018）
著（编）者：白烨　　2018年5月出版／估价：99.00元
PSN B-2011-221-1/1

新媒体蓝皮书
中国新媒体发展报告No.9（2018）
著（编）者：唐绪军　　2018年7月出版／估价：99.00元
PSN B-2010-169-1/1

新媒体社会责任蓝皮书
中国新媒体社会责任研究报告（2018）
著（编）者：钟瑛　　2018年12月出版／估价：99.00元
PSN B-2014-423-1/1

移动互联网蓝皮书
中国移动互联网发展报告（2018）
著（编）者：余清楚　　2018年6月出版／估价：99.00元
PSN B-2012-282-1/1

影视蓝皮书
中国影视产业发展报告（2018）
著（编）者：司若　陈鹏　陈锐　　2018年4月出版／估价：99.00元
PSN B-2016-529-1/1

舆情蓝皮书
中国社会舆情与危机管理报告（2018）
著（编）者：谢耘耕　　2018年9月出版／估价：138.00元
PSN B-2011-235-1/1

地方发展类-经济

澳门蓝皮书
澳门经济社会发展报告（2017～2018）
著（编）者：吴志良　郝雨凡　　2018年7月出版／估价：99.00元
PSN B-2009-138-1/1

澳门绿皮书
澳门旅游休闲发展报告（2017～2018）
著（编）者：郝雨凡　林广志　　2018年5月出版／估价：99.00元
PSN G-2017-617-1/1

北京蓝皮书
北京经济发展报告（2017～2018）
著（编）者：杨松　　2018年6月出版／估价：99.00元
PSN B-2006-054-2/8

北京旅游绿皮书
北京旅游发展报告（2018）
著（编）者：北京旅游学会
2018年7月出版／估价：99.00元
PSN G-2012-301-1/1

北京体育蓝皮书
北京体育产业发展报告（2017～2018）
著（编）者：钟秉枢　陈杰　杨铁黎
2018年9月出版／估价：99.00元
PSN B-2015-475-1/1

滨海金融蓝皮书
滨海新区金融发展报告（2017）
著（编）者：王爱俭　李向前　　2018年4月出版／估价：99.00元
PSN B-2014-424-1/1

城乡一体化蓝皮书
北京城乡一体化发展报告（2017～2018）
著（编）者：吴宝新　张宝秀　黄序
2018年5月出版／估价：99.00元
PSN B-2012-258-2/2

非公有制企业社会责任蓝皮书
北京非公有制企业社会责任报告（2018）
著（编）者：宋贵伦　冯培　　2018年6月出版／估价：99.00元
PSN B-2017-613-1/1

福建旅游蓝皮书
福建省旅游产业发展现状研究（2017~2018）
著（编）者：陈敏华　黄远水
2018年12月出版／估价：128.00元
PSN B-2016-591-1/1

福建自贸区蓝皮书
中国（福建）自由贸易试验区发展报告（2017~2018）
著（编）者：黄茂兴　　2018年4月出版／估价：118.00元
PSN B-2016-531-1/1

甘肃蓝皮书
甘肃经济发展分析与预测（2018）
著（编）者：安文华　罗哲　　2018年1月出版／估价：99.00元
PSN B-2013-312-1/6

甘肃蓝皮书
甘肃商贸流通发展报告（2018）
著（编）者：张应华　王福生　王晓芳
2018年1月出版／估价：99.00元
PSN B-2016-522-6/6

地方发展类-经济　　　皮书系列 2018全品种

甘肃蓝皮书
甘肃县域和农村发展报告（2018）
著(编)者：朱智文　包东红　王建兵
2018年1月出版 / 估价：99.00元
PSN B-2013-316-5/6．

甘肃农业科技绿皮书
甘肃农业科技发展研究报告（2018）
著(编)者：魏胜文　乔德华　张东伟
2018年12月出版 / 估价：198.00元
PSN B-2016-592-1/1

巩义蓝皮书
巩义经济社会发展报告（2018）
著(编)者：丁同民　朱军　2018年4月出版 / 估价：99.00元
PSN B-2016-532-1/1

广东外经贸蓝皮书
广东对外经济贸易发展研究报告（2017~2018）
著(编)者：陈万灵　2018年6月出版 / 估价：99.00元
PSN B-2012-286-1/1

广西北部湾经济区蓝皮书
广西北部湾经济区开放开发报告（2017~2018）
著(编)者：广西壮族自治区北部湾经济区和东盟开放合作办公室
　　　　　广西社会科学院
　　　　　广西北部湾发展研究院
2018年2月出版 / 估价：99.00元
PSN B-2010-181-1/1

广州蓝皮书
广州城市国际化发展报告（2018）
著(编)者：张跃国　2018年8月出版 / 估价：99.00元
PSN B-2012-246-11/14

广州蓝皮书
中国广州城市建设与管理发展报告（2018）
著(编)者：张其学　陈小钢　王宏伟　2018年8月出版 / 估价：99.00元
PSN B-2007-087-4/14

广州蓝皮书
广州创新型城市发展报告（2018）
著(编)者：尹涛　2018年6月出版 / 估价：99.00元
PSN B-2012-247-12/14

广州蓝皮书
广州经济发展报告（2018）
著(编)者：张跃国　尹涛　2018年7月出版 / 估价：99.00元
PSN B-2005-040-1/14

广州蓝皮书
2018年中国广州经济形势分析与预测
著(编)者：魏明海　谢博能　李华
2018年6月出版 / 估价：99.00元
PSN B-2011-185-9/14

广州蓝皮书
中国广州科技创新发展报告（2018）
著(编)者：于欣伟　陈爽　邓佑满　2018年8月出版 / 估价：99.00元
PSN B-2006-065-2/14

广州蓝皮书
广州农村发展报告（2018）
著(编)者：朱名宏　2018年7月出版 / 估价：99.00元
PSN B-2010-167-8/14

广州蓝皮书
广州汽车产业发展报告（2018）
著(编)者：杨再高　冯兴亚　2018年7月出版 / 估价：99.00元
PSN B-2006-066-3/14

广州蓝皮书
广州商贸业发展报告（2018）
著(编)者：张跃国　陈杰　荀振英
2018年7月出版 / 估价：99.00元
PSN B-2012-245-10/14

贵阳蓝皮书
贵阳城市创新发展报告No.3（白云篇）
著(编)者：连玉明　2018年5月出版 / 估价：99.00元
PSN B-2015-491-3/10

贵阳蓝皮书
贵阳城市创新发展报告No.3（观山湖篇）
著(编)者：连玉明　2018年5月出版 / 估价：99.00元
PSN B-2015-497-9/10

贵阳蓝皮书
贵阳城市创新发展报告No.3（花溪篇）
著(编)者：连玉明　2018年5月出版 / 估价：99.00元
PSN B-2015-490-2/10

贵阳蓝皮书
贵阳城市创新发展报告No.3（开阳篇）
著(编)者：连玉明　2018年5月出版 / 估价：99.00元
PSN B-2015-492-4/10

贵阳蓝皮书
贵阳城市创新发展报告No.3（南明篇）
著(编)者：连玉明　2018年5月出版 / 估价：99.00元
PSN B-2015-496-8/10

贵阳蓝皮书
贵阳城市创新发展报告No.3（清镇篇）
著(编)者：连玉明　2018年5月出版 / 估价：99.00元
PSN B-2015-489-1/10

贵阳蓝皮书
贵阳城市创新发展报告No.3（乌当篇）
著(编)者：连玉明　2018年5月出版 / 估价：99.00元
PSN B-2015-495-7/10

贵阳蓝皮书
贵阳城市创新发展报告No.3（息烽篇）
著(编)者：连玉明　2018年5月出版 / 估价：99.00元
PSN B-2015-493-5/10

贵阳蓝皮书
贵阳城市创新发展报告No.3（修文篇）
著(编)者：连玉明　2018年5月出版 / 估价：99.00元
PSN B-2015-494-6/10

贵阳蓝皮书
贵阳城市创新发展报告No.3（云岩篇）
著(编)者：连玉明　2018年5月出版 / 估价：99.00元
PSN B-2015-498-10/10

贵州房地产蓝皮书
贵州房地产发展报告No.5（2018）
著(编)者：武廷方　2018年7月出版 / 估价：99.00元
PSN B-2014-426-1/1

皮书系列 2018全品种 — 地方发展类-经济

贵州蓝皮书
贵州册亨经济社会发展报告（2018）
著（编）者：黄德林　2018年3月出版 / 估价：99.00元
PSN B-2016-525-8/9

贵州蓝皮书
贵州地理标志产业发展报告（2018）
著（编）者：李发耀　黄其松　2018年8月出版 / 估价：99.00元
PSN B-2017-646-10/10

贵州蓝皮书
贵安新区发展报告（2017～2018）
著（编）者：马长青　吴大华　2018年6月出版 / 估价：99.00元
PSN B-2015-459-4/10

贵州蓝皮书
贵州国家级开放创新平台发展报告（2017～2018）
著（编）者：申晓庆　吴大华　季泓
2018年11月出版 / 估价：99.00元
PSN B-2016-518-7/10

贵州蓝皮书
贵州国有企业社会责任发展报告（2017～2018）
著（编）者：郭丽　2018年12月出版 / 估价：99.00元
PSN B-2015-511-6/10

贵州蓝皮书
贵州民航业发展报告（2017）
著（编）者：申振东　吴大华　2018年1月出版 / 估价：99.00元
PSN B-2015-471-5/10

贵州蓝皮书
贵州民营经济发展报告（2017）
著（编）者：杨静　吴大华　2018年3月出版 / 估价：99.00元
PSN B-2016-530-9/9

杭州都市圈蓝皮书
杭州都市圈发展报告（2018）
著（编）者：沈翔　戚建国　2018年5月出版 / 估价：128.00元
PSN B-2012-302-1/1

河北经济蓝皮书
河北省经济发展报告（2018）
著（编）者：马树强　金浩　张贵　2018年4月出版 / 估价：99.00元
PSN B-2014-380-1/1

河北蓝皮书
河北经济社会发展报告（2018）
著（编）者：康振海　2018年1月出版 / 估价：99.00元
PSN B-2014-372-1/3

河北蓝皮书
京津冀协同发展报告（2018）
著（编）者：陈璐　2018年1月出版 / 估价：99.00元
PSN B-2017-601-2/3

河南经济蓝皮书
2018年河南经济形势分析与预测
著（编）者：王世炎　2018年3月出版 / 估价：99.00元
PSN B-2007-086-1/1

河南蓝皮书
河南城市发展报告（2018）
著（编）者：张占仓　王建国　2018年5月出版 / 估价：99.00元
PSN B-2009-131-3/9

河南蓝皮书
河南工业发展报告（2018）
著（编）者：张占仓　2018年5月出版 / 估价：99.00元
PSN B-2013-317-5/9

河南蓝皮书
河南金融发展报告（2018）
著（编）者：喻新安　谷建全
2018年6月出版 / 估价：99.00元
PSN B-2014-390-7/9

河南蓝皮书
河南经济发展报告（2018）
著（编）者：张占仓　完世伟
2018年4月出版 / 估价：99.00元
PSN B-2010-157-4/9

河南蓝皮书
河南能源发展报告（2018）
著（编）者：国网河南省电力公司经济技术研究院
　　　　　河南省社会科学院
2018年3月出版 / 估价：99.00元
PSN B-2017-607-9/9

河南商务蓝皮书
河南商务发展报告（2018）
著（编）者：焦锦淼　穆荣国　2018年5月出版 / 估价：99.00元
PSN B-2014-399-1/1

河南双创蓝皮书
河南创新创业发展报告（2018）
著（编）者：喻新安　杨雪梅　2018年8月出版 / 估价：99.00元
PSN B-2017-641-1/1

黑龙江蓝皮书
黑龙江经济发展报告（2018）
著（编）者：朱宇　2018年1月出版 / 估价：99.00元
PSN B-2011-190-2/2

湖南城市蓝皮书
区域城市群整合
著（编）者：童中贤　韩未名　2018年12月出版 / 估价：99.00元
PSN B-2006-064-1/1

湖南蓝皮书
湖南城乡一体化发展报告（2018）
著（编）者：陈文胜　王文强　陆福兴
2018年8月出版 / 估价：99.00元
PSN B-2015-477-8/8

湖南蓝皮书
2018年湖南电子政务发展报告
著（编）者：梁志峰　2018年5月出版 / 估价：128.00元
PSN B-2014-394-6/8

湖南蓝皮书
2018年湖南经济发展报告
著（编）者：卞鹰　2018年5月出版 / 估价：128.00元
PSN B-2011-207-2/8

湖南蓝皮书
2016年湖南经济展望
著（编）者：梁志峰　2018年5月出版 / 估价：128.00元
PSN B-2011-206-1/8

地方发展类-经济

湖南蓝皮书
2018年湖南县域经济社会发展报告
著(编)者：梁志峰　　2018年5月出版 / 估价：128.00元
PSN B-2014-395-7/8

湖南县域绿皮书
湖南县域发展报告（No.5）
著(编)者：袁准　周小毛　黎仁寅
2018年3月出版 / 估价：99.00元
PSN G-2012-274-1/1

沪港蓝皮书
沪港发展报告（2018）
著(编)者：尤安山　　2018年9月出版 / 估价：99.00元
PSN B-2013-362-1/1

吉林蓝皮书
2018年吉林经济社会形势分析与预测
著(编)者：邵汉明　　2017年12月出版 / 估价：99.00元
PSN B-2013-319-1/1

吉林省城市竞争力蓝皮书
吉林省城市竞争力报告（2018~2019）
著(编)者：崔岳春　张磊　　2018年12月出版 / 估价：99.00元
PSN B-2016-513-1/1

济源蓝皮书
济源经济社会发展报告（2018）
著(编)者：喻新安　　2018年4月出版 / 估价：99.00元
PSN B-2014-387-1/1

江苏蓝皮书
2018年江苏经济发展分析与展望
著(编)者：王庆五　吴先满　　2018年7月出版 / 估价：128.00元
PSN B-2017-635-1/3

江西蓝皮书
江西经济社会发展报告（2018）
著(编)者：陈石俊　龚建文　　2018年10月出版 / 估价：128.00元
PSN B-2015-484-1/2

江西蓝皮书
江西设区市发展报告（2018）
著(编)者：姜玮　梁勇　　2018年10月出版 / 估价：99.00元
PSN B-2016-517-2/2

经济特区蓝皮书
中国经济特区发展报告（2017）
著(编)者：陶一桃　　2018年1月出版 / 估价：99.00元
PSN B-2009-139-1/1

辽宁蓝皮书
2018年辽宁经济社会形势分析与预测
著(编)者：梁启东　魏红江　　2018年6月出版 / 估价：99.00元
PSN B-2006-053-1/1

民族经济蓝皮书
中国民族地区经济发展报告（2018）
著(编)者：李曦辉　　2018年7月出版 / 估价：99.00元
PSN B-2017-630-1/1

南宁蓝皮书
南宁经济发展报告（2018）
著(编)者：胡建华　　2018年9月出版 / 估价：99.00元
PSN B-2016-569-2/3

浦东新区蓝皮书
上海浦东经济发展报告（2018）
著(编)者：沈开艳　周奇　　2018年2月出版 / 估价：99.00元
PSN B-2011-225-1/1

青海蓝皮书
2018年青海经济社会形势分析与预测
著(编)者：陈玮　　2017年12月出版 / 估价：99.00元
PSN B-2012-275-1/2

山东蓝皮书
山东经济形势分析与预测（2018）
著(编)者：李广杰　　2018年7月出版 / 估价：99.00元
PSN B-2014-404-1/5

山东蓝皮书
山东省普惠金融发展报告（2018）
著(编)者：齐鲁财富网
2018年9月出版 / 估价：99.00元
PSN B2017-676-5/5

山西蓝皮书
山西资源型经济转型发展报告（2018）
著(编)者：李志强　　2018年7月出版 / 估价：99.00元
PSN B-2011-197-1/1

陕西蓝皮书
陕西经济发展报告（2018）
著(编)者：任宗哲　白宽犁　裴成荣
2018年1月出版 / 估价：99.00元
PSN B-2009-135-1/6

陕西蓝皮书
陕西精准脱贫研究报告（2018）
著(编)者：任宗哲　白宽犁　王建康
2018年6月出版 / 估价：99.00元
PSN B-2017-623-6/6

上海蓝皮书
上海经济发展报告（2018）
著(编)者：沈开艳　　2018年2月出版 / 估价：99.00元
PSN B-2006-057-1/7

上海蓝皮书
上海资源环境发展报告（2018）
著(编)者：周冯琦　汤庆合
2018年2月出版 / 估价：99.00元
PSN B-2006-060-4/7

上饶蓝皮书
上饶发展报告（2016~2017）
著(编)者：廖其志　　2018年3月出版 / 估价：128.00元
PSN B-2014-377-1/1

深圳蓝皮书
深圳经济发展报告（2018）
著(编)者：张骁儒　　2018年6月出版 / 估价：99.00元
PSN B-2008-112-3/7

四川蓝皮书
四川城镇化发展报告（2018）
著(编)者：侯水平　陈炜
2018年4月出版 / 估价：99.00元
PSN B-2015-456-7/7

四川蓝皮书
2018年四川经济形势分析与预测
著(编)者：杨钢　2018年1月出版 / 估价：99.00元
PSN B-2007-098-2/7

四川蓝皮书
四川企业社会责任研究报告（2017~2018）
著(编)者：侯水平　盛毅　2018年5月出版 / 估价：99.00元
PSN B-2014-386-4/7

四川蓝皮书
四川生态建设报告（2018）
著(编)者：李晟之　2018年5月出版 / 估价：99.00元
PSN B-2015-455-6/7

体育蓝皮书
上海体育产业发展报告（2017~2018）
著(编)者：张林　黄海燕　2018年10月出版 / 估价：99.00元
PSN B-2015-454-4/5

体育蓝皮书
长三角地区体育产业发展报告（2017~2018）
著(编)者：张林　2018年4月出版 / 估价：99.00元
PSN B-2015-453-3/5

天津金融蓝皮书
天津金融发展报告（2018）
著(编)者：王爱俭　孔德昌　2018年3月出版 / 估价：99.00元
PSN B-2014-418-1/1

图们江区域合作蓝皮书
图们江区域合作发展报告（2018）
著(编)者：李铁　2018年6月出版 / 估价：99.00元
PSN B-2015-464-1/1

温州蓝皮书
2018年温州经济社会形势分析与预测
著(编)者：蒋儒标　王春光　金浩
2018年4月出版 / 估价：99.00元
PSN B-2008-105-1/1

西咸新区蓝皮书
西咸新区发展报告（2018）
著(编)者：李扬　王军
2018年6月出版 / 估价：99.00元
PSN B-2016-534-1/1

修武蓝皮书
修武经济社会发展报告（2018）
著(编)者：张占仓　袁凯声
2018年10月出版 / 估价：99.00元
PSN B-2017-651-1/1

偃师蓝皮书
偃师经济社会发展报告（2018）
著(编)者：张占仓　袁凯声　何武周
2018年7月出版 / 估价：99.00元
PSN B-2017-627-1/1

扬州蓝皮书
扬州经济社会发展报告（2018）
著(编)者：陈扬
2018年12月出版 / 估价：108.00元
PSN B-2011-191-1/1

长垣蓝皮书
长垣经济社会发展报告（2018）
著(编)者：张占仓　袁凯声　秦保建
2018年10月出版 / 估价：99.00元
PSN B-2017-654-1/1

遵义蓝皮书
遵义发展报告（2018）
著(编)者：邓彦　曾征　龚永育
2018年9月出版 / 估价：99.00元
PSN B-2014-433-1/1

地方发展类-社会

安徽蓝皮书
安徽社会发展报告（2018）
著(编)者：程桦　2018年4月出版 / 估价：99.00元
PSN B-2013-325-1/1

安徽社会建设蓝皮书
安徽社会建设分析报告（2017~2018）
著(编)者：黄家海　蔡宪
2018年11月出版 / 估价：99.00元
PSN B-2013-322-1/1

北京蓝皮书
北京公共服务发展报告（2017~2018）
著(编)者：施昌奎　2018年3月出版 / 估价：99.00元
PSN B-2008-103-7/8

北京蓝皮书
北京社会发展报告（2017~2018）
著(编)者：李伟东
2018年7月出版 / 估价：99.00元
PSN B-2006-055-3/8

北京蓝皮书
北京社会治理发展报告（2017~2018）
著(编)者：殷星辰　2018年7月出版 / 估价：99.00元
PSN B-2014-391-8/8

北京律师蓝皮书
北京律师发展报告No.3（2018）
著(编)者：王隽　2018年12月出版 / 估价：99.00元
PSN B-2011-217-1/1

地方发展类–社会

皮书系列 2018全品种

北京人才蓝皮书
北京人才发展报告（2018）
著(编)者：敏华　2018年12月出版 / 估价：128.00元
PSN B-2011-201-1/1

北京社会心态蓝皮书
北京社会心态分析报告（2017~2018）
北京市社会心理服务促进中心
2018年10月出版 / 估价：99.00元
PSN B-2014-422-1/1

北京社会组织管理蓝皮书
北京社会组织发展与管理（2018）
著(编)者：黄江松
2018年4月出版 / 估价：99.00元
PSN B-2015-446-1/1

北京养老产业蓝皮书
北京居家养老发展报告（2018）
著(编)者：陆杰华　周明明
2018年8月出版 / 估价：99.00元
PSN B-2015-465-1/1

法治蓝皮书
四川依法治省年度报告No.4（2018）
著(编)者：李林　杨天宗　田禾
2018年3月出版 / 估价：118.00元
PSN B-2015-447-2/3

福建妇女发展蓝皮书
福建省妇女发展报告（2018）
著(编)者：刘群英　2018年11月出版 / 估价：99.00元
PSN B-2011-220-1/1

甘肃蓝皮书
甘肃社会发展分析与预测（2018）
著(编)者：安文华　包晓霞　谢增虎
2018年1月出版 / 估价：99.00元
PSN B-2013-313-2/6

广东蓝皮书
广东全面深化改革研究报告（2018）
著(编)者：周林生　涂成林
2018年12月出版 / 估价：99.00元
PSN B-2015-504-3/3

广东蓝皮书
广东社会工作发展报告（2018）
著(编)者：罗观翠　2018年6月出版 / 估价：99.00元
PSN B-2014-402-2/3

广州蓝皮书
广州青年发展报告（2018）
著(编)者：徐柳　张强
2018年8月出版 / 估价：99.00元
PSN B-2013-352-13/14

广州蓝皮书
广州社会保障发展报告（2018）
著(编)者：张跃国　2018年8月出版 / 估价：99.00元
PSN B-2014-425-14/14

广州蓝皮书
2018年中国广州社会形势分析与预测
著(编)者：张强　郭志勇　何镜清
2018年6月出版 / 估价：99.00元
PSN B-2008-110-5/14

贵州蓝皮书
贵州法治发展报告（2018）
著(编)者：吴大华　2018年5月出版 / 估价：99.00元
PSN B-2012-254-2/10

贵州蓝皮书
贵州人才发展报告（2017）
著(编)者：于杰　吴大华
2018年9月出版 / 估价：99.00元
PSN B-2014-382-3/10

贵州蓝皮书
贵州社会发展报告（2018）
著(编)者：王兴骥　2018年4月出版 / 估价：99.00元
PSN B-2010-166-1/10

杭州蓝皮书
杭州妇女发展报告（2018）
著(编)者：魏颖　2018年10月出版 / 估价：99.00元
PSN B-2014-403-1/1

河北蓝皮书
河北法治发展报告（2018）
著(编)者：康振海　2018年6月出版 / 估价：99.00元
PSN B-2017-622-3/3

河北食品药品安全蓝皮书
河北食品药品安全研究报告（2018）
著(编)者：丁锦霞　2018年10月出版 / 估价：99.00元
PSN B-2015-473-1/1

河南蓝皮书
河南法治发展报告（2018）
著(编)者：张林海　2018年7月出版 / 估价：99.00元
PSN B-2014-376-6/9

河南蓝皮书
2018年河南社会形势分析与预测
著(编)者：牛苏林　2018年5月出版 / 估价：99.00元
PSN B-2005-043-1/9

河南民办教育蓝皮书
河南民办教育发展报告（2018）
著(编)者：胡大白　2018年9月出版 / 估价：99.00元
PSN B-2017-642-1/1

黑龙江蓝皮书
黑龙江社会发展报告（2018）
著(编)者：谢宝禄　2018年1月出版 / 估价：99.00元
PSN B-2011-189-1/2

湖南蓝皮书
2018年湖南两型社会与生态文明建设报告
著(编)者：卞鹰　2018年5月出版 / 估价：128.00元
PSN B-2011-208-3/8

湖南蓝皮书
2018年湖南社会发展报告
著(编)者：卞鹰　2018年5月出版 / 估价：128.00元
PSN B-2014-393-5/8

健康城市蓝皮书
北京健康城市建设研究报告（2018）
著(编)者：王鸿春　盛继洪　2018年9月出版 / 估价：99.00元
PSN B-2015-460-1/2

皮书系列 2018全品种

地方发展类-社会 · 地方发展类-文化

江苏法治蓝皮书
江苏法治发展报告No.6（2017）
著（编）者：蔡道通 龚廷泰　2018年8月出版 / 估价：99.00元
PSN B-2012-290-1/1

江苏蓝皮书
2018年江苏社会发展分析与展望
著（编）者：王庆五 刘旺洪　2018年8月出版 / 估价：128.00元
PSN B-2017-636-2/3

南宁蓝皮书
南宁法治发展报告（2018）
著（编）者：杨维超　2018年12月出版 / 估价：99.00元
PSN B-2015-509-1/3

南宁蓝皮书
南宁社会发展报告（2018）
著（编）者：胡建华　2018年10月出版 / 估价：99.00元
PSN B-2016-570-3/3

内蒙古蓝皮书
内蒙古反腐倡廉建设报告 No.2
著（编）者：张志华　2018年6月出版 / 估价：99.00元
PSN B-2013-365-1/1

青海蓝皮书
2018年青海人才发展报告
著（编）者：王宇燕　2018年9月出版 / 估价：99.00元
PSN B-2017-650-2/2

青海生态文明建设蓝皮书
青海生态文明建设报告（2018）
著（编）者：张西明 高华　2018年12月出版 / 估价：99.00元
PSN B-2016-595-1/1

人口与健康蓝皮书
深圳人口与健康发展报告（2018）
著（编）者：陆杰华 傅崇辉　2018年11月出版 / 估价：99.00元
PSN B-2011-228-1/1

山东蓝皮书
山东社会形势分析与预测（2018）
著（编）者：李善峰　2018年6月出版 / 估价：99.00元
PSN B-2014-405-2/5

陕西蓝皮书
陕西社会发展报告（2018）
著（编）者：任宗哲 白宽犁 牛昉　2018年1月出版 / 估价：99.00元
PSN B-2009-136-2/6

上海蓝皮书
上海法治发展报告（2018）
著（编）者：叶必丰　2018年9月出版 / 估价：99.00元
PSN B-2012-296-6/7

上海蓝皮书
上海社会发展报告（2018）
著（编）者：杨雄 周海旺
2018年2月出版 / 估价：99.00元
PSN B-2006-058-2/7

社会建设蓝皮书
2018年北京社会建设分析报告
著（编）者：宋贵伦 冯虹　2018年9月出版 / 估价：99.00元
PSN B-2010-173-1/1

深圳蓝皮书
深圳法治发展报告（2018）
著（编）者：张骁儒　2018年6月出版 / 估价：99.00元
PSN B-2015-470-6/7

深圳蓝皮书
深圳劳动关系发展报告（2018）
著（编）者：汤庭芬　2018年8月出版 / 估价：99.00元
PSN B-2007-097-2/7

深圳蓝皮书
深圳社会治理与发展报告（2018）
著（编）者：张骁儒　2018年6月出版 / 估价：99.00元
PSN B-2008-113-4/7

生态安全绿皮书
甘肃国家生态安全屏障建设发展报告（2018）
著（编）者：刘举科 喜文华
2018年10月出版 / 估价：99.00元
PSN G-2017-659-1/1

顺义社会建设蓝皮书
北京市顺义区社会建设发展报告（2018）
著（编）者：王学武　2018年9月出版 / 估价：99.00元
PSN B-2017-658-1/1

四川蓝皮书
四川法治发展报告（2018）
著（编）者：郑泰安　2018年1月出版 / 估价：99.00元
PSN B-2015-441-5/7

四川蓝皮书
四川社会发展报告（2018）
著（编）者：李羚　2018年6月出版 / 估价：99.00元
PSN B-2008-127-3/7

云南社会治理蓝皮书
云南社会治理年度报告（2017）
著（编）者：晏雄 韩全芳
2018年5月出版 / 估价：99.00元
PSN B-2017-667-1/1

地方发展类-文化

北京传媒蓝皮书
北京新闻出版广电发展报告（2017~2018）
著（编）者：王志　2018年11月出版 / 估价：99.00元
PSN B-2016-588-1/1

北京蓝皮书
北京文化发展报告（2017~2018）
著（编）者：李建盛　2018年5月出版 / 估价：99.00元
PSN B-2007-082-4/8

地方发展类-文化

皮书系列 2018全品种

创意城市蓝皮书
北京文化创意产业发展报告（2018）
著(编)者：郭万超 张京成   2018年12月出版 / 估价：99.00元
PSN B-2012-263-1/7

创意城市蓝皮书
天津文化创意产业发展报告（2017~2018）
著(编)者：谢思全   2018年6月出版 / 估价：99.00元
PSN B-2016-536-7/7

创意城市蓝皮书
武汉文化创意产业发展报告（2018）
著(编)者：黄永林 陈汉桥   2018年12月出版 / 估价：99.00元
PSN B-2013-354-4/7

创意上海蓝皮书
上海文化创意产业发展报告（2017~2018）
著(编)者：王慧敏 王兴全   2018年8月出版 / 估价：99.00元
PSN B-2016-561-1/1

非物质文化遗产蓝皮书
广州市非物质文化遗产保护发展报告（2018）
著(编)者：宋俊华   2018年12月出版 / 估价：99.00元
PSN B-2016-589-1/1

甘肃蓝皮书
甘肃文化发展分析与预测（2018）
著(编)者：王俊莲 周小华   2018年1月出版 / 估价：99.00元
PSN B-2013-314-3/6

甘肃蓝皮书
甘肃舆情分析与预测（2018）
著(编)者：陈双梅 张谦元   2018年1月出版 / 估价：99.00元
PSN B-2013-315-4/6

广州蓝皮书
中国广州文化发展报告（2018）
著(编)者：屈哨兵 陆志强   2018年6月出版 / 估价：99.00元
PSN B-2009-134-7/14

广州蓝皮书
广州文化创意产业发展报告（2018）
著(编)者：徐咏虹   2018年7月出版 / 估价：99.00元
PSN B-2008-111-6/14

海淀蓝皮书
海淀区文化和科技融合发展报告（2018）
著(编)者：陈名杰 孟景伟   2018年5月出版 / 估价：99.00元
PSN B-2013-329-1/1

河南蓝皮书
河南文化发展报告（2018）
著(编)者：卫绍生   2018年7月出版 / 估价：99.00元
PSN B-2008-106-2/9

湖北文化产业蓝皮书
湖北省文化产业发展报告（2018）
著(编)者：黄晓华   2018年9月出版 / 估价：99.00元
PSN B-2017-656-1/1

湖北文化蓝皮书
湖北文化发展报告（2017~2018）
著(编)者：湖北大学高等人文研究院
　　　　　中华文化发展湖北省协同创新中心
2018年10月出版 / 估价：99.00元
PSN B-2016-566-1/1

江苏蓝皮书
2018年江苏文化发展分析与展望
著(编)者：王庆五 樊和平   2018年9月出版 / 估价：128.00元
PSN B-2017-637-3/3

江西文化蓝皮书
江西非物质文化遗产发展报告（2018）
著(编)者：张圣才 傅安平   2018年12月出版 / 估价：128.00元
PSN B-2015-499-1/1

洛阳蓝皮书
洛阳文化发展报告（2018）
著(编)者：刘福兴 陈启明   2018年7月出版 / 估价：99.00元
PSN B-2015-476-1/1

南京蓝皮书
南京文化发展报告（2018）
著(编)者：中共南京市委宣传部
2018年12月出版 / 估价：99.00元
PSN B-2014-439-1/1

宁波文化蓝皮书
宁波"一人一艺"全民艺术普及发展报告（2017）
著(编)者：张爱琴   2018年11月出版 / 估价：128.00元
PSN B-2017-668-1/1

山东蓝皮书
山东文化发展报告（2018）
著(编)者：涂可国   2018年5月出版 / 估价：99.00元
PSN B-2014-406-3/5

陕西蓝皮书
陕西文化发展报告（2018）
著(编)者：任宗哲 白宽犁 王长寿
2018年1月出版 / 估价：99.00元
PSN B-2009-137-3/6

上海蓝皮书
上海传媒发展报告（2018）
著(编)者：强荧 焦雨虹   2018年2月出版 / 估价：99.00元
PSN B-2012-295-5/7

上海蓝皮书
上海文学发展报告（2018）
著(编)者：陈圣来   2018年6月出版 / 估价：99.00元
PSN B-2012-297-7/7

上海蓝皮书
上海文化发展报告（2018）
著(编)者：荣跃明   2018年2月出版 / 估价：99.00元
PSN B-2006-059-3/7

深圳蓝皮书
深圳文化发展报告（2018）
著(编)者：张骁儒   2018年7月出版 / 估价：99.00元
PSN B-2016-554-7/7

四川蓝皮书
四川文化产业发展报告（2018）
著(编)者：向宝云 张立伟   2018年4月出版 / 估价：99.00元
PSN B-2006-074-1/7

郑州蓝皮书
2018年郑州文化发展报告
著(编)者：王哲   2018年9月出版 / 估价：99.00元
PSN B-2008-107-1/1

社会科学文献出版社　　　　　　　　　　　　**皮书系列**

❖ 皮书起源 ❖

"皮书"起源于十七、十八世纪的英国，主要指官方或社会组织正式发表的重要文件或报告，多以"白皮书"命名。在中国，"皮书"这一概念被社会广泛接受，并被成功运作、发展成为一种全新的出版形态，则源于中国社会科学院社会科学文献出版社。

❖ 皮书定义 ❖

皮书是对中国与世界发展状况和热点问题进行年度监测，以专业的角度、专家的视野和实证研究方法，针对某一领域或区域现状与发展态势展开分析和预测，具备原创性、实证性、专业性、连续性、前沿性、时效性等特点的公开出版物，由一系列权威研究报告组成。

❖ 皮书作者 ❖

皮书系列的作者以中国社会科学院、著名高校、地方社会科学院的研究人员为主，多为国内一流研究机构的权威专家学者，他们的看法和观点代表了学界对中国与世界的现实和未来最高水平的解读与分析。

❖ 皮书荣誉 ❖

皮书系列已成为社会科学文献出版社的著名图书品牌和中国社会科学院的知名学术品牌。2016年，皮书系列正式列入"十三五"国家重点出版规划项目；2013~2018年，重点皮书列入中国社会科学院承担的国家哲学社会科学创新工程项目；2018年，59种院外皮书使用"中国社会科学院创新工程学术出版项目"标识。

中国皮书网

（网址：www.pishu.cn）

发布皮书研创资讯，传播皮书精彩内容
引领皮书出版潮流，打造皮书服务平台

栏目设置

关于皮书：何谓皮书、皮书分类、皮书大事记、皮书荣誉、
皮书出版第一人、皮书编辑部
最新资讯：通知公告、新闻动态、媒体聚焦、网站专题、视频直播、下载专区
皮书研创：皮书规范、皮书选题、皮书出版、皮书研究、研创团队
皮书评奖评价：指标体系、皮书评价、皮书评奖
互动专区：皮书说、社科数托邦、皮书微博、留言板

所获荣誉

2008年、2011年，中国皮书网均在全国新闻出版业网站荣誉评选中获得"最具商业价值网站"称号；
2012年，获得"出版业网站百强"称号。

网库合一

2014年，中国皮书网与皮书数据库端口合一，实现资源共享。

权威报告·一手数据·特色资源

皮书数据库
ANNUAL REPORT(YEARBOOK) DATABASE

当代中国经济与社会发展高端智库平台

所获荣誉

- 2016年,入选"'十三五'国家重点电子出版物出版规划骨干工程"
- 2015年,荣获"搜索中国正能量 点赞2015" "创新中国科技创新奖"
- 2013年,荣获"中国出版政府奖·网络出版物奖"提名奖
- 连续多年荣获中国数字出版博览会"数字出版·优秀品牌"奖

成为会员

通过网址www.pishu.com.cn或使用手机扫描二维码进入皮书数据库网站,进行手机号码验证或邮箱验证即可成为皮书数据库会员(建议通过手机号码快速验证注册)。

会员福利

- 使用手机号码首次注册的会员,账号自动充值100元体验金,可直接购买和查看数据库内容(仅限使用手机号码快速注册)。
- 已注册用户购书后可免费获赠100元皮书数据库充值卡。刮开充值卡涂层获取充值密码,登录并进入"会员中心"—"在线充值"—"充值卡充值",充值成功后即可购买和查看数据库内容。

数据库服务热线:400-008-6695　　　　图书销售热线:010-59367070/7028
数据库服务QQ:2475522410　　　　　　图书服务QQ:1265056568
数据库服务邮箱:database@ssap.cn　　　图书服务邮箱:duzhe@ssap.cn

更多信息请登录

皮书数据库
http://www.pishu.com.cn

中国皮书网
http://www.pishu.cn

皮书微博
http://weibo.com/pishu

皮书微信"皮书说"

请到当当、亚马逊、京东或各地书店购买，也可办理邮购

咨询 / 邮购电话：010-59367028　59367070
邮　　箱：duzhe@ssap.cn
邮购地址：北京市西城区北三环中路甲29号院3号楼
　　　　　华龙大厦13层读者服务中心
邮　编：100029
银行户名：社会科学文献出版社
开户银行：中国工商银行北京北太平庄支行
账　　号：0200010019200365434